LinguaGEM

26

Coleção Lingua[gem]

1. *Português ou brasileiro? Um convite à pesquisa*, Marcos Bagno
2. *Linguagem & comunicação social*, Manoel Luiz Gonçalves Corrêa
3. *Por uma linguística crítica*, Kanavillil Rajagopalan
4. *Educação em língua materna: a sociolinguística na sala de aula*, Stella Maris Bortoni-Ricardo
5. *Sistema, mudança e linguagem*, Dante Lucchesi
6. *"O português são dois"*, Rosa Virgínia Mattos e Silva
7. *Ensaios para uma sócio-história do português brasileiro*, Rosa Virgínia Mattos e Silva
8. *A linguística que nos faz falhar*, Kanavillil Rajagopalan & Fábio Lopes da Silva [orgs.]
9. *Do signo ao discurso*, Inês Lacerda Araújo
10. *Ensaios de filosofia da linguística*, José Borges Neto
11. *Nós* cheguemu *na escola, e agora?*, Stella Maris Bortoni-Ricardo
12. *Doa-se lindos filhotes de* poodle, Maria Marta Pereira Scherre
13. *A geopolítica do inglês*, Yves Lacoste [org.]
14. *Gêneros*, José Luiz Meurer, Adair Bonini & Désirée Motta-Roth [orgs.]
15. *O tempo nos verbos do português*, Mª Luiza M. S. Corôa
16. *Considerações sobre a fala e a escrita*, Darcilia Simões
17. *Princípios de linguística descritiva*, Mário A. Perini
18. *Fundamentos empíricos para uma teoria da mudança linguística*, U. Weinreich, W. Labov & M. I. Herzog
19. *Por uma linguística aplicada indisciplinar*, Luiz Paulo da Moita Lopes
20. *Origens do português brasileiro*, Anthony Julius Naro & Maria Marta Pereira Scherre
21. *Introdução à gramaticalização*, Sebastião Carlos Leite Gonçalves, Mª Célia Lima-Hernandes & Vânia Cristina Casseb-Galvão [orgs.]
22. *O acento em português*, Gabriel Antunes de Araújo [org.]
23. *Sociolinguística quantitativa*, Gregory R. Guy & Ana Maria Stahl Zilles
24. *Metáfora*, Tony Berber Sardinha
25. *Norma culta brasileira*, Carlos Alberto Faraco
26. *Padrões sociolinguísticos*, William Labov
27. *Gênese dos discursos*, Dominique Maingueneau
28. *Cenas da enunciação*, Dominique Maingueneau
29. *Estudos de gramática descritiva*, Mário A. Perini
30. *Caminhos da linguística histórica*, Rosa Virgínia Mattos e Silva
31. *Limites do discurso*, Sírio Possenti
32. *Questões para analistas do discurso*, Sírio Possenti
33. *Linguagem & diálogo*, Carlos Alberto Faraco
34. *Nomenclatura Gramatical Brasileira*, Claudio Cezar Henriques
35. *Língua na mídia*, Sírio Possenti
36. *Malcomportadas línguas*, Sírio Possenti
37. *Linguagem. Gênero. Sexualidade*, Ana Cristina Ostermann & Beatriz Fontana [orgs.]
38. *Em busca de Ferdinand de Saussure*, Michel Arrivé
39. *A noção de "fórmula" em análise do discurso*, Alice Krieg-Planque
40. *Geolinguística*, Suzana Alice Marcelino Cardoso
41. *Doze conceitos em análise do discurso*, Dominique Maingueneau
42. *O discurso pornográfico*, Dominique Maingueneau
43. *Falando ao pé da letra*, Roxane Rojo
44. *Nova pragmática*, Kanavillil Rajagopalan
45. *Bakhtin desmascarado*, Jean-Paul Bronckart & Cristian Bota
46. *Gênero textual, agência e tecnologia*, Carolyn R. Miller
47. *Linguística de texto: o que é e como se faz?*, Luiz Antônio Marcuschi
48. *A gramática passada a limpo*, Maria Helena de Moura Neves
49. *O sujeito em peças de teatro (1833-1992)*, Maria Eugênia Lammoglia Duarte [org.]
50. *Português no século XXI*, Luiz Paulo da Moita Lopes [org.]
51. *Da linguística formal à linguística social*, Roberto G. Camacho
52. *Estudos do discurso*, Luciano Amaral Oliveira [org.]
53. *Gênero – história, teoria, pesquisa, ensino*, Anis B. Bawarshi & Mary Jo Reiff
54. *Introdução à teoria enunciativa de Benveniste*, Valdir do Nascimento Flores
55. *Linguística aplicada na modernidade recente*, Luiz Paulo da Moita Lopes [org.]
56. *Gramáticas contemporâneas do português*, Maria Helena de Moura Neves & Vânia Cristina Casseb-Galvão
57. *Letramentos sociais, na etnografia e na educação*, Brian V. Street
58. *A ordem das palavras no português*, Erotilde Goreti Pezatti
59. *Frases sem texto*, Dominique Maingueneau
60. *Espanhol e português brasileiro*, Adrián Pablo Fanjul & Neide Maia González [orgs.]
61. *Sujeitos em ambientes virtuais*, Maria Cecilia Mollica, Cynthia Patusco & Hadinei Ribeiro Batista [orgs.]
62. *Vološinov e a filosofia da linguagem*, Patrick Sériot
63. *A história das línguas*, Tore Janson
64. *Discurso e análise do discurso*, Dominique Maingueneau
65. *Sobre a fala dialogal*, Lev Jakubinskij
66. *Retórica da ação letrada*, Charles Bazerman
67. *Teoria da ação letrada*, Charles Bazerman
68. *Unidade e variação na língua portuguesa*, André C. Valente
69. *Linguística funcional*, Maria Angélica Furtado da Cunha, Mariangela R. de Oliveira & Mário Eduardo Martelotta [orgs.]
70. *O texto e seus conceitos*, Ronaldo de Oliveira Batista [org.]
71. *Gramáticas brasileiras*, Carlos Alberto Faraco & Francisco Eduardo Vieira [orgs.]
72. *Saussure, o texto e o discurso*, Marcio Alexandre Cruz, Carlos Piovezani & Pierre-Yves Testenoire [orgs.]
73. *O efeito Saussure*, Carlos Alberto Faraco [org.]
74. *Dinâmicas funcionais da mudança linguística*, Marcos Bagno, Vânia Casseb-Galvão & Tânia F. Rezende [orgs.]
75. *Gêneros no contexto brasileiro*, Benedito Gomes Bezerra
76. *A pessoa no discurso*, Adrián Pablo Fanjul
77. *O todo da língua*, Vânia Casseb-Galvão & Maria Helena de Moura Neves [orgs.]
78. *Saussure e Benveniste no Brasil*, Valdir do Nascimento Flores
79. *Mikhail Bakhtin*, Alastair Renfrew
80. A *gramática tradicional – História crítica*, Francisco Eduardo Vieira
81. *Filologia, história e língua – Olhares sobre o português medieval*, Leonardo Lennertz Marcotulio; Célia Regina dos Santos Lopes; Mário Jorge da Motta Bastos & Thiago Laurentino de Oliveira
82. *Qual política linguística? Desafios glotopolíticos contemporâneos*, Xoán Carlos Lagares
83. *Análise de discurso crítica – para linguistas e não linguistas*, José Ribamar Lopes Batista Jr.; Denise Tamaê Borges Sato & Iran Ferreira de Melo [orgs.]
84. *A linguística, o texto e o ensino da língua*, José Carlos Azeredo
85. *Língua portuguesa – Tradições e modernidade*, Tania Maria N. de L. Camara; Denise S. Santos; Flávio de A. Barbosa & Alexandre do A. Ribeiro [orgs.]
86. *Objeto Língua – Inéditos e revisitados*, Marcos Bagno
87. *NURC – 50 anos*, Miguel Oliveira Jr. [org.]
88. *O dialeto caipira*, Amadeu Amaral
89. *Variações sobre o ethos*, Dominique Maingueneau
90. *O sujeito gramatical no português brasileiro – expressão, concordância, ergatividade e afetamento*, Vânia Cristina Casseb-Galvão; Gian Luigi De Rosa; Kleber Aparecido Silva & Lennie Aryete Pereira Bertoque [org.].
91. *História das línguas, história da linguística – homenagem a Carlos Alberto Faraco*, Marcos Bagno e Francisco E. Vieira [org.]
92. *O português daqui, dali e de lá – por uma língua que nos una*, Denise Salim dos Santos & Flávio de Aguiar Barbosa [org.]
93. *Constelação de gêneros – a construção de um conceito*, Júlio Araújo
94. *Discurso e (pós)verdade*, Luzmara Curcino, Vanice Sargentini & Carlos Piovezani [org.]
95. *Linguagem "neutra": língua e gênero em debate*, Fábio Ramos B. Filho & Gabriel de Ávila Othero [org.]
96. *O que sabemos sobre a linguagem*, Gabriel de Ávila Othero, Valdir do Nascimento Flores [org.]
97. *O gênero como ele é (e como não é): conceitos e aplicações*, Benedito Gomes Bezerra
98. *Estudos queer em linguística aplicada INdisciplinar: gênero, sexualidade, raça e classe*, Luiz Paulo da Moita Lopes, Clarissa Rodrigues Gonzalez, Glenda Cristina Valim de Melo, Thayse Figueira Guimarães [orgs.]
99. *Enunciados aderentes*, Dominique Maingueneau
100. *Crítica à análise crítica do discurso*, Luciano Amaral Oliveira

William Labov

TRADUÇÃO: Marcos Bagno, Mª Marta Pereira Scherre e Caroline R. Cardoso

PADRÕES SOCIOLINGUÍSTICOS

parábola

Título original:
Sociolinguistic Patterns
Copyright © 1972 by the University of Pennsylvania Press, Inc.
Eleventh printing 1991
ISBN: 0-8122-1052-2

Editor: Marcos Marcionilo
Capa e projeto gráfico: Andréia Custódio
Revisão: Silvana Cobucci Leite

CIP-BRASIL. CATALOGAÇÃO NA FONTE
SINDICATO NACIONAL DOS EDITORES DE LIVROS, RJ

L124p
Labov, William
Padrões sociolinguísticos / William Labov; tradução Marcos Bagno, Maria Marta Pereira Scherre, Caroline Rodrigues Cardoso. -São Paulo, Parábola Editorial, 2008.
392p. - (Lingua[gem] ; 26)

Inclui bibliografia e índice
ISBN 978-85-88456-85-3

1. Sociolinguística. I. Título. II. Série.

08-3638 CDD: 401.9
CDU : 81´42

Direitos reservados à
PARÁBOLA EDITORIAL
Rua Dr. Mário Vicente, 394 | Ipiranga
04270-000 São Paulo, SP
Fone: [11] 5061-9262 | 5061-8075 | Fax: [11] 2589-9263
home page: www.parabolaeditorial.com.br
e-mail: parabola@parabolaeditorial.com.br

ISBN: 978-85-88456-85-3

1ª edição, 6ª reimpressão: setembro de 2023

Para Uriel Weinreich

Sumário

Apresentação da edição brasileira

A PUBLICAÇÃO de *Padrões sociolinguísticos* em português brasileiro constitui um empreendimento fundamental para a ampliação e o aprofundamento da influência dos trabalhos de William Labov entre nós. A sociolinguística variacionista encontrou no Brasil um dos campos mais férteis para a aplicação de seus postulados teóricos e de sua metodologia de trabalho empírico, e desde a década de 1970 tem se acumulado um respeitável volume de investigações aqui empreendidas dentro desse paradigma. No entanto, e até paradoxalmente, nenhum dos clássicos da área foi objeto, nesses mais de trinta anos, de um trabalho cuidadoso de tradução que possibilitasse o acesso de um público mais amplo, e mesmo dos profissionais não familiarizados com a língua inglesa, aos textos fundadores da disciplina. Essa lacuna começou a ser suprida quando, em 2006, traduzi o ensaio *Fundamentos empíricos para uma teoria da mudança linguística*, de Weinreich, Labov e Herzog (1968), publicado por esta mesma Parábola Editorial, com estudo introdutório de Carlos Alberto Faraco e posfácio de Maria Eugênia L. Duarte e Maria da Conceição Paiva. Agora, com *Padrões sociolinguísticos*, mais um passo importante se dá no esforço de ampliar este acesso.

O impacto do trabalho de Labov sobre os estudos da linguagem é amplamente reconhecido. Muito embora o seu conceito de "social" venha sendo criticado (e com razão) por estudiosos filiados a outras correntes teóricas — como a análise do discurso, a sociologia da linguagem, a antropologia linguística, a sociolinguística interacional etc. —, é inegável que a sociolinguística variacionista tem fornecido suporte empírico para o combate às construções ideológicas que se apoiam nas diferenças linguísticas como pretexto para suas políticas de discriminação e de exclusão social. A própria militância de Labov na defesa do que ele chamou, em artigo clássico de 1966, de "A lógica do inglês não padrão" — a defesa do inglês dos negros norte-americanos como uma língua dotada de regras perfeitamente demonstráveis e coerentemente seguidas por seus falantes — tem inspirado a luta daqueles que reconhecem no uso da língua o mais importante elemento da cultura e da vida em sociedade, sendo portanto um constituinte essencial da consolidação da cidadania e do convívio democrático. No terreno da educação, o reconhecimento da variação linguística em sua estreita correlação com a heterogeneidade social tem redirecionado de modo radical as concepções de língua e de ensino de língua nas diretrizes oficiais e na prática pedagógica em sala de aula.

Traduzir *Padrões sociolinguísticos* foi um desafio ao mesmo tempo estimulante e árduo. O estilo pessoal de Labov dificulta, em diversos momentos, depreender de forma clara o sentido de suas afirmações. Por isso, foi fundamental o recurso a outras traduções já realizadas da obra: a espanhola — *Modelos sociolinguísticos* (Madrid, Cátedra, 1983, tradução de José Miguel Herreras) — e a francesa — *Sociolinguistique* (Paris, Minuit, 1976, tradução de Alain Khim) —, que conta, esta última, com um excelente prefácio de Pierre Encrevé, onde os postulados labovianos são analisados à luz da sociologia da linguagem de Pierre Bourdieu. Assim, diante de alguma opacidade de sentido ou dúvida mais premente, optei por seguir a direção tomada pelos outros tradutores, quando suas soluções me pareceram adequadas e coerentes com o todo do texto.

Finda a primeira versão do livro, me pareceu imprescindível submetê-la à apreciação de outras pessoas, leitores privilegiados, conhecedores da obra de Labov e capazes de fazer uma apreciação justa e severa do trabalho. Convidei, então, para esta "revisão crítica" as sociolinguistas Maria Marta Pereira Scherre e Caroline Rodrigues Cardoso, que logo aceitaram a tarefa, conscientes de que se tratava de um projeto importante para o fortalecimento da disciplina nos meios acadêmicos brasileiros. Juntas, empreenderam um trabalho inestimável, propuseram tantas e tão boas alterações para aquela versão — sobretudo num esforço de deixar o texto o mais brasileiro possível — que me pareceu justo e necessário reconhecer nelas a condição de cotradutoras e não somente de revisoras. O livro que agora oferecemos ao leitor brasileiro tem um texto traduzido que é o resultado de um trabalho coletivo de reflexão e interpretação, empreendido num ambiente de admiração mútua, respeito e carinho que só as boas amizades possibilitam. Deixo aqui impresso o meu profundo agradecimento a essas duas artesãs que, ao longo de um ano de leitura criteriosa, lapidaram a versão bruta do meu texto inicial, produzido em pouco mais de três meses. Levantar as estruturas básicas de uma casa é sempre mais rápido e mais fácil do que dar o acabamento final, que transforma uma construção anônima num lar de verdade. Por isso esse acabamento leva mais tempo e exige o exercício da paciência. Se hoje os leitores brasileiros podem habitar esse livro de Labov, é graças principalmente a Marta e Carol.

Agradecemos também o empenho de Anthony J. Naro, que intercedeu junto a Labov para que se iniciasse a negociação dos direitos de tradução e publicação. A história da sociolinguística no Brasil deve muito a Naro, que formou a primeira geração de sociolinguistas — geração que continua em plena atividade — e orientou os trabalhos pioneiros entre nós nesse campo de investigação.

Pessoalmente, registro aqui minha gratidão a Egon de Oliveira Rangel, em cujo escritório paulistano realizei boa parte do trabalho de tradução inicial e onde tive acesso à edição francesa do livro de Labov. E a Pedro Perini-Santos, que me presenteou com o exemplar de *Sociolinguistic Patterns* que serviu de base para a tradução. Por fim, e mais importante, agradeço a Andreia Custódio e Marcos Marcionilo, meus queridos amigos e editores, que me deram todo o apoio para levar adiante mais este projeto.

Universidade de Brasília, agosto de 2008.

MARCOS BAGNO

Introdução

Por vários anos, resisti ao termo *sociolinguística*, já que ele implica que pode haver uma teoria ou prática linguística bem-sucedida que não é social. Quando publiquei pela primeira vez os estudos sobre Martha's Vineyard e Nova York, que compõem a base da primeira parte deste livro, pareceu necessário reafirmar esse ponto repetidas vezes. Apesar de um considerável volume de atividade sociolinguística, uma linguística socialmente realista parecia uma perspectiva remota nos anos 1960. A grande maioria dos linguistas tinha se voltado resolutamente para a contemplação de seus próprios idioletos. Ainda não emergimos da sombra de nossas intuições, mas não parece mais ser necessário brigar sobre o que é ou não é linguística. Existe uma crescente percepção de que a base do conhecimento intersubjetivo na linguística tem de ser encontrada na fala — a língua tal como usada na vida diária por membros da ordem social, este veículo de comunicação com que as pessoas discutem com seus cônjuges, brincam com seus amigos e ludibriam seus inimigos.

Quando me iniciei na linguística, como estudante, em 1961, era minha intenção coletar dados no mundo secular. Os primeiros projetos que concebi eram "ensaios em linguística experimental", levados a cabo em ambientes sociais corriqueiros. Meu objetivo era evitar a inevitável obscuridade dos textos, a inibição das elicitações formais e o autoengano da introspecção. Uma década de trabalho fora da universidade como químico industrial tinha me convencido de que o mundo cotidiano era rebelde, mas consistentemente rebelde, desconcertante no início, mas recompensador em longo prazo para aqueles que se apegavam a seu caráter racional. Uma simples revisão da literatura me convenceria de que tais princípios empíricos não tinham lugar na linguística: existiam diversas barreiras ideológicas para o estudo da língua na vida diária. Primeiramente, Saussure tinha enunciado o princípio de que os sistemas estruturais do presente e as mudanças históricas do passado tinham de ser estudados separadamente (1949: 124). Esse princípio tinha sido consistentemente erodido por Martinet (1955) e outros, que encontraram estrutura nas mudanças passadas, mas pouco progresso fora feito na localização da mudança nas estruturas presentes. A segunda barreira ideológica afirmava explicitamente que a mudança sonora não podia, em princípio, ser observada diretamente. Bloomfield defendia a regularidade da mudança sonora contra a evidência irregular do presente declarando (1933: 364) que quaisquer flutuações que pudéssemos observar seriam apenas casos de empréstimo dialetal. Em seguida, Hockett observou que, embora a mudança sonora fosse lenta demais para ser observada, a mudança estrutural era rápida demais (1958: 457). O estudo empírico da mudança linguística estava, portanto, eliminado do programa da linguística do século XX.

Uma terceira restrição era, talvez, a mais importante: a variação livre não podia, em princípio, ser condicionada. O postulado básico da linguística (Bloomfield 1933: 76) declarava que alguns enunciados eram o mesmo. Por conseguinte, eles estavam em variação livre, e se considerava linguisticamente insignificante saber se um ou outro ocorria num momento particular. Relações de *mais* ou *menos*, portanto, eram descartadas do raciocínio linguístico: uma forma ou regra só podia ocorrer sempre, opcionalmente ou nunca. A estrutura interna da variação ficava, portanto, removida dos estudos linguísticos e, com ela, o estudo da mudança em andamento.

Também se sustentava que os sentimentos acerca da língua eram inacessíveis e estavam fora do escopo do linguista (Bloch & Trager 1942). A avaliação social das variantes linguísticas estava, portanto, fora de consideração. Esse é simplesmente um aspecto da afirmação mais geral de que o linguista não devia usar dados não linguísticos para explicar a mudança linguística (cf. a primeira seção do capítulo 9). Ao longo dessas discussões, vemos diversas referências àquilo que o linguista pode ou não pode fazer *enquanto linguista*.

Eu poderia de fato ter desconsiderado todas essas restrições graças à minha própria inclinação e resistência à autoridade. Mas tive a sorte de encontrar na Columbia University um professor pouco mais velho do que eu, cuja intuição, imaginação e força criativa há muito tempo já tinham ultrapassado tais restrições. É impossível para mim avaliar a contribuição de Uriel Weinreich aos estudos relatados aqui. Aprendi com ele em cursos sobre sintaxe, semântica, dialetologia e história da linguística; ele orientou meu trabalho sobre Martha's Vineyard (capítulo 1), que foi minha dissertação de mestrado, e o estudo sobre Nova York (capítulo 2), que foi minha tese de doutorado. No entanto, naquilo tudo ele não impôs sua própria visão ou sugestão direta acerca de que caminho tomar. Mas com cautela, moderação e exemplos, ajudou a dirigir meus próprios projetos para os canais mais propícios. Weinreich tinha um extraordinário senso de direção em linguística; raramente dava um passo em falso em seus próprios projetos de pesquisa, e todos nós tiramos proveito de suas intuições. Recentemente tive a oportunidade de ler alguns dos esboços e projetos inéditos de Weinreich para o estudo do multilinguismo e da variação social na comunidade de fala. Descobri que seu pensamento tinha se antecipado ao meu em vários anos e, sem dúvida, desempenhado um papel muito maior nos resultados oferecidos aqui do que pode transparecer nas referências explícitas. Mais do que qualquer outra coisa, me beneficiei da calma convicção de Weinreich de que estávamos nos movendo no rumo que uma linguística racional e realista inevitavelmente deveria tomar.

Em 1966, Weinreich propôs a Marvin Herzog e a mim que escrevêssemos juntos um ensaio sobre os *Fundamentos empíricos para uma teoria da mudança linguística*[1], para uma conferência na Universidade do Texas. Tal como o finalizamos, aquele artigo incorporou os resultados do meu próprio trabalho em Nova York e em Martha's Vineyard, as descobertas de Herzog sobre a dialetologia do iídiche no norte da Polônia e a visão global de Weinreich, que criou o Atlas linguístico e cultural dos judeus asquenazes. Tudo isso foi encaixado numa visão mais ampla da história da linguística, que foi produto exclusivo da erudição de Weinreich. Na primavera de 1967, quando se deu conta de que lhe restava pouco tempo de vida, Weinreich se dedicou com grande energia à revisão final daquele ensaio. Em suas duas últimas semanas de vida, Weinreich reelaborou a introdução ao ensaio de um modo que capta claramente sua visão geral da natureza da linguagem e a relação da linguagem com a sociedade. Tal introdução postula o tema principal deste volume melhor do que qualquer passagem de minha própria autoria:

---

1 U. Weinreich, M. Herzog, W. Labov (2006). *Fundamentos empíricos para uma teoria da mudança linguística*. Trad.: M. Bagno. São Paulo: Parábola Editorial.

> Os fatos da heterogeneidade, até agora, não se harmonizaram bem com a abordagem estrutural da língua. [...] Pois quanto mais os linguistas têm ficado impressionados com a existência da estrutura da língua, e quanto mais eles têm apoiado essa observação com argumentos dedutivos sobre as vantagens funcionais da estrutura, mais misteriosa tem se tornado a transição de uma língua de um estado para outro. Afinal, se uma língua tem de ser estruturada, a fim de funcionar eficientemente, como é que as pessoas continuam a falar enquanto a língua muda, isto é, enquanto passa por períodos de menor sistematicidade? [...] A solução, argumentaremos, se encontra no rompimento da identificação de estruturalidade [*structuredness*] com homogeneidade. A chave para uma concepção racional da mudança linguística — e mais, da própria língua — é a possibilidade de descrever a diferenciação ordenada numa língua que serve a uma comunidade. Argumentaremos que o domínio de um falante nativo [*nativelike command*] de estruturas heterogêneas não tem a ver com multidialetalismo nem com o "mero" desempenho, mas é parte da competência linguística monolíngue. Um dos corolários de nossa abordagem é que, numa língua que serve a uma comunidade complexa (i.e., real), a *ausência* de heterogeneidade estruturada é que seria disfuncional [Weinreich, Labov & Herzog 1968 (2006): 100-101]*.

Os seis primeiros capítulos deste livro são relatos de estudos particulares que contribuem para comprovar a opinião que Weinreich expressava, e os três últimos levam adiante o argumento num arcabouço mais amplo. Alguns capítulos foram publicados anteriormente, mas aqui sofreram considerável revisão. Os capítulos 3 e 6 não foram publicados antes, embora se baseiem em materiais relatados parcialmente em Labov 1966. Os capítulos 2-6 recobrem em grande parte os métodos e resultados de *The Social Stratification of English in New York City* (Labov 1966a); cada um deles é organizado em torno de um problema específico que foi abordado naquela obra. Os capítulos 7-9 são estudos sintéticos que combinam aqueles resultados com outros para projetar uma visão mais ampla da natureza da estrutura linguística e da mudança linguística. O capítulo 7, "Sobre o mecanismo da mudança linguística", usa os resultados de Martha's Vineyard e de Nova York numa projeção global sobre o curso da mudança e que antecedeu as afirmações dos *Fundamentos empíricos*. O capítulo 8, "O estudo da língua em seu contexto social", faz um levantamento geral dos problemas, resultados e perspectivas de uma linguística socialmente realista. Pode ser considerado

* Citamos aqui a tradução brasileira: Weinreich, Labov e Herzog (2006). *Fundamentos empíricos para uma teoria da mudança linguística*. Trad.: M. Bagno. São Paulo, Parábola Editorial, pp. 35-36 (n. da tradução).

uma versão resumida de um texto mais amplo sobre "Linguística secular", dirigido àqueles que se interessam por entrar na comunidade de fala para encontrar uma base sólida para a teoria linguística. Este capítulo se aproveita intensamente da investigação sobre o inglês vernáculo negro, a qual está relatada em maior profundidade nos capítulos 1-4 de *Language in the Inner City* (1972) e nos relatórios de pesquisa em dois volumes do Cooperative Research Project 3228 (Labov, Cohen, Robins & Lewis 1968). Este trabalho explora mais profundamente do que os capítulos 2-6 a variação que se encontra dentro de um esquema de regras, e desenvolve o tratamento formal das regras variáveis. Os leitores que desejarem prosseguir nos rumos propostos no capítulo 8 encontrarão uma apresentação mais detalhada nos capítulos 3 e 4 de *Language in the Inner City,* que se ocupam, respectivamente, da contração e do apagamento da cópula e da atração e concordância negativas. O capítulo 3 daquele livro apresenta o desenvolvimento das regras variáveis muito mais detalhadamente do que foi possível no capítulo 8, incorporando as revisões do modelo Cedergren-Sankoff.

O capítulo 9 compõe uma seção de acompanhamento do capítulo 8, examinando os aspectos diacrônicos das questões sincrônicas apresentadas ali. Tanto o capítulo 8 como o capítulo 9 baseiam-se fortemente nas descobertas de outros pesquisadores, e os desenvolvimentos posteriores decorrentes do trabalho relatado nos capítulos 1-6 estão ali representados. Juntos, os capítulos 8 e 9 formam um pequeno texto sobre problemas e métodos sociolinguísticos, bem como sobre a abordagem sociolinguística da teoria linguística, e oferecem um esquema pelo qual se organizaram cursos de sociolinguística.

Sou grato a vários colegas pela ajuda e pelas contribuições críticas ao trabalho relatado aqui. Michael Kac realizou várias das entrevistas no Lower East Side, que forneceram os dados para os capítulos 3-6. Esse levantamento secundário foi empreendido com o auxílio do departamento de pesquisa da Mobilization for Youth; agradeço ao diretor de pesquisa, Wyatt Jones, por sua assistência em diversos aspectos. O próprio levantamento se beneficiou amplamente das instruções e dos conselhos de Herbert Hyman, da Columbia University. O trabalho sobre o inglês vernáculo negro referido no capítulo 8 foi o produto de um esforço conjunto. As análises e intuições teóricas oferecidas por Paul Cohen deram importante contribuição às conclusões apresentadas aqui, e o trabalho de campo de Clarence Robins e John Lewis foi a base para tudo o que se realizou.

A análise geral da variação no capítulo 8 se beneficiou de diversas trocas com C.-J. Bailey. A interpretação formal das regras variáveis incorporou diversas contribuições de Joshua Waletzky; na presente formulação revista, minha dívida para com Henrietta Cedergren e David Sankoff é reconhecida em diversos momentos. Sua contribuição quantitativa ao tratamento dos condicionamentos variáveis me parece um grande avanço que influenciará profundamente os rumos futuros deste domínio.

Em vários momentos críticos da pesquisa e da análise, recebi um auxílio importante de minha esposa, Teresa, que aprofundou meu próprio entendimento sobre a estrutura das ordens sociais que encontrei.

Durante os primeiros estágios de preparação deste livro, fui contemplado com uma bolsa da Fundação Guggenheim, cujo auxílio eu gostaria de agradecer aqui enfaticamente.

Durante o ano de 1971-72, trabalhei como professor-pesquisador no Center for Urban Ethnography e agradeço profundamente a esse centro o apoio que tornou possível compilar este volume, junto com *Language in the Inner City*. O estímulo inicial para reunir estes estudos num único volume e organizá-los num todo unificado e coerente veio de Erving Goffman, por cujo auxílio e encorajamento quero expressar aqui minha gratidão.

Ao longo destas páginas, ficará óbvio que minha dívida mais profunda é para com os muitos falantes de inglês que me convidaram às suas casas, compartilharam comigo suas varandas, suas esquinas de rua e seus bancos de praça, que se desviaram de outros afazeres para conversar, transformando suas próprias experiências em linguagem para o meu benefício. Somente uma pequena parte do que aprendi com eles pode ser encontrada aqui. Mas espero que este trabalho reflita a infinita variedade da vida cotidiana e a grande satisfação de encontrar e gravar os usuários da língua. Aqueles que têm se servido dos recursos reais da comunidade de fala descobrem que o trabalho de campo é uma rica fonte que nunca se esgota. Descobri que não existe prazer maior do que viajar como um estrangeiro privilegiado a todas as partes do mundo, ser recebido com gentileza e cortesia por homens e mulheres em todos os lugares e compartilhar com eles o conhecimento e a experiência tal como reaparecem em sua linguagem. O linguista que entra no mundo só pode concluir que o ser humano é o herdeiro legítimo da estrutura incrivelmente complexa que nós agora estamos tentando analisar e compreender.

1 A motivação social de uma mudança sonora

O TRABALHO RELATADO neste capítulo diz respeito à observação direta de uma mudança sonora no contexto da vida da comunidade na qual ela ocorre[1]. A mudança é uma alteração na posição fonética dos primeiros elementos dos ditongos /ay/ e /aw/, e a comunidade é a ilha de Martha's Vineyard, no estado de Massachusetts. Estudando-se a frequência e distribuição das variantes fonéticas de /ay/ e /aw/ nas diversas regiões, faixas etárias, grupos profissionais e étnicos dentro da ilha, será possível reconstruir a história recente dessa mudança sonora; correlacionando-se o complexo padrão linguístico com diferenças concomitantes na estrutura social, será possível isolar os fatores sociais que incidem diretamente sobre o processo linguístico. Espera-se que os resultados desse procedimento contribuam para nossa compreensão geral do mecanismo da mudança linguística.

A explicação da mudança linguística parece envolver três problemas distintos: a origem das variações linguísticas; a difusão e propagação das mudanças linguísticas; e a regularidade da mudança linguística. O modelo que subjaz a essa tripartição requer como ponto de partida a variação em uma ou mais palavras na fala de um ou mais indivíduos[2]. Essas variações podem ser induzidas pelos processos de assimilação ou dissimilação, por analogia, empréstimo, fusão, contaminação, variação aleatória ou

1 Publicado inicialmente em *Word*, 19: 273-309 (1963). Uma versão abreviada foi apresentada no 37º Encontro Anual da Sociedade Americana de Linguística em Nova York, em 29 de dezembro de 1962.

2 Cf. Sturtevant 1947, cap. 8: "Why Are Phonetic Laws Regular?"

quaisquer outros processos em que o sistema linguístico interaja com as características fisiológicas ou psicológicas do indivíduo. A maioria dessas variações ocorre apenas uma vez e se extinguem tão rapidamente quanto surgem. No entanto, algumas são recorrentes e, numa segunda etapa, podem ser imitadas mais ou menos extensamente, e podem se difundir a ponto de formas novas entrarem em contraste com as formas mais antigas num amplo espectro de usos. Por fim, numa etapa posterior, uma ou outra das duas formas geralmente triunfa, e a regularidade é alcançada.

Enquanto para a primeira etapa ficamos frequentemente sobrecarregados com um excesso de explicações possíveis, temos exatamente a situação contrária ao tentar dar conta da propagação e da regularidade das mudanças linguísticas.Teorias mais antigas, que propunham determinantes gerais de ordem psicológica, fisiológica ou até mesmo climática, foram descartadas há algum tempo[3]. A contribuição de forças internas, estruturais, para a efetiva difusão das mudanças linguísticas, tal como esboçada por Martinet (1955)[4], deve ser naturalmente o foco de atenção de qualquer linguista que esteja investigando esses processos de propagação e regularização. No entanto, uma abordagem que considera apenas as pressões estruturais dificilmente pode contar a história toda. Nem todas as mudanças são altamente estruturadas, e nenhuma mudança acontece num vácuo social. Até mesmo a mudança em cadeia mais sistemática ocorre num tempo e num lugar específicos, o que exige uma explicação.

Parece haver ideias diametralmente divergentes no conjunto de explicações para o mecanismo da mudança. O procedimento diacrônico usual, tal como seguido na paleontologia ou na geologia, consiste em explorar o mecanismo da mudança entre os estágios buscando dados em estágios intermediários. Decorre daí que nos aproximamos mais e mais de um retrato acurado do mecanismo da mudança na medida em que o intervalo entre dois estágios que estamos estudando se torna cada vez menor. Esse certamente é o método seguido por linguistas históricos como Jespersen, Kökeritz e Wyld, e é a motivação por trás de suas extensas buscas por detalhes históricos. Por outro lado, M. Halle (1962) propôs

---

3 Várias dessas teorias estão resenhadas em Sommerfelt 1930.

4 A confirmação empírica de várias ideias de Martinet, tal como se encontra na investigação de Moulton sobre dialetos suíço-alemães, ofereceu forte motivação para algumas das interpretações do presente ensaio. Em particular, cf. Moulton 1962.

uma perspectiva que favorece a manipulação abstrata de dados vindos de estágios bastante separados; H. Pilch (1955) faz defesa explícita de atitude semelhante no estudo dos sistemas vocálicos de Shakespeare, de Noah Webster e do inglês americano atual. Nem Halle nem Pilch distinguem os três aspectos da mudança acima delineados.

Poderia parecer que a abordagem histórica seria a mais apropriada a uma ciência empírica preocupada com a mudança, até mesmo num curto espaço de tempo, já que essa abordagem leva a afirmações cada vez mais sujeitas a confirmação ou refutação. Ao mesmo tempo, uma visão tão próxima da mudança histórica nos torna cada vez mais céticos com relação à validade do tipo de dado que pode ser considerado, na medida em que, por exemplo, o linguista explica eventos linguísticos somente por outros eventos linguísticos. Seria de esperar que a aplicação da linguística estrutural a problemas diacrônicos levasse ao enriquecimento dos dados, mais do que a seu empobrecimento[5].

O ponto de vista do presente estudo é o de que não se pode entender o desenvolvimento de uma mudança linguística sem levar em conta a vida social da comunidade em que ela ocorre. Ou, dizendo de outro modo, as pressões sociais estão operando continuamente sobre a língua, não de algum ponto remoto no passado, mas como uma força social imanente agindo no presente vivo.

Sturtevant (1947: 74-84) esboçou uma teoria concisa de difusão e consolidação das mudanças linguísticas que contempla coerentemente esse processo em sua dimensão social. Uma passagem em particular servirá como um excelente tema para esta investigação:

> Antes que um fenômeno possa se difundir de palavra para palavra [...] é necessário que uma das formas rivais adquira algum tipo de prestígio[6].

Espera-se que o estudo do caso aqui em discussão dê suporte a essa visão geral do papel da interação social na mudança linguística.

---

5 Para uma crítica paralela das restrições aos dados impostas pela linguística bloomfieldiana, cf. a resenha de W. Diver da *Historical Linguistics* de W. P. Lehmann, em *Word*, 19: 100-105 (1963).

6 Cf. também as observações de H. Hoenigswald em "Are There Universals of Linguistic Change?" in Greenberg (org.), 1963, nota 8: "Mudanças sonoras, ao que parece, não podem ser completamente previstas a partir de pressões e tensões internas ao sistema, nem explicadas como efeitos de dispersão com respeito a uma meta ou a uma norma; elas têm uma direção e neste sentido específico são como outros acontecimentos históricos".

A ILHA DE MARTHA'S VINEYARD

A ilha de Martha's Vineyard (município de Dukes, estado de Massachusetts) foi escolhida como laboratório para uma investigação inicial dos padrões sociais na mudança linguística[7]. Martha's Vineyard tem a vantagem de ser uma unidade independente, separada do continente por umas boas três milhas (cerca de cinco quilômetros) do Oceano Atlântico. Ao mesmo tempo, Vineyard é social e geograficamente complexa o bastante para oferecer amplo espaço à diferenciação do comportamento linguístico. Também temos a sorte de contar com os registros do *Linguistic Atlas of New England* (doravante abreviado LANE) como um pano de fundo para a investigação[8]. Já faz mais de trinta anos que Guy Lowman visitou Martha's Vineyard; suas entrevistas com quatro membros das velhas famílias da ilha nos dão uma base firme da qual partir e um lapso temporal de uma geração inteira, o que faz aumentar consideravelmente a solidez das conclusões que podem ser tiradas.

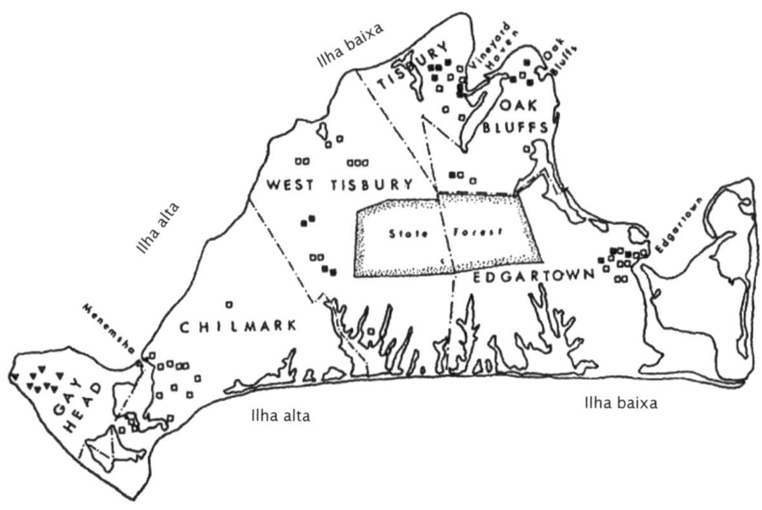

FIGURA 1.1 Localização dos 69 informantes em Martha's Vineyard. A origem étnica é assim indicada: ❑ ingleses; ■ portugueses; ▼ indígenas. Símbolos colocados lado a lado indicam membros da mesma família.

---

7 Para mais detalhes sobre os antecedentes sociais e econômicos de Martha's Vineyard, cf. minha dissertação de mestrado na Columbia University, *The Social History of a Sound Change on the Island of Martha's Vineyard, Massachusetts* (1962), escrita sob a orientação do Professor Uriel Weinreich.

8 Kurath et al. 1941. Para dados básicos sobre os informantes, cf. Kurath 1939.

TABELA 1.1
POPULAÇÃO DE MARTHA'S VINEYARD

Ilha baixa [vilarejos]	*3.846*
Edgartown	1.118
Oak Bluffs	1.027
Vineyard Haven	1.701
Ilha alta [rural]	1.717
Edgartown	256
Oak Bluffs	292
Tisbury	468
West Tisbury	360
Chilmark	238
Gay Head	103
Total	5.563

Fonte: U.S. Bureau of the Census, *U.S. Census of Population: 1960. Number of Inhabitants. Massachusetts.* Final Report PC(1)-23A (Washington, DC: GPO, 1962), Tabela 7, p. 23-11.

A figura 1.1 mostra o aspecto geral de Martha's Vineyard, e a tabela 1.1 exibe os dados populacionais do Censo de 1960. A ilha é dividida em duas partes por uma distinção informal, mas universalmente usada, entre ilha alta *(up-island)* e ilha baixa *(down-island)*. A ilha baixa é a região dos vilarejos, onde vivem quase três quartos da população permanente. A ilha alta é estritamente rural, com poucos lugarejos, fazendas, casas de veraneio isoladas, lagoas de água salgada e pântanos, e uma grande área central desabitada, com pinheirais improdutivos.

Quando viajamos para a ilha alta a partir de Vineyard Haven, chegamos primeiramente ao vilarejo de West Tisbury, que contém algumas das fazendas e campos mais bonitos da ilha, agora em sua maioria sem atividade agrícola. Em Chilmark, o terreno se eleva numa série de colinas suaves de onde se avista o Atlântico, de um lado, e o Estreito de Vineyard, do outro. A lagoa salgada de Chilmark fica permanentemente aberta para o Estreito por meio de um canal exíguo e serve, assim, de porto permanente para uma dúzia de pescadores que ainda operam a partir do cais do vilarejo de Menemsha em Chilmark. Finalmente, no extremo sudoeste da ilha, fica o promontório de Gay Head, com as casas dos 103 índios que representam os habitantes originais de Martha's Vineyard.

Os 6.000 vineyardenses nativos se dividem em quatro grupos étnicos essencialmente endógamos. Primeiro, há os descendentes das velhas famílias de origem inglesa, que se estabeleceram na ilha inicialmente nos séculos XVII e XVIII: os Mayhews, Nortons, Hancocks, Allens, Tiltons, Vincents, Wests, Pooles — todos intimamente aparentados depois de dez gerações de intermatrimônios. Em segundo lugar, há um grande grupo de ascendência portuguesa, imigrantes dos Açores, da Madeira e do Cabo Verde. Existem portugueses ao longo de toda a costa sudeste da Nova Inglaterra*, mas Martha's Vineyard tem a porcentagem mais alta entre todos os municípios de Massachusetts. Em 1960, 11% da população era descendente de uma primeira ou segunda geração de portugueses; com os descendentes de terceira e quarta gerações, o total provavelmente chegaria perto dos 20%[9].

O terceiro grupo étnico é o remanescente indígena de Gay Head. O quarto é uma miscelânea de várias origens: ingleses, franco-canadenses, irlandeses, alemães, poloneses. Embora a soma total deste grupo de residentes seja de quase 15%, não é uma força social coesa e não será levada em maior consideração neste trabalho[10].

Outro grupo que não será diretamente analisado é o elevadíssimo número de veranistas, cerca de 42.000, que invadem a ilha em junho e julho todo ano. Essa maré de veranistas tem tido uma influência direta relativamente pequena sobre o falar de Vineyard, embora a constante pressão daí advinda e a crescente dependência que a ilha tem de uma economia turística exerçam efeitos poderosos indiretos sobre as mudanças linguísticas que vamos abordar.

Martha's Vineyard é muito conhecida entre os linguistas como uma importante área conservadora do inglês americano: uma ilha de pronunciadores do *r* num mar de ausência do *r*. Com uma história de 320 anos de povoamento contínuo, e um longo registro de resistência aos

---

* Nova Inglaterra (New England): nome que se dá, nos Estados Unidos, à região nordeste do país, onde se encontram os estados de Maine, New Hampshire, Rhode Island, Massachusetts, Connecticut e Vermont (n. da tradução).

9 Fonte: US Bureau of the Census, *US Census of Population: 1960. General Social and Economic Characteristics. Massachusetts*. Final Report PC (1)-23c (Washington, D.C.: Government Printing Office, 1962), Tabela 89, p. 23-260.

10 Há um número considerável de aposentados do continente que vivem em Martha's Vineyard como residentes o ano todo. Embora estejam incluídos no total da população, não fazem parte do tecido social que estamos analisando, e nenhum dos informantes pertence a este grupo.

usos e costumes de Boston*, a ilha tem conservado diversos traços arcaicos que provavelmente eram típicos do sudeste da Nova Inglaterra antes de 1800. O traço mais saliente, ainda fortemente enraizado, é a retenção do /r/ final e preconsonantal[11]. O /o/ breve da Nova Inglaterra ainda está bem representado entre os falantes mais velhos. Estudos preliminares em Martha's Vineyard em 1961 mostraram que a maior parte dos traços especiais do falar da ilha apresentados nos mapas do LANE ainda podem ser encontrados entre os falantes tradicionais de 50 a 95 anos de idade.

Relíquias lexicais do inglês seiscentista são indícios ainda mais claros da natureza arcaica da tradição vineyardense. Encontramos *bannock* para designar um bolo frito de farinha de milho; *studdled* para água "suja, turva", além de itens como *tempest* e *buttry*, listados no LANE. Talvez a prova mais drástica do fato de Vineyard representar um estrato subjacente seja a presença de *belly-gut*, para designar um passeio de trenó com a barriga para baixo. Nos registros do LANE, esta forma aparece em Vineyard e no oeste da Nova Inglaterra; na área intermediária, o termo foi substituído por três camadas sucessivas: *belly-bump, belly-flop* e, atualmente, palavra nenhuma[12].

Por mais interessante que seja a estrutura do inglês de Martha's Vineyard, não é nosso objetivo aqui contrastar um sistema estático com outro. Nosso desejo é entender a estrutura interna do inglês vineyardense, incluindo as diferenças sistemáticas que já existem e as mudanças que estão ocorrendo agora na ilha. Para tanto, selecionaremos para estudo um aspecto linguístico característico de Martha's Vineyard com o mais amplo espectro possível de variação e o mais complexo padrão de distribuição.

---

* Boston é a capital do estado de Massachusetts e, assim, centro irradiador de usos e costumes para todo o estado (n. da tradução).

11 Nos mapas do LANE, verifica-se que Guy Lowman gravou regularmente o /r/ da ilha alta como [ɚ] em [wɒɪɚ, hɑɚd, bɑɚn], e o /r/ da ilha baixa como [ə̣] nas mesmas posições. Essencialmente, o mesmo padrão se encontra entre os falantes mais velhos de hoje, embora não com a regularidade que Lowman registrou. É possível que esse tratamento do /r/ seja de fato entendido como uma transcrição ampla, pois o LANE estava muito mais interessado em vogais do que em consoantes.

12 Cf. Kurath 1949, Fig. 162. *Belly-flop* (e o item lexical correspondente em outras regiões) sofreu uma alteração geral, entre a geração mais jovem, para denotar uma "barrigada" na água, no ato de mergulhar. Deslizar de trenó agora é um esporte menos importante, e sua terminologia empobreceu por causa disso. Os dados lexicais derivados do meu próprio estudo sobre Martha's Vineyard estão analisados em detalhe em W. Labov, "The Recent History of Some Dialect Markers in Martha's Vineyard, Massachusetts", em Davis 1972.

SELEÇÃO DA VARIÁVEL LINGUÍSTICA

Seria apropriado perguntar, neste momento, quais são as propriedades mais úteis de uma variável linguística para servir de foco para o estudo de uma comunidade de fala. Primeiro, queremos um item que seja frequente, que ocorra tão reiteradamente no curso da conversação natural espontânea que seu comportamento possa ser mapeado a partir de contextos não estruturados e de entrevistas curtas. Segundo, deve ser estrutural: quanto mais integrado o item estiver num sistema mais amplo de unidades funcionais, maior será o interesse linguístico intrínseco do nosso estudo. Terceiro, a distribuição do traço deve ser altamente estratificada: ou seja, nossas explorações preliminares devem sugerir uma distribuição assimétrica num amplo espectro de faixas etárias ou outros estratos ordenados da sociedade.

Existem alguns critérios contraditórios, que nos empurram para direções diferentes. Por um lado, gostaríamos que o traço fosse saliente, tanto para nós quanto para o falante, a fim de estudar as relações diretas entre atitudes sociais e comportamento linguístico. Mas, por outro, valorizamos a imunidade contra a distorção consciente, o que simplifica muito o problema da confiabilidade dos dados[13].

Nas entrevistas preliminares conduzidas em Martha's Vineyard em 1961, foram observadas diversas mudanças estruturais que eram claramente paralelas a mudanças que ocorriam no continente sob a influência do padrão do sudeste da Nova Inglaterra. Foram encontradas mudanças no inventário fonêmico: o /o/ breve da Nova Inglaterra está desaparecendo rapidamente; as duas vogais baixas posteriores, /ɑ/ e /ɔ/, estão se fundindo. Importantes mudanças na distribuição fonêmica estão ocorrendo: a distinção /or ~ ɔr/ está desaparecendo; o /hw/ inicial está dando lugar a /h/[14]. Alterações em sistemas lexicais estruturados,

---

13 É necessário muito engenho e arte para detectar e eliminar a distorção por parte dos informantes metropolitanos, seja ela intencional ou não. Em Martha's Vineyard, esse é um problema bem menor, mas os efeitos da situação de entrevista ficam evidentes no estilo cuidado de alguns informantes.

14 O desaparecimento do /o/ breve da Nova Inglaterra segue o padrão descrito em Avis (1961). Entrevistas preliminares em outros pontos do sudoeste da Nova Inglaterra (Woods Hole, Falmouth, New Bedford, Fall River, Providence, Stonington) indicam que a perda das distinções /or ~ ɔr/ e /hw- ~ w-/ é paralela à de Martha's Vineyard.

todos na direção dos padrões regionais, podem ser observadas. Estão desaparecendo traços sintáticos arcaicos. Por mais interessantes que essas mudanças possam ser, não há razão para crer que sua distribuição seguirá um padrão peculiar em Martha's Vineyard.

No caso do /r/ pós-vocálico, no entanto, temos sim uma variável linguística definida pelos limites geográficos da ilha e que segue um padrão social idiossincrático a Martha's Vineyard. Em algumas áreas da ilha, a retroflexão está diminuindo e, em outras, aumentando; como observaremos mais adiante, as implicações sociais desse fato não podem ser negligenciadas. As variações do /r/ são frequentes, salientes e envolvem consequências estruturais determinantes para o sistema vocálico inteiro.

Entretanto, estudos preliminares de Martha's Vineyard indicaram que outra variável poderia ser ainda mais interessante: as diferenças na altura do primeiro elemento dos ditongos /ay/ e /aw/. Em vez do padrão comum do sudeste da Nova Inglaterra, [aɪ] e [aʊ], frequentemente se ouve em Martha's Vineyard [ɐɪ] e [ɐʊ], ou até mesmo [əɪ] e [əʊ]. Esse aspecto dos ditongos centralizados[15] é saliente para o linguista, mas não para os falantes; é claramente imune à distorção consciente, já que os vineyardenses nativos não se dão conta dele, nem conseguem controlá-lo conscientemente. No que diz respeito à estrutura, não podemos desprezar o paralelismo estrutural de /ay/ e /aw/; por outro lado, esses ditongos são marcados por grande liberdade estrutural na gama de alofones permitida pelo sistema. Essas são diferenças estritamente subfonêmicas. Uma vez que não existem outros ditongos crescentes com primeiros elementos baixo ou central nesse sistema, não é provável que o alçamento continuado, ou até a posteriorização ou anteriorização, resultasse em confusão com qualquer outro fonema.

A propriedade desse traço de centralização que o faz parecer excepcionalmente atraente, até mesmo à primeira vista, é a indicação de um complexo e sutil padrão de estratificação. Essa mesma complexidade dá provas de ser recompensadora, pois quando a tendência centralizante é mapeada nos hábitos de vários falantes, e a influência do ambiente

---

15 Os termos *ditongos centralizados*, *centralização* e *grau de centralização* serão usados ao longo deste estudo para se referir às várias formas dos ditongos /ay/ e /aw/ com primeiros elementos mais altos do que [a]. Não se pretende que esses termos impliquem qualquer processo ou direção de mudança, exceto quando usados com afirmações explícitas neste sentido.

fonético, prosódico e estilístico é considerada, permanece uma ampla área de variação. Em vez de chamá-la de variação "livre" ou "esporádica", e abandonar o terreno, vamos mais adiante na questão, usando todas as pistas disponíveis para descobrir o padrão que governa a distribuição dos ditongos centralizados.

O problema se torna ainda mais significativo quando fica evidente que a atual tendência em Martha's Vineyard caminha em direção contrária ao movimento constante desses ditongos nos últimos duzentos anos. E embora essa mudança sonora provavelmente não venha a se tornar uma mudança fonêmica num futuro próximo, ela opera numa área onde mudanças fonêmicas importantes ocorreram no passado. Ela é, de fato, um resíduo instável da Grande Mutação Vocálica*.

A HISTÓRIA DOS DITONGOS CENTRALIZADOS

Parece ser consensual que o primeiro elemento do ditongo /ay/ era uma vogal média-central no inglês dos séculos XVI e XVII (Jespersen 1927: 234; Kökeritz 1953: 216)[16]. Podemos supor que, quando tomou posse de sua recém-adquirida propriedade de Martha's Vineyard em 1642, Thomas Mayhew trouxe consigo a pronúncia [əɪ] em *right, pride, wine* e *wife*. A história posterior dessa vogal nos Estados Unidos indica que [əɪ] continuou a ser a forma favorecida até o século XIX[17].

Quando examinamos os registros do LANE, descobrimos que o /ay/ centralizado era um sobrevivente vigoroso na fala dos informantes do Atlas[18].

* Grande Mutação Vocálica (*Great Vowel Shift*): série de mudanças fonéticas ocorridas no inglês moderno (séc. XV), em que as vogais longas baixas e médias foram alçadas: /ā/ e /ō/ se tornaram /ey/ e /ow/, por exemplo, enquanto as vogais altas longas /ī/ e /ū/ se tornaram os ditongos /ay/ e /aw/, respectivamente (n. da tradução).

16 Entre os linguistas históricos recentes, H. C. Wyld (1920: 223-25) é uma notável exceção ao postular um primeiro elemento anterior na transição do /i:/ do inglês médio para o /ay/ do inglês moderno, apoiando-se às vezes em grafias esporádicas com *ey* e *ei*, mas sem considerar as muitas outras indicações de posição central.

17 Provas abundantes se encontram em Krapp 1952(2): 186-91.

18 Pode se ter a melhor visão da distribuição de /ay/ nos mapas 26-27 de Kurath & McDavid 1951. Os ditongos centralizados são bem conhecidos como um traço do inglês canadense, onde o efeito do ambiente consonantal (surda-sonora) é bastante regular.

Nós o encontramos espalhado por todas as áreas rurais da Nova Inglaterra, e fortemente enraizado no vale do Genesee, no oeste de Nova York. Ele tinha desaparecido completamente da zona central da Nova Inglaterra, mas era bastante regular — antes de consoantes surdas — tanto no centro-sul quanto no extremo sul. Esse efeito diferencial das consoantes subsequentes surda e sonora era somente uma influência direcionadora no norte, mas permanecia como uma regra fonética regular no sul. Em Martha's Vineyard, bem como nas vizinhas Nantucket e Cape Cod, o /ay/ centralizado era registrado com frequência.

A história de /aw/ difere da de /ay/ mais do que nossas expectativas gerais de simetria nos levariam a predizer. Há razões para acreditar que na Inglaterra o abaixamento de /aw/ estivesse consideravelmente avançado em relação ao de /ay/, e não é provável que o mesmo Thomas Mayhew usasse [əʊ] em *house* e *out* (Jespersen 1927: 235-36; Kökeritz 1953: 144-49; Wyld 1920: 230-31). As comprovações americanas do final do século XVIII e XIX, tais como sumarizadas por Krapp (1925 2: 192-96), apontam para [oʊ] como a forma conservadora, culta, dando lugar a [aʊ] ou [ɑʊ], com a forma rural da Nova Inglaterra como [æʊ] ou [ɛʊ]. Os registros do Atlas Linguístico mostram apenas uma pista de paralelismo de /ay/ e /aw/ (Kurath & McDavid 1951: mapas 28-29). Encontramos [əʊ] sobretudo no leste da Virgínia, antes de consoantes surdas, com alguma pequena representação no norte do estado de Nova York, mas a forma principal da Nova Inglaterra [aʊ] se erguia contra um fundo rural e recessivo de [æʊ]. Martha's Vineyard exibe uma centralização muito pequena de /aw/ nos mapas do LANE.

Essa breve revisão indica que a posição isolada de /aw/ facilitou a variação fonética numa escala realmente impressionante. O primeiro elemento variou de [ɪ] a [ɑ], de [ɛ] a [o], tudo dentro do mesmo sistema estrutural geral. Talvez uma razão por que /ay/ não tenha mostrado uma escala semelhante de variação seja a existência de outro ditongo crescente, /ɔy/[19]. De todo modo, tal como o cenário se apresenta para nossa visão atual dos ditongos de Martha's Vineyard, /ay/ está bem centralizado, mas /aw/ não. Pode ser uma afirmação demasiado enfática dizer que

---

19 A possibilidade de confusão fonêmica com /ɔy/ parece ter sido uma realidade nos séculos XVII e XVIII, tanto na Inglaterra quanto nos Estados Unidos, quando ambos os ditongos tinham primeiros elementos centrais.

isso representa a herança fonética dos colonos ianques do século XVII na ilha, mas podemos arriscar dizer que não temos indícios de nenhum evento interveniente que perturbasse o padrão original.

Ao iniciarmos o estudo sistemático desse padrão de centralização, nos referiremos às variáveis linguísticas (ay) e (aw) em lugar dos fonemas /ay/ e /aw/. Onde as diferenças subfonêmicas na posição do núcleo de /ay/ e /aw/ são consideradas como variação *livre*, e linguisticamente insignificantes, as variantes de (ay) e (aw) mostram diferenças significativas em sua distribuição e carregam informação sociolinguística. Neste caso (mas nem sempre), as variáveis (ay) e (aw) representam a mesma substância fonética das categorias invariantes /ay/ e /aw/; os parênteses indicam uma abordagem diferente da análise da variação. Enquanto / / indicam que a variação interna deve ser desconsiderada por ser insignificante, ( ) indicam que essa variação é o principal foco de estudo.

A INVESTIGAÇÃO DE (AY) E (AW)

O veranista em Martha's Vineyard tem apenas uma impressão fugaz do padrão de fala nativo. Sete de cada oito seres humanos na ilha são visitantes como ele. Mas, para o vineyardense, não existe nenhum efeito de diluição. Para ele, os veranistas têm muito pouco *status* na ilha, e sua natureza efêmera fica convincentemente demonstrada na primeira semana de setembro de cada ano, quando eles desaparecem ainda mais depressa do que a população de insetos dos meses de verão. A fala nativa normal de Martha's Vineyard pode então ser ouvida como o som dominante em lugares públicos. Uma batida em qualquer porta da ilha alta não fará mais surgir um corretor da bolsa de Back Bay*, mas o legítimo dono, novamente em posse de seu imóvel. Como um morador rural da ilha alta, é muito provável que ele use um alto grau de centralização de (ay) e (aw); mas nas áreas dos vilarejos da ilha baixa, também se pode ouvir esse traço, particularmente em palavras como *right, white, twice, life, wife, like,* mas não tanto em *while, time, line, I, my, try.* De igual modo, pode se ouvir nas ruas de Vineyard Haven formas centralizadas em *out, house, doubt,* mas não tanto em *now, how* ou *around.*

* Back Bay: bairro nobre de Boston (n. da tradução).

A fim de estudar sistematicamente esse traço, foi necessário conceber um modelo de entrevista que fornecesse vários exemplos de (ay) e (aw) na fala espontânea, na fala emocionalmente carregada, na fala monitorada e no estilo de leitura. O primeiro desses ditongos tem mais do dobro da frequência de uso do segundo, mas, mesmo assim, diversas estratégias foram necessárias para aumentar a concentração de ocorrências de ambos:

1. Um questionário lexical, usando os marcadores regionais mostrados como mais significativos nos mapas do LANE, suplementado com observações recentes, e concentrando-se nas seguintes palavras que contêm (ay) e (aw)*:

spider	rareripe	iodine	dying out
sliding	swipe	quinine	flattening out
		scrimy	dowdy
white bread	nigh		outhouse
white of egg	pie	frying pan	backhouse
nightcrawler	sty	fry pan	crouch
lightining bug	firefly		mow
Italian	shiretown		rowen

2. Perguntas acerca de juízos de valor, explorando a orientação social do informante, foram formuladas de tal modo a suscitar respostas contendo as formas (ay) e (aw)[20]. Respostas a essas perguntas frequentemente propiciaram uma rica coleta das formas dos ditongos, com usos contrastantes das variantes emocionalmente marcadas e não marcadas.
3. Um texto para leitura especial, usado principalmente na escola secundária, foi oferecido ostensivamente como um teste da habilida-

* Não indicamos a tradução das palavras desta lista em português porque o importante nelas é a presença dos ditongos (ay) e (aw), que são as variáveis em estudo, e não o que elas significam. O leitor curioso pode recorrer a um dicionário bilíngue (n. da tradução).

20 "When we speak of the *right* to *life*, liberty and pursuit of happiness, what does *right* mean? ... Is it in *writing*? ... If a man is successful at a job he doesn't *like*, would you still say he was a successful man?" ("Quando se fala do *direito* à *vida*, à liberdade e à busca da felicidade, o que significa *direito*? ... Está *escrito*? ... Se um homem tem sucesso num emprego que ele não *gosta*, você ainda assim diria que é um homem de sucesso?") Essas perguntas em geral conseguiam obter as versões do informante para as palavras em itálico.

de de ler naturalmente uma história[21]. Uma vez que essas leituras geraram as comparações mais exatas entre falantes, elas foram utilizadas para as medições espectrográficas discutidas a seguir.

Além da entrevista formal, fizemos observações em muitas situações espontâneas: nas ruas de Vineyard Haven e Edgartown, em lanchonetes, restaurantes, bares, lojas, embarcadouros e em diversos lugares onde o som geral da conversa pública podia ser anotado, quando não gravado. Mas essas anotações serviram apenas como controles suplementares sobre as entrevistas gravadas em fita. As informações básicas foram reunidas no curso de 69 entrevistas com falantes nativos da ilha, feitas em três períodos: agosto de 1961, final de setembro-outubro de 1961, janeiro de 1962. Essas 69 entrevistas fornecem a base para a discussão que se segue.

Os 69 falantes, pouco mais de 1% da população, representam uma amostra criteriosa da comunidade de residentes nativos e dos grupos que são importantes na vida social e no sistema de valores da ilha. A amostragem é proporcional à área, mais do que à população: 40 são moradores da ilha alta, e só 29 vêm da ilha baixa, embora mais de 70% da população vivam na ilha baixa. Os grupos ocupacionais mais importantes estão representados: 14 na pesca, 8 na agricultura, 6 na construção, 19 no ramo de serviços, 3 profissionais liberais, 5 donas de casa, 14 estudantes. Os três principais grupos étnicos estão representados: 42 descendentes de ingleses, 16 de portugueses e 9 de índios.

A localização dos 69 informantes aparece na figura 1.1, codificada por grupo étnico. É preciso salientar que uma grande parcela dos en-

---

[21] Este texto de 200 palavras se constrói como uma história contada por um adolescente vineyardense sobre o dia em que descobriu que seu pai nem sempre estava com a razão. Um trecho mostrará a técnica envolvida: *"After the high winds last Thursday, we went down to the mooring to see how the boat was making out. ... My father started to pump out the bottom, and he told me to find out if the outboard would start. I found out all right. I gave her a couple of real hard pulls but it was no dice. 'Let me try her', my father said. 'Not on your life', I told him. 'I've got my pride'."* ("Depois da ventania da última quinta-feira, descemos até o embarcadouro para ver como estava o barco. ... Meu pai começou a bombear a água do fundo e me disse para ir ver se o motor de popa funcionava. Vi que estava muito bem. Dei alguns puxões muito fortes, mas não adiantou. 'Deixa eu tentar', disse meu pai. 'Nem sonhando', eu disse a ele, 'tenho o meu orgulho'.") [O importante é notar que, no texto em inglês, aparece uma grande quantidade de ditongos (ay) e (aw), o que permitiu a Labov obter dados importantes (n. da tradução).]

gajados na pesca se encontram em Chilmark; os fazendeiros estão mais no interior, sobretudo em West Tisbury; os do ramo de serviços se concentram fortemente em Edgartown e Vineyard Haven. Dos quatro informantes de Guy Lowman para o LANE, um era de Chilmark, um de West Tisbury e dois de Edgartown.

Como resultado dessas 69 entrevistas, temos cerca de 3.500 ocorrências de (ay) e 1.500 ocorrências de (aw) como base de dados para o presente estudo.

Escalas de medição

Um passo importante foi construir um índice confiável, intersubjetivo, do grau de centralização. Nas transcrições originais das entrevistas em fita gravada, usou-se uma escala de seis pontos de altura do primeiro elemento, indo da forma-padrão da Nova Inglaterra [aɪ] até a totalmente centralizada [əɪ][22]. Essa transcrição teve a intenção de levar as distinções percebidas até os limites da discriminação auditiva. Correspondeu à prática do LANE, no qual o mesmo número de graus de altura pode ser simbolizado. Contudo, reconheceu-se que essas distinções tão finas provavelmente só poderiam ser reproduzidas de forma consistente por indivíduos que tivessem atingido um alto grau de convergência, e por um curto lapso de tempo.

Foram usadas medições instrumentais independentes para reduzir a escala por critérios objetivos e para dar certo grau de validade objetiva ao sistema de transcrição inteiro.

Foram feitos espectrogramas acústicos de 80 ocorrências de (ay) tal como faladas e gravadas por sete diferentes vineyardenses[23]. Um estu-

---

[22] As entrevistas foram gravadas a 3 ¾ polegadas por segundo num Butoba MT-5, usando um microfone dinâmico Butoba MD-21. Pode se solicitar ao autor (Department of Linguistics, University of Pennsylvania, Philadelphia, Pa., 19104) uma gravação em fita do texto "After the high winds...", lido por cinco dos falantes, cujas medições dos formantes aparecem na figura 1.3, bem como outros exemplos de ditongos centralizados usados por falantes de Martha's Vineyard em conversação espontânea.

[23] Os espectrogramas foram feitos num sonógrafo Kay, usando fitas largas e estreitas. Sete deles, mostrando 15 ocorrências de /ai/ e /au/, estão reproduzidos na supracitada dissertação de mestrado.

do dos padrões dos formantes reunidos indicou que um ponto específico no tempo pode ser o mais adequado para medir o grau de altura do primeiro elemento do ditongo. Isso aparece na figura 1.2 como o ponto em que o primeiro formante atinge seu máximo. Medições da primeira e da segunda posição dos formantes neste ponto pareciam corresponder bem às medições dos formantes para as vogais [a] e [ɘ] nos estudos das vogais de Peterson & Barney (1952)[24].

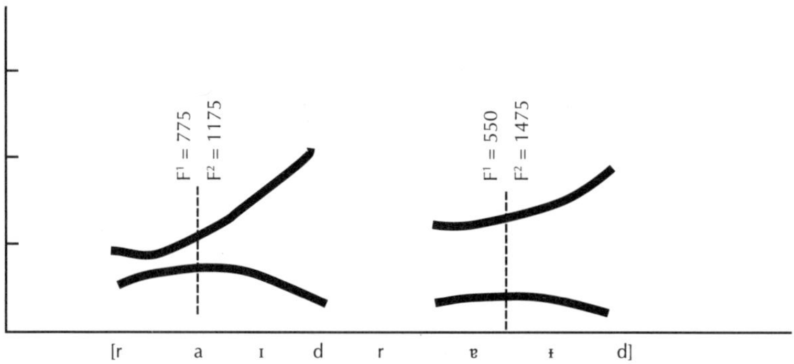

FIG. 1.2. Medida dos ditongos (ay) típicos no máximo do primeiro formante

As 80 medições foram em seguida lançadas sobre uma escala bilogarítmica, com a abscissa e a coordenada correspondendo ao primeiro e ao segundo formantes. As transcrições impressionísticas originais foram então inseridas para cada medição, e o resultado examinado para a separação clara dos níveis impressionísticos. No todo, a estratificação ficou boa; os índices impressionísticos com primeiros elementos mais abertos mostraram leituras de primeiro formante mais alto e segundo formante mais baixo. Contudo, a separação dos graus 2 de 3, e 4 de 5, não foi tão clara quanto as outras. Assim, estabeleceu-se uma escala em quatro níveis, e a correlação resultante, mostrada na figura 1.3 e na tabela abaixo[25].

[24] O grau de superposição mostrado na figura 1.3 parece comparável aos resultados de Peterson & Barney.

[25] Um problema paralelo de condensação de uma escala impressionista fina está exposto em Gauchat et al. 1925: ix. Uma transcrição de sete níveis das vogais médias foi reduzida a cinco níveis, mas sem a justificativa instrumental apresentada aqui.

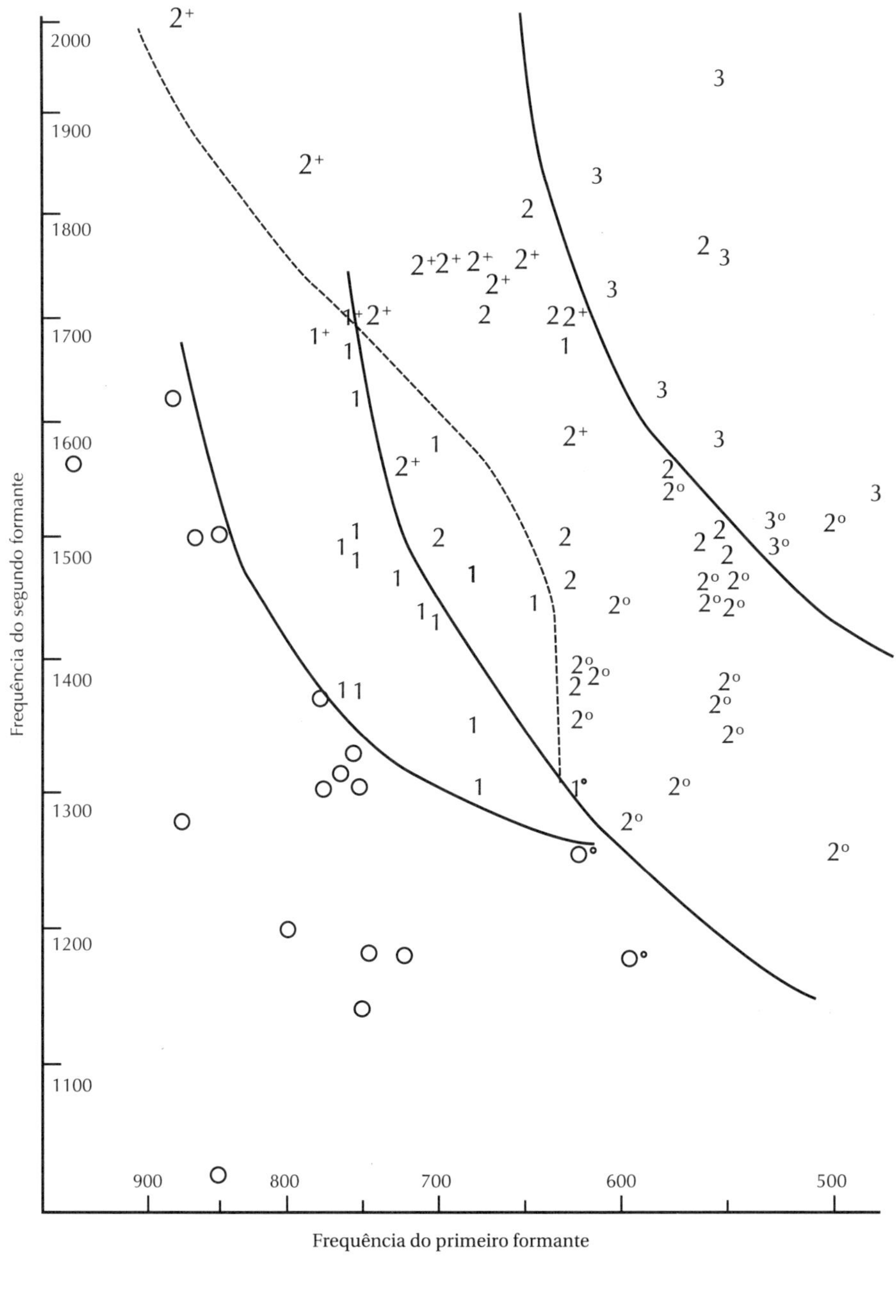

FIG. 1.3. Correlação da medição instrumental e taxas impressionísticas de centralização. Nos 0-3: Equivalentes da Escala II das taxas impressionísticas de altura dos primeiros elementos de 86 ditongos (ay), assinalados antes da medição espectográfica. Sete diferentes falantes de Martha's Vineyard, homens de 14-60 anos, estão representados. ° identifica o falante EP, 31 anos; + identifica o falante DW, 15 anos.

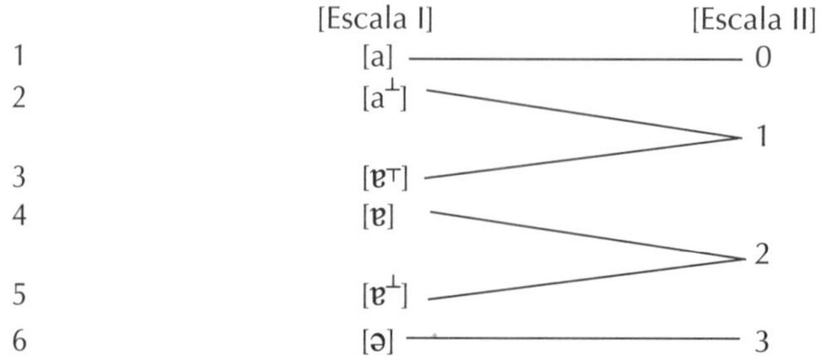

A figura 1.3 mostra os valores para a Escala II mapeada sobre a escala bilogarítmica. É um resultado satisfatório, com boa separação dos quatro graus de centralização. Também obtivemos alguma justificativa para o uso do primeiro formante máximo na medição dos espectrogramas, em vez do segundo formante mínimo. Uma vez que as linhas que separam os quatro graus são paralelas ao eixo do segundo formante mais do que ao eixo do primeiro formante, temos uma demonstração gráfica de que nossas impressões fonéticas são mais sensíveis a alterações no primeiro formante do que no segundo.

Quando esse modo de exibição foi originalmente planejado, havia dúvida sobre se seria possível mapear vários falantes diferentes no mesmo gráfico. Sabemos que há diferenças significativas em esquemas individuais de referência dos formantes. Crianças pequenas, por exemplo, parecem ter triângulos vocálicos organizados em frequências consideravelmente mais altas que os adultos. Os sete falantes cujas leituras são mostradas na figura 1.3 são todos do sexo masculino; quatro são estudantes secundaristas, com idades entre 14 e 15 anos. Mas os outros três são adultos, entre 30 e 60 anos, com qualidades de voz muito diferentes.

Idealmente, se estivéssemos estudando a natureza acústica dos ditongos (ay) e (aw), desejaríamos um grupo de falantes mais uniforme. Em segundo lugar, exigiríamos condições de gravação melhores e mais uniformes: uma gravação foi feita ao ar livre, duas em salas de estar, quatro num auditório vazio. No entanto, uma vez que a meta do teste era trazer confirmação objetiva para uma escala de discriminação impressionística, é totalmente realista usar uma gama de gravações tão variada quanto o volume de material em que se baseia todo o estudo. A ausência de separação dos quatro graus na figura 1.3 pode, então, indicar apenas defeitos na técnica instrumental, mas um resultado positivo dificilmente pode ser derivado de semelhante enviesamento.

É interessante notar que nenhum falante apresenta medições distribuídas em mais do que a metade da figura 1.3, e alguns falantes ficam estritamente limitados a um setor exíguo — ainda que ocupando porções de todos os graus de centralização. Por exemplo, o falante EP (31 anos), que apresenta alto grau de centralização, responde por todas as leituras na porção direita inferior assinalada com um sinal º: 0º, 2º etc. Ele não exibe nenhuma leitura acima de 650 ou 1500 cps. Por outro lado, o falante DW (15 anos), também com alto grau de centralização, responde por toda a porção esquerda superior; suas leituras, marcadas com o sinal ⁺, são todas mais altas do que 625 ou 1550 cps. Por seu turno, GM (15 anos), está circunscrito a uma zona da esquerda inferior até a direita superior, preenchendo o espaço entre os dois acima mencionados. Apesar das diferenças na alocação das vogais, esses sete falantes utilizam a mesma dimensão para produzir o efeito de vogais centralizadas ou abertas: formantes muito separados para vogais centralizadas, formantes adjacentes para vogais abertas. A oposição, embora não distintiva, é claramente vista como variando do compacto ao (relativamente) não compacto.

Esse modo de exibição, portanto, nos indica que a escala impressionística reduzida mostra boa estratificação em termos de parâmetros físicos, e que podemos prosseguir empregando tais índices com bastante confiança em sua validade.

O AMBIENTE LINGUÍSTICO

Podemos agora traçar a distribuição de formas centralizadas para cada falante. Isso se fez para cada uma das 69 entrevistas num mapa, tal como se vê na figura 1.4. Descobrimos que esses mapas se organizam em três tipos básicos:

a. normas não centralizadas: todas as palavras, ou quase todas, ficam no grau 0, com no máximo umas poucas no grau 1: em palavras favorecedoras como *right* e *out*;
b. normas centralizadas: a maioria das palavras com grau 2, e só algumas no grau 1: para formas não favorecedoras, como *time* e *cow*;
c. condicionamento fonético: a influência do ambiente fonético se reflete numa gama de valores dos graus 0 a 2. A figura 1.4 é um exemplo deste tipo.

Grau	0	1	2
right	♦♦	♦♦♦♦	♦♦♦♦ ♦♦
night	♦♦	♦♦	♦
white			♦
like		♦♦	
sight	♦♦♦	♦	
quite	♦		
striped	♦♦		
swiped		♦	
wife	♦♦		
life	♦♦	♦♦♦	♦
knife	♦		♦
spider			♦
side	♦♦♦♦ ♦♦♦	♦	
tide	♦♦♦♦♦	♦	
applied	♦		
characterized	♦		
Ivory			♦
live	♦		♦
five		♦	
I've		♦	
by		♦	
fly in			♦
high	♦		
fryin	♦		
why		♦	
my	♦♦		
try		♦	
I'll	♦		
piles	♦		
while	♦♦♦		
mile	♦		
violence	♦		
shiners	♦		
kind	♦		
iodine		♦	
quinine	♦		
time	♦♦		
line		♦	
I	♦	♦♦♦♦ ♦	♦♦♦♦♦ ♦♦♦♦♦
fired	♦		
tire	♦		

(ay)-75

0	1	2	
♦♦♦♦	♦♦	♦♦♦♦	out
♦	♦		about
♦	♦		trout
	♦		house
♦♦	♦		south
♦	♦♦♦		mouth
♦	♦		couch
♦♦			now
♦♦			how
♦♦			sound
♦♦♦♦ ♦♦♦♦ ♦♦			down
♦♦♦♦			round
♦			hound
♦			ground

(aw)-39

FIG. 1.4. Determinação fonética da centralização. Mapa da centralização para o pescador GB, de North Tisbury.

Esse condicionamento fonético faz lembrar a regularidade fonética encontrada no sul dos Estados Unidos (Shewmake, 1927). Mas em Martha's Vineyard a distribuição é mais complexa e em nenhum lugar codificada com a precisão que se encontra no sul. Antes de proceder ao mapeamento dos vários fatores sociais que influenciam este aspecto, devemos considerar a influência do ambiente linguístico e, primordialmente, o condicionamento fonético.

Ambiente segmental

A influência da *consoante subsequente* pode ser indicada pela tabulação de cinco dimensões articulatórias gerais:

Não favorecedoras de centralização		*Favorecedoras de centralização* →
(a) líquidas	final zero	obstruintes
(b) nasais		orais
(c) sonoras		surdas
(d) velares	labiais	apicais
(e) fricativas		oclusivas

Se aplicarmos essas oposições na ordem dada, de (a) a (e), chegamos a uma série de consoantes, das mais favorecedoras às menos favorecedoras da centralização, que parece corresponder bem aos fatos:

/t, s; p, f; d, v, z; k, θ, ð: ø: l, r; n; m/[26]

A *consoante antecedente* segue um padrão bastante diferente, quase o contrário, e tem efeito consideravelmente menor. As consoantes iniciais mais favorecedoras em sílabas centralizadas são /h, l, r, w, m, n/, com o alofone glotal oclusivo de zero encabeçando a lista. Assim, as palavras mais favorecidas são *right, wife, night, light, nice, life, house, out.*

Fatores prosódicos

A tonicidade aumenta regularmente o grau de centralização para os falantes com os mapas tipo (b) e tipo (c). Essa não é de forma algu-

---

26 (ay) e (aw) são raros antes de /b, g, ŋ, č, j/; /t/ inclui [ʔ]. A variante glotal não distintiva [ʔ] do início não pronunciado de uma sílaba favorece fortemente a centralização, como nas formas 1 da figura 1.3.

ma uma regra óbvia, pois a fala de muitas áreas metropolitanas exibe a tendência oposta: pode se notar um ditongo centralizado ocasional em formas rápidas reduzidas, mas a mesma palavra plenamente acentuada é completamente não centralizada. Isso corresponde à diferença entre uma ocorrência centralizada e uma norma centralizada.

Um caso típico de centralização em função da tonicidade ocorre nesse excerto de uma história contada por um pescador de North Tisbury:

> Why I could do anything with this dog. I used to drop a [naɪf] or my handkerchief or something, and I'd walk pretty near a quarter of a mile, and I'd stop and I'd turn to the dog: "You go get that! Where'd I lose that [nɐɪf]!"
>
> [*Ah, eu podia fazer qualquer coisa com aquele cachorro. Eu costumava deixar cair uma faca ou o meu lenço ou alguma coisa, e caminhava quase por um quarto de milha, e parava e me virava para o cachorro: "Vá lá pegar aquilo! Onde perdi aquela faca!"*]

Influência estilística

Embora saibamos que a maioria dos falantes urbanos têm uma variedade de estilos de fala alternantes, e que as entrevistas sob condições variadas produzirão números variados de traços fonológicos, este não é o caso com a maior parte dos vineyardenses. Eles são essencialmente falantes de estilo único. Às vezes, a conversação assumirá um tom mais expressivo, ou um aspecto mais formal, mas a porcentagem de formas centralizadas não é significativamente afetada. As mudanças na centralização são, ao que parece, aspectos de um padrão que se desenvolve ao longo de períodos de tempo mais extensos[27].

Considerações lexicais

Algumas palavras especiais recebem maior centralização do que sua forma fonética ou posição prosódica normalmente suscitaria. Um

---

[27] Uma pequena influência estilística apareceu na leitura padrão. Aqueles que seguem as normas centralizadoras, cujos mapas eram do tipo *b* e *c*, tinham índices ligeiramente mais altos de centralização na leitura do que na conversação. O efeito oposto foi observado nos que tinham normas não centralizadoras.

exemplo é *sliding*, significando deslizar num trenó pequeno. Pode ser que a confusão com uma forma alternativa como *sledding* seja a responsável, ou que palavras adquiridas na infância, e raramente soletradas, sejam mais suscetíveis à centralização.

Distribuição por idade e tempo

O grau geral de centralização para cada falante é expresso por meio dos valores numéricos das variantes multiplicados por 100. Assim, para a figura 1.4, os valores são (ay)-75 e (aw)-39. Podemos então calcular os valores da variável para qualquer grupo de pessoas tirando a média dos valores entre os membros do grupo.

De início, podemos querer saber se a centralização varia com a faixa etária do falante. A tabela 1.2 indica que sim. A centralização de (ay) e (aw) parece exibir um aumento regular em faixas etárias sucessivas, alcançando um pico no grupo de 31 a 45 anos. Temos agora de examinar as razões para considerarmos esse padrão como uma evidência de mudança histórica no desenvolvimento linguístico de Martha's Vineyard. Trata-se de um exemplo de mudança sonora ou é mera evidência de uma mudança regular em padrões de fala que se correlacionam com a idade?

TABELA 1.2
CENTRALIZAÇÃO DE (ay) E (aw) POR FAIXA ETÁRIA

Idade	(ay)	(aw)
75-	25	22
61-75	35	37
46-60	62	44
31-45	81	88
14-30	37	46

Neste ponto, é necessário examinar uma questão geral: se a mudança sonora pode ser diretamente observada. A conhecida afirmação de Bloomfield (1933: 347) parece contradizer essa possibilidade:

> O processo de mudança linguística nunca foi observado diretamente; veremos que tal observação, com nossos instrumentos atuais, é inconcebível.

Quando essa opinião é vista à luz de toda a discussão de Bloomfield sobre a mudança fonética, ela parece fortemente motivada por argumentos em favor da absoluta regularidade da mudança sonora. Bloomfield deseja mostrar que tal mudança é bastante autônoma, "um favorecimento gradual de algumas variantes não distintivas e um desfavorecimento de outras", e bastante diferente da flutuação normal de formas não distintivas, "em todas as épocas altamente variável". No entanto, uma vez que as observações diretas sempre capturarão essa flutuação normal, "mesmo o mais acurado registro fonético de uma língua em qualquer época não poderia nos dizer quais fonemas estão mudando" (p. 365). As mudanças que observamos seriam provavelmente os efeitos de empréstimo e de mudança analógica.

Hockett (1958: 439), embora reconhecendo a possibilidade de opiniões divergentes, refinou ainda mais a doutrina das mudanças imperceptíveis como um mecanismo básico da mudança linguística. Para todos os propósitos práticos, movimentos do centro da distribuição normal de variações aleatórias não estão sujeitos à observação direta, enquanto as formas mais cruas de mudança que são observadas devem ser devidas a mecanismos menores. Weinreich (1959) sublinhou as limitações teóricas dessa posição[28]; aqui podemos examinar com proveito o resultado da aplicação desse pensamento neogramático às observações empíricas.

O protótipo de estudos minuciosos de mudança sonora é uma comunidade isolada na investigação de Gauchat (1905) do dialeto de Charmey, na Suíça de língua francesa. Gauchat observou e tabulou diferenças em seis traços fonológicos na fala de três gerações: falantes com mais de 60 anos, entre 30 e 60, e abaixo de 30 (cf. capítulos 7 e 9). Hermann voltou ao cenário em 1929, uma geração depois, para investigar quatro desses traços: seus resultados confirmaram a interpretação dos dados de Gauchat como evidência de mudança linguística, uma vez que três dos quatro tinham avançado consideravelmente na mesma direção. Mas Hermann (1929) também mostrou que a profundidade do tempo real é essencial para uma visão precisa, já que o quarto traço não tinha mudado desde 1903 e estava evidentemente sujeito a diversas influências conflitantes.

---

28 "É difícil se sentir à vontade com uma teoria que sustenta que as grandes mudanças do passado foram de um tipo, teoricamente misterioso e interessante, enquanto tudo o que é observável hoje é de outro tipo, transparente e (por consequência) de escasso interesse teórico."

O ponto de vista neogramático é o de que mudanças observáveis são resultados de uma série de empréstimos, imitações e variações aleatórias[29]. Essas explicações complicadas poderiam ser aplicadas sem contradição às presentes observações em Martha's Vineyard. Mas, novamente, não precisamos fazer a suposição gratuita de que a mudança sonora é alguma outra coisa, um processo inevitável de deriva que está além do escopo dos estudos empíricos. Aqui eu gostaria de sugerir que o padrão mesclado de condicionamento fonético irregular, frequências de uso que se alteram em várias faixas etárias, áreas e grupos sociais, como observamos em Martha's Vineyard, é o processo de mudança linguística na forma mais simples que mereça esse nome. Abaixo deste nível, no ponto da variação individual, temos eventos que são sublinguísticos em importância. No primeiro estágio da mudança, onde se originam as mudanças linguísticas, podemos observar diversos efeitos colaterais esporádicos de processos articulatórios que não têm nenhum significado linguístico: nenhuma importância socialmente determinada se vincula a eles, nem na diferenciação de morfemas, nem na função expressiva. Somente quando se atribui significado social a tais variações é que elas são imitadas e começam a desempenhar um papel na língua. A regularidade, portanto, vai ser encontrada no final do processo, como argumentou Sturtevant (1947: 78-81), e não no início[30].

Se agora aceitarmos as evidências que temos em mãos como adequadas em quantidade, confiáveis e válidas, ainda teremos de decidir se este caso particular é um exemplo de uma mudança nos hábitos de fala da comunidade. Dois aspectos da questão parecem argumentar em favor de uma resposta positiva.

Primeiro, os registros do LANE mostram apenas centralização moderada de (ay) para os quatro informantes de 1933, com idade entre 56 e 82 anos. É impossível comparar a transcrição de Lowman com nossa escala atual, especialmente porque seus dados põem mais ênfase em frases cur-

---

[29] Tais argumentos foram de fato propostos em algum detalhe por P. G. Goidanich para explicar os resultados de Gauchat em "Saggio critico sullo studio di L. Gauchat", *Archivio Glottologico Italiano* 20: 60-71 (1926) [citado por Sommerfelt 1930]. Por mais improváveis que pareçam os argumentos de Goidanich, eles vão bem na linha da supracitada posição de Bloomfield.

[30] Cf. Hoenigswald 1963 para considerações posteriores que sustentam essa opinião.

tas com formas acentuadas, elicitadas. Mas se tomarmos o símbolo [ɐ] do LANE como equivalente de nosso atual [ɐ] de grau 2, evidencia-se que aqueles falantes tinham normas centralizadas para (ay) com média aproximada de 86, tão alta quanto o ponto mais alto atingido em nossa amostra para a faixa etária de 60 a 90 anos, mas só com metade da altura do ponto mais alto para a faixa etária de 30 a 60 anos. Se pesarmos o desempenho deles contra um grupo equivalente de falantes de hoje, poderemos concluir que houve nesse ínterim uma queda da centralização antes da subida atual.

Em segundo lugar, o caso de (aw) é conclusivo. Os informantes do LANE tinham um índice médio de 06 para (aw): ou seja, para efeitos práticos, zero. O registro mostra um firme incremento na centralização de (aw) — que vimos ser um fenômeno completamente novo no inglês de Martha's Vineyard —, atingindo valores bem acima de 100 para a maioria das famílias antigas, falantes da ilha alta, chegando até 211 em um caso. Nenhuma mudança em hábitos de fala atribuída à idade poderia explicar esse aumento.

O fato de ser mínimo o percentual de centralização para os muito velhos e para os muito jovens mostra que o efeito da idade não pode ser inteiramente descartado e que, de fato, pode ser um fator secundário na distribuição pelas faixas etárias.

Explicações possíveis para o aumento da centralização

Até agora, nosso exame da centralização, a variável dependente em estudo, foi meramente descritivo. Quando nos voltamos para o problema da explicação, nos defrontamos com a questão de que variáveis independentes examinar. Certamente, o paralelismo estrutural de (ay) e (aw) é importante aqui[31]. Suponhamos por enquanto que a centralização tenha baixado no final da década de 1930 e em seguida, após a guerra, começado a se elevar. Nesse ponto vemos que o alçamento do primeiro elemento de

31 Poderíamos construir aqui uma regra que, na essência, convertesse [+ compacto] em [– compacto], mais simples por um traço do que uma regra que apenas convertesse [aɪ] numa forma centralizada. Embora essa regra pudesse ser satisfatória em sua simplicidade e elegância, deve ficar claro pela discussão a seguir que ela explicaria somente uma pequena parte do mecanismo da mudança linguística.

(ay) provoca o alçamento do primeiro elemento de (aw). Tal mudança de direção pareceria nos oferecer uma explicação plausível para o paralelismo que entra em jogo nesse período, melhor do que a suposição de que ele repentinamente começou a operar depois de um hiato de 300 anos.

Permanece a questão inicial: a de explicar (ou de oferecer um contexto mais amplo para) a elevação geral da centralização na ilha. Por que Martha's Vineyard deu as costas para a história da língua inglesa? Acredito que podemos encontrar uma explicação específica se estudarmos a configuração detalhada desta mudança sonora em função das forças sociais que afetam mais profundamente a vida da ilha.

Se optássemos por uma explicação puramente psicológica, ou baseada somente em paradigmas fonológicos, isso equivaleria a dizer que variáveis sociais como profissão, renda, educação, aspirações sociais e atitudes estão descartadas. Só poderíamos provar tal pretensão tabulando as variáveis sociais independentes, uma a uma, com respeito ao grau de centralização, mostrando que é falsa qualquer correlação além das devidas ao acaso.

No entanto, nossas primeiras análises revelam algumas correlações sociais notáveis que não se deixam descartar facilmente. A tabela 1.3 nos mostra as tendências geográficas da centralização, áreas da ilha alta rural favorecendo a centralização mais do que as áreas dos vilarejos da ilha baixa.

TABELA 1.3
DISTRIBUIÇÃO GEOGRÁFICA DA CENTRALIZAÇÃO

		(ay)	*(aw)*
Ilha baixa		*35*	*33*
	Edgartown	48	55
	Oak Bluffs	33	10
	Vineyard Haven	24	33
Ilha alta		*61*	*66*
	Oak Bluffs	71	99
	N. Tisbury	35	13
	West Tisbury	51	51
	Chilmark	100	81
	Gay Head	51	81

A tabela 1.4 mostra as tendências em função dos grupos profissionais, com os pescadores no topo e os agricultores na base. Se acrescentarmos a ela os dados da tabela 1.5, que exibe a distribuição por grupo étnico, deparamos com a dificuldade de ter que dar muitas explicações.

TABELA1.4
CENTRALIZAÇÃO POR GRUPOS OCUPACIONAIS

	(ay)	*(aw)*
Pescadores	100	79
Fazendeiros	32	22
Outros	41	57

TABELA 1.5
CENTRALIZAÇÃO POR GRUPOS ÉTNICOS

	Ingleses		Portugueses		Indígenas	
Faixa etária	(ay)	(aw)	(ay)	(aw)	(ay)	(aw)
Mais de 60	36	34	26	26	32	40
46 a 60	85	63	37	59	71	100
31 a 45	108	109	73	83	80	133
Menos de 30	35	31	34	52	47	88
Todas as idades	67	60	42	54	56	90

Estarão essas variáveis sociais vinculadas, de algum modo demonstrável, à mudança linguística? Serão realmente independentes umas das outras, ou algumas das correlações estão equivocadas, e são dependentes de algum fator mais amplo que é logicamente prévio a elas? Se tal fator mais amplo existe, precisamos indagar como ele se originou e de que modo está vinculado aos eventos linguísticos. Uma abordagem simplista e contabilística não responderá a essas perguntas. Teremos de buscar respostas na estrutura social da ilha e nas pressões que motivam as mudanças sociais da Martha's Vineyard contemporânea.

A INTERAÇÃO DE PADRÕES LINGUÍSTICOS E SOCIAIS[32]

Para entender Martha's Vineyard, é preciso, antes de tudo, reconhecer que se trata de um belíssimo lugar, um lugar onde dá vontade de mo-

[32] As informações dadas a seguir na discussão dos padrões sociais de Martha's Vineyard derivam em parte de conversas com os 69 informantes. Mas talvez tenham sido mais importantes as informações obtidas de debates com líderes comunitários que eram capazes de enxergar esses padrões como um todo. Sou particularmente grato ao Sr. Benjamin Morton, presidente da Câmara de Comércio, ao Sr. Henry Beetle Hough, editor da *Vineyard Gazette*, e ao Sr. Charles Davis, diretor da Martha's Vineyard Regional High School. Entre os meus informantes, sou especialmente grato ao Sr. Donald Poole, de Chilmark, ao Sr. Benjamin Mayhew, conselheiro municipal de Chilmark, e ao Sr. Albert Prada, funcionário municipal de Edgartown.

rar. Mas não é um lugar fácil para se ganhar o tipo de vida que combina com o modelo de sucesso da sociedade americana moderna. O Censo de 1960 mostra que se trata do município mais pobre de Massachusetts: tem a renda média mais baixa, o mais alto número de pessoas pobres e o menor número de pessoas ricas[33]. Tem o mais alto índice de desemprego: 8,3%, contra 4,2% de todo o estado, e também tem o mais alto índice de emprego temporário. Alguém poderia pensar que a vida na ilha, mesmo assim, é mais fácil: talvez o custo de vida seja baixo. Nada poderia estar mais distante da realidade: o alto preço do transporte (*ferryboat*) vem se sobrepor ao já elevado custo da maioria dos bens de consumo. Por isso, existem ali mais mulheres casadas com filhos pequenos que trabalham do que em qualquer outro município: 27,4% contra 17,3% no estado como um todo.

A razão dessa pressão econômica — e a consequente dependência do turismo — é fácil de achar. Não existe indústria alguma em Martha's Vineyard. A ilha atingiu seu ápice na fase áurea da indústria baleeira; por algum tempo, a pesca comercial nas águas locais sustentou a economia, mas a fartura de peixes já não é a mesma de antes. A pesca em larga escala se faz agora longe de New Bedford, na área dos Grand Banks*. A agricultura e a pecuária decaíram drasticamente por causa do preço do *ferryboat*, que eleva o custo do fertilizante enquanto reduz o lucro com o leite.

O Censo de 1960 nos mostra que a mão de obra da ilha, de 2.000 pessoas, está pesadamente empregada no ramo dos serviços. Apenas 4% estão no ramo manufatureiro, um sétimo da média estadual. 5% estão na agricultura, 2,5% na pesca, e 17% na construção; essas porcentagens são respectivamente cinco, dez e três vezes mais altas que as de todo o estado[34].

As pressões econômicas devem ser claramente traçadas, a fim de se avaliar as pesadas pressões psicológicas que operam sobre os vineyar-

[33] A tabela 36 do relatório do censo de 1960 PC (1)-23c, citada acima na nota 9, mostra alguns contrastes gritantes entre os municípios de Massachusetts. A renda média familiar em Martha's Vineyard é de US$4.745 contra US$6.272 para o conjunto do estado. Barnstable County (Cape Cod) e Nantucket também dependem da economia turística, todavia exibem rendas médias de US$5.386 e US$5.373. O município mais agrícola de Massachusetts, Franklin, exibe uma média de US$5.455. O conjunto do estado tem apenas 12,4% de famílias com renda inferior a US$3.000; Martha's Vineyard tem 23%. O estado tem 17% com renda acima de US$10.000; Martha's Vineyard tem apenas 6,6%.

* Grand Banks: grande área pesqueira do Atlântico Norte, na direção da costa sudeste da Terra Nova (Canadá) (n. da tradução).

[34] Cf. tabela 82 do relatório do censo de 1960, como na nota 33.

denses de famílias tradicionais. A crescente dependência em relação ao turismo de verão atua como uma ameaça à independência pessoal deles. Os vineyardenses mais perspicazes conseguem imaginar o dia em que eles e sua gente serão expropriados, exatamente como os índios antes deles. Compreendem que o negócio turístico não tem como não desequilibrar a economia, já que produz muito pouco para o verão e demais para o inverno. No entanto, é muito difícil para o vineyardense não recolher o dólar deixado sobre a mesa, por mais que tal gesto o incomode. Já mencionamos que muitos vineyardenses saem de suas próprias casas para dar lugar aos veranistas.

Aqueles que acreditam que a ilha lhes pertence de verdade, os descendentes das antigas famílias, têm de dar duro para segurar a barra. Os veranistas, que ganharam muito dinheiro nas cidades grandes, estão comprando a ilha toda. Como disse um morador de Chilmark: "Você não consegue cruzar a ilha de ponta a ponta sem tropeçar em placas de *Entrada proibida*". Todo o litoral noroeste caiu nas mãos de forasteiros. Em Edgartown, toda a fileira de espaçosas casas brancas à beira-mar se rendeu aos altos preços, com uma única exceção, e os descendentes dos capitães baleeiros que as construíram se retiraram para as colinas e vales do interior.

Essa transição gradual da dependência em relação aos veranistas para a submissão total a eles tem produzido reações que variam desde um desprezo ferozmente defensivo até os planos entusiastas de incrementar a economia turística. O estudo dos dados mostra que a alta centralização de (ay) e (aw) está intimamente correlacionada a expressões de grande resistência às incursões dos veranistas.

A maior resistência a esses forasteiros se faz sentir nas áreas rurais da ilha alta, especialmente em Chilmark, o único lugar onde a pesca ainda tem papel importante na economia[35]. Os chilmarkenses são os mais

[35] Apesar do pequeno número de vineyardenses listados como pescadores profissionais no Censo, um número muito maior de ilhéus recorre à pesca em tempo parcial para complementar a renda. Em particular, a coleta de mariscos nos tanques salgados é uma fonte de receita apreciada nos meses de verão. Boa parte da legislação local se destina a proteger os pescadores profissionais contra o grande número de mariscadores eventuais que invadem suas áreas. Desse conflito de interesses decorrem muitas e amargas discussões, nas quais os verdadeiros profissionais de Chilmark seguem, ao menos psicologicamente, na dianteira.

diferentes, independentes e teimosos defensores de seu próprio modo de vida. A fim de avaliar a mudança de orientação dos grupos da ilha no tocante à tradição das antigas famílias, incluí em minha entrevista uma bateria de perguntas que operavam com a semântica da palavra *Yankee* (ianque)*. Uma das perguntas era: "Em que lugar da ilha um típico velho ianque se sentiria mais à vontade para viver?" A resposta mais comum foi, de longe: "Chilmark". Os chilmarkenses eram citados com muita frequência como exemplares dos "típicos velhos ianques".

Os chilmarkenses se orgulham muito de suas diferenças em relação aos moradores do continente:

> Vocês que vêm para cá, para Martha's Vineyard, não entendem os costumes das velhas famílias da ilha... costumes e tradições estritamente marítimos... e aquilo que nos interessa, o resto da América, essa parte do outro lado aqui da água que pertence a vocês e com que nós não temos nada a ver, se esqueceu completamente...
>
> Acho até que nós usamos um tipo de língua inglesa totalmente diferente... pensamos diferente aqui na ilha... é quase uma língua separada dentro da língua inglesa.

Em grande medida, essa última declaração é a expressão de um desejo. Boa parte da diferença linguística dependia de termos da vida baleeira, que agora são obsoletos. Não surpreende, portanto, descobrir que as diferenças fonéticas se tornam cada vez mais marcadas à medida que o grupo luta por manter sua identidade. Mencionamos anteriormente que os graus de retroflexão do /r/ final e pré-consonântico têm significado social: em Chilmark, a retroflexão atinge seu ápice e está crescendo firmemente entre os meninos mais novos.

Na tabela 1.3, observa-se que a centralização é mais predominante na ilha alta do que na ilha baixa, atingindo o máximo em Chilmark. Na tabela 1.4, observa-se que, de todos os grupos ocupacionais, os pescadores exibem o maior índice de centralização. Nosso número total de casos é pequeno demais para permitir tabulações cruzadas extensas, mas

---

* Embora no Brasil se use o termo "ianque" com referência aos norte-americanos em geral, convém lembrar ao leitor brasileiro que, nos Estados Unidos, o adjetivo *Yankee* se aplica predominantemente ao cidadão originário da Nova Inglaterra, região onde se encontra o estado de Massachusetts (n. da tradução).

se tomarmos o grupo de pescadores de Chilmark na faixa etária média, de 30 a 60 anos, perceberemos que esses cinco informantes têm índices médios de 148 para (ay) e 118 para (aw), mais elevados do que qualquer outro grupo social que se possa selecionar na ilha. Então, elenquemos os seis falantes com o mais alto grau de centralização em função de (ay), ou seja, os 10% com índices mais altos:

	(ay)	*(aw)*
Pescador de Chilmark, 60 anos	170	111
Pescador de Chilmark, 31 anos	165	211
Pescador de Chilmark, 55 anos	150	124
Pescador de Edgartown, 61 anos	143	107
Pescador de Chilmark, 33 anos	133	79
Pescador de Edgartown, 52 anos	131	131

Convém mencionar aqui que os dois pescadores de Edgartown listados são irmãos, os últimos descendentes das antigas famílias a manter sua posição na beira-mar de Edgartown frente à invasão dos veranistas.

Temos agora toda a razão para concluir que a grande elevação da centralização começou na ilha alta, entre os pescadores de Chilmark, sob a mesma influência que produziu resultados paralelos entre os poucos residentes de Edgartown que compartilham suas atitudes sociais.

A tabela 1.5 mostra os desdobramentos por faixa etária em cada um dos três grupos étnicos principais. Todos os exemplos que usamos até agora provêm do grupo de descendentes das velhas famílias inglesas; em Chilmark, é o único grupo relevante. Continuemos a acompanhar o desenvolvimento deste grupo através das sucessivas faixas etárias e examinemos a interação de padrões sociais e linguísticos.

Vemos que a centralização atinge o ápice na faixa etária de 30 a 45 anos, e que a centralização de (aw) alcançou ou ultrapassou (ay) neste ponto. Essa faixa etária tem estado sob uma pressão muito mais forte do que qualquer outra; os homens cresceram numa economia declinante, depois de fazerem uma escolha mais ou menos deliberada de permanecer na ilha em vez de abandoná-la. A maioria deles esteve nas forças armadas durante a Segunda Guerra Mundial ou no conflito da Coreia. Muitos frequentaram uma faculdade, pois o grupo de ascendência inglesa tem um grande apreço pela educação superior. Em algum momento, cada um desses homens escolheu levar uma vida apertada em Martha's

Vineyard, enquanto muitos de seus contemporâneos partiram para ganhar mais dinheiro ou mais reconhecimento em outro lugar.

Tensões violentas se criam naqueles que são puxados em ambas as direções; os valores tradicionais de Martha's Vineyard permanecem arraigados e dominadores, mas para alguns é ainda mais forte a atração do modo de vida americano moderno voltado para o sucesso:

> Eu acho realmente que é uma coisa dificílima tomar essa decisão... Só mais tarde é que você percebe que devia tê-la tomado antes. Eu tenho outro filho — Richard —, ele é engenheiro aeronáutico. Ele realmente adora esta ilha. E quando decidiu ser engenheiro aeronáutico nós discutimos isso — demoradamente — e eu disse a ele naquela época: você simplesmente não pode viver em Martha's Vineyard... Ele trabalha em Grumman, mas vem toda vez que tem uma chance e fica aqui o máximo de tempo que pode.

Quem fala é uma mulher de 55 anos, uma descendente da família Mayhew, que deixou a escola de comércio em Boston e voltou para a ilha para se tornar agente imobiliária. Seu filho fez a escolha oposta. Mas outra família, de longa tradição em Chilmark, relatou o seguinte acerca de seu filho:

> ... tínhamos a ideia de que ele fosse para a escola, mas ele não queria ir embora... Quando ele estava em Chauncey Hall, tentaram fazer ele ir para o MIT*, mas ele disse não, ele não queria ir para lugar nenhum onde tivesse de aprender algo que não lhe permitisse voltar para esta ilha.

Podemos aprender muito sobre a centralização estudando essas histórias de famílias específicas. Os dois informantes que encabeçam a lista de falantes centralizadores na página anterior são pai e filho. O pai, um pescador de lagosta de Chilmark, é um homem sério e instruído, com um interesse apaixonado pela história da indústria baleeira; talvez ele seja o porta-voz mais eloquente da mais antiga tradição vineyardense, e autor da citação da p. 49. O filho é um graduado de nível superior que tentou a vida na cidade grande, não se interessou por ela, voltou para a ilha e ergueu diversas empresas comerciais bem-sucedidas nas docas de Chilmark. Exibe um (ay) elevado, em 211, consideravelmente mais centralizado do que qualquer outra pessoa que ouvi em Chilmark. Certa noite, enquanto eu jantava na casa de seus pais, a conversa girou

---

* MIT: Massachusetts Institute of Technology, uma das instituições norte-americanas de nível superior mais conceituadas do mundo (n. da tradução).

em torno das maneiras de falar em geral, sem nenhuma referência específica a (ay) ou (aw). A mãe dele observou: "Sabe, o E. nem sempre falou desse jeito... foi só depois que ele voltou da faculdade. Acho que ele queria ficar mais parecido com os homens das docas..."

Aqui vemos um caso nítido de hipercorreção atuando e, com base em outros indícios também, é razoável supor que essa é uma força muito regular de implementação da tendência fonética que estamos estudando.

Quando se trata de estudantes secundaristas, nos damos conta de que muitos dos jovens oriundos de antigas famílias não pretendem permanecer na ilha, e isso se reflete nos índices baixos da tabela 1.5. Relativamente poucos filhos de ascendência inglesa estarão ganhando a vida em Martha's Vineyard nos próximos vinte anos. Numa série de entrevistas na Martha's Vineyard Regional High School, foi possível comparar muito de perto os hábitos de fala por meio de uma leitura padronizada: *"After the high winds..."* Observou-se um nítido contraste entre os que planejam deixar a ilha e os que planejam ficar. Estes últimos exibem forte centralização, enquanto os primeiros exibem pouca, ou nenhuma. Para enfatizar esse aspecto, podemos selecionar quatro alunos de 15 anos de idade: os dois da ilha baixa que pretendem partir em busca de uma carreira em comércio e finanças mostram pouca ou nenhuma centralização; os dois da ilha alta que esperam ir para a faculdade e voltar para levar a vida na ilha exibem uma considerável centralização[36]. Os índices falam por si:

Ilha baixa, querem partir	*Ilha alta, querem ficar*
(ay) (aw)	*(ay) (aw)*
00-40	90-100
00-00	113-119

Um dos garotos da ilha baixa, de Edgartown, se deixou influenciar fortemente pelos veranistas de classe alta de Boston. Perdeu toda a constrição do /r/ pós-vocálico e também apresenta uma vogal central anterior baixa em palavras como [ka:], *"car"*.

[36] Sobre a questão de deixar a ilha, um desses meninos disse: "Não consigo me imaginar em nenhum lugar fora da ilha ... Gosto demais daqui, como o meu pai, que pesca lagosta. É bastante divertido ... desde que eu consiga dinheiro bastante para viver e curtir a vida. Andei pensando em ... fazer oceanografia porque a gente fica ao ar livre, não seria como um trabalho de escritório".

A CENTRALIZAÇÃO EM OUTROS GRUPOS ÉTNICOS

Podemos agora nos voltar para a posição especial dos grupos étnicos português e indígena e ver se a mesma abordagem explica a distribuição das formas centralizadas no meio deles.

A opinião mais comum acerca dos primeiros imigrantes portugueses é a de que eles vieram de ilhas com uma economia muito semelhante, compartilhavam as virtudes ianques de parcimônia e empreendimento e se enquadraram na vida da ilha quase perfeitamente. Os açorianos, que chegaram primeiro, pareciam ter uma forte inclinação para a agricultura e a pesca, mais do que para a indústria manufatureira; na economia um tanto difusa de Martha's Vineyard, havia pouca concentração de portugueses nos tipos de bolsões industriais que encontramos no continente[37]. Mesmo entre os chilmarkenses cabeça-dura, encontramos certo reconhecimento resmungão da atitude ianquista dos portugueses:

> ... eles trabalhavam, é por isso que eram respeitados. Ninguém jamais interferiu especificamente com eles. Você ouve alguém fazer uma observação sobre o portuga bobalhão ou coisa assim, mas na verdade eu acho que eles têm sido muito bem respeitados porque se concentram muito bem no seu trabalho. Nunca pediram nada.

No entanto, levou algum tempo para que o grupo descendente de portugueses achasse seu lugar na corrente dominante da vida da ilha. Casamentos entre portugueses e ianques ocorrem, mas raramente. A segunda geração de portugueses certamente não se sente à vontade em qualquer situação: como dizem alguns vineyardenses, esses portugueses têm uma "atitude defensiva". Um membro do grupo inglês, em geral, vai expressar sua opinião livremente, condenando os veranistas e seus próprios vizinhos com igual franqueza. Mas o português de segunda geração nunca critica os veranistas na situação de entrevista, e é extremamente cauteloso ao criticar quem quer que seja. Quando a palavra *Yankee* é introduzida, ele se remexe na cadeira, incomodado, e se recusa a fazer qualquer comentário.

---

37 Sob diversos aspectos, Martha's Vineyard parece ser mais democrática do que o continente. Já ouvi no continente expressões marcadas de hostilidade entre grupos portugueses dos Açores e do Cabo Verde, mas nunca em Martha's Vineyard.

Embora a fala dos portugueses de segunda geração esteja livre de qualquer influência portuguesa detectável[38], nela também falta o sabor vineyardense característico. Se examinarmos as faixas etárias dos portugueses de mais de 45 anos na tabela 1.5, que contêm uma grande proporção de falantes de segunda geração, encontramos pouca ou nenhuma centralização.

Já não é esse o caso com falantes portugueses de terceira ou quarta geração. Neste grupo, encontramos uma nítida subida na taxa de centralização, sobretudo com (aw). Na tabela 1.5, vemos que a faixa etária entre 31 a 45 anos tem um grau muito alto de centralização. Esta faixa etária contém uma grande quantidade de portugueses de terceira geração. É o primeiro grupo português que entrou no fluxo dominante da vida da ilha, ocupando posições como comerciantes, funcionários municipais e diversos outros postos de liderança secundária. Esses falantes se consideram nativos da ilha e, em resposta ao termo *Yankee*, eles ou se incluem ou zombam totalmente da ideia.

Na faixa etária mais jovem, o grupo descendente de portugueses mostra um uso muito regular da centralização, seja na segunda, terceira ou quarta geração, e seu índice médio de centralização na tabela é, no momento, mais alto que o do grupo inglês.

Poderia se pensar que a centralização está a caminho de se tornar um marcador da etnia portuguesa na ilha, se tal tendência prosseguir. Mas essa possibilidade se opõe à natureza fortemente democrática da sociedade vineyardense atual. Entre os estudantes secundaristas, por exemplo, parece não haver barreiras sociais entre os grupos étnicos, em clubes, bailes e entre amigos. Esta situação é especialmente chocante para alguns ex-moradores do continente, que gostariam de erguer uma barreira de cor contra algumas das crianças de ascendência cabo-verdiana. Mas apesar de algumas contracorrentes desse tipo, a natureza unificadora e protetora da sociedade vineyardense serve de escudo para o nativo da ilha diante do tipo de realidade que se encontra no continente[39].

---

38 Por outro lado, ouvi um forte sotaque português num homem de segunda geração, com cerca de 40 anos, que foi criado numa fazenda perto de Taunton, Mass.

39 Em diversas ocasiões, os jovens vineyardenses têm sofrido choques culturais bastante severos ao deixar a ilha para prestar o serviço militar ou para trabalhar numa área onde as barreiras de casta permanecem. Um rapaz foi colocado num regimento de negros ao

A razão pela qual o grupo português mais jovem exibe centralização mais pronunciada é que uma grande proporção dele se identifica com a ilha e com o modo de vida da ilha, mais do que ocorre entre os descendentes de ingleses. Enquanto quase todos os do grupo inglês deixam a ilha para cursar a faculdade, e poucos retornam, quase todos os do grupo português permanecem. Em consequência disso, eles estão gradualmente suplantando o grupo inglês na vida econômica da ilha.

É bastante justo dizer que o principal problema do grupo português não tem sido resistir às incursões dos veranistas, mas, antes, afirmar seu *status* como vineyardenses nativos. Seu maior obstáculo não têm sido os forasteiros, mas sim a resistência, da parte do grupo de ascendência inglesa, a um reconhecimento pleno. Junto com a participação mais ampla no *status* nativo, veio o uso mais amplo das características especiais do inglês de Martha's Vineyard, incluindo os ditongos centralizados.

O grupo de descendentes indígenas é relativamente pequeno e homogêneo. Os cem cidadãos de Gay Head estão unidos numas poucas famílias intimamente aparentadas. Alguém poderia pensar que esses sobreviventes da etnia Wampanoag aborígine teriam pouca dificuldade em afirmar seu *status* nativo. Pelo contrário, uma longa tradição de humilhação do índio tem servido, por mais de cem anos, para roubar dele a dignidade que deveria acompanhar a façanha da sobrevivência. A questão gira em torno do fato de que a declinante comunidade indígena teve de se casar necessariamente com forasteiros durante as últimas dez gerações. A lógica da sociedade americana determinou que esses forasteiros deviam ser negros. Assim, já em 1764, os administradores ianques de Martha's Vineyard afirmavam que somente um quarto dos índios era "de puro sangue"[40]. Em 1870, o governador de Massachusetts aboliu o *status* de reserva indígena de Gay Head, sob a alegação de que eles não eram índios de verdade, e os colocou sob a tutela política de Chilmark.

Por muitas décadas, os índios foram literalmente cidadãos de segunda classe, e o ressentimento que data desse período não se extinguiu

---

entrar no exército, mas a ação de líderes vineyardenses conseguiu fazer com que ele fosse transferido logo em seguida.

[40] Uma fonte muito rica de informação sobre esse número se encontra em Richard L. Pease, *Report of the Commissioner Appointed to Complete the Examination ... of all Boundary Lines ... at Gay Head* (Boston, 1871). Pease agia essencialmente como enviado do governador de Massachusetts, a quem prestava contas.

totalmente. Além disso, descobrimos que muitos vineyardenses, de ascendência inglesa ou portuguesa, consideram os índios com um misto de sarcasmo e ceticismo:

> ... me mostre um índio de Gay Head, eu gostaria de ver um.

O povo indígena está consciente dessa situação, como se vê nesta citação de um dos informantes, uma mulher índia de 69 anos:

> Essa gente da ilha, eles não querem se misturar de jeito nenhum, até hoje... Eles não gostam de chamar os índios pelo nome, aqui na ilha. Estou lhe dizendo. Eles gostam mesmo é de ofender.

Apesar da grande mudança na ideologia vineyardense nas últimas três gerações, os índios ainda se sentem bloqueados, geográfica e socialmente, pelos chilmarkenses, "até hoje". Sua atitude para com os chilmarkenses é ambígua. Ofendem-se com a atitude possessiva dos chilmarkenses em relação à ilha, e com a postura tradicional mesquinha e teimosa dos ianques. Sua reação à palavra *Yankee* é sarcástica e hostil[41]. Mas sua principal queixa é a de que merecem *status* igual e, admitindo ou não, bem que gostariam de ser exatamente como os chilmarkenses em vários aspectos.

No que diz respeito à centralização, a tabela 1.5 indica que os indígenas seguem bem perto atrás dos chilmarkenses. Ao mesmo tempo, exibem um aumento relativamente maior de centralização de (aw), semelhante ao ocorrido entre os portugueses, especialmente entre os jovens. Aqui existem sinais de um traço fonético adicional, compartilhado tanto por portugueses quanto por índios: uma forma posterior de (aw), que pode ser escrita [ʌʊ]. Ela caracteriza cinco falantes na amostra, todos com menos de 30 anos, todos de *status* socioeconômico francamente baixo. Não se pode determinar por ora se ela representa uma tendência geral.

Podemos observar que houve uma revivescência da cultura indígena na forma de festas típicas para os turistas, colares de contas e outros artesanatos indígenas, e com isso um renascimento acentuado da organização tribal. Os índios mais jovens reconhecem que essa revivescência foi comercialmente motivada no início, mas afirmam que agora é mais do que isso, e que a cultura indígena sobreviveria se os veranistas de-

[41] "De onde é que eles vêm? De algum lugar lá no sul? ... Muitos deles vêm de Jerusalém, sabe..."

saparecessem completamente. A língua indígena, porém, está morta há muitas gerações e as fórmulas rituais têm que ser aprendidas num livro. Os índios são, na verdade, falantes tradicionais de inglês, e sua luta pelo *status* nativo tem que ser expressa nesta língua.

O SIGNIFICADO SOCIAL DA CENTRALIZAÇÃO

Da informação de que dispomos agora emerge prontamente o perfil de um padrão unificado que exprime o significado social dos ditongos centralizados.

Fica evidente que o significado imediato desse traço fonético é "vineyardense". Quando um homem diz [rɐɪt] ou [hɐʊs], está inconscientemente expressando o fato de que pertence à ilha: de que ele é um dos nativos a quem a ilha realmente pertence. Nesse sentido, a centralização não é diferente de nenhum dos outros traços subfonêmicos de outras regiões que são distinguidas por seu dialeto local. O problema é: por que esse traço se desenvolveu de um modo tão complexo em Martha's Vineyard, e por que está se tornando mais forte nas faixas etárias mais jovens?

A resposta parece estar no fato de que grupos diferentes têm que responder a desafios diferentes a seu *status* nativo. E nas duas últimas gerações, os desafios se tornaram mais agudos por causa das duras pressões econômicas e sociais.

O grupo das antigas famílias de origem inglesa tem sido submetido a pressões vindas de fora: seus membros estão lutando para manter sua posição independente diante de um persistente declínio da economia e diante do assédio ininterrupto dos veranistas. O membro da comunidade de orientação tradicional naturalmente busca seus valores nas gerações passadas: essas gerações passadas formam um grupo de referência para ele[42]. As grandes figuras do passado são continuamente mencionadas, e os que morreram há apenas alguns anos já ganharam *status* de heróis. "Se você tivesse vindo aqui uns poucos anos atrás e falado com *N.*, ele teria lhe contado tantas coisas!"

---

[42] No sentido técnico desenvolvido por R. Merton, *Social Theory and Social Structure* (Glencoe, Ill., 1957).

A súbita elevação da centralização começou entre os pescadores de Chilmark, o grupo mais coeso da ilha, o mais independente, aquele que se opõe mais obstinadamente às incursões dos veranistas. Há um caráter inerentemente dramático na situação dos pescadores e uma grande capacidade de autodramatização no próprio pescador, o que faz dele um candidato ideal para iniciar novos estilos na fala. Cedo de manhã, a cortina se abre: uma figura solitária entra em cena. Durante um dia inteiro, esse único ator domina a cena. Então, por fim, o barco atraca; a cortina se fecha. Acabou o espetáculo, mas as crônicas serão lidas e relidas por gerações subsequentes.

> Eu me lembro, ainda garoto, quando comecei a ir para o mar com meu pai, ele me disse: lembre-se de duas coisas. Sempre trate o oceano com respeito e lembre-se que basta cometer um único erro para você nunca mais voltar.

As formas centralizadas de fala fazem parte, portanto, de um caráter ilhéu dramatizado que o chilmarkense assume e no qual ele imita uma tendência semelhante, porém mais fraca, na geração mais velha.

Nos membros mais jovens do grupo de ascendência inglesa, podemos ver o mecanismo mais detalhadamente. Para eles, os ancestrais e os da ilha alta em particular servem como grupo de referência. Reconhecem que os pescadores de Chilmark são independentes, habilidosos com vários tipos de ferramentas e equipamentos, sem papas na língua, corajosos e fortes fisicamente. Mais importante ainda, carregam consigo a convicção permanente de que a ilha pertence a eles. Se alguém pretender permanecer na ilha, esse modelo estará sempre presente em sua mente. Se pretender partir, adotará um grupo de referência do continente, e a influência dos antepassados diminuirá consideravelmente. O efeito diferencial no grau de centralização usado é resultado direto dessa oposição de valores.

O grupo português não enfrenta o dilema de partir ou ficar. O principal desafio a que esse grupo tem reagido provém do grupo inglês, que certamente servia de grupo de referência para os portugueses até bem recentemente. À medida que cresce o número de portugueses em posições de destaque, não é mais urgente minimizar os efeitos de ser português, mas sim afirmar a própria identidade como ilhéu.

A situação de Gay Head é ditada pela oposição de valores que reina ali. Por um lado, o grupo indígena se ressente de todos os obstáculos à sua plena participação na vida da ilha, e os índios têm adotado francamente muitos dos mesmos valores dos chilmarkenses. Mas, por outro lado, gostariam de insistir também em sua identidade indígena. Infelizmente, eles não têm mais recursos linguísticos para esse fim e, gostando ou não, seguirão o modelo de Chilmark.

O papel do chilmarkense, ou "o típico velho ianque", tem diminuído à medida que o grupo de referência que controla o sentido do termo "ilhéu" tem se diferenciado do grupo associado ao termo "ianque". Mesmo entre os chilmarkenses, os membros mais observadores da comunidade reconhecem que o termo *Yankee* já não reflete a ilha. Embora essa palavra ainda possa servir de toque de reunir em algumas partes da Nova Inglaterra, sobrevive sem utilidade em Martha's Vineyard. Ao enfatizar o *status* de descendente mais do que o *status* de nativo, o termo *Yankee* evoca distinções hostis que já não têm muito valor na ilha:

> As pessoas já não ligam tanto para isso como quando eu era jovem. As pessoas afirmavam: "Eu sou *Yankee*! Eu sou *Yankee*!" Mas agora muito raramente — quase sempre em texto impresso[43].

Em suma, podemos dizer que o significado da centralização, a julgar pelo contexto em que ocorre, é uma atitude positiva em relação a Martha's Vineyard. Se agora desconsiderarmos a faixa etária, a ocupação, o grupo étnico e a geografia para estudarmos a relação da centralização com esta variável independente, poderemos confirmar ou rejeitar essa conclusão. Um exame completo da entrevista de cada informante nos permite situá-lo em uma destas três categorias: *positiva* — exprime sentimentos definitivamente positivos acerca de Martha's Vineyard; *neutra* — expressa sentimentos nem positivos nem negativos acerca de Martha's Vineyard; *negativa* — indica o desejo de ir viver em outro lugar. Quando calculamos o índice médio de centralização destes três grupos, obtemos o impressionante resultado da tabela 1.6:

TABELA 1.6
CENTRALIZAÇÃO E ATITUDE COM RELAÇÃO A MARTHA'S VINEYARD

Pessoas		*(ay)*	*(aw)*
40	Positiva	63	62
19	Neutra	32	42
6	Negativa	09	08

[43] O falante é um dos Mayhews, um pescador aposentado de Chilmark, que reivindica para si o título de "típico velho ianque", como qualquer pessoa em Martha's Vineyard.

O fato dessa tabela nos mostrar o exemplo mais nítido de estratificação de todos quantos já vimos indica que chegamos razoavelmente perto de uma explicação válida para a distribuição social dos ditongos centralizados.

A INTERSEÇÃO DAS ESTRUTURAS SOCIAIS E LINGUÍSTICAS

O esquema abstrato a seguir pode ser útil para sintetizar o argumento até agora proposto para explicar a difusão e propagação dessa mudança linguística específica:

1. Um traço linguístico usado por um grupo A é marcado por contraste com outro dialeto padrão.
2. O grupo A é adotado como grupo de referência por um grupo B, e o traço é adotado e exagerado como um sinal de identidade social em reação a pressões de forças externas.
3. A hipercorreção sob pressão crescente, em combinação com a força da simetria estrutural, leva a uma generalização do traço em outras unidades linguísticas do grupo B.
4. Uma nova norma se estabelece à medida que o processo de generalização se estabiliza.
5. A nova norma é adotada por grupos vizinhos e sucessivos para quem o grupo B serve de grupo de referência.

Permanece uma lacuna na lógica da explicação: de que modo as pressões sociais e as atitudes sociais incidem sobre estruturas linguísticas? Até agora, reunimos uma série convincente de correlações; contudo, ainda precisamos propor um mecanismo racional pelo qual os elementos estáveis da estrutura entram nessas correlações.

Observou-se que os ditongos centralizados não se destacam na consciência dos falantes vineyardenses. Portanto, dificilmente esses ditongos podem ser objeto de avaliação social. A chave para o problema pode estar no fato de que a centralização é somente um entre muitos traços fonológicos que exibem a mesma distribuição geral, embora nenhum deles seja tão saliente ou tão bem estratificado quanto (ay) e (aw). Existem nada menos do que 14 variáveis fonológicas que seguem a regra geral de que as variantes mais altas ou de maior constrição são características dos falantes "nativos" da ilha alta, enquanto as variantes mais baixas, mais abertas, são características dos falantes da ilha baixa sob influência continental[44]. É razoável supor que esse estilo articulatório de "boca fechada" seja objeto de avaliação social. Pode ser então que a avaliação social interaja com estruturas linguísticas neste ponto, por meio da constrição de diversas dimensões do espaço fonológico. Variáveis linguísticas particulares seriam, então, afetadas diversamente pela tendência geral rumo ao favorecimento de uma postura articulatória, sob a influência das forças sociais que estudamos. A comprovação dessa hipótese pode vir do estudo de diversas evoluções comparáveis, numa variedade de dialetos ingleses e de outras línguas. É suficiente observar aqui que este é um mecanismo plausível para a interação sociolinguística, compatível com os fatos que foram reunidos nesta investigação.

Limitações deste estudo

Assinalamos no início que uma limitação deste estudo decorre do fato da variável selecionada não ser saliente. Esta limitação, combinada com o tamanho reduzido da população de Martha's Vineyard, tornou impraticável explorar em profundidade a reação subjetiva dos falantes nativos aos ditongos centralizados. Outros problemas da técnica usada em Martha's Vineyard podem ser vistos no método de amostragem, que está longe de ser rigoroso[45]. As afirmações sobre o aumento da centralização em função de várias faixas etárias dos grupos português e indígena se baseiam num número inadequado de casos. A amostra é particularmente escassa na área da ilha baixa, sobretudo em Oak Bluffs, e o retrato das tendências da ilha baixa é, por isso, mais frágil do que o que

---

44 Na seguinte lista das variáveis em questão, a forma da ilha alta aparece primeiro. Inventário fonológico: /o/ ~ /ou/ em *road, toad, boat, whole*... Distribuição fonêmica: /ɛ/ apenas antes de /r/ intersilábico, em vez de /ɛ/ e /æ/; /r/ ~ /ə/ em posição pós-vocálica. Incidência fonêmica: /ɪ ~ ɛ/ em *get, forget, when, anyway, can*... /ɛ ~ æ/ em *have, had, that*; /ʌ ~ ɑ/ em *got*. Realização fonética: [ɐɪ ~ aɪ] e [ɐʊ ~ aʊ]: [r ~ ɚ]; [ɪr ~ ər] em *work, person*... ; [ə ~ ʌ] em *furrow, hurry*...; [oɐʊ ~ oʊ] em *go, no*...; [ii ~ ɪi] e [uu ~ ʊu]; [ɪᵊ ~ ɪ] e [ɛᵊ ~ ɛ].

45 A técnica de amostragem para variáveis linguísticas é um problema difícil por enquanto. Embora tenhamos certeza de que o comportamento linguístico é mais geral do que o comportamento habitualmente traçado por meio de inquéritos, não sabemos o quanto mais geral ele é, nem podemos estimar facilmente até que ponto é possível reduzir as exigências da amostragem.

ocorre na ilha alta. Por fim, pode se notar que a técnica de entrevista não foi controlada com o rigor que se esperaria: foram feitas muitas mudanças na estrutura da entrevista à medida que o estudo progredia.

Feitas essas ressalvas, podemos dizer que os resultados dão uma boa confirmação do tema principal do estudo: a correlação de padrões sociais com o padrão distribucional de uma variável linguística[46]. A confiabilidade do índice usado foi testada em vários casos onde o mesmo informante foi entrevistado duas vezes, com bons resultados[47]. Os índices do estilo de leitura não divergiram sensivelmente das outras porções da entrevista. A validade da escala de medição ficou bem estabelecida com métodos instrumentais, e a validade do todo parece reforçada pela natureza consistente da interpretação final.

As técnicas desenvolvidas em Martha's Vineyard foram mais tarde refinadas e aplicadas a uma situação muito mais complexa, no coração urbano de Nova York. Lá, falantes de múltiplos estilos são a regra, não a exceção; em vez de três grupos étnicos, temos muitos mais; a mobilidade e a mudança são muito mais rápidas; e a população é enorme. Lá, as exigências de amostragem têm que ser muito mais rígidas; e as técnicas empregadas para avaliar o significado social das pistas linguísticas têm que ser mais sutis e complexas. Contudo, a abordagem básica de isolamento das variáveis socialmente significativas e de correlação delas com os padrões das forças sociais gerais foi a mesma usada em Martha's Vineyard. Podemos esperar que estes métodos nos deem uma compreensão melhor do mecanismo da mudança linguística.

---

46 Além das correlações positivas discutidas acima, a explicação dada é reforçada por alguns resultados negativos de explicações alternativas. O nível educacional dos informantes não se correlaciona significativamente com o grau de centralização. A distribuição de formas gramaticais não padrão ou arcaicas não corresponde à distribuição de formas centralizadas.

47 Por exemplo, duas entrevistas com Ernest Mayhew, pescador de Chilmark, 83 anos, mostraram estes resultados: primeira entrevista, (ay)-67, (aw)-58; segunda entrevista, (ay)-59, (aw)-40. O resultado de (aw) se baseia numa quantidade três vezes menor do que de itens com (ay).

2 A estratificação social do (r) nas lojas de departamento na Cidade de Nova York

"Como essa letra representa apenas uma batida da língua ... ela é a mais imperfeita de todas as consoantes".

John Walker, *Principles of English Pronunciation*. 1791.

TODA PESSOA que comece a estudar a língua em seu contexto social imediatamente se depara com o clássico problema metodológico: os meios empregados para coletar os dados interferem nos dados a serem coletados. O método básico para se obter uma grande quantidade de dados confiáveis da fala de uma pessoa é a entrevista individual gravada. A fala da entrevista é fala formal — não por qualquer medida absoluta, mas em comparação com o vernáculo da vida cotidiana. Em seu conjunto, a entrevista é uma fala pública — monitorada e controlada em resposta à presença de um observador externo. Mas mesmo dentro dessa definição, o investigador pode se perguntar se as respostas numa entrevista gravada são ou não um produto especial da interação entre o entrevistador e o entrevistado. Um modo de controlar isso é estudar a pessoa em seu contexto social natural — interagindo com a família ou com seus pares (Labov, Cohen, Robins & Lewis, 1968). Outro modo é observar o uso público da língua na vida diária fora de qualquer situação de entrevista — para ver como as pessoas usam a língua em contexto quando não existe observação explícita. Este capítulo é um relato do uso sistemático de observações rápidas e anônimas num estudo da estrutura sociolinguística da comunidade de fala[1].

Este capítulo é o primeiro de uma série de seis que tratam diretamente do estudo sociolinguístico da cidade de Nova York. A base principal para esse estudo (Labov 1966a) foi uma amostra aleatória secundária do Lower East Side*, e esses dados serão considerados nos capítulos seguintes. Mas antes que o estudo sistemático fosse levado a cabo, houve diversas investigações preliminares. Estas incluíram 70 entrevistas individuais e uma grande quantidade de observações anônimas em lugares públicos. Esses estudos preliminares levaram à definição das principais variáveis fonológicas que seriam investigadas, incluindo o (r): a presença ou ausência da consoante [r] em posição pós-vocálica em *car, card, four, fourth* ("carro", "cartão", "quatro", "quarto") etc. Esta variável específica se revelou extraordinariamente sensível a qualquer medição de estratificação social ou estilística. Com base nas entrevistas preliminares, pareceu possível empreender um teste empírico de duas noções gerais: primeira, que a variável linguística (r) é um diferenciador social em todos os níveis da fala de Nova York e, segunda, que eventos de fala rápidos e anônimos poderiam ser usados como base para um estudo sistemático da língua. O estudo do (r) nas lojas de departamento de Nova York que vou relatar aqui foi conduzido em novembro de 1962 como teste para essas ideias.

É difícil examinar a distribuição social da língua em Nova York sem se deparar com o padrão de estratificação social que permeia a vida da cidade. Esta ideia é analisada em detalhes no estudo mais amplo sobre o Lower East Side. Aqui, vamos considerar brevemente a definição dada por Bernard Barber: a estratificação social é o produto da diferenciação social e da avaliação social (1957: 1-3). O uso deste termo não implica qualquer tipo específico de classe ou casta, mas simplesmente que os

---

1 Este capítulo se baseia nos capítulos 3 e 9 de *The Social Stratification of English in New York City* (1966), revisado à luz de trabalho posterior com observações rápidas e anônimas. Devo a Frank Anshen e a Marvin Maverick Harris as referências a outros excelentes trabalhos que repetiram este estudo (Allen 1968, Harris 1968).

* A parte da ilha de Manhattan que fica a leste da 5ª Avenida é chamada East Side ("lado leste") e é dividida em duas grandes seções: o Upper East Side ("lado leste alto"), que abriga lojas sofisticadas e residências de luxo, e o Lower East Side ("lado leste baixo"), que durante muito tempo foi a área de residência de imigrantes vindos da Europa oriental (n. da tradução).

mecanismos usuais da sociedade produziram diferenças sistemáticas entre certas instituições ou pessoas, e que essas formas diferenciadas foram hierarquizadas em *status* ou prestígio por acordo geral.

Começamos com a hipótese geral sugerida pelas entrevistas preliminares: *se dois subgrupos quaisquer de falantes nova-iorquinos estão dispostos numa escala de estratificação social, logo estarão dispostos na mesma ordem por seu uso diferenciado do (r).*

Seria fácil testar essa hipótese comparando-se grupos ocupacionais, que estão entre os mais importantes indicadores de estratificação social. Poderíamos tomar, por exemplo, um grupo de advogados, um grupo de escriturários e um grupo de porteiros. Mas isso dificilmente nos levaria além das indicações das entrevistas preliminares, e um exemplo tão extremo de diferenciação não ofereceria uma comprovação muito exata da hipótese. Deveria ser possível mostrar que a hipótese é tão geral, e que o uso diferenciado do (r) permeia a cidade de Nova York tão completamente, que diferenças sociais sutis estarão refletidas no índice de uso da variável tanto quanto as diferenças mais flagrantes.

Por conseguinte, nos pareceu melhor construir um teste mais rigoroso, buscando um caso sutil de estratificação dentro de um mesmo grupo ocupacional: neste caso, os vendedores de grandes lojas de departamento em Manhattan. Se selecionarmos três grandes lojas de departamento, escolhidas no topo, no meio e na base da escala de preços e de moda, poderemos esperar que os clientes sejam socialmente estratificados. Poderíamos esperar que os vendedores exibissem uma estratificação comparável? Essa suposição dependeria de duas correlações: entre a hierarquia de *status* das lojas e a hierarquia dos postos de trabalho semelhantes nas três lojas; e entre os postos de trabalho e o comportamento das pessoas que ocupam esses postos. Não são suposições descabidas. Wright Mills assinala que as vendedoras em grandes lojas de departamento tendem a se apropriar do prestígio de seus clientes ou, pelo menos, a fazer um esforço nesta direção[2]. Evidencia-se que a ocupação de

[2] C. Wright Mills, *White Collar* (New York: Oxford University Press, 1956), p. 173. Ver também p. 243: "A tendência dos colarinhos-brancos a copiar o *status* de elementos superiores é tão forte que tem sido transferida para todos os contatos e aspectos sociais do local de trabalho. Vendedores de lojas de departamento... frequentemente tentam, embora quase sempre sem êxito, adquirir prestígio no contato com os clientes e valer-se disso

uma pessoa está mais intimamente relacionada a seu comportamento linguístico — para aquelas que trabalham ativamente — do que qualquer outra característica social. Os resultados aqui apresentados indicam que as lojas estão objetivamente diferenciadas numa ordem fixa e que os empregos nessas lojas são avaliados pelos empregados nessa mesma ordem. Uma vez que o produto da diferenciação e da avaliação social — por menor que seja — revela a estratificação social dos empregados das três lojas, a hipótese prevê o seguinte resultado: vendedores da loja de *status* mais alto vão apresentar os valores mais altos de (r); os da loja de *status* médio vão apresentar valores intermediários de (r); e os da loja de *status* mais baixo vão apresentar os valores mais baixos. Se tal resultado se verificar, a hipótese terá sido confirmada em proporção ao rigor do teste.

As três lojas selecionadas foram a Saks da 5ª Avenida, a Macy's e a S. Klein. A diferença de *status* dessas lojas pode ser ilustrada de várias maneiras. Sua localização é um aspecto importantíssimo:

Status superior: Saks Fifth Avenue
na esquina da rua 50 com a 5ª Avenida, perto da zona comercial mais sofisticada, junto com lojas de alto luxo como Bonwit Teller, Henri Bendel, Lord and Taylor

Status médio: Macy's
Herald Square, esquina da rua 34 com a 6ª Avenida, perto da zona das confecções, junto com Gimbels e Saks na rua 34 e outras lojas de preço e prestígio medianos.

Status inferior: S. Klein
Union Square, rua 14 com Broadway, não muito longe do Lower East Side.

As políticas de publicidade e preço das lojas são muito claramente estratificadas. Talvez nenhum outro elemento de comportamento de classe seja tão claramente diferenciado em Nova York quanto o jornal que a pessoa lê; várias sondagens têm mostrado que o *Daily News* é o jornal lido acima de tudo pela classe trabalhadora, enquanto o *New York*

---

junto aos colegas de trabalho, bem como aos amigos fora do emprego. Na cidade grande, a garota que trabalha na rua 34 não pode reivindicar o mesmo prestígio daquela que trabalha na 5ª Avenida ou na rua 57".

Times encontra seus leitores na classe média[3]. Estes dois jornais foram examinados quanto à publicidade em 24-27 de outubro de 1962: Saks e Macy's anunciaram no *New York Times*, onde Kleins foi representada apenas por uma peça muito pequena; no *Daily News*, porém, Saks não aparece nunca, enquanto Macy's e Kleins são anunciantes de peso.

Nº DE PÁGINAS DE PUBLICIDADE
24-27 DE OUTUBRO DE 1962

	New York Times	*Daily News*
Saks	2	0
Macy's	6	15
S. Klein	¼	10

Podemos também examinar os preços dos itens anunciados durante aqueles quatro dias. Visto que Saks normalmente não lista os preços, só podemos comparar os preços das três lojas num único produto: casacos femininos. Saks: $90,00; Macy's: $79,95; Kleins: $23,00. Em quatro itens, podemos comparar Kleins e Macy's:

	Macy's	*S. Klein*
vestidos	14,95	5,00
casacos femininos	16,99	12,00
meias	0,89	0,45
ternos masculinos	49,95-64,95	26,00-66,00

A ênfase nos preços também é diferente. Saks não menciona preços ou então os esconde em letras pequenas no rodapé da página. Macy's estampa os preços em letra grande, mas frequentemente acrescenta o *slogan*: "Você tem mais do que preços baixos". Kleins, por sua vez, quase sempre se contenta em deixar que os preços falem por si mesmos. O formato dos preços também é diferente: Saks dá os preços em números redondos, como $120; Macy's sempre exibe alguns centavos de dólar: $49,95; Kleins normalmente dá seus preços em números redondos, e acrescenta o preço anterior, que é sempre muito mais alto e apresentado à moda de Macy's: "De $49,95 por $23,00".

[3] Esta afirmação é plenamente confirmada por respostas a perguntas sobre o público leitor de jornais na investigação da Mobilization for Youth no Lower East Side. O público leitor do *Daily News* e do *Daily Mirror* (hoje extinto), por um lado, e do *New York Times* e do *Herald Tribune* (hoje desaparecido), por outro, é quase complementar em distribuição por classe social.

As instalações físicas das lojas também servem para diferenciá-las. Saks é a mais espaçosa, sobretudo nos andares superiores, com o mínimo de produtos em exposição. Muitos dos andares são acarpetados e, em alguns deles, uma recepcionista está a postos para orientar o cliente. Kleins, no outro extremo, é um labirinto de anexos, pisos de concreto liso, tetos baixos; exibe a maior quantidade de produtos ao menor preço possível.

O principal efeito estratificador sobre os empregados é o prestígio da loja, junto com as condições de trabalho. Os salários não estratificam os empregados na mesma ordem. Pelo contrário, tudo parece indicar que lojas de alto prestígio como Saks pagam salários inferiores aos de Macy's.

Saks é uma loja não sindicalizada, e a estrutura salarial não é tema de debate público. Entretanto, conversas com vários homens e mulheres que trabalharam em lojas de departamento em Nova York, incluindo Saks e Macy's, indicam um consenso sobre o rumo da diferenciação salarial[4]. Alguns incidentes refletem uma disposição dos vendedores a aceitar salários muito mais baixos da loja com maior prestígio. Os executivos das lojas prestigiadas dão muita atenção às relações com os empregados, e tomam várias medidas incomuns para assegurar que os vendedores se sintam compartilhando o prestígio geral da loja[5]. Uma das informantes do Lower East Side que trabalhava na Saks ficou muitíssimo impressionada com o fato de poder comprar roupas da Saks com 25%. Vantagem semelhante vinda de uma loja de pouco prestígio não despertaria seu interesse.

4 Os vendedores da Macy's são representados por um forte sindicato, enquanto os da Saks não são sindicalizados. Um ex-empregado da Macy's considerou de conhecimento geral o fato de que os salários da Saks eram mais baixos que os da Macy's, e que o prestígio da loja ajudava a manter sua posição não sindicalizada. Bônus e outros incentivos são outra alegação para não se sindicalizar. Parece que é mais difícil para uma jovem conseguir um emprego na Saks do que na Macy's. Assim, a Saks tem maior tempo de manobra nas políticas de recrutamento, e a tendência dos gerentes da loja a selecionar moças que falam de determinada forma desempenhará um papel na estratificação da língua, tanto quanto o ajuste feito pelos empregados à sua situação. Ambas as influências convergem para produzir a estratificação.

5 Uma ex-empregada da Macy's me relatou um incidente ocorrido pouco antes do Natal vários anos atrás. Enquanto fazia compras na Lord and Taylor's, ela viu o presidente da empresa ir de seção em seção para apertar a mão de cada funcionário. Quando falou com seus colegas da Macy's sobre essa cena, a reação mais comum foi: "Se não for assim, como é que se consegue alguém para trabalhar por tão pouco dinheiro?" Pode-se dizer que os empregados das lojas de alto *status* não só copiam o prestígio de seu empregador — também se sentem deliberadamente participantes dele.

Do ponto de vista dos empregados da Macy's, um emprego na Kleins está muito abaixo de suas expectativas. As condições de trabalho e os salários são considerados piores, em geral, e o prestígio da Kleins, de fato, é muito baixo. Como veremos, a composição étnica dos empregados da loja reflete com muita precisão essas diferenças.

Um índice socioeconômico que ordenasse os nova-iorquinos por profissão mostraria os empregados das três lojas no mesmo nível. Uma escala de renda provavelmente colocaria os empregados da Macy's um pouco acima dos outros. O grau de instrução é a única escala objetiva que poderia diferenciar os grupos na mesma ordem do prestígio das lojas, embora não haja comprovação a esse respeito. No entanto, as condições de trabalho dos vendedores nas três lojas estratificam-nas na ordem: Saks, Macy's, Kleins. O prestígio das lojas leva a uma avaliação social dos empregos na mesma ordem. Portanto, os dois aspectos da estratificação social — diferenciação e avaliação — é que devem ser buscados nas relações das três lojas e de seus empregados.

O procedimento normal para entrevistar empregados de lojas de departamento consiste em fazer a lista dos vendedores de cada loja, colher amostras aleatórias em cada uma delas, marcar encontros para falar com cada empregado em casa, entrevistar os que aceitam participar para, em seguida, isolar os nova-iorquinos nativos, analisar os casos dos que não participaram para reenquadrá-los na amostra, e assim por diante. Esse procedimento é dispendioso e demorado, mas para a maioria dos casos não existe caminho mais curto que ofereça resultados precisos e confiáveis. Neste caso, usou-se um método mais simples que levou em conta a extrema generalidade do comportamento linguístico das pessoas para coletar um tipo específico de dados. Este método depende da coleta sistemática de eventos de fala casuais e anônimos. Aplicado num ambiente não muito bem definido, tal método poderia apresentar enviesamento e seria difícil dizer que população foi estudada. Neste caso, nossa população é bem definida como os vendedores (ou, de modo mais geral, qualquer empregado cuja fala possa ser ouvida por um cliente) nas três lojas específicas num período específico. O resultado será uma visão do papel que a fala desempenharia na impressão social geral dos empregados sobre o cliente. É surpreendente o quanto essa abordagem simples e barata alcança resultados com alto grau de consistência e regularidade e nos permite testar a hipótese original numa série de procedimentos mais refinados.

O MÉTODO

Foi relativamente simples a aplicação do estudo de eventos de fala casuais e anônimos à situação de lojas de departamento. O entrevistador se aproximava do informante no papel de um cliente que pedia informações sobre um departamento específico. O departamento em questão ficava no quarto andar. Quando o entrevistador perguntava: "Por favor, onde ficam os sapatos femininos?", a resposta geralmente era: *"Fourth floor"* ("Quarto andar").

O entrevistador então se inclinava para a frente e dizia: "Como?" Normalmente, ele obtinha outro enunciado: *"Fourth floor"*, pronunciado em estilo monitorado com acento enfatizado[6].

O entrevistador então se movia ao longo da seção da loja até um ponto imediatamente fora da vista do informante e tomava nota por escrito do dado. Foram incluídas as seguintes variáveis independentes:

- a loja
- o andar da loja[7]
- sexo
- idade (estimada em unidades de cinco anos)
- cargo (encarregado[a] de seção, vendedor[a], caixa, repositor[a])
- raça
- sotaque estrangeiro ou regional (no caso de haver)

A variável dependente é o uso de (r) em quatro ocorrências:

- casual: fourth floor
- enfático: *fourth floor*

Assim, temos posição pré-consonântica e final, em ambos os estilos de fala (casual e enfático). Além disso, todos os demais usos de (r) pelo informante foram anotados, de observações ouvidas por acaso até as contidas na entrevista. Para cada ocorrência totalmente constritiva da variável, registramos (r-1); para o *schwa*, vogal alongada ou nenhuma

---

[6] Em todos os casos, o entrevistador era eu mesmo. Estava vestido à moda da classe média, com jaqueta, camisa branca e gravata, e usava minha pronúncia normal de universitário nativo de Nova Jersey (pronúncia com *r*).

[7] Também foram feitas anotações sobre o departamento em que o empregado estava alocado, mas o número de departamentos não era suficiente para permitir comparações.

fonação, registramos (r-0). Casos duvidosos ou constrição parcial foram simbolizados como *d* e não entraram na tabulação final.

Também foram anotadas ocorrências de africadas ou oclusivas para a consoante final da palavra *fourth*, e quaisquer outros exemplos de variantes não padrão de (th) usadas pelo falante.

Esse método de entrevista foi aplicado em cada seção do andar tantas vezes quanto possível, até o ponto em que os informantes não pudessem perceber que a mesma pergunta já havia sido feita naquele andar. Cada andar da loja foi investigado da mesma maneira. No quarto andar, a forma da pergunta obviamente teve que mudar: "Por favor, que andar é este?"

Seguindo esse método, foram obtidas 68 entrevistas na Saks, 125 na Macy's e 71 na Kleins. O tempo total de entrevista com os 264 falantes foi de aproximadamente 6 horas e meia.

Neste ponto, podemos examinar a natureza destas 264 entrevistas em termos mais gerais. Foram eventos de fala que tiveram significado social inteiramente distinto para os dois participantes. No que diz respeito ao informante, a troca verbal foi uma interação normal vendedor-cliente, quase abaixo do nível da atenção consciente, e na qual as relações dos falantes eram tão casuais e anônimas que eles dificilmente poderiam dizer que tinham se encontrado. Essa relação tênue foi o menos invasiva possível sobre o comportamento do sujeito; a língua e o uso da língua jamais entraram em questão.

Do ponto de vista do entrevistador, a interação foi uma maneira sistemática de provocar as formas exatamente desejadas, no contexto desejado, na ordem desejada e com o contraste estilístico desejado.

Estratificação geral de (r)

Os resultados do estudo mostraram nítida e coerente estratificação de (r) nas três lojas. Na figura 2.1, o uso de (r) pelos empregados de Saks, Macy's e Kleins é comparado por meio de um gráfico de barras.

* *Schwa*: vogal central média não arredondada, de timbre indistinto e que é representada em fonética pelo *e* invertido [ə] (o *schwa* ocorre em francês e é denominado "e mudo", como no final de *plaine* ou o primeiro *e* de *regarder*; no português europeu, o segundo *e* de *gente* e o primeiro de *refazer*); no português brasileiro, tem-se a possibilidade mais próxima na pronúncia do *a* nasalizado da primeira sílaba de *cama* (n. da tradução).

Uma vez que os dados para a maioria dos informantes consistem de apenas quatro itens, não usaremos um índice numérico contínuo de (r). Em vez disso, vamos classificar todos os informantes em três categorias:

- (r-1) totais: aqueles cujos registros exibem somente (r-1) e nenhum (r-0);
- (r-1) parciais: aqueles cujos registros exibem ao menos um (r-1) e um (r-0);
- (r-1) ausente: aqueles cujos registros exibem somente (r-0).

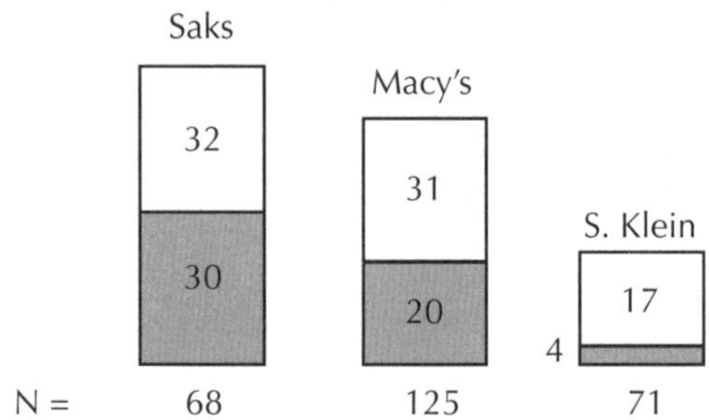

FIGURA 2.1 Estratificação geral de (r) por loja.
Área sombreada = % total de (r-1); área não sombreada = % parcial de (r-1).
% da ausência de (r-1) não mostrada.
N = número total de ocorrências.

Pela figura 2.1, vemos que um total de 62% dos empregados de Saks, 51% de Macy's, e 21% de Kleins usaram (r-1) total ou parcial. A estratificação é ainda mais pronunciada para as porcentagens de (r-1) total. Como a hipótese previa, os grupos estão ordenados por seu uso diferenciado de (r-1) na mesma ordem de sua estratificação por fatores extralinguísticos.

A seguir, podemos examinar a distribuição de (r) em cada uma das quatro posições definidas. Os resultados aparecem na figura 2.2, onde, mais uma vez, as lojas se diferenciam na mesma ordem e para cada posição. Há uma diferença considerável entre Macy's e Kleins em cada posição, mas a diferença entre Macy's e Saks varia. Na pronúncia enfática do (r) final, os empregados da Macy's chegam muito perto da marca de Saks. Parece que a pronúncia do *r* é a norma que a maioria dos empregados de Macy's almejam alcançar, embora não seja a que eles usem com maior frequência. Em Saks, vemos uma alteração entre pronúncia casual e enfática, mas é muito menos marcada. Em outras palavras, os empregados de Saks têm mais *segurança* num sentido linguístico[8].

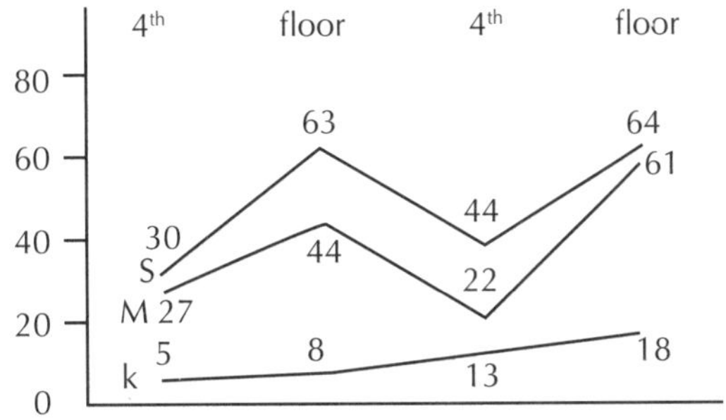

FIGURA 2.2 Porcentagem de (r-1) total por loja nas quatro posições. (S = Saks, M = Macy's, K = Kleins)

Os números menores de (r-1) em Kleins não devem obscurecer o fato de que os empregados de Kleins também participam do mesmo padrão de variação estilística de (r) das outras lojas. A porcentagem de pronúncia do *r* aumenta em Kleins de 5 para 18% quando o contexto se torna mais enfático: um aumento percentual muito maior do que nas outras lojas e uma subida mais regular também. É importante ter em mente que essa atitude — a de considerar que (r-1) é a pronúncia mais apropriada para a fala enfática — é compartilhada por pelo menos alguns falantes em todas as três lojas.

A tabela 2.1 mostra os dados em detalhe, com o número de ocorrências obtido para cada uma das quatro posições de (r) em cada loja. Note-se que o número de ocorrências na segunda pronúncia de *floor* é consideravelmente reduzido, sobretudo por causa da tendência de alguns falantes em responder, na segunda vez, apenas *"Fourth"*.

[8] A alternância estilística extrema do segundo grupo de *status* mais alto aparece em todo o padrão da cidade de Nova York, e está associada com demasiada sensibilidade às normas de um grupo de referência externo (cf. capítulo 5 deste volume). Na tabela 5.1, mostramos os dados do grau de insegurança linguística (GIL), que é o número de itens em que um falante distingue entre sua própria pronúncia de uma palavra e a pronúncia correta. O segundo grupo de maior *status* tem os índices mais elevados do GIL. Encontramos fenômenos paralelos em Shuy, Wolfram & Riley 1967, Wolfram 1969, e Levine & Crockett 1966, que constataram em seu estudo em Hilsboro, Carolina do Norte, que o segundo grupo com maior nível educacional exibia a alternância estilística mais extrema de (r).

TABELA 2.1
DISTRIBUIÇÃO DETALHADA DE (r) POR LOJA E POSIÇÃO NA PALAVRA

	Saks				Macy's				S. Klein			
(r)	*Casual*		*Enfático*		*Casual*		*Enfático*		*Casual*		*Enfático*	
	4th	*floor*	*4th*	*floor*	*4th*	*floor*	*4th*	*floor*	*4th*	*floor*	*4th*	*floor*
(r-1)	17	31	16	21	33	48	13	31	3	5	6	7
(r-0)	39	18	24	12	81	62	48	20	63	59	40	33
d	4	5	4	4	0	3	1	0	1	1	3	3
Sem dados*	8	14	24	31	11	12	63	74	4	6	22	28
Total	68	68	68	68	125	125	125	125	71	71	71	71

(*) A categoria "sem dados" para Macy's mostra valores relativamente altos sob a categoria enfática. Essa discrepância se deve ao fato de que os procedimentos de pedido de repetição não foram padronizados na investigação do piso térreo na Macy's, e os valores para resposta enfática não foram obtidos regularmente. Os efeitos desta perda foram controlados na tabela 2.2, onde somente respostas completas são comparadas.

Uma vez que os números na quarta posição são algo menores que na segunda, pode se suspeitar que aqueles que usam [r] em Saks e Macy's tendem a dar respostas mais completas, fazendo surgir assim uma impressão errônea de aumento de valores de (r) nessas posições. Podemos verificar isso comparando somente aqueles que deram uma resposta completa. Suas respostas podem ser simbolizadas por um número de quatro dígitos, representando a pronúncia em cada uma das quatro posições respectivamente (cf. tabela 2.2).

TABELA 2.2
DISTRIBUIÇÃO DE (r) EM RESPOSTAS COMPLETAS

		% respostas totais em		
	(r)	*Saks*	*Macy's*	*S. Klein*
(r-1) total	1 1 1 1	24	22	6
(r-1) parcial	0 1 1 1 0 0 1 1 0 1 0 1 etc.	46	37	12
(r-1) ausente	0 0 0 0	30	41	82
		100	100	100
N =		33	48	34

Vemos, portanto, que o padrão de diferenciação no uso de (r) é preservado neste subgrupo de respostas completas e a omissão do *"floor"* final por alguns informantes não foi um fator importante neste padrão.

O EFEITO DE OUTRAS VARIÁVEIS INDEPENDENTES

Outros fatores, além da estratificação das lojas, podem explicar o padrão regular da pronúncia de *r* visto acima, ou seja, este efeito pode ser a contribuição de um grupo particular da população, mais do que o comportamento dos vendedores como um todo. As outras variáveis independentes registradas nas entrevistas nos permitem verificar essa possibilidade.

Raça

Existem muito mais empregados negros na amostra de Kleins do que na de Macy's, e mais em Macy's do que em Saks. A tabela 2.3 mostra as porcentagens de informantes negros e suas respostas. Quando comparamos estes números com os da figura 2.1, para toda a população, fica evidente que a presença de muitos informantes negros contribuirá para o uso menor de (r-1). Os informantes negros de Macy's usaram menos (r-1) do que os informantes brancos, embora somente numa pequena proporção; os informantes negros de Kleins apresentaram considerável tendência na direção da ausência de *r*.

TABELA 2.3
DISTRIBUIÇÃO DE (r) ENTRE EMPREGADOS NEGROS

		% de respostas em	
(r)	Saks	Macy's	S. Klein
(r-1) total	50	12	0
(r-1) parcial	0	35	6
(r-1) ausente	50	53	94
	100	100	100
N =	2	17	18
% de informantes negros	03	14	25

A porcentagem mais alta de vendedores negros nas lojas de menor prestígio é coerente com o padrão geral de estratificação social, já que, normalmente, aos trabalhadores negros são atribuídos empregos menos prestigiados. Portanto, a contribuição dos falantes negros ao padrão geral é consistente com a hipótese.

Ocupação

Existem outras diferenças na população das lojas. O tipo de ocupação dos empregados aos quais os clientes têm acesso é bastante diversificado. Na Macy's, os empregados entrevistados podiam ser identificados como chefes de seção (pelos crachás vermelho e branco), vendedores, caixas, repositores e ascensoristas. Na Saks, os caixas não têm contato com o cliente, pois trabalham atrás dos balcões, enquanto os repositores nunca aparecem. Todo o seu trabalho se desenrola nos bastidores da loja, fora da vista do cliente. Por outro lado, na Kleins, todos os empregados parecem trabalhar no mesmo nível: é difícil distinguir entre vendedores, chefes de seção e repositores.

Aqui, novamente, a estratificação extralinguística das lojas é reforçada por observações objetivas no curso da entrevista. Podemos nos perguntar se essas diferenças não são responsáveis por pelo menos uma parte da estratificação de (r). Para obter um resultado mais robusto, seria desejável mostrar que a estratificação de (r) é uma propriedade do subgrupo mais homogêneo das três lojas: as vendedoras brancas naturais de Nova York. Deixando de lado os empregados homens, todas as ocupações que não a de vendas propriamente, os empregados negros e porto-riquenhos, e todos os que têm sotaque estrangeiro[9], permanece um total de 141 informantes para estudar.

A figura 2.3 mostra as porcentagens de (r-1) usadas pelas vendedoras brancas nova-iorquinas nas três lojas, com o mesmo tipo de gráfico da figura 2.1. A estratificação é essencialmente a mesma em tendência e contorno, embora algo menor em magnitude. A amostra extremamente reduzida de Kleins ainda exibe o uso mais baixo de (r-1), e Saks está à frente de Macy's neste particular. Podemos, assim, concluir que a estratificação de (r) é um processo que afeta todas as porções da amostra.

[9] No conjunto da amostra, encontramos 17 informantes que exibiam sotaques estrangeiros e um com características regionais que nitidamente não eram da Cidade de Nova York. Os falantes de línguas estrangeiras na Saks tinham sotaque francês ou de outras línguas europeias ocidentais, enquanto na Kleins tinham sotaque judaico e de outras línguas da Europa oriental. Houve três empregados porto-riquenhos na amostra da Kleins, um na Macy's e nenhum na Saks. Foram 70 homens e 194 mulheres. Os homens mostraram as seguintes pequenas diferenças em relação às mulheres na porcentagem de uso de (r-1):

	homens	mulheres
(r-1) total	22	30
(r-1) parcial	22	17
(r-0)	57	54

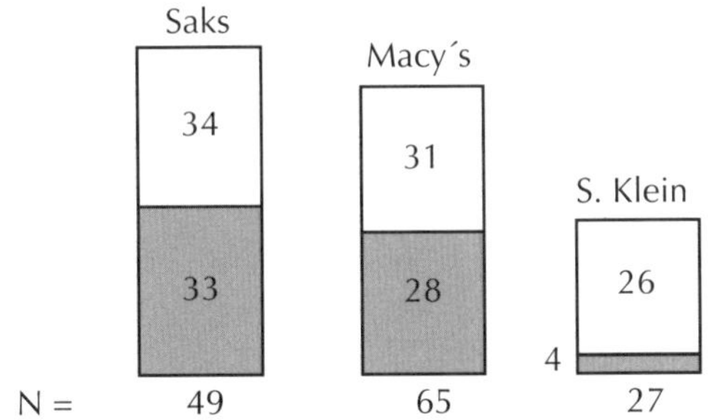

FIGURA 2.3 Estratificação de (r) por loja entre vendedoras brancas nova-iorquinas. Área sombreada = % de (r-1) total; área não sombreada = (r-1) parcial; ausência de (r-1) não mostrada. N = número total de ocorrências.

Podemos agora tirar vantagem da natureza heterogênea da amostra da Macy's. A figura 2.4 mostra a estratificação de (r) segundo os grupos ocupacionais na Macy's: em coerência com nossa hipótese inicial, essa estratificação é mais nítida do que a dos empregados em geral. A porcentagem global dos que usam (r-1) total ou parcial é quase a mesma para os chefes de seção e para os vendedores, mas uma porcentagem muito mais alta de chefes de seção usam sistematicamente (r-1).

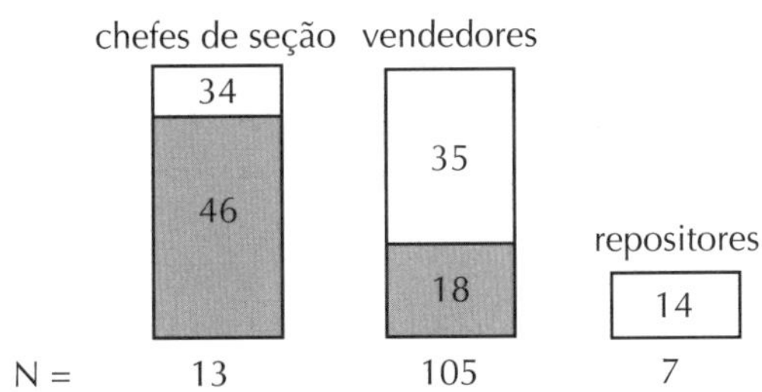

FIGURA 2.4 Estratificação de (r) por grupos ocupacionais em Macy's. Área sombreada = % de (r-1) total; área não sombreada = (r-1) parcial; ausência de (r-1) não mostrada. N = número total de ocorrências.

Outra comparação interessante pode ser feita na Saks, onde há uma grande discrepância entre o térreo e os pisos superiores. O térreo da Saks se parece muito com o da Macy's: muitos balcões apinhados de gente, vendedoras debruçadas sobre os balcões, quase se acotovelando, e uma grande quantidade de mercadorias expostas. Mas os andares superiores da Saks são muito mais espaçosos; há amplas áreas vazias acarpetadas e, nos andares destinados à alta costura, há modelos que desfilam as roupas individualmente para os clientes. Recepcionistas são distribuídas em pontos estratégicos para distinguir os verdadeiros compradores de curiosos em geral.

Parece lógico, portanto, comparar o térreo da Saks com os andares superiores. Pela hipótese, deveríamos encontrar um uso diferenciado de (r-1). A tabela 2.4 mostra que é o caso.

TABELA 2.4
DISTRIBUIÇÃO DE (r) POR ANDAR NA SAKS

(r)	*Térreo*	*Andares superiores*
% (r-1) total	23	34
% (r-1) parcial	23	40
% (r-1) ausente	54	26
	100	100
N =	30	38

No curso da entrevista, também se coletou informação sobre a variável (th), sobretudo quando ocorria na palavra *fourth*. Esta é uma das principais variáveis usadas no estudo da estratificação social em Nova York (Labov 1966a) e em outros lugares (Wolfram 1969; Anshen 1969). A variante mais fortemente estigmatizada é o uso da oclusiva [t] em *fourth, through, think* ("quarto", "através", "pensar") etc. A porcentagem de falantes que usaram oclusivas nesta posição foi totalmente consistente com as outras medições da estratificação social que já vimos:

Saks	00%
Macy's	04
S. Klein	15

Portanto, a hipótese recebeu muitas confirmações semi-independentes. Considerando-se a economia com que a informação foi obtida, a pesquisa se revela muito rica em resultados. É verdade que não sabemos muita coisa que nos interessaria sobre os informantes: local de nascimento, história linguística, educação, participação na cultura nova-iorquina e assim por diante. Apesar disso, as regularidades do padrão subjacente são fortes o bastante para superar essa falta de precisão na seleção e identificação dos informantes.

Diferenciação dos informantes por idade

A idade dos informantes foi estimada em intervalos de cinco anos, e esses números não podem ser considerados confiáveis, a não ser no tipo de comparação mais simples. Contudo, é possível separar as faixas etárias em três unidades e detectar alguma direção geral da mudança.

Se, como já indicamos, (r-1) é uma das principais características de um novo padrão de prestígio que está se impondo sobre o padrão nativo da cidade de Nova York, esperaríamos ver um aumento de pronúncia do *r* entre os vendedores mais jovens. A distribuição geral por idade, no entanto, não mostra nenhuma comprovação de mudança, como se vê na tabela 2.5:

TABELA 2.5
DISTRIBUIÇÃO DE (r) POR IDADE ESTIMADA

	Faixas etárias		
(r)	15-30	35-50	55-70
% de (r-1) total	24	20	20
% de (r-1) parcial	21	28	22
% de (r-1) ausente	55	52	58

Essa ausência de tendência é surpreendente, à luz de outras comprovações de que o uso de (r-1) como variante de prestígio está aumentando entre as pessoas mais jovens de Nova York. Há indícios muito claros de ausência de (r-1) em Nova York nos anos 1930 (Kurath & McDavid 1951) e um subsequente aumento nos registros de Hubbell (1950) e Bronstein

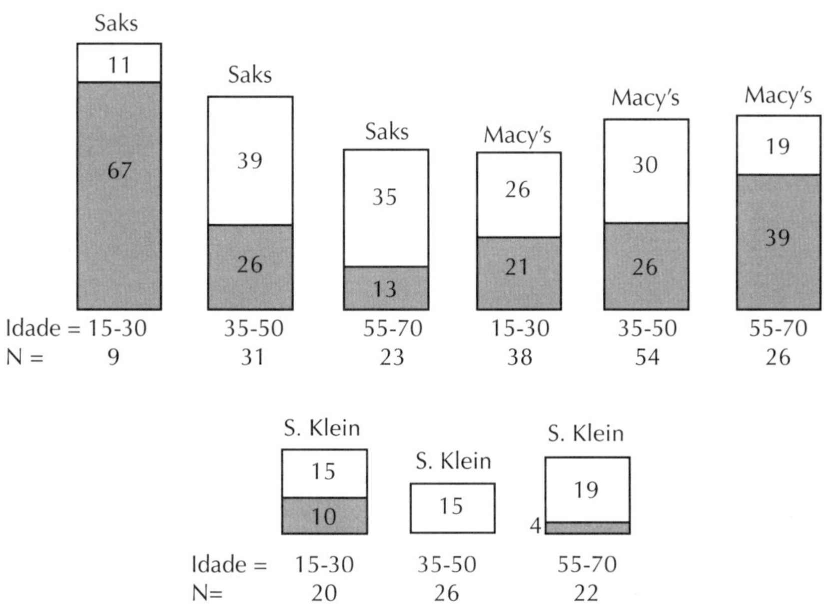

FIGURA 2.5 Estratificação de (r) por loja e faixa etária. Área sombreada = % de (r-1) total; área não sombreada = (r-1) parcial; ausência de (r-1) não mostrada. N = número total de ocorrências.

(1962). Quando examinamos as distribuições nas lojas, individualmente, vemos que desaparece a distribuição uniforme entre as faixas etárias. A figura 2.5 mostra que a esperada relação invertida com a idade aparece em Saks, mas não em Macy's ou Kleins. Ao contrário, Macy's exibe a tendência inversa num nível mais baixo, com as pessoas mais velhas usando mais (r-1), e Kleins não exibe correlação particular com a idade. Esse padrão complexo é ainda mais intrigante e pode se ficar tentado a descartá-lo como ausência de qualquer padrão. Mas, embora os números dos subgrupos pareçam pequenos, eles são maiores do que vários dos subgrupos usados nas discussões das páginas anteriores e, como veremos, não se pode desprezar os resultados.

O enigma representado pela figura 2.5 é um dos resultados mais significativos dos procedimentos que têm sido seguidos até aqui. Quando todos os outros resultados confirmam a hipótese original, um único resultado que não se encaixa no padrão esperado pode atrair nossa atenção para rumos novos e proveitosos. Com base apenas nos dados da investigação das lojas de departamento, não foi possível explicar a figura 2.5, senão em termos especulativos. No relatório original sobre a investigação das lojas de departamento, escrito logo depois que o trabalho foi concluído, comentávamos:

> Como se pode explicar as diferenças entre Saks e Macy's? Acho que podemos dizer o seguinte: a mudança da influência do padrão de prestígio da Nova Inglaterra (ausência de *r*) para o padrão de prestígio do Meio-Oeste (presença de *r*) é sentida mais completamente na Saks. As pessoas mais jovens da Saks estão sob a influência do padrão da pronúncia de *r*; as mais velhas, não. Na Macy's, há menos sensibilidade a esse efeito entre um grande número de falantes mais jovens, que estão completamente imersos na tradição linguística da cidade de Nova York. Os repositores e as vendedoras jovens ainda não estão plenamente conscientes do prestígio atribuído à pronúncia do *r*. Por outro lado, as pessoas mais velhas da Macy's tendem a adotar esta pronúncia: poucas se servem do padrão mais antigo de pronúncia prestigiada que sustenta a tendência de as pessoas mais velhas da Saks não pronunciarem o *r*. Este argumento é um tanto complicado e certamente teria que ser testado muito minuciosamente através de entrevistas mais longas em ambas as lojas, antes de poder ser aceito.

O complexo padrão da figura 2.5 representou um desafio considerável para interpretação e explicação, mas uma possibilidade que sempre teve de ser considerada foi que ele era o produto de várias fontes de erro inerentes a entrevistas rápidas e anônimas. Para confirmar e explicar os resultados da pesquisa nas lojas de departamento, será necessário recorrer aos resultados do programa de entrevista sistemática discutidos nos capítulos 3-7. Quando foram analisados os resultados do grande estudo do Lower East Side, ficou claro que a figura 2.5 não era um artefato do método, mas refletia padrões sociais reais (Labov 1966a: 342ss.). Os dados do Lower East Side mais comparáveis com o estudo das lojas de departamento são a distribuição de (r) por idade e classe no estilo B — a fala relativamente cuidada que é o volume principal da entrevista individual (cf. o capítulo 3 para a definição de estilos). Podemos comparar Saks, Macy's e Kleins com a classe média alta (CMA), classe média baixa (CMB) e classe operária (CO) como um todo. As faixas etárias mais comparáveis com as das lojas de departamento são 20-29, 30-39 e acima de 40. (Já que as estimativas de idade nas lojas de departamento são bastante grosseiras, não haveria vantagem em tentar equiparar os números com exatidão.) A figura 2.6, portanto, é a distribuição do uso de (r) no Lower East Side por idade e classe mais comparável à figura 2.5. De novo, vemos que o grupo de *status* mais alto mostra a correlação inversa de (r-1) com a idade: falantes mais jovens usam mais (r-1); o segundo grupo em *status* mostra (r) num nível mais baixo e a correlação inversa com a idade; e os grupos de classe operária num nível ainda mais baixo sem nenhuma correlação particular com a idade.

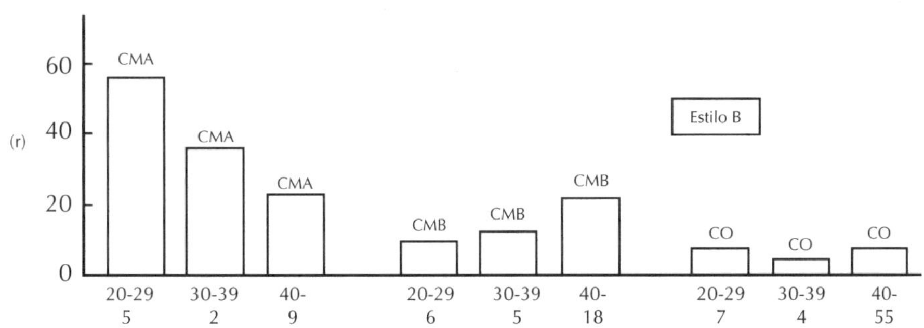

FIGURA 2.6 Classificação de (r) por idade e classe no Lower East Side no estilo B, fala monitorada.

Esta é uma confirmação muito surpreendente, já que os dois estudos têm fontes de erro complementares. A investigação no Lower East Side foi uma amostragem aleatória secundária, baseada numa pesquisa da Mobilization for Youth* com informações demográficas completas sobre

* Agência de serviço social, atuante no Lower East Side, Nova York, concebida em 1957 e formalmente fundada e consolidada em 1967 (n. da tradução).

cada informante. As entrevistas foram gravadas em fita, e se obteve uma grande quantidade de dados de (r) de cada falante numa ampla variedade de estilos. Por outro lado, o estudo das lojas de departamento implicou uma probabilidade muito maior de erro em diversos pontos: o pequeno volume de dados por informante, o método de notação, a ausência de gravação e o recurso à memória de curto prazo, o método de amostragem, a estimativa de idade dos informantes e a falta de dados socioculturais sobre eles. A maioria dessas fontes de erro são inerentes ao método. Para compensá-las, tivemos a uniformidade do procedimento de entrevista, a localização dos informantes em seu papel principal como empregados, o número maior de ocorrências dentro de uma única célula, a simplicidade dos dados e, sobretudo, a ausência de efeito de distorção da entrevista linguística formal. A pesquisa no Lower East Side se mostrou fraca justo naqueles pontos em que o estudo das lojas de departamento se mostrou forte. As diferenças metodológicas estão sintetizadas no quadro abaixo:

Lower East Side > Lojas	**Pesquisa do LOWER EAST SIDE**	**Estudo das LOJAS DE DEPARTAMENTO**
amostragem	aleatória	informantes disponíveis em áreas específicas
registro dos dados	gravação em fita	memória de curto prazo e notas
dados demográficos	completos	restritos: por palpite e inferência
quantidade de dados	grande	pequena
variação estilística	ampla	reduzida
Lojas > Lower East Side		
tamanho da amostra	moderado	grande
localização	em casa, sozinho	no trabalho, com outros
contexto social	entrevista	pedido de informação
efeito da observação	máximo	mínimo
tempo total por pessoa (localização e entrevista)	4-8 horas	5 minutos

A convergência da investigação no Lower East Side com o estudo das lojas de departamento representa, portanto, a solução ideal para o paradoxo do observador (capítulo 8): nosso objetivo é observar o modo como as pessoas usam a língua quando não estão sendo observadas. Todos os nossos métodos envolvem uma aproximação a esse objetivo: quando fazemos uma abordagem a partir de duas direções diferentes e obtemos o mesmo resultado, podemos ter certeza de que conseguimos vencer o paradoxo do observador no sentido de que a estrutura existe independentemente do analista.

Dado que o padrão da figura 2.5 é um fato social, como podemos explicá-lo? As sugestões lançadas em nossa nota preliminar parecem estar na direção certa, mas naquele momento não tínhamos isolado o padrão de hipercorreção da classe média baixa nem identificado o padrão cruzado, característico da mudança em andamento. Precisamos extrair mais material da pesquisa anterior para resolver este problema.

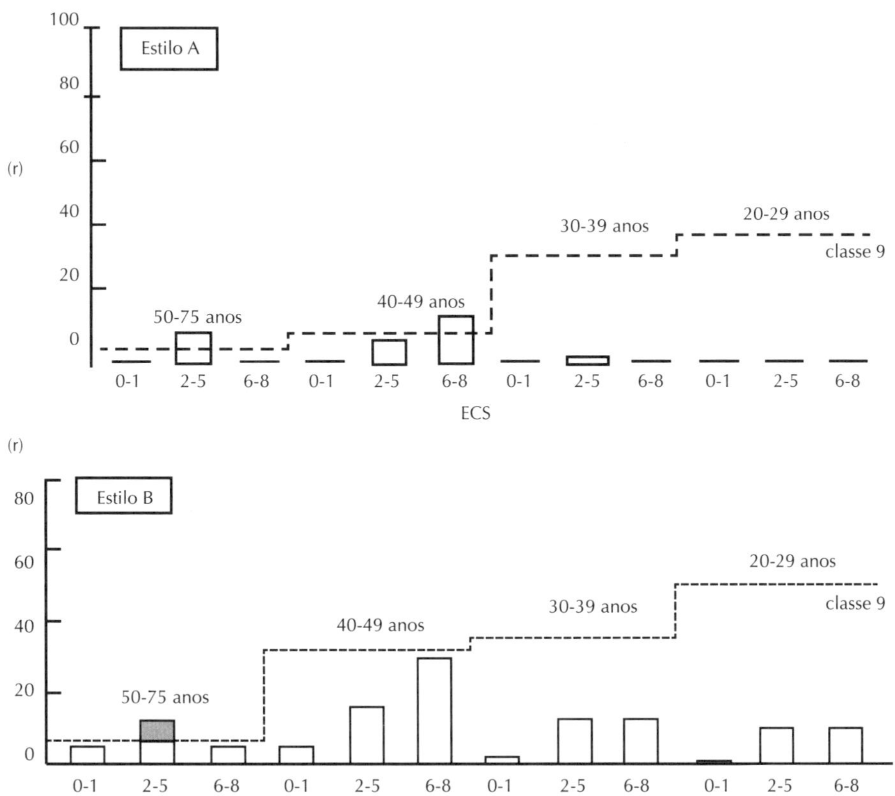

FIGURA 2.7 Desenvolvimento da estratificação de classe social do (r) na fala casual (estilo A) e na fala monitorada (estilo B) em tempo aparente. ECS = Escala de classe socioeconômica.

As figuras 2.5 e 2.6 são visões abreviadas da distribuição tridimensional da nova norma de pronúncia do *r* por idade, estilo e classe social. A figura 2.7 mostra duas das seções estilísticas transversais extraídas do estudo mais pormenorizado da população do Lower East Side, com quatro subdivisões por idade. A linha tracejada nos mostra como o grupo de *status* mais alto (classe 9) introduz a nova norma de pronúncia do *r* na fala casual. No estilo A, somente os falantes da classe média alta abaixo dos 40 anos mostram maior quantidade de (r-1). Nenhum dos falantes mais jovens dos outros grupos sociais mostra qualquer resposta a esta norma no estilo A, embora algum efeito possa ser visto nos sujeitos de idade mediana, especialmente no segundo grupo de *status* mais elevado (classe 6-8, classe média baixa). No estilo B, o efeito imitativo é exagerado, com o grupo de idade mediana de classe média baixa chegando bem perto da norma da classe média alta. Em estilos mais formais, não mostrados aqui, este subgrupo exibe um aumento ainda mais evidente na pronúncia do *r*, indo além da norma da classe média alta no padrão "hipercorreto" que apareceu para esse grupo em outros estudos (cf. capítulo 5 neste livro; Levine & Crockett 1966; Shuy, Wolfram & Riley 1967). A figura 2.7 não é um caso de reversão da distribuição etária de (r-1); é, antes, um intervalo de uma geração no ponto máximo de resposta à nova norma. O segundo grupo de *status* mais alto responde à nova norma com uma forma mais fraca de imitação na fala corrente, com os falantes de idade mediana adotando a nova norma dos falantes mais jovens de mais *status*. A figura 2.8 mostra isso esquematicamente.

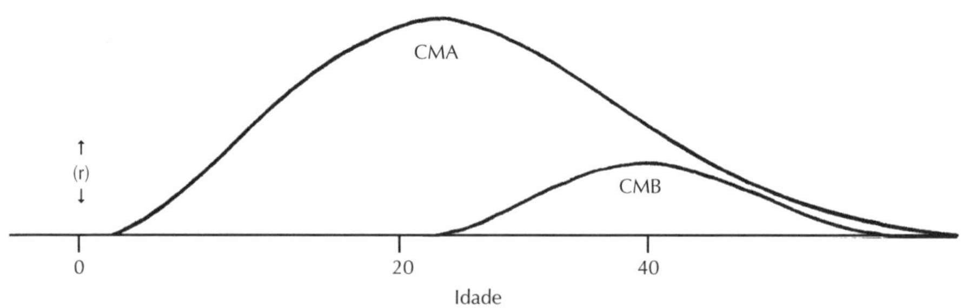

FIGURA 2.8 Distribuição hipotética de (r) como traço de prestígio crescente.

Nossos estudos não dão um perfil exato do uso de (r) entre falantes mais jovens de classe média alta, já que não nos concentramos nessa faixa etária. Em observações posteriores, encontrei alguns jovens de classe média alta que usam 100% de (r-1), mas, na maioria das famílias, (r-1) ainda é uma pronúncia acrescentada na adolescência, e a figura 2.8 reflete isso. Se quiséssemos exprimir a distribuição de (r-1) numa função única, poderíamos dizer que ela é inversamente correlata da distância relativa ao grupo de maior *status* (tomando a classe 9 como 1, classes 6-8 como 2, classes 2-5 como 3, e classes 0-1 como 4). Também é diretamente correlacionada com a formalidade do estilo e a quantidade de monitoramento prestado à fala (tomando a fala casual, estilo A, como 0, a fala monitorada, estilo B, como 1 etc.). A curva de variação estilística é modificada por uma função que podemos chamar de "grau de insegurança linguística" (GIL), que chega ao máximo no segundo grupo de *status* mais alto (cf. tabela 5.1, no capítulo 5, para o índice quantitativo). A distribuição etária deve alcançar o ponto mais alto para a classe média alta nos 20 anos e para a média baixa nos 40. Podemos formalizar essas observações do seguinte modo:

$$(r\text{-}1) = -\ a\ (\text{classe}) + b\ (\text{estilo})(\text{GIL}) - c\ [(\text{classe}) \bullet 20 - (\text{idade})] + d$$

O terceiro termo é minimizado na classe média alta aos 20 anos, na classe média baixa aos 40, na classe operária aos 60 etc. A figura 2.7 sustenta essa expressão semiquantitativa de um efeito de onda, que ainda tem algumas constantes não especificadas.

Há uma diferença considerável entre o comportamento do grupo de mais alto *status* e os demais. A classe média alta desenvolve o uso de (r-1) cedo na vida — como uma expressão variável de formalidade relativa a ser encontrada em níveis estilísticos. Para os outros grupos na cidade de Nova York, não existe base sólida para (r-1) no estilo vernacular da fala casual; para eles, (r-1) é uma forma que requer alguma atenção ao modo de falar, se for usada. Tal como em tantas outras marcas formais de alternância de estilo, a classe média baixa exagera o processo de correção. Esse é um processo que se aprende tarde na vida. Quando falantes que têm agora 40-50 anos estavam crescendo, a norma de prestígio não era (r-1), mas (r-0). Antes da II Guerra Mundial, as escolas de Nova York eram dominadas por uma tradição anglófila que ensinava que (r-1) era um traço provinciano, uma inversão incorreta da consoante, e que a pronúncia correta do *r* ortográfico em *car* era (r-0), [kɑ•], de acordo com o "inglês internacional"[10]. Nenhum ajuste na pro-

[10] Cf. por exemplo, *Voice and Speech Problems*, um texto escrito para as escolas da cidade de Nova York em 1940 por Raubicheck, Davis & Carll (1940: 336): "Existem muitas pessoas que sentem que é preciso fazer um esforço para tornar a pronúncia conforme à

núncia desta consoante, portanto, foi necessário para os nova-iorquinos que estavam tentando usar a norma de prestígio — era só a qualidade da vogal que tinha de ser corrigida. Esta norma sem *-r* pode ser vista na fala formal de falantes de classe média alta com mais de 40 anos, e falantes de classe média baixa com mais de 50. Ela também aparece em testes de reação subjetiva (capítulo 6) em falantes mais velhos. Os falantes de classe média alta que agora mudam para (r-1) em estilos formais abandonaram sua norma de prestígio e estão respondendo à forma usada por falantes mais jovens de maior *status* com os quais entram em contato. Por outro lado, muitos falantes de classe média alta aderem à sua norma original, em desafio à tendência predominante. O padrão que observamos na pesquisa das lojas de departamento é, portanto, um reflexo da insegurança linguística da classe média baixa, o que levou a geração mais velha a adotar a norma mais recente de (r-1) em detrimento da norma mais antiga. O processo de socialização linguística é mais lento para a classe média baixa, que não vai para a faculdade, do que para os falantes da classe média alta, que começam a se ajustar à nova norma nos últimos anos da escola secundária. Aqueles que não seguem essa trilha demoram dez ou vinte anos para desenvolver a sensibilidade máxima à organização hierárquica da linguagem formal em sua comunidade.

Algumas orientações metodológicas

A conclusão mais importante do estudo das lojas de departamento é que as entrevistas rápidas e anônimas podem ser uma fonte valiosa

---

grafia e, por alguma razão estranha, ficam particularmente preocupadas com o *r*. Todos nós pronunciamos *calm, psalm, almond, know, eight, night* e *there* sem preocupações... No entanto, pessoas que jamais sonhariam em dizer kni: *(knee)* ou psai'kɒlədʒi *(psychology)* insistem em tentar fazer soar o *r* em palavras como pɑ· k *(park)* ou fɑðə *(father)* só porque um *r* marca o lugar onde nossos ancestrais usavam uma vibrante. ...Com efeito, as pessoas realmente não pronunciam um terceiro som numa palavra como pɑ· k, mas simplesmente pronunciam a vogal ɑ: com a ponta da língua voltada para trás na direção da garganta. Este tipo de produção vocálica é chamado de 'inversão'."

Letitia Raubicheck dirigiu o programa educacional nas escolas de Nova York por muitos anos e exerceu uma poderosa influência no ensino de inglês na cidade. A norma do "inglês internacional" foi sustentada por William Tilly, de Columbia, e seguida por Raubicheck e vários outros nos anos 1930 e 1940. Pelo que sei, essa norma perdeu totalmente sua posição dominante no sistema escolar: um estudo detalhado do seu desaparecimento nas cadeias de rádio e no sistema escolar nos anos 1940 nos revelaria muita coisa sobre o mecanismo dessas alterações na forma de prestígio.

de informação sobre a estrutura sociolinguística de uma comunidade de fala. Há muitos caminhos por onde podemos ampliar e melhorar esses métodos. Embora algumas fontes de erro sejam inerentes ao método, outras podem ser eliminadas com a devida atenção.

Na investigação das lojas de departamento, a composição da amostra poderia ter sido mais sistemática. Teria sido preferível selecionar todo(a) e qualquer vendedor(a), ou usar algum outro método que evitasse o viés de selecionar a pessoa mais acessível em dado local. Na medida em que tal método não interferisse no caráter espontâneo do evento de fala, ele reduziria o enviesamento da amostra sem diminuir a eficiência. Outra limitação decorre de os dados não terem sido gravados. O transcritor, eu mesmo, sabia qual era o objeto do teste, e sempre é possível que um viés inconsciente na transcrição fizesse que alguns casos duvidosos fossem transcritos como (r-1) em Saks e como (r-0) em Klein[11]. Uma terceira limitação está no método empregado para elicitar a fala enfática. A figura 2.2 indica que o efeito da variação estilística pode ser fraco se comparado à coerção fonológica interna de posição pré-consonântica *vs.* posição final. As porcentagens totais para as três lojas destacam esse fato:

% de (r-1) total em cada posição

Espontâneo		Enfático	
fourth	*floor*	*fourth*	*floor*
23	39	24	48

Um simples pedido de repetição tem um efeito apenas limitado na indução da fala formal. O uso de trechos para leitura, listas de palavras e pares mínimos no estudo do Lower East Side forneceu uma gama mais ampla de estilos. Seria possível ampliar a gama estilística em estudos rápidos e anônimos enfatizando-se, com alguma técnica, a dificuldade de ouvir.

As fontes de erro no estudo das lojas de departamento são contrabalançadas pela comparabilidade das três subseções, pelo tamanho da amostra e pela disponibilidade da população para o recontato. Embora os falantes individuais não possam ser recontatados, a população repre-

[11] Quando foram feitas as transcrições fonéticas, os casos duvidosos eram marcados com *d* e não incluídos nas tabulações posteriores. Existe, porém, lugar para a influência do entrevistador na decisão entre (r-0) e *d* e entre *d* e (r-1).

sentativa pode ser facilmente reexaminada para estudos longitudinais de mudança em andamento. Há limitações nesse "pseudopainel" quando comparado a um verdadeiro estudo de painel dos mesmos indivíduos; mas as vantagens em custo e eficiência são enormes.

Com tais resultados promissores nas mãos, seria possível refinar e aperfeiçoar os métodos usados e aplicá-los num espectro mais amplo de contextos. Em grandes cidades, é razoável selecionar grandes instituições uniformes como lojas de departamento, mas não há razão para limitar as sondagens rápidas e anônimas a vendedores ou a instituições desse tipo. Podemos nos voltar para qualquer grande conjunto de indivíduos localizado num "endereço social" fixo e acessível à interação com o público: policiais, carteiros, secretárias, oficiais de justiça, guias, motoristas de ônibus, taxistas, camelôs e ambulantes, mendigos, operários da construção etc. Os grupos públicos mais claramente identificáveis tendem a se concentrar na base da pirâmide social, com os vendedores no topo da pirâmide. Mas podemos alcançar um público mais geral levando em conta fregueses de lojas, espectadores em eventos esportivos, paradas ou canteiros de obras, jardineiros amadores, frequentadores de parques e transeuntes em geral. Aqui, o caráter geral da área residencial pode servir à mesma função diferenciadora das três lojas de departamento citadas acima. Muitos profissionais de posição social relativamente alta estão acessíveis à interação pública, sobretudo professores, médicos e advogados. Eventos públicos como julgamentos em tribunais e audiências públicas nos permitem monitorar a fala de um amplo espectro de indivíduos socialmente localizados e altamente diferenciados[12].

---

12 Durante o estudo em Nova York, foram gravadas sessões do Conselho Municipal de Educação, e uma análise preliminar dos dados mostra que o padrão de estratificação social e estilística de (r) pode ser facilmente reconstituído com base na ampla variedade de falantes que aparecem nessas sessões. Audiências nos tribunais de última instância de Nova York são um foco natural para estudos desse tipo, mas os falantes frequentemente baixam a voz a ponto dos espectadores não conseguirem ouvi-los claramente. Até agora só se fez um início modesto no estudo sistemático dos transeuntes. Plakins (1969) abordou uma ampla variedade de pedestres numa cidade de Connecticut com pedidos de orientação para chegar a um lugar incompreensível, formulados em três níveis de polidez. Ela encontrou diferenças sistemáticas no modo de resposta de acordo com a vestimenta (como índice de posição socioeconômica) e a forma de perguntar: não houve respostas "rudes" [hein? o quê?] para perguntas polidas.

Existe em todos esses métodos um viés na direção das populações acessíveis à interação pública e contra aquelas localizadas de tal modo a garantir a privacidade: grandes empresários e líderes sociais, ou os engajados em atividades estéticas, acadêmicas, científicas ou ilegais. Com perspicácia suficiente, porém, é possível estudar qualquer um desses grupos: a pesquisa sociolinguística decerto precisa superar o desafio de desenvolver estudos rápidos e anônimos que escapem das limitações da conveniência. Mas é preciso ressaltar que, uma vez que as pessoas mais acessíveis à interação pública podem ter efeito mais direto sobre a mudança linguística e o sistema sociolinguístico, a tendência a evitar os pontos extremos e obscuros da escala social não é tão grande quanto poderia parecer inicialmente.

Desde que a pesquisa das lojas de departamento foi conduzida em Manhattan, vários estudos paralelos têm sido feitos. Em Suffolk (Long Island), observações rápidas e anônimas do uso do (r) foram feitas por Patricia Allen (1968). Em três lojas estratificadas, foram observados 156 empregados. Na loja de mais alto prestígio (Macy's), somente 27% dos sujeitos não usavam (r-1); na loja intermediária (Grant City), 40%; e na loja de mais baixo *status* (Floyd's), 60%. Vemos que o padrão geral de Nova York se transferiu para fora da cidade, produzindo uma estratificação comparável do (r) em três lojas de *status* menos diferenciado do que as estudadas em Manhattan. Nossa própria análise da situação nova-iorquina mostra que testes rápidos e anônimos deste tipo não podem ser interpretados plenamente sem o conhecimento detalhado da história dialetal da área e sem um estudo mais sistemático da distribuição das variáveis linguísticas e normas subjetivas[13]. Neste caso, testes rápidos e

[13] As tabelas de Allen se assemelham aos padrões de Nova York, mas com uma diferença importante: o número de falantes que usam (r-1) total é aproximadamente constante em todas as três lojas: 27% em Floyd's, 27% em Grant City, 32% em Macy's. O exame da distribuição em tempo aparente mostrou que esse fenômeno se devia à presença de uma dicotomia entre os adultos da loja inferior (mais de 30 anos de idade). 80% não usavam nenhum r-1 e 20% usavam um consistente r-1 total: não havia nenhum que variasse. Por outro lado, 50% dos adultos estavam mostrando (r) variável nas duas outras lojas. Isso aponta para a presença de um vernáculo com *-r* mais antigo, que agora está dominado pelo padrão sem *-r* da cidade de Nova York (Kurath & McDavid 1961), mas sobrevive entre falantes da classe operária. Deslindar esse padrão dicotômico é um problema desafiador (Levine & Crockett 1966) e certamente requer uma investigação mais sistemática. Complexidade semelhante é sugerida pelos resultados de uma pesquisa rápida e anônima em lojas de Austin (Texas)

anônimos devem ser considerados como suplementares ou preliminares a outros métodos, e não como substitutos deles. Contudo, há casos em que métodos rápidos podem dar solução a problemas que nunca foram abordados por técnicas convencionais. Temos usado a observação da fala de telefonistas para construir um mapa nacional da fusão das vogais baixas posteriores, como em *hock* ("jarrete de porco") e *hawk* ("falcão"), e a fusão de *i* e *e* antes de nasais, como em *pin* ("tachinha") e *pen* ("caneta"). Em nosso recente estudo da comunidade de fala porto-riquenha na cidade de Nova York, utilizamos esse experimento natural na rua para descobrir qual a porcentagem de falantes com sotaque hispânico que foram criados nos Estados Unidos e qual a porcentagem que nasceu em Porto Rico (Labov & Pedraza, 1971).

Estudos futuros da língua em seu contexto social devem recorrer mais intensamente a estudos rápidos e anônimos como parte de um programa geral de uso de medidas não invasivas para controlar o efeito interacional do observador (Webb *et al.* 1966). Mas nossos estudos rápidos e anônimos não são índices passivos do uso social, como as observações do uso natural em locais públicos. Eles representam uma forma de experimento não reativa em que se evita o viés do contexto experimental e a interferência irregular de normas de prestígio, mas em que ao mesmo tempo se controla o comportamento dos sujeitos. Estamos apenas começando a estudar eventos de fala como *pedir informação*, isolando as regras invariantes que os governam e, assim, desenvolvendo a capacidade de controlar um grande volume de fala pública socialmente localizada num ambiente natural. Consideramos as observações rápidas e anônimas como o método experimental mais importante num programa linguístico que toma como seu objeto primeiro a língua usada por pessoas comuns em seus afazeres cotidianos.

---

feita por M. M. Harris (1969). Nesta área de forte pronúncia do *r*, as normas de prestígio entre os brancos parecem ser um [r] constritivo fraco, com uma consoante fortemente retroflexa ganhando terreno entre os falantes mais jovens. Mas entre os poucos negros e mexicano-americanos encontrados, esse [r] forte parece ser a norma visada na articulação cuidadosa. Embora esses resultados sejam apenas indicativos, eles são o tipo de trabalho preliminar exigido para orientar uma investigação mais sistemática na direção das variáveis fundamentais da estrutura sociolinguística daquela comunidade.

3 O isolamento de estilos contextuais

A INVESTIGAÇÃO DA MUDANÇA SONORA em Martha's Vineyard pode ser vista como o primeiro passo de um programa para o estudo da língua em seu contexto social. O segundo foi a abordagem de um problema muito maior: descobrir algum sistema ou ordem na extensa variação do inglês na cidade de Nova York[1]. Relatos anteriores tinham registrado uma proliferação caótica de variação livre em quase todos os pontos do sistema de vogais (Labov 1966a: 2). As pessoas que identificam estrutura com homogeneidade encontrarão pouquíssima estrutura em Nova York. Além de um amplo espectro de variação social, também se relatou uma extensa variação estilística, dando a impressão geral de que qualquer um pode dizer qualquer coisa. O relato de Hubbell sobre o (r) é típico:

> O falante ouve ambos os tipos de pronúncia ao seu redor o tempo todo, ambos parecem igualmente naturais para ele, e é uma questão de puro acaso qual deles chegará a seus lábios (1950: 48).

Os linguistas sempre tiveram consciência dos problemas de variação estilística. A prática normal é pôr essas variantes de lado — não porque sejam consideradas menos importantes, mas porque as técnicas da

[1] Este capítulo é uma adaptação do capítulo 4 de *The Social Stratification of English in New York City* (1966) e representa as técnicas para isolar a fala casual e outros estilos, desenvolvidas no estudo de 1963-64 no Lower East Side de Nova York. Esses métodos ainda são básicos para qualquer série de entrevistas individuais e agora são utilizados regularmente em estudos de mudança sonora em andamento numa ampla variedade de dialetos do inglês, espanhol e francês. Para técnicas posteriores que usam entrevistas coletivas, cf. Labov *et al.* 1968: 1.

linguística são tidas como inadequadas e insuficientes para lidar com elas. A análise estrutural é normalmente a abstração daquelas unidades funcionais invariantes da língua cuja ocorrência pode ser predita por uma regra. Uma vez que a influência do condicionamento estilístico sobre o comportamento linguístico é considerada meramente estatística, ela leva a afirmações de probabilidade mais do que de regra e é, portanto, desinteressante para muitos linguistas.

Para o presente propósito, porém, eu diria que a variação estilística não tem sido tratada por técnicas acuradas o bastante para medir a extensão da regularidade preponderante. A combinação de vários fatores estilísticos sobrepostos a outras influências pode levar ao comportamento aparentemente irregular; mas essa aparente irregularidade é comparável às inconsistências que pareciam governar o desenvolvimento histórico de vogais e consoantes, até que se percebesse alguns dos fatores condicionantes mais sutis.

No último capítulo, examinamos uma abordagem para descobrir o sistema dentro da variação. A investigação das lojas de departamento mostrou alguma variação estilística tanto quanto estratificação social. Mas a mais importante abordagem do sistema de Nova York requer dados muito mais ricos: longas entrevistas com indivíduos cuja posição social e história geográfica sejam conhecidas; aqui o problema da variação estilística se torna proeminente.

O estudo na cidade de Nova York começou com 70 entrevistas preliminares que examinaram em detalhe a variação fonológica de um amplo espectro de falantes. Eles se concentravam no Lower East Side, onde a população foi recenseada e uma investigação sociológica foi empreendida pelo setor de pesquisas da Mobilization for Youth (MFY), uma agência de treinamento profissional. Pareceu possível fazer uma investigação secundária do Lower East Side, usando a amostra já construída pela MFY.

Essas entrevistas preliminares mostraram cinco variáveis fonológicas que pareciam exibir variação regular em estilos e contextos diferentes. As cinco variáveis serão tema principal dos capítulos 3 a 6 e entrarão na discussão mais geral dos capítulos 7 a 9. Podemos, assim, já de saída, examiná-las detalhadamente. Para definir uma variável linguística, precisamos

(a) estabelecer o espectro total de contextos linguísticos em que ela ocorre;

(b) definir tantas variantes fonéticas quanto for possível distinguir;
(c) estabelecer um índice quantitativo para medir valores das variáveis.

Esses passos já foram ilustrados na discussão da centralização em Martha's Vineyard; vamos segui-los agora para as cinco variáveis da cidade de Nova York: (r), (eh), (oh), (th) e (dh).

As convenções notacionais usadas na discussão das variáveis e ao longo deste volume são apresentadas a seguir. Como se apontou no capítulo 1, a variável indica um foco de distribuições significativas dentro da unidade, condicionando aquilo que, de outro modo, seria considerado variação livre ou não condicionada. As variáveis (ay) e (aw) eram isomórficas com os fonemas /ay/ e /aw/; mas a variável (r) corresponde à presença ou ausência de /r/; e a variável (eh) inclui em seu espectro os fonemas /æh/, /eh/ e /ih/.

Variantes ou valores específicos das variáveis serão indicados por um número dentro dos parênteses, como (r-1) ou (eh-4). Os índices numéricos derivados dos valores médios das variantes serão indicados por números fora dos parênteses, como (r)-21 ou (eh)-28. Os colchetes continuarão a indicar notação fonética, mostrando representações impressionísticas de sons da fala ouvidos; barras oblíquas indicarão aqui os fonemas autônomos como /eh/ ou /r/: o sistema de unidades contrastivas independentes de alternâncias gramaticais. As unidades morfofonêmicas mais abstratas ou os fonemas sistemáticos serão indicados em itálico, como *r* ou *a* breve que, frequentemente, estão próximos da representação ortográfica. Uma vez que estamos lidando com regras fonológicas de nível mais superficial, não nos preocuparemos em geral com esta representação de nível mais abstrato, mas será proveitoso observar, em diversos estágios, a ocorrência de fusão do nível autônomo. Isso é particularmente útil para estabelecer valores graduais num espectro contínuo de formas fonéticas.

A análise adequada da variável linguística é o passo mais importante da investigação sociolinguística. Queremos isolar a classe homogênea mais ampla em que todas as subclasses variam do mesmo modo. Se falharmos nessa tarefa e pusermos no mesmo lote subclasses invariantes, subclasses com alta frequência e com baixa frequência, nossa visão das estruturas sociolinguísticas não será nítida. O padrão regular da variável pode ficar submerso num grande número de casos irregulares — ou mesmo de elementos que variam na direção inversa. Uma vez que estabelecermos esta definição da variável, teremos condições de seguir o importante *princípio da explicabilidade*: atribuiremos valores a todos os casos em que o elemento variável ocorra nos contextos relevantes, tal como os tenhamos definido.

As cinco variáveis fonológicas

1ª variável

(r): a presença ou ausência de constrição consonantal no /r/ pós-vocálico, final de palavra e pré-consonântico*. Incluem-se aí *beer* ("cerveja"), *beard* ("barba"), *bare* ("nu"), *bared* ("desnudado"), *moor* ("páramo"), *moored* ("desamarrado [o barco]"), *bore* ("chato"), *board* ("quadro"), *fire* ("fogo"), *fired* ("disparada [a arma de fogo]"), *flower* ("flor"), *flowered* ("florido"), em que o /r/ é normalmente representado por um *glide* vocálico [ə̭]; sílabas átonas em *Saturday* ("sábado"), *November* ("novembro"), em que temos apenas um *schwa* [ə]; e *bar* ("barra"), *barred* ("barrado"), em que o /r/ é normalmente representado por uma vogal alongada. Contudo, podemos ter monotongos longos com vogais altas, como em *beer* [bɫ:], e, às vezes, há um *glide* ouvido em *bar*.

Foram especificamente excluídos da variável os casos em que /r/ segue uma vogal central média, como em *her* ("dela") e *bird* ("pássaro"). Essas duas subclasses têm histórias e comportamento diferentes na cidade de Nova York, como na maioria dos dialetos sem *-r* (Labov 1966a: 10). Em *her* acentuado, temos uma alternância de [hʌ~ hʌr ~ hɜ~ hɜ:] e, em *bird*, o *glide* palatal estigmatizado [bɜⁱd], que é substituído por um /r/ constritivo [bɝd] mais frequentemente do que as subclasses principais. Podemos dar conta disso representando *bird* e *her* no dicionário como

---

* Fenômeno semelhante ocorre com a realização do [r] no PB, como em *porta*, que pode ser produzido como retroflexo, na região central do Brasil; como uma aspirada ou fricativa posterior em MG, no RJ e na região Nordeste; como vibrante múltipla ou simples na região Sul. O mesmo acontece em *andar*, final de palavra, que pode também ter a ausência do /r/ de forma bastante generalizada, independentemente de classe social. Em posição pré-consonântica, temos a possibilidade de uma vibrante simples (o mais usual) ou de um retroflexo (especialmente no interior de SP e de GO) (n. da tradução).

/hr/ e /brd/ (cf. Bloomfield 1933); o termo "pós-vocálico" em nossa definição elimina, portanto, esta classe, e a vogal fonética é inserida por uma regra tardia (cf. capítulo 5 em Labov 1972a).

Também excluímos o /r/ final de palavra, quando a palavra seguinte começa por vogal, como em *four o'clock* ("quatro horas"). Trata-se de um subcaso à parte na cidade de Nova York, com uma porcentagem muito mais alta de /r/ constritivo.

As duas variantes básicas de (r), portanto, são:

(r-1) [r, ɚ, ə̣] i. e., presença de constrição consonantal fraca ou forte

(r-0) [ə̯, ə, :] i. e., ausência de constrição

Casos limítrofes são registrados entre parênteses e excluídos do cômputo. Há relativamente poucos. O índice de (r), portanto, é o valor médio das variantes registradas multiplicado por 100, isto é, a porcentagem de formas constritivas.

2ª variável

(eh): a altura do núcleo da vogal no ɑ breve tenso ou /æh/. Este fonema está estabelecido na cidade de Nova York por uma complexa regra de tensionamento que seleciona algumas subclasses fonológicas; o [æ˂:] anterior alongado é então afetado por uma regra de alçamento que leva a vogal para [ɛ˂: ə̯], [e˂: ə̯] e [ɪ˂: ə̯]*.

A regra de tensão seleciona o ɑ breve antes das consoantes nasais /m/ e /n/, das fricativas surdas /f, θ, s, ʃ/, e das oclusivas sonoras /b, d, ǯ, g/. A regra é variável (por tipos e casos) para fricativas sonoras /v, z/ de modo que *razz* ("zombar"), *jazz, rasberry* ("framboesa") são imprevisíveis. As consoantes mencionadas precisam ser seguidas de uma fronteira de palavra # # ou fronteira de morfema # ou uma obstruinte; se uma vogal ou uma líquida /r, l/ se segue diretamente, a regra de tensão não se aplica. Assim, a cidade de Nova York opõe os tensos *waggin'* ("sacudindo"), *draggin'*

* O alçamento ou o abaixamento da vogal [e] em português brasileiro só ocorre em posição pretônica, como em *melhor*, que pode ser produzido como /mêlhor/, /milhor/, /mélhor/, a depender da região e de condicionamentos fonológicos e lexicais (n. da tradução).

("arrastando"), *stabbin'* ("apunhalando") aos não tensos *wagon* ("vagão"), *dragon* ("dragão"), *cabin* ("cabine"). Em geral, a regra não reconhece uma fronteira derivacional +, dando os não tensos *passage* ("passagem"), *Lassie* etc., embora haja alguma variação depois de sibilantes como em *fashion* ("moda"), *fascinate* ("fascinar") etc. A regra não se aplica a monossílabos átonos — isto é, palavras gramaticais, cuja única vogal pode ser um *schwa*: *am, an, can* (aux.), *has, had, as* etc. Há exceções lexicais, como o tenso *avenue* ("avenida"), e os variavelmente tensos *wagon, magic* ("mágico") etc. O aspecto mais regular da regra assume a seguinte forma:

$$\begin{bmatrix} +\text{baixa} \\ -\text{posterior} \end{bmatrix} \longrightarrow [+\text{tensa}]\ \overline{[-\text{fraca}]} \left\{ \begin{matrix} \begin{bmatrix} +\text{nasal} \\ -\text{posterior} \end{bmatrix} \\ \\ \begin{bmatrix} \alpha\ \text{tensa} \\ \alpha\ \text{cont} \end{bmatrix} \end{matrix} \right\} \left\{ \begin{matrix} \# \\ [+\text{obstr}] \end{matrix} \right\}$$

Para mais detalhes sobre a regra de tensionamento na cidade de Nova York, cf. Trager (1942) e Cohen (1970). Fica claro aqui que há uma grande margem de variação em polissílabos e formas derivacionais. Palavras eruditas como *lass* ("moça") e *mastodon* ("mastodonte") também são bastante variáveis. Como estamos interessados primordialmente no alçamento do (eh) tenso, podemos nos concentrar no núcleo invariante da classe tensa: monossílabos antes de nasais, oclusivas sonoras e fricativas surdas. Entre os monossílabos, esta classe tensa invariante pode se opor a uma classe de formas menos tensas invariantes e formas variavelmente tensas:

(a) sempre menos tensa	*cap, bat, batch, pal, can* (aux.)
	had, has
(b) variável	*jazz, salve*
	bang
(c) tensa	*cab, bad, badge, bag*
	half, pass, cash, bath
	ham, dance

A terceira classe de palavras é uniformemente afetada no vernáculo na cidade de Nova York por uma regra de elevação de nível mais baixo ou mais superficial. Pode-se mostrar isso melhor como uma regra variável que diminui a abertura da vogal:

$$\begin{bmatrix} + \text{tensa} \\ - \text{posterior} \end{bmatrix} \longrightarrow \langle x - \delta \text{ aberta} \rangle$$

Nesta forma, a regra afeta progressivamente todas as vogais anteriores à medida que o escopo de *x* aumenta para incluir as vogais (baixas) mais abertas e as vogais (médias) menos abertas. A quantidade δ é uma função da idade, sexo, estilo, classe social e grupo étnico, como veremos.

Para os objetivos de nosso estudo, é necessário estabelecer variantes fonéticas discretas para a variável (eh). Embora a altura da vogal seja uma variável contínua, podemos estabelecer pontos discretos de codificação com o auxílio de outras classes de palavras que são relativamente fixas.

ESCALA DOS ÍNDICES DE (eh)

Nº	Qualidade fonética aproximada	Ao nível da vogal de
(eh-1)	[ɪʿ:ᵊ]	NY *beer, beard*
(eh-2)	[eʿ:ᵊ]	NY *bear, bared*
	[ɛʿ:ᵊ]	
(eh-3)	[æ ˆ:]	
(eh-4)	[æ:]	NY *bat, batch*
(eh-5)	[a:]	Nova Inglaterra *pass, aunt*

O último ponto da escala ocorre somente na hipercorreção ou imitação da norma de prestígio mais antiga da Nova Inglaterra (*a* longo).

A escala de índices de (eh) é determinada pela codificação de cada ocorrência de um membro da classe de palavras (c) acima como uma das seis variantes, tomando-se uma média dos valores numéricos e multiplicando-a por 10. Assim, (eh)-25 seria o índice para uma pessoa que pronunciasse metade das palavras com (eh-3) e metade com (eh-2). Uma pessoa que usasse sempre uma vogal tensa, no nível do núcleo de *bat*, receberia o índice (eh)-40.

Examinamos o alçamento de (eh) com muito mais detalhes por meio do espectrógrafo num recente trabalho sobre mudança sonora em andamento. Nossos estudos instrumentais confirmam a maioria dos índices impressionísticos atribuídos pela escala acima e mostram também a emergência de uma diferenciação clara entre vogais tensas e menos tensas. Vogais afetadas por correção social são frequentemente abaixadas às posições do primeiro formante (igual a *bat*), mas com posições

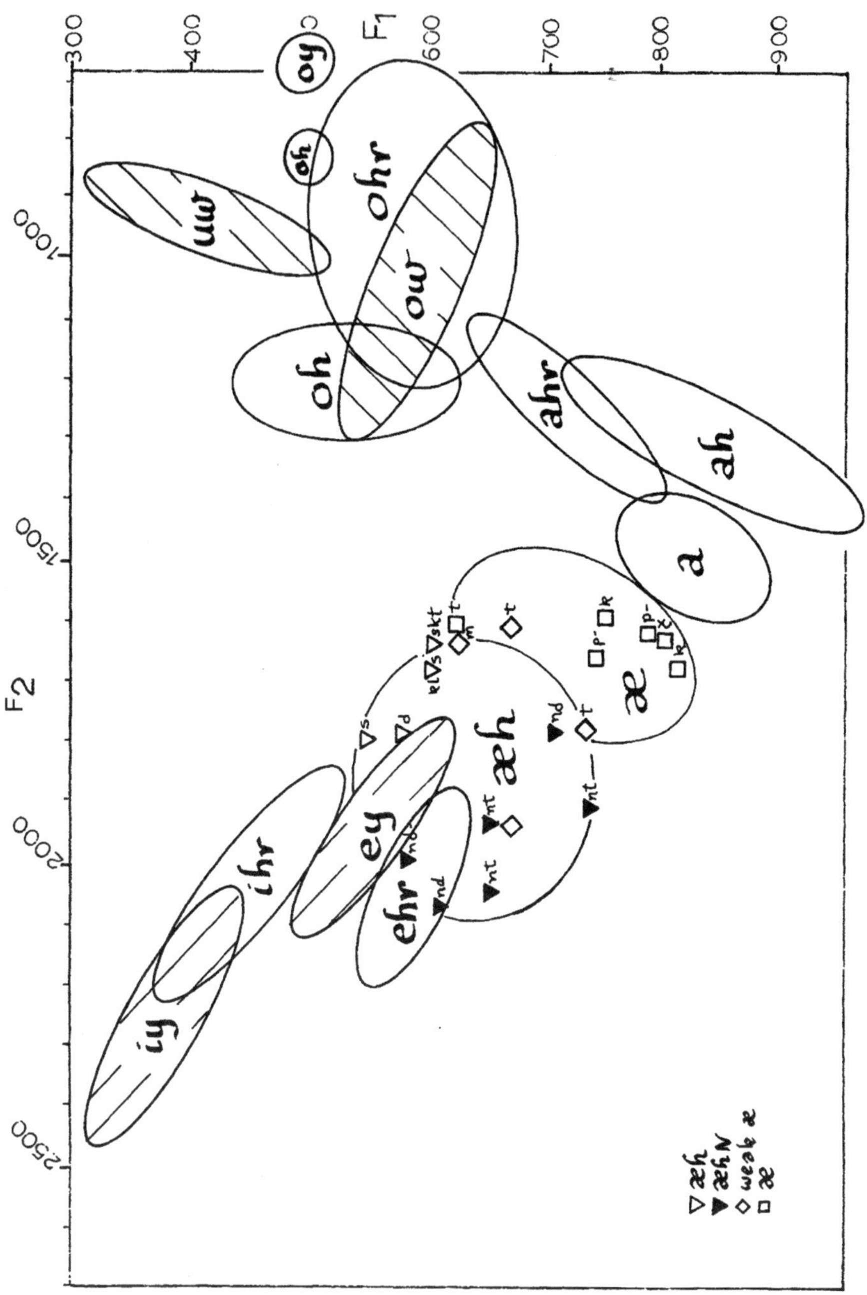

FIGURA 3.1 Sistema vocálico de Jacob S., 57 anos, cidade de Nova York (em Labov, Yaeger & Steiner 1972).

mais altas no segundo formante — isto é, com anteriorização extrema. Para mais detalhes, cf. Labov (1970b) e Labov, Yaeger & Steiner (1972). A figura 3.1 mostra as medições espectrográficas do sistema vocálico de um informante do estudo da cidade de Nova York: a pessoa é Jacob S., um homem de meia-idade, que exibe um grau moderado de elevação do (eh), mas uma clara diferenciação entre classe tensa e não tensa. Dentro da classe tensa, há outras diferenciações das três subclasses com *a* breve antes de nasais mostrando as posições mais avançadas.

3ª variável

(oh): A vogal posterior correspondente (oh) também é variavelmente alçada em Nova York: vogais na classe de *off* (preposição), *lost* ("perdido"), *more* ("mais"), *talk* ("conversar"), *caught* ("apanhado"), *wash* ("lavar") etc. são progressivamente alçadas à posição média ou alta*. Não há necessidade de nenhuma regra de tensionamento: palavras com *o* comum breve antes de fricativas surdas /f, θ, s/ e nasais posteriores /ŋ/ foram alçadas num período anterior e agora se incluem, na cidade de Nova York, na classe de palavras com *o* longo aberto: *off, lost, cloth* ("pano"), *long* ("longo"), *song* ("canção"), *wrong* ("errado"). Estas se acrescentam à classe mista de palavras que passaram a ter um *o* longo aberto e formam a base para a variável (oh), junto com *o* antes de /r/.

A regra de alçamento para (oh) é uma generalização da regra de alçamento para (eh). Basta remover o traço [–posterior] do lado esquerdo da regra. A restrição variável <–posterior> aparecerá então no ambiente para diferentes classes sociais e grupos étnicos, como veremos adiante, no capítulo 5.

Usamos uma escala de seis pontos, paralela à de (eh), para medir a altura desta vogal: o grande número de diacríticos necessários para distinguir a qualidade fonética corresponde à grande diversidade de pontos de referência. A dificuldade da descrição fonética desta vogal é tamanha que nenhum destes métodos é satisfatório e a discussão a seguir pode ser útil.

---

* O alçamento ou o abaixamento da vogal [o] em português brasileiro também só ocorre em posição pretônica, como em *colégio*, que pode ser produzida como /côlégio/, /culégio/, /cólégio/, a depender da região e de condicionamentos fonológicos e lexicais (n. da tradução).

ESCALA DOS ÍNDICES DE (OH)

Nº	Qualidade fonética aproximada	Nível da vogal de
(oh-1)	[ʊ:ᵊ]	*sure* em NY
(oh-2)	[o˓:ᵊ]	
(oh-3)	[ɔ˓: ᵊ]	Americano geral *for, nor*
(oh-4)	[ɔ:]	/ɔ/ cardinal do IPA
(oh-5)	[ɒ]	*hot, dog* do Leste da Nova Inglaterra
(oh-6)	[ɑ]	*dock, doll* de NY

(oh-4) é o nível da vogal alta com a posição fixada para o [ɔ] cardinal. É ouvida frequentemente na fala de residentes do norte de Nova York, e em diversas outras partes do país, mas nunca com consistência suficiente na fala de uma região particular para que ela sirva de ponto de referência inequívoco. (oh-3) é de alguma forma mais alta e pode ser identificada com bastante exatidão como o som que precede [r] em *for, or, nor* em qualquer região dos Estados Unidos onde o [r] é pronunciado nestas palavras.

(oh-2) é mais alta que (oh-3), mais anteriorizada e mais arredondada. O *glide* centralizado que a segue é frequentemente mais marcado do que em (oh-3), mas não ocorre necessariamente. (oh-1) é mais elevada e centralizada do que (oh-2), nível da maioria das pronúncias de *sure*, e é arredondada no que parece ser uma tensão considerável. O arredondamento é bastante diferente do observado no [ɔ:] tenso britânico: é na verdade um franzimento dos lábios, nas mulheres; enquanto nos homens uma qualidade fonética semelhante, porém distinta, é obtida com o que parece ser uma concavização da língua.

A transcrição impressionística de (oh) foi confirmada e verificada pela medição espectrográfica em nossos estudos de mudança sonora em andamento. Na figura 3.1 podemos ver o alçamento de (oh) em Jacob S., com um estado bastante avançado da variável.

4ª e 5ª variáveis

(th) e (dh). Essas duas variáveis são as consoantes iniciais de *thing* ("coisa") e *then* ("então"); são muito bem conhecidas nos Estados Unidos como os estereótipos *dese, dem* e *dose**. Essas consoantes, é claro, não

* Pronúncias estereotipadas para o que se escreve *these, them, those* (n. da tradução).

exibem nenhuma relação próxima com o sistema vocálico; foram incorporadas a este estudo como um par de variáveis correlacionadas que não estão envolvidas em nenhum dos processos de mudança estrutural que afetam as três primeiras variáveis.

	(th)	(dh)
1 fricativa interdental	[θ]	[ð]
2 africada	[tθ]	[dð]
3 oclusiva dental fraca	[t]	[d]

A forma de prestígio na escala é a fricativa, e a oclusiva com seu efeito semelhante a [t] e [d] é considerada em todo lugar como menos prestigiada. Essa consoante oclusiva pode ser produzida de diversas formas, mas sua qualidade essencial é a de que não se ouve em sua articulação nenhum som turbulento, fricativo ou arranhado. A africada é uma rápida sucessão de duas formas — ou, mais precisamente, é ouvida como a fricativa com uma oclusão inicial, em vez de um início gradual.

A oclusiva que se forma é geralmente dental. O [t] nem sempre é plenamente aspirado quanto o fonema /t/, e o [d] nem sempre é tão vozeado quanto /d/. Se acentuados, estes fones podem se fundir com /t/ e /d/, gerando uma interseção dos fonemas /θ,t/ e /ð,d/. No entanto, os falantes nativos mantêm as duas classes de palavras bem separadas; não ouvimos nenhuma hipercorreção em estilo formal como /ðaᵒnðɛ:r/ para *down there* ("lá embaixo").

A variante zero em *'at, 'ere* etc. é indicada como (dh-2), com o mesmo valor da africada.

Estilos contextuais

A investigação inicial do uso do inglês na cidade de Nova York indicou variação regular em estilos e contextos diferentes para aquelas cinco variáveis fonológicas. O problema é controlar o contexto e definir os estilos de fala que ocorrem dentro de cada contexto, de modo que essa hipótese da variação regular possa ser testada.

Para uma informação precisa sobre comportamento verbal, será necessário, mais cedo ou mais tarde, comparar o desempenho de um grande número de falantes. Além disso, vamos querer estudar uma amostra que seja representativa de um grupo muito maior, e possivelmente da comunidade de fala nova-iorquina como um todo. Não se pode fazer isso sem uma amostragem aleatória. Porém, para completar a amostra aleatória e tornar comparáveis os dados de muitos falantes, precisamos de entrevistas estruturadas, formais. Mas a entrevista formal, em si mesma, define um contexto discursivo em que somente um estilo de fala normalmente ocorre, aquele que podemos chamar de *fala monitorada* [*careful speech*]. Muito da produção discursiva do informante em outras circunstâncias pode ser bastante diferente. Ele pode usar a fala monitorada em diversos outros contextos, mas na maioria das ocasiões estará prestando menos atenção à própria fala, e empregará um estilo menos monitorado que podemos chamar de *fala casual* [*casual speech*]. Podemos ouvir essa fala casual nas ruas de Nova York, em bares, no metrô, na praia, ou sempre que visitamos amigos na cidade. No entanto, observações anônimas nestes contextos também serão enviesadas. Nossos amigos são um grupo muito especial e também são especiais aqueles nova-iorquinos que frequentam bares, jogam beisebol na rua, visitam praias públicas ou falam alto o bastante nos restaurantes para serem ouvidos. Somente através de uma amostragem aleatória minuciosa da população inteira poderíamos evitar sérios vieses. O problema agora é ver o que se pode obter dentro dos limites da entrevista. Começaremos com a situação dominante da entrevista face a face, que designaremos como *contexto B*, reservando o *contexto A* para as situações que escapam das restrições sociais da situação de entrevista.

Contexto B. A situação de entrevista

O estilo mais simples de definir é o que chamamos de *fala monitorada*. Em nossa investigação, este é o tipo de fala que normalmente ocorre quando a pessoa está respondendo a perguntas que são formalmente reconhecidas como "parte da entrevista". De modo geral, uma entrevista que tem como objeto explícito a língua do falante alcançará um grau mais elevado na escala de formalidade do que a maioria das conversações[2]. Não é uma situação

2 As entrevistas formais no Lower East Side foram conduzidas como pesquisa para a "American Language Survey", que ofereceu um suporte para o estudo de leitura, de listas de palavras, de atitudes para com a língua e testes de reação subjetiva. Nossos estudos mais recentes não tomam a língua como o tópico explícito da pesquisa, e sim um tema mais amplo que inclui a língua — como "o aprendizado do senso comum". Contudo, os

tão formal quanto um discurso público, e é menos formal do que a fala que seria usada numa primeira entrevista de emprego, mas certamente é mais formal do que a conversa casual entre amigos ou membros da família. O termo "consultativo", introduzido por Joos (1960), parece muito adequado para o nível estilístico do tipo entrevista. O grau de espontaneidade ou entusiasmo nas respostas dos indivíduos pode variar muito, mas a relação de sua fala casual com a fala de contextos menos formais é geralmente constante. A fala monitorada, portanto, será definida como a fala que ocorre no contexto B e será designada como *estilo B*.

É relativamente simples mudar o contexto do contexto B numa direção mais formal, apesar de haver muitos modos de refinar esse procedimento. Na discussão a seguir, buscaremos a definição e o controle dos estilos mais formais, até sua conclusão última, antes de tentar nos mover na direção oposta.

Contexto C. Estilo de leitura

Depois de realizada a parte principal da entrevista, que pode durar entre meia hora e uma hora, pede-se ao informante que leia dois textos padronizados. Um deles tem o objetivo de concentrar as principais variáveis fonológicas em parágrafos sucessivos, e o outro justapõe pares mínimos num texto. Ambos são redigidos num estilo coloquial para se obter uma fala o mais fluente possível e para envolver o leitor ao máximo na trama da história. Esse envolvimento nos dá a distância máxima entre o estilo C e os procedimentos mais formais que se seguirão, sem correr o risco de reduzir a distância entre B e C: o estilo de conversação mais formal continuará sendo marcadamente diferente do estilo de leitura no tocante às variáveis fonológicas. Em segundo lugar, o envolvimento com a história assegura que continuará havendo um fluxo de fala contínuo, com regras adequadas de sândi. Teria sido possível padronizar numa direção diferente, solicitando que a pessoa leia com cuidado e devagar, mas a leitura muito lenta é acompanhada por características fonéticas

condicionamentos estilísticos são praticamente os mesmos; a situação básica é a de perguntas feitas por uma pessoa e respondidas por outra. O estilo mais casual ou vernáculo é usado primordialmente entre aqueles que compartilham mais conhecimento, estilo em que se presta o mínimo de atenção à fala.

particulares que tornariam difícil comparar o estilo de conversação com o de leitura. Por exemplo, a variável (r # # v) — (r) final seguida de outra palavra iniciada por vogal, como em *four o'clock* — pode se tornar difícil de codificar se o ritmo for muito lento. Na fala natural, uma pronúncia em que nenhuma consoante ocorre entre *four* e *o'clock* seria computada como uma violação da regra seguida pela maioria dos nova-iorquinos, que preservam [r] nesta posição. Mas essa regra começa a se romper se a fala for lenta o suficiente. Além disso, num ritmo muito lento de leitura, os pares mínimos também têm mais chance de serem percebidos pelo leitor. Portanto, a elaboração geral dos dois textos visa encorajar um estilo de leitura razoavelmente rápido.

As instruções dadas ao leitor visam estabelecer um estímulo rumo ao estilo de leitura mais coloquial; mas seu efeito é pequeno, pois as pessoas têm pouco controle consciente do uso das variáveis no estilo de leitura. O conteúdo real do teste é que influencia mais. Descobriu-se, na elaboração de leituras desse tipo, que um texto escrito como uma narrativa de um rapaz adolescente conduz a um desempenho menos artificial da maioria das pessoas. Dentro desse enquadre, foi possível incorporar frases como *"He was a funny kid, all right"* ("Ele era um cara esquisito, pode crer"). Mulheres mais velhas podem hesitar numa frase assim se for colocada na boca de um adulto, mas, como fala de um rapaz adolescente, a leitura se torna natural para elas.

O conteúdo das leituras leva esse aspecto mais adiante ao se concentrar em dois temas principais: o protesto tradicional do adolescente contra as restrições do mundo adulto, e suas exasperações com os caprichos e inconstâncias das garotas que ele namora. Neste contexto, os leitores adultos acham fácil lidar com frases coloquiais do tipo *"got her finger in the pie"* ("meter o nariz em tudo"), que eles provavelmente não usam em sua própria fala.

A primeira leitura, *"When I was nine or ten..."* ("Quando eu tinha 9 ou 10 anos...") consiste de cinco parágrafos em que as principais variáveis estão sucessivamente concentradas (Labov 1966a: 597). O primeiro parágrafo é uma seção zero, em que nenhuma das variáveis em estudo aparece. O segundo parágrafo se concentra em (oh) e começa: "We *al*ways had *cho*colate milk and *co*ffee cake around *four* o'clock" ("Sempre comemos chocolate e bolo de café por volta das quatro") . (As ocorrências da variável estão em itálico aqui, mas não no texto realmente usado.) O terceiro se ocupa de (eh), como em: "One m*an* is IT: you run *past* him as *fast* as you can, and you kick a tin *can* so he *can't tag* you". ("Homem é assim: você corre tanto atrás dele e joga tudo para o alto e ainda assim ele não está nem aí para você.") O quarto se concentrava em (r), como em: "He da*r*ted out about fou*r* feet befo*r*e a ca*r*, and he got hit ha*r*d" ("Ele se joga na frente de um carro e leva uma pancada forte"). O último parágrafo tem uma alta concentração de (th) e (dh), por exemplo: "*Th*ere's some*th*ing strange about *th*at — how I can remember every*th*ing he did — *th*is *th*ing, *th*at *th*ing, and *th*e o*th*er *th*ing". ("Tem uma coisa estranha nisso — como posso lembrar tudo o que ele fez — isso, aquilo e aquilo outro"). O texto tem um propósito duplo. Primeiro, nos permite medir no contexto C o uso das cinco variáveis pelo falante da forma mais eficiente possível. A justaposição próxima de diversos exemplos nos dá um fator de fadiga não presente em listas de palavras, o que diferencia o uso pelo falante de uma forma recentemente aprendida "superposta" das formas vernáculas produzidas sem esforço. Em segundo lugar, esta leitura contém as frases que são usadas no teste de reação subjetiva (o texto completo é dado no capítulo 6). As pessoas que já leram o texto estarão cientes de que, ao ouvir outras pessoas lendo-o, estarão julgando a forma de falar mais do que o conteúdo.

A segunda leitura, "Last Saturday night I took Mary Parker to the Paramount Theatre...", objetiva justapor muitas palavras que formam pares mínimos, incluindo aquelas que implicam as variáveis fonológicas estudadas em "When I was nine or ten...". Os pares estão grifados no texto transcrito abaixo, mas não, é claro, tal como o informante os lê.

> Last Saturday night I took Mary Parker to the Paramount Theatre. I would rather have gone to see the Jazz *Singer* myself, but Mary got her *finger* in the pie. She hates jazz, because she can't *carry* a tune, and besides, she never misses a new film with *Cary* Grant. Well, we were waiting on line about half an hour, when some farmer from Kansas or somewhere asked us how to get to Palisades Amusement Park.
>
> Naturally, I told him to take a bus at the Port Authority Garage on 8th Avenue, but *Mary* right away said no, he should take the I.R.T. to 125th St., and go down the escalator. She actually thought the ferry was still running.
>
> "You're certainly in the *dark*", I told her. "They tore down that *dock* ten years ago, when you were in diapers."

"And what's the *source* of your information, Joseph?" She used her sweet--and-sour tone of *voice*, like ketchup mixed with tomato *sauce*. "Are they running submarines to the Jersey *shore*?"

When *Mary* starts to sound humorous, that's *bad*: *merry* hell is *sure* to break loose. I remembered the *verse* from the Bible about a good woman being worth more than rubies, and I *bared* my teeth in some kind of a smile. "Don't tell this man any *fairy* tales about a *ferry*. He can't go that way."

"Oh yes he *can*!" she said. Just then a little old lady, as *thin* as my grandmother, came up shaking a *tin can*, and this farmer asked <u>her</u> the same question. She told him to ask a subway *guard*. My *god*! I thought, that's one sure way to get lost in New York City.

Well, I managed to sleep through the worst part of the picture, and the stage show wasn't too hard to *bear*. Then I wanted to go and have a bottle of *beer*, but she had to have a *chocolate* milk at *Chock* Full O'Nuts. *Chalk* this up as a total loss, I told myself. I bet that farmer is still wandering around looking for the 125th St. Ferry.

[Na noite do último sábado, levei Mary Parker ao cinema Paramount. Eu teria preferido ir ver *O Cantor de Jazz*, mas Mary logo se intrometeu. Ela odeia jazz, porque não consegue acompanhar uma música e, além disso, nunca perde um filme novo de Cary Grant. Bem, estávamos esperando na fila há cerca de meia hora, quando um fazendeiro do Kansas ou de algum outro lugar nos perguntou como chegar ao parque de diversões Palisades.

Naturalmente, eu disse a ele para tomar um ônibus na Port Authority Garage na 8ª Avenida, mas Mary, na mesma hora, disse não, que ele devia tomar o I.R.T. na rua 125 e descer a escada rolante. Ela realmente achava que a balsa ainda estava funcionando.

"Você está por fora", eu disse a ela. "Eles fecharam as docas há dez anos, quando você ainda usava fraldas."

"E qual é a fonte da sua informação, Joseph?". Ela usou seu tom de voz agridoce, feito *ketchup* misturado com molho de tomate. "Agora usam submarinos para o litoral de Jersey?"

Quando Mary começa a fazer gracinhas, é mau sinal: você já pode contar com uma bronca daquelas. Me lembrei de um versículo da Bíblia que diz que uma boa mulher vale mais que rubis e arreganhei os dentes num tipo de sorriso. "Não invente conto de fadas sobre balsa para esse homem. Ele não pode chegar lá desse jeito."

"Pode sim!", disse ela. Então logo apareceu uma velhinha, magra feito minha avó, balançando uma lata, e o fazendeiro fez a ela a mesma pergunta. Ela lhe disse que perguntasse a um guarda do metrô. Meu Deus!, pensei, esse é o melhor jeito de se perder na cidade de Nova York.

Bem, consegui dormir na pior parte do filme, e o espetáculo não foi muito difícil de suportar. Depois eu quis tomar uma cerveja, mas ela tinha que tomar um chocolate no Chock Full O'Nuts. Perdido por pouco, perdido por muito, eu disse a mim mesmo. Aposto que aquele fazendeiro ainda está vagando por aí em busca da balsa da rua 125.]

Nesta leitura, os contrastes mínimos são colocados o mais próximo possível uns dos outros, com acento semelhante, de modo que o analista possa comparar sua pronúncia sem preparação prévia, mas com naturalidade suficiente para que o leitor não se aperceba prontamente do contraste. Os exemplos com (r) ilustram a técnica. Em *"You're certainly in the dark! They tore down that dock"*, podemos determinar se o contraste de *dock* e *dark* se dá apenas por alongamento [ɑ~ɑ:] ou por alongamento e posteriorização [ɑ~ɒ:]. Em *"she told him to ask a subway guard. My god! I thought"*, estamos perto da justaposição ideal de *guard* e *god*, que podem ser idênticos ou diferir de algum dos dois modos mostrados acima. Menos elegante é a colocação de *"source of your information"* com *"tomato sauce"*. Aqui /ohr/ em *source* é comparado a /oh/ em *sauce*; a menos que o /r/ seja realizado, essas duas palavras são geralmente relatadas como homônimas[3]. Nesses três casos, temos a oportunidade de observar o uso cuidadoso, mas não refletido de /r/ para diferenciar palavras que de outro modo podem ser homônimas, e fazemos uma comparação direta com o mesmo contraste em pares mínimos (cf. abaixo). Esta leitura também nos dá contrastes potenciais de /ŋ~ ŋg/ em *Singer ~ finger*, /ehrV~erV~ærV/ em *Mary~merry* e *Cary~carry*, e *fairy ~ ferry*, /ehr~ihr/ em *bear~beer*, /en~in/ em *ten~tin*, /oy~əhr/ em *voice~verse*,

[3] Nossos recentes estudos espectrográficos desses dados mostram que *source* e *sauce* em geral não são homônimos, embora o falante pense que sim e os classifique como "o mesmo". O segundo formante do núcleo da vogal em *source* é em geral mais baixo (mais posterior em termos do correlato articulatório normal), e na fala contínua o primeiro formante pode também ser mais baixo (ou seja, a vogal é mais alta). Durante o teste de pares mínimos, as vogais são postas bem próximas, mas as diferenças de segundo formante persistem. A diferenciação fonética desses núcleos é a mesma normalmente encontrada nos dialetos com pronúncia do *r*.

/θ~t/ em *thin~tin*, /æh~ehr/ em *bad~bared*, /ohr~uhr/ em *shore~sure*, /æ~æh/ em *can* [subs.]~*can* [aux.], e /a~oh/ em *chock~chalk~chocolate*.

O estilo usado em leitura no contexto C será designado como *estilo C*.

Contexto D. Listas de palavras

Um passo a mais na direção de um contexto mais formal é considerar a pronúncia de palavras isoladas. Há três tipos de listas de palavras usadas para a investigação das variáveis (r), (eh) e (oh). A primeira é uma lista que a pessoa sabe de cor: os dias da semana e os meses do ano. Um segundo tipo é uma lista impressa de palavras com segmento idêntico ou semelhante. Uma delas contém a variável (eh), alternando menos tensas com tensas. Um padrão de leitura que seguisse o vernáculo básico para essa lista de palavras seria:

Menos tensas	*Tensas*	*Menos tensas*		*Tensas*
bat				can
	bad			half
back				past
	bag			ask
batch				dance
	badge	have		
	bath	has		
bang		razz	~	razz
pat		jazz	~	jazz
	pad	hammer		
	pass			hamster
pal				fashion
	cash			national
		family	~	family

Esta lista, portanto, nos dá, primeiramente, a altura da vogal em pronúncia formal das formas tensas e, em segundo lugar, algum desconforto causado pela correção social da forma vernácula nova-iorquina de regra de tensionamento[4]. A lista de (oh) não tem essa complexidade, já

4 Para um estudo detalhado desta regra, cf. Cohen 1970. O estudo no Lower East Side se

que a regra de alçamento afeta todos os membros da classe /oh/ e /ohr/. Um membro da classe /a/ — *chock* — está incluído nessa lista: *Paul* ("Paulo"), *all* ("tudo"), *ball* ("bola"), *awful* ("horrível"), *coffee* ("café"), *office* ("escritório"), *chalk* ("giz"), *chocolate, chock* ("calço"), *talk* ("conversa"), *taught* ("ensinado"), *dog* ("cão"), *forty-four* ("quarenta e quatro").

O terceiro tipo de lista de palavras continua a investigação fonêmica iniciada na leitura de *"Last Saturday night I took Mary Parker..."*. Mostra-se à pessoa uma lista de palavras contendo a maioria dos pares mínimos que ocorreram naquela leitura e mais algumas:

dock	dark
pin	pen
guard	god
"I *can*"	tin *can*
...	...

Pede-se à pessoa que leia cada par de palavras em voz alta e, em seguida, diga se elas soam de modo idêntico ou diferente de como ela as pronuncia. Assim, além dos contrastes não refletidos do estilo C, temos o desempenho da pessoa no estilo D, e sua reação subjetiva a esse desempenho. Por fim, todos esses dados são usados para uma análise estrutural do sistema; aqui os valores médios das variáveis nas listas de palavras (exceto (r) em pares mínimos — cf. abaixo) nos dão os índices para o *estilo D.*

Contexto D'. Pares mínimos

Para a variável (r), é útil estender um estágio adiante o espectro de formalidade. Nas listas de palavras do contexto D, (r) ocorre em duas situações. Numa, a pronúncia de (r) é aparentemente incidental, como na leitura de *hammer* ("martelo") e *hamster* na lista de (eh), ou nos nomes dos meses que terminam em *-er,* ou de pares mínimos tais como *finger* ("dedo") e *singer* ("cantor"), *mirror* ("espelho") e *nearer* ("mais perto"). Aqui, (r) é pronunciado no contexto formal de uma lista de palavras, mas não recebe a plena atenção do leitor. Mas em pares mínimos como *dock*

preocupou com a extensão do alçamento da vogal tensa, e não com a seleção de ambientes pela regra de tensionamento. A variação nesta parece estar imune à correção social e exibe variação geográfica e idioletal de natureza muito complexa, controlada em certo grau por um ordenamento implicacional dos ambientes.

e *dark*, *guard* e *god*, *source* e *sauce*, *bared* e *bad*, (r) é o único elemento diferenciador e, portanto, recebe o máximo de atenção. Por isso, vamos destacar este subgrupo do estilo D para (r), chamando-o de *estilo D'*.

O problema da fala casual

Até agora, estávamos examinando técnicas para estender o espectro formal da entrevista com métodos que naturalmente se encaixam no esquema de uma discussão acerca da língua. Mas, mesmo dentro dos limites da entrevista, devemos ir além da situação de entrevista, se pudermos. Precisamos, de algum modo, capturar a fala cotidiana que o informante usará tão logo a porta se feche atrás de nós: o estilo que ele usa para discutir com a mulher, repreender os filhos ou conversar com os amigos. A dificuldade do problema é considerável; no entanto, as recompensas em solucioná-lo são grandes, tanto para alcançar nosso objetivo presente quanto para a teoria geral da variação estilística.

Primeiro, é importante determinar se temos algum meio de saber quando houve sucesso em obter a fala casual. Com que parâmetros podemos medir o sucesso? Durante este estudo sobre a fala da cidade de Nova York, foram usadas várias outras abordagens para obtenção da fala casual. Nas entrevistas preliminares, gravei uma grande quantidade de fala que é literalmente a linguagem das ruas. Este material incluiu a atividade desenfreada e alegre de muitas crianças pequenas e também algumas gravações de jogos de rua entre rapazes, de 18 a 25 anos, em que eu era um espectador anônimo. Pode ser que nenhuma das conversas de entrevista seja tão espontânea e livre quanto esse material. Mas se o informante mostrar uma alteração de estilo súbita e nítida nessa direção, teremos razão em chamar esse comportamento de fala casual.

Outro método é a observação aleatória e anônima como a pesquisa nas lojas de departamento discutida no capítulo 2, em que o viés da presença do linguista desaparece completamente. Aqui podemos julgar se o tipo de alternância encontrado na entrevista nos dá um espectro de comportamento comparável àquilo que se encontra sob condições informais na vida diária.

O problema imediato, portanto, é construir situações de entrevista em que a fala casual encontre um lugar, ou que permitam que ela emerja e, assim, estabelecer um método formal para definir a ocorrência desses estilos. Por *fala casual*, em sentido estrito, entendemos a fala cotidiana usada em situações informais, em que nenhuma atenção é dirigida à linguagem. Já *fala espontânea* se refere ao padrão usado na fala excitada, carregada de emoção, quando os constrangimentos de uma situação formal são abandonados. Esquematicamente:

Contexto:	Informal	Formal
estilo:	Casual	Monitorado/Espontâneo

Normalmente, não pensamos numa fala "espontânea" ocorrendo em contextos formais. Entretanto, como mostraremos, isso acontece frequentemente no curso da entrevista. A fala espontânea é definida aqui como correlata da fala casual que ocorre em contextos formais, não em resposta à situação formal, mas apesar dela.

Embora não haja nenhum motivo *a priori* para supor que os valores das variáveis serão os mesmos na fala espontânea e na casual, os resultados desta investigação mostram que elas podem ser estudadas conjuntamente. Mais adiante, quando examinarmos mais profundamente o mecanismo da variação estilística, será possível sugerir uma base de apoio para essa identificação. Por enquanto, cada termo será usado de acordo com a natureza do contexto, mas ambos serão medidos sob a rubrica do *estilo A*, ou fala casual em geral.

A caracterização da fala casual dentro da entrevista requer que prevaleça ao menos uma de cinco situações contextuais, e também ao menos uma das cinco pistas não fonológicas. Primeiro discutiremos as situações contextuais, que serão identificadas como contextos de A_1 até A_5.

Contexto A_1. Fala fora da entrevista formal

Há três ocasiões no contexto maior da situação de entrevista que não se encaixam nos limites da entrevista formal propriamente dita, e nesses contextos a fala casual pode ocorrer.

Antes que se inicie a entrevista propriamente, é comum a pessoa dirigir observações corriqueiras a alguém da família, como a mulher ou os filhos, ou fazer comentários simpáticos ao entrevistador. Embora não seja o contexto mais comum para uma boa observação da fala casual, o entrevistador não deve apressar o início dos procedimentos formais se houver alguma oportunidade para esse tipo de contato. Em diversos casos, quando a dona de casa lavava a louça ou quando a família terminava de jantar, o entrevistador pôde perceber a ocorrência de fala casual.

Depois que a entrevista começa, pode haver interrupções, quando alguém entra no local da gravação, ou quando o informante oferece uma cerveja ou um café. No exemplo a seguir, os três parágrafos representam: (1) a fala na entrevista formal imediatamente antes da interrupção da gravação; (2) a fala usada enquanto o informante abria uma lata de cerveja para o entrevistador; (3) as primeiras frases ditas ao retomar a entrevista formal.

1 If you're not careful, you will call a lot of them the same. There are a couple of them which are very similar; for instance, *width* and *with*. [What about *guard* and *god*?] That's another one you could very well pronounce the same, unless you give thought to it.

2 ... these things here — y'gotta do it the right way —otherwise [laughter] you'll need a pair of pliers with it ... You see, what actually happened was, I pulled it over to there, and well ... I don't really know *what* happened ... Did it break off or get stuck or sump'm?
... just the same as when you put one of these keys into a can of sardines or sump'm — and you're turning it, and you turn it lopsided, and in the end you break it off and you use the old fashioned opener ... but I always have a spoon or a fork or a screw driver handy to wedge into the key to help you turn it ... [laughter] I always have these things handy to make sure.

3 [How do you make up your mind about how to rate these people?] Some people — I suppose perhaps it's the result of their training and the kind of job they have — they just talk in any slipshod manner. Others talk in a manner which has real finesse to it, but that would be the executive type. He cannot [sic] talk in a slipshod manner to a board of directors meeting.

1 *Se você não tomar cuidado, vai dizer que muitas delas são idênticas. Tem uns pares delas que são muito parecidos, por exemplo,* width *e* with. *[E que tal* guard *e* god*?] Esse é mais um que você poderia muito bem pronunciar igual, se não prestar atenção.*

2 *... essas coisas aqui — cê tem que fazer direito — senão [riso] vai precisar de um alicate ... Veja só, o que aconteceu mesmo foi que eu puxei isso mais pra lá, e bem ... eu não sei mesmo o que foi que aconteceu ... Será que quebrou, ficou preso ou coisa assim?*

... é a mesma coisa quando você mete uma dessas chaves numa lata de sardinhas ou coisa assim — e você fica girando isso, e gira isso meio torto, e no final você quebra e tem de usar o velho e bom abridor ... mas eu sempre tenho uma colher ou um garfo ou uma chave de fenda à mão para enfiar na chave para ajudar a virar ... [riso] eu sempre tenho essas coisas à mão por garantia.

3 *[Como é que você decide o modo de diferenciar essas pessoas?] Algumas pessoas — acho que talvez seja o resultado da formação e do tipo de emprego que elas têm —, elas simplesmente falam de qualquer maneira descuidada. Outras falam de um jeito que tem mesmo elegância, mas esse seria o tipo executivo. Ele não pode falar de um jeito descuidado numa reunião de diretoria.*

A alternância de estilo de 1 para 2 e de volta para 3 é bastante evidente mesmo na ortografia convencional. As pistas da cadeia prosódica, assim como as variáveis fonológicas, apontam na mesma direção das mudanças no léxico, na sintaxe e no conteúdo.

O entrevistador pode tirar amplo proveito dessa oportunidade, afastando-se de sua cadeira e do gravador e estimulando a manifestação da conversação casual. Uma grande vantagem desse tipo de ruptura é que ela ocorre em contiguidade com a fala muito monitorada, e o contraste é muito nítido, como nos exemplos dados acima. A súbita ocorrência de valores radicalmente diferentes das variáveis é particularmente marcada nesse exemplo. A palavra *otherwise* ("de outra forma") no excerto 2 tem um (dh) na posição média; raramente é um [d] na fala monitorada dessa pessoa, mas [d] ocorre aqui e causa uma forte impressão no ouvinte.

O momento mais propício para a manifestação da fala casual no contexto A_1 é no final da entrevista. É ainda mais comum quando o entrevistador já guardou seu equipamento e está de pé com a mão na maçaneta da porta[5].

Contexto A_2. Fala com uma terceira pessoa

Em qualquer ponto da entrevista, a pessoa pode dirigir comentários a uma terceira pessoa e a fala casual pode emergir. Um dos exemplos

[5] O entrevistador não é um agente passivo em nenhuma dessas circunstâncias. Por sua participação no desenvolvimento da informalidade, ele pode ajudar a fala casual a emergir. Ao encerrar a entrevista, ele pode também encerrar seu papel como entrevistador e se comportar como qualquer outro funcionário cansado ou sonolento que já concluiu sua tarefa e está livre para ser ele mesmo.

mais admiráveis ocorreu numa entrevista com uma mulher negra, 35 anos, criada no Bronx e que vivia no Lower East Side em condições de pobreza, viúva com seis filhos. Os três excertos abaixo ilustram as alternâncias marcadas entre o estilo cuidado, calmo e controlado usado na conversa com o entrevistador e o estilo em voz alta e tom agudo, usado com os filhos. Novamente as diferenças gramaticais e estilísticas vistas na ortografia convencional ilustram a mudança de estilo.

1 ... Their father went back to Santo Domingo when they had the uprising about two years ago that June or July ... he got killed in the uprising ... I believe that those that want to go and give up their life for their country, let them go. For my part, his place was here with the children to help raise them and give them a good education ... that's from my point of view.

2 Get out of the refrigerator, Darlene! Tiny or Teena, or whatever your name is! ... Close the refrigerator, Darlene! ... What pocketbook? I don't have no pocketbook — if he lookin' for money from me, dear heart, I have no money!

3 I thought the time I was in the hospital for three weeks, I had peace and quiet, and I was crying to get back home to the children, and I didn't know what I was coming back home to.

1 *... O pai deles voltou para Santo Domingo quando tiveram uma revolta por lá há dois anos atrás em junho ou julho ... ele foi morto na revolta ... Eu acho que aqueles que querem ir e dar a vida por seu país, deixe que vão. Quanto a mim, o lugar dele era aqui com os filhos para ajudar a criá-los e dar a eles uma boa educação ... esse é o meu ponto de vista.*

2 *Larga essa geladeira, Darlene! Tiny ou Teena, seja lá qual for o seu nome! ... Fecha a geladeira, Darlene! ... Que carteira? Eu não tenho nenhuma carteira — se ele tá procurando dinheiro meu, queridinha, eu não tenho nenhum dinheiro!*

3 *Pensei no tempo em que fiquei no hospital por três semanas, eu tinha paz e tranquilidade, e ficava chorando para voltar para casa, para as crianças, e eu não sabia para que lugar estava voltando.*

Interrupções da entrevista, quando o telefone toca, às vezes oferecem oportunidades excepcionalmente boas para estudar a fala casual. Numa entrevista, o telefone interrompeu os procedimentos bem no meio. A informante, Dolly R., tinha acabado de voltar das férias de verão na Carolina do Norte, e uma de suas primas estava ansiosa por novidades da família. Saí da sala com o sobrinho dela e continuei a conversar com ele tranquilamente em outro cômodo. Por vinte minutos, a informante debateu os últimos acontecimentos num estilo muito informal e, assim, obtivemos uma excelente gravação do tipo mais espontâneo de fala. O contraste é tão forte que a maioria dos ouvintes não consegue acreditar que se trata da mesma pessoa falando. O estilo que Dolly R. usou comigo foi amistoso, relaxado, aparentemente informal e casual: ao falar sobre bom senso, ela disse:

4 Smart? Well, I mean, when you use the word *intelligent* an' *smart* I mean — you use it in the same sense? ... [Laughs] So some people are pretty witty — I mean — yet they're not so intelligent!

4 *Esperto? Bem, quer dizer, quando você usa a palavra* inteligente *e* esperto, *quer dizer — você usa ela no mesmo sentido? ... [risos] Bem, algumas pessoas são muito astutas — quer dizer — mas não são tão inteligentes assim!*

Embora o riso e a informalidade desse trecho possam parecer localizá-lo numa categoria "casual", nenhum julgamento seguro pode ser feito sem contrastá-lo com outros estilos. E os valores das variáveis linguísticas são suspeitosamente distantes do vernáculo — o (r) é quase consistentemente [r], e há apenas um (dh) não padrão, em *they're* ("eles são"). Em contrapartida, veja-se este trecho da conversa telefônica:

5 Huh? ... Yeah, go down 'e(r)e to stay. This is. So you know what Carol Ann say? Listen at what Carol Ann say. Carol Ann say, "An' then when papa die, we can come back" [belly laugh] ... Ain't these chillun sump'm [falsetto]? ... An' when papa die, can we come back? ... [laughs].

5 *Hein? ... É, desce aqui pra ficar. Isso. Então, sabe o que a Carol Ann diz? Escuta só o que a Carol Ann diz. Carol Ann diz, "E quando o papai tiver morrido, a gente pode voltar" [gargalhadas] Essas crianças não são demais? [falsete] ... E quando o papai tiver morrido, a gente pode voltar? ... [risos]*

O riso desse trecho é muito diferente de 4: é um movimento de corpo inteiro, que começa baixo e termina alto, sacudindo-se a partir de algum lugar bem fundo. Ouvindo-o, percebemos que o riso de 4 é forçado, em comparação a este — um "hahaha" de um repertório neutro. A qualidade e a personalidade da voz de 5 também são muito diferentes, e os contornos entoacionais são dramaticamente opostos[6]. As variáveis

---

[6] Usamos os dois trechos citados aqui num teste sobre antecedentes familiares (*Family Background*) em nossas entrevistas com adultos no Harlem sul-central (Labov *et al.* 1968: 2, 4.7). Muitos dos informantes se sentiram incomodados com o trecho 5, a ponto de se

fonológicas e gramaticais são totalmente diferentes. O contraste é tamanho no caso de Dolly R. que somos forçados a reconhecer as limitações de nossos outros métodos de elicitação do vernáculo: pelo menos com alguns falantes, nossas melhores técnicas dentro da situação de entrevista levarão a pessoa até metade do caminho no rumo do vernáculo, mas não há garantia de que tenhamos coberto a maior parte da distância. Definimos uma direção, mas não o destino.

Contexto A_3. Fala que não responde diretamente a perguntas

Em alguns tipos de entrevista, é necessário cortar réplicas longas e digressivas, ou interrupções rápidas ou retóricas, a fim de levar o trabalho a cabo. Neste programa de entrevista, prevaleceu a política oposta. Toda vez que uma pessoa dava sinais de querer falar, nenhum obstáculo se interpunha: quanto mais ela divagasse, mais chance tínhamos de estudar seu padrão de fala natural. Alguns falantes mais velhos, em particular, dão pouca atenção às perguntas que lhes são feitas. Costumam ter alguns pontos de vista preferidos, que querem expressar, e têm uma larga experiência em fazer uma rápida transição do tema para o assunto que lhes fala mais ao coração.

O contexto A_3 representa uma transição dos contextos em que a fala casual é formalmente adequada para aqueles em que o estado ou atitude emocional do falante suplanta qualquer restrição formal, e a fala espontânea emerge.

Contexto A_4. Parlendas e rimas infantis

Este é um dos dois tópicos, dentro da própria entrevista, que são planejados para criar o contexto em que a fala espontânea tem mais chance de emergir. A atmosfera ou o tom requerido para essa alternância

---

mexerem na cadeira enquanto o ouviam. Supuseram, naturalmente, que se tratava de uma atuação expressamente feita para ser gravada, e consideravam que alguém que use esse estilo familiar íntimo numa situação tão pública está claramente bancando o "Tio Tom". Não podiam saber, é claro, que Dolly R. não tinha consciência, naquele momento, de estar sendo gravada, já que ela supunha que a conversa que ouvia vinda do outro cômodo era a entrevista propriamente dita. ["Bancar o Tio Tom" (*play Uncle Tom*) significa, para os negros americanos, agir e falar de um modo subserviente diante de uma pessoa branca, como o personagem *Uncle Tom* do romance *Uncle Tom's Cabin*, de Harriet Beecher Stowe (1852), traduzido em português como *A cabana do pai Tomás* (n. da tradução).]

é criado por meio de uma série de perguntas que levam gradualmente ao tópico das parlendas, das cantigas de roda, das rimas de pular corda, das regras de luta e de aspectos semelhantes da linguagem extraídos do período pré-adolescente, quando os jovens participam de uma cultura diferente da da sociedade adulta. As parlendas, por exemplo, não podem ser corretamente recitadas no estilo B de conversação cuidada. A rima mesma e também o ritmo ficariam prejudicados se o estilo B fosse usado em

Cinderella,
Dressed in yella
Went downtown to buy some mustard,
On the way her girdle busted,
How many people were disgusted?
  10, 20, 30 ...

Cinderela,
de roupa amarela
foi ao centro da cidade comprar mostarda,
no caminho, sua cinta rebentou,
quantas pessoas ficaram desgostosas?
  10, 20, 30 ...

A cantiga a seguir, que é popular nas escolas de Nova York, não permite a pronúncia do *r*, que corresponderia ao estilo B:

Glory, glory, Hallelujah,
The teacher hit me with the ruler,
The ruler turned red,
And the teacher dropped dead,
No more school for me.

Glória, glória, aleluia,
o professor me bateu com a régua,
a régua ficou vermelha,
e o professor caiu morto,
acabou a escola para mim.

A pronúncia sem *-r* também está implicada na tradicional

Strawberry short cake, cream on top
Tell me the name of your sweetheart ...[7]

[7] A meia rima aceita aqui implica uma pronúncia de *-heart* como [hat], com uma evidente vogal breve. Essa vogal breve não é rara na cidade, sobretudo em polissílabos.

Tortinha de morango, creme por cima,
me diz o nome do teu namorado ...

Se o estímulo dessas rimas exigisse um retorno a uma pronúncia infantil que já não fosse normal, seu uso como prova seria inadequado. No entanto, o padrão que é usado no contexto A_4 é bastante comparável ao que é usado nos quatro outros contextos. Não há necessidade, na cantiga a seguir, de supor um valor particular para (oh), e no entanto (oh-1) é muito comum:

I won't go to Macy's any more, more, more
There's a big fat policeman at the door, door, door,
He pulls you by the collar
And makes you pay a dollar,
I won't go to Macy's any more, more, more

Não vou na Macy's nunca mais, mais, mais
tem um policial gordo na porta, porta, porta
ele te puxa pela gola
e te faz pagar um dólar,
não vou na Macy's nunca mais, mais, mais

Os nove exemplos de (oh) nessa cantiga oferecem um meio eficiente de estudar esta variável.

Mesmo nas adivinhas, em que o metro e a rima exercem menos coerção sobre o falante, descobre-se que o estilo B é inadequado para

My mother and your mother were hanging out the clothes,
My mother punched your mother right in the nose.
What color blood came out?
[Green.] G-R-E-E-N spells green and you are not IT.

Minha mãe e sua mãe estavam pendurando as roupas,
minha mãe socou a sua mãe direto no nariz.
De que cor saiu o sangue?
[Verde.] V-E-R-D-E soletra verde e você não é isso.

ou para a muito mais simples

Doggie, doggie, step right out.
Cachorrinho, cachorrinho, sai do buraquinho.

Tanto homens quanto mulheres são capazes de repetir parlendas do tipo *"Eeny meeny miny moe"*, ou *"Engine, engine, number nine"*. Na falta delas, a fala espontânea frequentemente é obtida dos homens nas regras para jogar bola de gude, ou o complexo jogo nova-iorquino de *skelley, punchball* ou *stickball**.

Contexto A_5. Risco de vida

Outra série de perguntas, numa seção posterior da entrevista, leva ao seguinte:

> Você já esteve numa situação em que pensou que estava correndo sério risco de morrer — em que você disse a si mesmo: "Chegou minha hora"?

Se o informante responde que sim, o entrevistador faz uma pausa de um ou dois segundos e então pergunta: "O que aconteceu?" À medida que o informante começa a responder, ele se sente impelido a mostrar que de fato existiu um real perigo de morrer; sua autoimagem fica muito prejudicada se ficar evidente que não houve nenhum perigo. Frequentemente, ele fica envolvido na narrativa a ponto de parecer estar revivendo aquele momento crítico, e surgem sinais de tensão emocional. Um bom exemplo ocorreu numa entrevista com seis irmãos, entre 10 e 19 anos, de uma família ítalo-irlandesa de classe baixa. Enquanto a maioria dos meninos falavam livre e espontaneamente em diversos contextos, o irmão mais velho, Eddie, tinha ficado bastante reservado e cuidadoso em suas respostas. Não tinha dado nenhum exemplo de fala casual ou espontânea até o tema ser lançado. Com poucas frases curtas, ocorreu uma mudança repentina e drástica em seu estilo. No início de seu relato, Eddie usou seu estilo cuidado habitual:

6 [What happened to you?] The school I go to is Food and Maritime — that's maritime training — and I was up in the masthead, and the wind started blowing. I had a rope secured around me to keep me from falling — but the rope parted, and I was just hanging there by my fingernails.

6 *[O que foi que te aconteceu?] A escola aonde eu vou é Food and Maritime — dá treinamento marítimo — e eu estava pendurado no mastro, e o vento começou a soprar. Eu tinha uma corda amarrada em torno de mim para evitar que eu caísse — mas a corda se partiu, e eu fiquei pendurado só pelas unhas.*

Nesse momento, a respiração do informante ficou muito pesada e irregular; sua voz começou a tremer e o suor brotou em sua testa. Pequenos traços de riso nervoso surgiram em sua fala.

* Todos esses nomes designam uma espécie de beisebol de rua (n. da tradução).

7 I never prayed to God so fast and so hard in my life ... [What happened?] Well, I came out all right ... Well, the guys came up and they got me. [How long were you up there?] About ten minutes. [I can see you're still sweating, thinking about it.] Yeh, I came down, I couldn't hold a pencil in my hand, I couldn't touch nuttin'. I was shakin' like a leaf. Sometimes I get scared thinkin' about it ... but ... uh ... well, it's training.

7 *Nunca rezei para Deus tão rápido e tão forte na vida ... [O que aconteceu?] Bem, eu saí de lá sem problema ... Bem, os caras subiram e me pegaram. [Quanto tempo você ficou lá em cima?] Uns dez minutos. [Posso ver que você ainda sua, ao pensar nisso.] É. Eu desci, eu não conseguia segurar um lápis na mão, eu não conseguia pegar nada. Tremia feito vara verde. Às vezes me dá medo só de pensar nisso ... mas... eh ... bem, é o treinamento.*

Todas as variáveis fonológicas em 7 alternam para as formas mais típicas da fala casual, incluindo (th), (dh) e (ing). Bem no final, Eddie retorna ao seu estilo cuidado, com esforço: "*Well, it´s trainning!*" O efeito de sondagem dos sentimentos da pessoa no momento de crise pode ser poderoso até mesmo em falantes bastante acostumados a ocupar o centro do palco. Um dos narradores mais dotados e naturalmente expressivos da amostra foi a senhora Rose B. Foi criada no Lower East Side, filha de italianos; agora com mais de 30 anos, voltou recentemente a trabalhar como operadora de máquina de costura. Os muitos exemplos de narrativas espontâneas que ela ofereceu mostram um notável domínio da entoação, do volume e do ritmo para fins expressivos:

8 ... And another time — that was three times, and I hope it never happens to me again — I was a little girl, we all went to my aunt's farm right near by, where Five Points is ... and we were thirteen to a car. And at that time, if you remember, about 20 or 25 years ago, there wasn't roads like this to go to Jersey — there was all dirt roads. Well, anyway, I don't know how far are — I don't remember what part we were — one of the wheels of the car came off — and the whole car turned, and they took us all out. They hadda break the door off. And they took us out one by one. And I got a scar on my leg here ... 'ats the on'y thing ... [When the car turned over, what did you think?]

... it was upside dow — you know what happened, do you know how I felt? I don't remember anything. This is really the truth — till today, I could tell that to anybody, 'n' they don't believe me, they think I'm kiddin' 'em. All I remember is — I thought I fell asleep, and I was in a dream ... I actually saw stars ... you know, stars in the sky — y'know, when you look up there ... and I was seein' stars. And then after a while, I felt somebody pushing and pulling — you know, they were all on top of each other — and they were pulling us out from the bottom of the car, and I was goin' "Ooooh".

And when I came — you know — to, I says to myself, "Ooooh, we're in a car accident", — and that's all I remember — as clear as day — I don't remember the car turning or anything. All I know is I thought I went to sleep. I actually felt I went to sleep.

8 *... E uma outra vez — foram três vezes, e espero que isso nunca me aconteça de novo — eu era menininha, nós todos fomos para a fazenda da minha tia bem perto daqui, onde fica Five Points ... e éramos treze num carro. E naquela época, você se lembra, uns 20 ou 25 anos atrás, não tinha estradas como essas para ir para Jersey — só tinha estradas horríveis. Bem, seja lá como for, eu não sei qual era a distância — não me lembro em que trecho estávamos — uma das rodas do carro se soltou — e o carro capotou, e tiraram a gente de lá. Tiveram que arrancar a porta. E tiraram a gente um por um. E eu fiquei com uma cicatriz aqui na perna ... é a única coisa ... [Quando o carro virou, o que você pensou?]*
... ele estava de cabeça para baixo — você sabe o que aconteceu, sabe como eu me senti? Não me lembro de nada. Essa é a verdade mesmo — até hoje, eu posso contar isso para qualquer um, e não me acreditam, acham que estou brincando. Tudo o que lembro é — pensei que caí no sono, e estava num sonho ... Eu realmente vi estrelas ... sabe, estrelas no céu — sabe, quando você olha para cima ... e eu estava vendo estrelas. E então, depois de algum tempo, senti alguém puxando e empurrando — sabe, estava todo mundo um em cima do outro — e estavam puxando a gente debaixo do carro, e eu estava fazendo "Ooooh".

E quando eu saí — sabe — eu disse a mim mesma, "Ooooh, estamos num acidente de carro" — e é tudo o que lembro — claro como o dia — não me lembro do carro virando ou coisa assim. Tudo o que sei é que pensei que estava dormindo. Eu realmente achei que estava dormindo.

Pistas do canal para a fala casual

Os cinco contextos descritos acima são apenas a primeira parte dos critérios formais para a identificação do estilo A na entrevista. É claro que não é suficiente estabelecer um contexto particular, a fim de se observar a fala casual. Também buscamos no tipo de produção linguística alguns indícios de que o falante está usando um estilo de fala que contrasta com o estilo B. Usar variáveis fonológicas implicaria um argumento circular, já que os valores dessas variáveis nos estilos A e B são exatamente aquilo que estamos tentando determinar por meio do isolamento de estilos. As melhores indicações são as pistas do canal: modulações da voz que afetam a fala em seu conjunto[8]. Nosso uso dessas pistas deve seguir o procedimento geral da análise linguística: os valores absolutos de ritmo, altura de voz, volume e respiração podem ser irrelevantes, mas os valores contrastantes dessas características são indícios de uma diferenciação de estilo A e estilo B. Uma *mudança* no ritmo, uma *mudança* na altura da voz, uma *mudança* no volume ou intensidade da respiração formam sinais socialmente significativos de uma alternância rumo a um estilo de fala mais casual ou mais espontâneo.

Sempre que uma dessas quatro pistas do canal estiver presente num contexto apropriado, o enunciado que as contiver será marcado e medido como estilo A. A quinta pista do canal é uma outra modulação da produção vocal: o riso. Ele pode acompanhar o tipo mais casual de fala, como o riso nervoso no exemplo de Eddie D., e é frequentemente ouvido na descrição dos momentos mais dramáticos e críticos da narrativa de risco de vida. Uma vez que o riso implica uma expiração mais rápida do que na fala normal, ele é sempre acompanhado de uma súbita inspiração na pausa seguinte. Embora essa inspiração nem sempre seja óbvia para o ouvinte na situação de entrevista, as técnicas de gravação usadas no estudo detectam esses efeitos com bastante precisão; é possível, portanto, considerar o riso como um tipo variante de mudanças na respiração, a quarta pista do canal[9].

Emerge agora uma questão: e se uma constelação de pistas de canal muito marcada ocorrer em algum contexto B? A intuição pode nos dizer que se trata de fala espontânea, mas as regras formais deste procedimen-

---

8 Essas seriam consideradas modificações na Forma da Mensagem e não no Canal, segundo a terminologia usada por Dell Hymes (1962). No esquema sugerido por Hymes, os estilos mais formais de leitura representariam uma mudança no canal; a elicitação de fala casual seria encorajada por mudanças no Contexto (*setting*) e no Tópico, e as variáveis fonológicas aparecem como variações no Código.

9 O caso de Dolly R., observado acima, mostra que temos também que considerar o riso como uma pista contrastiva — uma mudança na forma do riso é mais importante que o riso em si.

to nos instruem a considerá-la como estilo B. Esta é uma consequência necessária de uma definição formal. A situação pode ser esquematizada desta maneira:

observações intuitivas	fala monitorada	fala casual
definição e medição formal	Estilo B	Estilo A

Como indica o diagrama, o estilo B formalmente definido se sobrepõe à fala casual intuitivamente observada. Alguns exemplos de fala casual ocorrerão fora dos cinco contextos dados, condicionados por algum contexto menos proeminente que não consideramos, e não serão enquadrados pela definição formal. Contudo, como o volume de fala monitorada é muito mais amplo que o de fala casual, esta pequena quantidade de fala comparativamente casual agora incluída no contexto B e no estilo B não distorcerá seriamente os valores da fala monitorada. Se, por outro lado, houvesse sobreposição na outra direção, com uma definição que especificou os contextos de fala monitorada, a mistura resultante no volume menor de fala casual seria uma fonte de séria distorção. Deixando a fala monitorada como a categoria não marcada, ficamos protegidos dessa distorção.

Quais são as proporções reais, no nosso material, de fala casual e fala monitorada, tais como definidas? Podemos obter uma boa estimativa pelos registros que mostram as ocorrências totais de (r) e (dh) nos estilos, tais como definidos acima, já que essas variáveis muito frequentes nos dão uma medida do volume total de fala. Selecionamos aleatoriamente 10% das entrevistas com adultos no Lower East Side e medimos o volume de fala relativo em cada estilo por meio de um índice combinado do total de incidência de (r) e (dh)[10]. As porcentagens médias para essa amostra são, para o estilo A, fala casual: 29%; e para o estilo B, fala monitorada: 71%.

[10] O uso de (dh) ou (r) sozinho teria produzido sérias distorções. Para alguns falantes, sobretudo brancos e negros de classe baixa, (r) não é uma variável e não é gravada como tal nos formulários de transcrição. Para outros, primordialmente falantes de classe média, (dh) é sempre uma fricativa, e não é tabulada. Não existe nenhum falante na amostra para quem um desses traços não seja uma variável. É interessante observar que a variável (dh) oferece uma porcentagem um tanto mais alta na fala casual: 33% contra 26% para (r). É provavelmente um reflexo da maior espontaneidade e da abordagem mais casual de muitos falantes de classe operária.

Uma abordagem alternativa para identificar a fala casual teria sido contar somente com pistas do canal, sem referência ao contexto. Isso teria sido muito menos confiável, pois em muitos contextos os elementos do canal variam continuamente, e determinar onde o contraste ocorreu e onde não ocorreu seria frequentemente muito difícil. A entrevista, tal como agora está construída, oferece alternâncias repentinas de contextos que têm fronteiras nítidas. Essas alternâncias, portanto, nos permitem observar contrastes súbitos nas pistas do canal. Outra alternativa seria adotar certas seções da entrevista como fala casual, sem relação com as pistas do canal ou qualquer outra medida. Obviamente, isso enfraqueceria nossa aproximação do vernáculo, já que não existe nenhuma técnica certeira para relaxar os constrangimentos da situação de entrevista para todas as pessoas[11]. Não se está sustentando que o estilo A e o estilo B sejam unidades naturais de variação estilística: são, antes, divisões formais do *continuum* estabelecido para os objetivos deste estudo, e que têm o propósito de medir a variação fonológica ao longo do eixo estilístico. A descoberta de rupturas naturais no espectro dos fenômenos estilísticos teria de seguir um procedimento muito diferente. Não é improvável que resultados do presente trabalho, gerando índices sensíveis à variação linguística, possam eventualmente ser aplicados a tal fim.

A validade deste método pode ser testada através de uma comparação com outros meios de gravação da fala casual. Foram feitas muitas observações anônimas em lugares públicos no Lower East Side, as quais apresentam características muito parecidas com as da fala casual obtida na entrevista (cf. Apêndice B em Labov 1966a para o Punch Ball Game e o Lunch Counter). Também podemos obter validação e explicação a partir de métodos experimentais. Mahl conduziu uma série de estudos sobre o efeito causado pela anulação da capacidade das pessoas de monitorar a fala (1972). Isso se fez acrescentando-se ruído branco através de fones de ouvido num volume alto o bastante para impedir que a pessoa ouvisse a própria fala. Além disso, a pessoa às vezes não ficava face a face com o entrevistador, de modo que não podia ver seu rosto. A fala de cada pessoa foi então estudada durante três entrevistas sob quatro condições: com ruído

---

11 Esta é, de fato, a abordagem feita por Trudgill (1971). Quaisquer que sejam os pontos fracos desta técnica, eles não o impediram de mostrar uma diferenciação regular entre fala casual e monitorada.

branco, face a face ou não; e sem ruído branco, face a face ou não. Em muitos casos, a perda do audiomonitoramento produziu mudanças drásticas na altura da voz, no volume, na entonação e no comprimento das respostas; em vários casos, houve mudanças nos padrões de fala que Mahl julgou semelhantes a diferenças em dialetos sociais. Em cooperação com Mahl, examinei algumas dessas gravações para ver se a alternância de estilo podia ser medida objetivamente por variáveis linguísticas. Um estudo preliminar de outros falantes de New Haven produziu uma lista de variáveis socialmente significativas: a mais importante delas para a alternância de estilo nas pessoas de Mahl foi (dh). A figura 3.2 mostra a porcentagem da forma padrão fricativa [ð] na fala de uma pessoa cuja alternância de estilo foi mais nítida. O eixo horizontal mostra a série de três entrevistas, com as quatro condições diferentes na ordem em que foram administradas. Há um efeito geral de familiarização, em que a porcentagem das formas-padrão cai sistematicamente. As quatro condições também estão claramente diferenciadas: tanto a perda de audiomonitoramento quanto a perda de monitoramento visual do interlocutor interferiram no controle da pessoa sobre a variável (dh). Podemos inferir que uma produção consistente das formas fricativas é parte de um dialeto superposto não característico do padrão vernacular original deste falante, e que ela requer um certo grau de atenção prestado à fala, o qual é facilitado pelo audiomonitoramento de si mesmo e estimulado pelo monitoramento visual do outro.

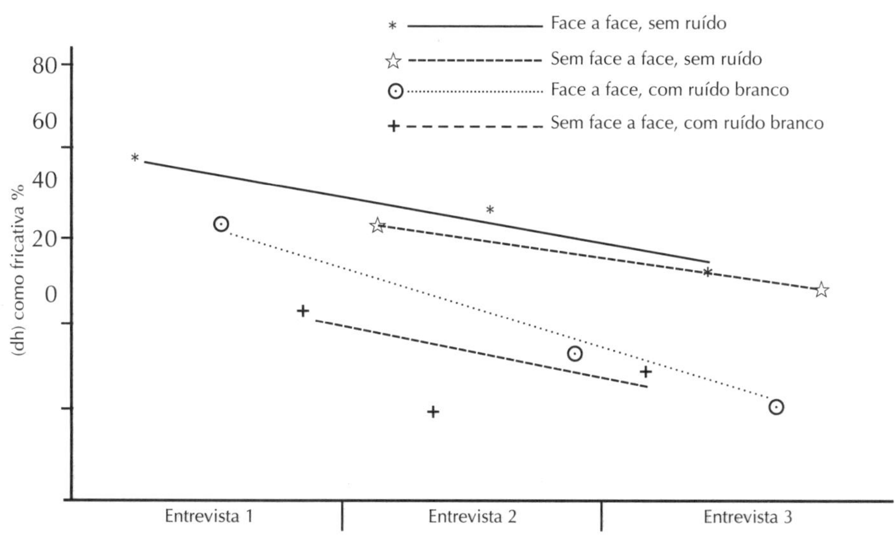

FIGURA 3.2 Efeito do ruído branco e da orientação sobre o uso de (dh) por uma pessoa.

O paralelo com a alternância de estilo de (dh) em nossas entrevistas é notável. Observamos outro fenômeno em nossas entrevistas que aponta nesta direção. Pedimos às pessoas que começassem a dizer *ten* e nos dissessem onde estava a ponta de sua língua. Muito embora isso tenha ocorrido no contexto formal da discussão sobre a fala, as formas usadas nesta resposta alternaram pesadamente rumo à fala casual. A atenção dirigida à localização da língua parece interferir na atenção à articulação na resposta que se segue.

Podemos, por conseguinte, avançar a hipótese de que todos os vários estilos de fala que estamos considerando se organizam numa única dimensão, a da atenção prestada à fala, com a fala casual numa extremidade do *continuum* e os pares mínimos na outra. Se a pesquisa futura conseguir confirmar essa hipótese e quantificar a atenção prestada à fala, teremos então um fundamento mais firme para o estudo da alternância de estilo, e poderemos estabelecer relações mais precisas no estudo das estruturas sociolinguísticas como um todo.

O ESPECTRO DA VARIAÇÃO ESTILÍSTICA

Tendo em vista as técnicas usadas para isolar os estilos, esboçadas acima, podemos agora perguntar de que modo esta dimensão estilística se correlaciona com nossas variáveis dependentes. Para tanto, podemos delinear o seguinte espectro com as cinco principais variáveis fonológicas:

	Casual		*Monitorado*		*Leitura*		*Lista de palavras*		*Pares mínimos*
Variável	*A*		*B*		*C*		*D*		*D'*
(r)	x	>	x	>	x	>	x	>	x
(eh)	x	>	x	>	x	>	x	>	
(oh)	x	>	x	>	x	>	x		
(th)	x	<	x	<	x				
(dh)	x	<	x	<	x				

Um estilo separado D' para pares mínimos só se apresenta para (r). As variáveis (th) e (dh) não são estudadas em listas de palavras, mas apenas no estilo de leitura. Temos, assim, no total, 19 pontos onde os valores médios podem ser colocados num espectro estilístico. Se o uso destas variáveis se correlacionar com o *continuum* estilístico tal como supomos, devemos esperar que as três primeiras estejam mais presentes no estilo A e diminuam progressivamente em B, C, D e D'; e que as duas últimas estejam menos presentes em A e aumentem com regularidade em B e C.

A primeira nova-iorquina nativa a quem este método foi aplicado foi a srta. Josephine P., 35 anos, que vivia com sua mãe italiana num pequeno apartamento do Lower East Side, onde nascera. A srta. P. frequentou a escola secundária no Lower East Side e cursou quase quatro anos de faculdade. Na época da entrevista, ela trabalhava como recepcionista na Saks da 5ª Avenida. O estilo de fala de Josephine P. é animado e rápido; parece ser uma pessoa extrovertida, sem dificuldades para fazer contato amigável com estranhos. Sua conversação cuidada, no contexto B, parece a princípio ser equivalente à conversa casual da maioria dos falantes. Duas breves amostras de fala casual foram gravadas, as quais contrastam com sua fala no contexto B. Temos, assim, o espectro completo de valores médios das variáveis para essa falante:

ESPECTRO ESTILÍSTICO DE JOSEPHINE P.

Variável	*A*	*B*	*C*	*D*	*D'*
(r)	00	03	23	53	50
(eh)	25	28	27	37	
(oh)	21	23	26	37	
(th)	40	14	05		
(dh)	34	09	09		

Os valores de (r) de Josephine P. sobem de 0 para 50, como seria de se esperar; (eh) e (oh) também sobem, embora B e C sejam essencialmente os mesmos para (eh). Há uma drástica subida no estilo D, que é geralmente característica dos falantes de classe média baixa (cf. capítulo 5 neste volume). As variáveis (th) e (dh) estão num nível baixo no estilo A e caem a um nível ainda mais baixo em estilos mais formais, como seria de se esperar de uma falante com seus antecedentes.

As duas seções de fala casual que foram gravadas em contraste com o estilo B ocorreram no contexto A_1, fora da entrevista. Numa seção, Josephine P. falou com alguma emoção sobre seu falecido pai, tal como se lembrava dele na infância, e sobre as bonecas que ele lhe trazia da fábrica onde trabalhava. As pistas do canal observadas foram riso, aceleração do ritmo e uma mudança na respiração. A segunda seção foi um acesso de irritação em relação ao comportamento de outros moradores do edifício, com aumento na altura e no volume da voz. Essas duas seções foram gravadas depois da entrevista, enquanto eu estava sentado tomando café com Josephine P. e sua mãe.

No curso de uma entrevista dialetológica normal, toda a conversa de Josephine P. teria sido aceita como livre e espontânea; mas na medida em que o procedimento presente supõe que a fala do contexto B não pode ser realmente casual, todos os contextos relevantes para o estilo A foram examinados. A emergência de um padrão de fala muito diferente nas medições das cinco variáveis sob o estilo A — especialmente (th) e (dh) — confirma nossa expectativa. Sem as seções de fala casual, seríamos obrigados a relatar que Josephine P. raramente usou africadas ou oclusivas nessas variáveis.

No padrão geral, há duas mudanças da configuração esperada, ambas de magnitude inferior a 5%. Isso é notável quando consideramos as flutuações irregulares das variáveis que parecem marcar as seções individuais de fala. Por exemplo, aqui estão as ocorrências de (th) na fala casual, na ordem em que ocorreram: 1221221111; e aqui está uma série contínua na fala monitorada: 22111111111112121. Parece não haver padrão ou sistema dentro dessa sequência — no entanto, ela se encaixa no padrão mais amplo mostrado no espectro de estilos. O número total de itens sobre os quais se baseou o espectro de Josephine P. não é grande; um número de ocorrências relativamente pequeno estabelece as progressões, apesar das variações dentro de cada estilo. O número de casos em cada célula é dado no espectro de frequência:

ESPECTRO DE FREQUÊNCIA DE JOSEPHINE P.

Variável	*A*	*B*	*C*	*D*	*D′*
(r)	18	66	44	15	4
(eh)	4	4	28	13	
(oh)	10	11	19	11	
(th)	10	29	20		
(dh)	26	65	35		

O espectro de frequência mostra três pontos fracos: em (r) D' e em (eh) A e B, onde houve somente quatro ocorrências da variável em cada célula. Essa limitação dos dados permite que erros de percepção e transcrição afetem significativamente o resultado final, tal como a variação inerente do indivíduo. Ora, se esse espectro for comparado com a tabela dos valores médios das variáveis de Josephine P. acima, fica evidente que os pontos baixos de frequência coincidem exatamente com os pontos onde foram encontrados pequenos desvios do padrão geral. A implicação desses resultados é a de que se mais ocorrências de (eh) A e B e (r) D' fossem introduzidas, o comportamento da pessoa poderia ser visto como perfeitamente regular.

O próximo nova-iorquino entrevistado com este método foi Abraham G., 47 anos, ensino médio completo, natural do Lower East Side, de pais judeus poloneses. Morava num conjunto habitacional do governo e dirigia um táxi para ter uma renda regular. Em contraste com Josephine P., esse informante se revelou imediatamente como um falante de múltiplos estilos. No contexto B, usou um estilo fluente, mas controlado, que refletia sua experiência em muitas reuniões de conselho como chefe de sua seção da American Legion*. Seu estilo B, que empregava expressões como "as forças armadas" para "exército" e "justo e equânime" para "justo", não era obviamente seu estilo casual. Conseguiu até contar diversas histórias longas e excitantes de assaltos a mão armada, na seção "risco de vida", sem perder a forma monitorada do estilo B. Contudo, na metade da entrevista, ele parou para me oferecer uma lata de cerveja, e pronunciou o monólogo divertido citado algumas páginas atrás, e que é a base principal da coluna do estilo A em seu espectro estilístico. A casa vazia em seu espectro, em (th) A, é o ponto em que a única ocorrência de (th), como oclusiva, não pôde ser usada para o cálculo. A única irregularidade visível é a mudança de direção em (oh) D; como estudos posteriores demonstraram, isso não é incomum.

---

* A *American Legion* é uma associação dos veteranos das Forças Armadas dos Estados Unidos criada em 1919 após a I Guerra Mundial, com sede em Indianápolis, Indiana (n. da tradução).

ESPECTRO ESTILÍSTICO DE ABRAHAM G.

Variável	*A*	*B*	*C*	*D*	*D'*
(r)	12	15	46	100	100
(eh)	35	36	39	40	
(oh)	10	18	29	20	
(th)		17	00		
(dh)	72	33	05		

N

8	60	39	7	5
6	22	18	13	
3	11	16	11	
1	20	20		
18	78	35		

Na maioria dos casos, o procedimento de entrevista isola o estilo A em mais de um contexto. O caso da sra. Doris H., 39, é típico. É negra, criada em Staten Island, ensino secundário completo. Seu marido é policial em Nova York. A sra. H. exibiu um amplo espectro de comportamento estilístico, desde as respostas cuidadosas, equilibradas e altamente organizadas no contexto B até arroubos repentinos de humor espontâneo que a caracterizaram como uma pessoa cheia de sagacidade e charme. Seu mapa mostra fala espontânea no contexto A_2 (fala a uma terceira pessoa), quando zombou de seu filho de 13 anos por sua tendência a se exibir para estranhos; no contexto A_3 (não em resposta direta) como uma longa descrição da falta de tato no comportamento de alguns amigos, com citações diretas; em quatro casos no contexto A_4 (parlendas) e no contexto A_5 (risco de vida). Nessas sete seções de estilo A, as pistas de canal mais proeminentes foram o repentino aumento de volume e o riso; às vezes ocorria uma aceleração do ritmo e da respiração. O espectro das variáveis é bastante regular em sua progressão da esquerda para a direita, exceto em (eh). Parte da razão para a irregularidade de (eh) é que o estilo A é representado apenas por três vogais. A pequena quantidade de (r) no estilo D' em geral é bastante regular, mesmo quando há apenas quatro ocorrências. O efeito predominante da formalidade do contexto parece gerar resultados bastante uniformes. Mas, em todos os demais contextos, três ou quatro itens parecem ser insuficientes para gerar valores que se encaixem num espectro regular. Este problema desaparece quando começamos a somar os espectros de indivíduos para obter valores para grupos sociais. O outro desvio, em (eh) D, se baseia em evidências suficientes e indica de novo que uma inversão em (eh) D e (oh) D é mais comum do que uma inversão no padrão em qualquer outro ponto. O amplo espectro de pronúncia de (r-1) que se vê aqui, de zero a 100, é uma característica frequente da classe linguística de falantes a que pertence a sra. H. — a classe média baixa (cf. capítulo 5 neste volume).

ESPECTRO ESTILÍSTICO DE DORIS H.

Variável	*A*	*B*	*C*	*D*	*D'*
(r)	00	31	44	69	100
(eh)	30	26	32	29	
(oh)	18	21	23	25	
(th)	80	24	12		
(dh)	50	22	16		

N				
29	64	55	19	4
3	10	25	13	
16	21	18	11	
5	29	24		
28	85	42		

Os três nova-iorquinos examinados até aqui são representantes típicos da comunidade de fala em sua preocupação com a língua e sua rejeição explícita do vernáculo da cidade de Nova York. Mas o padrão de alternância estilística não é governado diretamente por valores explícitos; mesmo quando as normas explícitas expressas pelo indivíduo são invertidas, o padrão é o mesmo. O caso de Steve K. ilustrará esse aspecto fundamental. Trata-se de um rapaz muito sério de 25 anos, assistente editorial, morador do quinto andar de um prédio sem elevador no Lower East Side. Tinha vindo do Brooklyn, onde foi criado, para o Lower East Side apenas três anos antes. Nova-iorquino de terceira geração, seus avós eram judeus imigrantes da Europa oriental.

Steve K. pode ser considerado um caso desviante sob diversos aspectos. Estudou filosofia por quatro anos no Brooklyn College, mas abandonou o curso sem se formar; tinha se afastado da perspectiva acadêmica e estudava intensamente a obra de Wilhelm Reich, buscando autorrealização na consciência de si como um ser sexuado[12]. Sua atitude para com a língua era muito mais explícita do que a da maioria das pessoas. Foi o único dos informantes a ter plena consciência de todas as cinco variáveis principais, e acreditava que era capaz de controlar ou ao menos influenciar seu próprio uso. Tinha tentado se desvencilhar conscientemente de sua tendência à fala formal, adquirida na faculdade, e recuperar o padrão de fala natural da infância. Em outras palavras, rejeitava deliberadamente o padrão de valores refletido no espectro de nú-

[12] A definição de Steve K. de *homem de sucesso* sintetiza muito bem seu ponto de vista: "Um homem que está plenamente consciente de si mesmo ... de sua própria sexualidade e de suas emoções ... que sempre sabe o que sente em relação a cada pessoa que conhece".

meros exibido nos exemplos anteriores; em seus próprios termos, queria "voltar para o Brooklyn".

A autoconsciência de Steve K. e seu conjunto de valores poderiam nos preparar para encontrar um padrão radicalmente diferente na distribuição das variáveis — se acreditássemos que as forças linguísticas e sociais que operam aqui são sujeitas a controle consciente. Mas, no que tange ao material gravado, não são. Exceto pelo fato de que os padrões de (th) e (dh) ocorrem num nível baixo, seu espectro é bastante semelhante ao de Abraham G. O único desvio em relação a uma progressão regular está em (eh) D.

ESPECTRO ESTILÍSTICO DE STEVE K.

Variável	*A*	*B*	*C*	*D*	*D'*
(r)	00	06	08	38	100
(eh)	28	33	34	30	
(oh)	22	23	25	30	
(th)	09	00	00		
(dh)	15	06	05		

N				
37	70	49	16	3
6	16	25	13	
5	27	18	11	
11	12	24		
34	55	42		

Para nova-iorquinos da idade de Steve K., todas essas variáveis permanecerão variáveis na fala normal, a despeito de quaisquer ajustes conscientes que tentarem. Nenhum falante da amostra criado em Nova York conseguiu usar 100% de (r-1) na conversação, e isso inclui um grande número de falantes que tentavam conscientemente seguir nessa direção depois que o (r) tinha sido discutido. Steve K., por exemplo, afirmava que seu desempenho atual era um passo atrás deliberado em relação a seus dias de faculdade, quando pronunciava todos ou quase todos os (r) como (r-1). Então, pedi a ele que lesse de novo o parágrafo "When I was nine or ten" e pronunciasse todos os (r) como (r-1).

Sua primeira tentativa foi um fracasso total, e a segunda, nada melhor. Pedi que lesse um pouco mais devagar. Ele continuou e produziu um índice de (r) de 33. A terceira tentativa deu um passo adiante: 45. A quarta deu 61 e, na quinta, ele pareceu atingir 69. Confessou, então, que provavelmente não pronunciava tanto (r-1) assim quando estava na faculdade.

A incapacidade de Steve K. de lidar com algumas frases contendo apenas treze (r) sugere que o índice original de leitura de 38 está provavelmente muito próximo do padrão que ficou solidificado em seu tempo de faculdade. Apesar de sua profunda mudança de ideologia, o padrão de fala ditado por forças igualmente profundas permanece constante. É improvável que ele possa, por seus próprios esforços, retornar a zero ou atingir algo maior do que 38 numa leitura mais longa.

Vários testes semelhantes poderiam ser citados. O falante mais coerente e altamente controlado nesta pesquisa foi Warren M., 27 anos, assistente social com diploma universitário. Na faculdade, recebeu intenso treinamento em técnicas oratórias, trabalhou muito em teatro e se orgulhava com razão do controle que podia exercer sobre a voz. Sua leitura original do parágrafo com *r* ficou num índice de 68. Depois de uma longa discussão sobre (r), ele leu de novo e produziu uma versão perfeitamente consistente. Uma leitura muito lenta deu 90; rápida, 56; mais cuidadosa, 80; uma repetição, 80; de novo, concentrando-se na qualidade da voz, 63; então recitou "Jabberwocky"* em 88[13].

Merwin M., um falante menos sofisticado da mesma idade, conseguiu melhorar seu desempenho de (r)-28 para (r)-50. Há motivos para crer que falantes mais velhos têm menos capacidade de mudar, e que só os muito jovens, recém-saídos da pré-adolescência, conseguem fazer mudanças radicais em seu padrão graças à atenção consciente.

Martha S., uma falante muito cuidadosa, judia de classe média, 45 anos, foi solicitada a ler diversos parágrafos após a discussão.

Variável	*Leitura original*	*Esforço consciente*
(r)	45	47
(eh)	40	40
(oh)	28	29

O índice (eh) já estava no ponto preferido pela falante, mas os itens (oh) ainda flutuavam consideravelmente, e os pequenos aumentos de (r) e (oh) mostram sua incapacidade de atingir o resultado desejado. Em

* "Jabberwocky" é um poema *nonsense* incluído em *Alice in Wonderland* (*Alice no País das Maravilhas*), de Lewis Carroll, clássico da literatura de língua inglesa (n. da tradução).

13 Fica evidente aqui, como indicado na nota 5, que uma alta concentração de palavras com (r) cria mais dificuldades do que um texto longo com os (r) dispersos. Um efeito semelhante foi observado no parágrafo com (th); alguns falantes viam a frase *this thing, that thing, and the other thing,* alguns até tomavam fôlego antes de tentá-la, mas no momento em que chegavam ao quinto ou sexto item, a fadiga se instalava e, com ela, (dh-3).

contrapartida, sua filha Susan, de 13 anos, conseguiu ler com um índice de (r) de 50 e, depois da discussão, chegou até 75. Seu índice (oh) normal de 15 mudou para 18 quando passou a imitar a mãe.

Um caso ainda mais dramático foi o de Bonnie R., 10 anos. Enquanto seus pais não usaram mais do que 5 ou 10% de (r-1) na leitura, ela conseguiu ir de um índice (r) de 14 para (r)-64 depois que a variável foi discutida na entrevista com a família.

A natureza imperiosa do padrão de alternância estilística parece operar nos extremos da escala social, tanto quanto no centro. Podemos comparar abaixo o registro de dois nova-iorquinos com educação e *status* social radicalmente diferentes. À esquerda temos o desempenho de Bennie N., 40 anos, motorista de caminhão que concluiu apenas a primeira série do ensino médio. À direita, o registro de Miriam L., 35, que se diplomou no Hunter College e na faculdade de Direito de St. John's e agora exerce a advocacia no Lower East Side:

ESPECTRO ESTILÍSTICO DE BENNIE N.

	A	B	C	D	D'
(r)	00	00	13	33	33
(eh)	19	21	26	22	
(oh)	15	20	24	20	
(th)	168	81	58		
(dh)	153	96	38		

ESPECTRO ESTILÍSTICO DE MIRIAM L.

	A	B	C	D	D'
(r)	32	47	39	56	100
(eh)	28	38	40	39	
(oh)	20	26	30	30	
(th)	00	00	00		
(dh)	25	04	02		

Os valores absolutos dessas variáveis são tão opostos entre si quanto em qualquer par de falantes que possamos escolher. A estrutura da variação estilística, porém, é essencialmente a mesma. Nesta comparação, é possível encontrar uma afirmação do tema que dominará este estudo da estratificação social da língua: o de que a cidade de Nova York é uma comunidade de fala, unificada por uma avaliação comum das mesmas variáveis que servem para diferenciar os falantes. As estruturas vistas acima são uma manifestação concreta dessa avaliação.

As diferenças entre os falantes são, é claro, muito reais. Bennie N. não usa nenhum (r-1) na conversação; em sua fala mais casual, Miriam L. usa grande quantidade de variantes de (r-1). O som (eh) para Bennie

N. é normalmente o de *where*; Miriam L. persegue o som de *that* e *bat* e normalmente o alcança. Para Bennie N., as oclusivas são praticamente formas normais de (th) e (dh); Miriam L. nunca usa nada senão as formas prestigiosas de (th) e só algumas africadas para (dh), exceto no estilo mais casual. A essa altura, pode se perguntar se a diferença estaria sobretudo no fato de Miriam L. reconhecer a situação formal da entrevista e nunca usar seu estilo casual nessa situação, enquanto Bennie N. não se importa tanto em causar boa impressão. Talvez o verdadeiro estilo casual de Miriam L., fora da entrevista, não seja tão diferente afinal.

A gravação da pesquisa mostra que, em geral, não é esse o caso. Neste caso particular, posso resolver parte da dúvida, já que passei quinze minutos esperando no escritório da srta. L. enquanto ela discutia negócios com um cliente. O cliente parecia ser um velho amigo e, de todo modo, a srta. L. não sabia quem eu era nem o assunto "língua" tinha entrado em questão. Podemos comparar a gravação dessa conversa com o estilo A e o estilo B da entrevista: ela parece ficar em algum ponto entre o estilo A e o estilo B, talvez mais perto de B. Seja como for, o estilo casual elicitado pela entrevista é consideravelmente menos formal do que o que a srta. L. usa na condução diária de seus negócios:

	Com cliente	*Estilo A*	*Estilo B*
(r)	40	32	47
(eh)	30	28	38
(oh)	27	20	26
(th)	00	00	00
(dh)	00	25	04

A ESTRUTURA DA VARIAÇÃO ESTILÍSTICA

No estudo do Lower East Side, nos propusemos reduzir a irregularidade do comportamento linguístico dos falantes da cidade de Nova York indo além do idioleto — a fala de uma pessoa num único contexto. Primeiro, isolamos as variáveis mais importantes que interferiam no estabelecimento de uma estrutura coerente para esses idioletos. Depois de definir e isolar um amplo espectro de estilos em situações de entrevista altamente comparáveis, pudemos descobrir um padrão regular de comportamento governando a ocorrência dessas variáveis na fala de muitos indivíduos.

O termo *estrutura* tem sido usado tão frequentemente no debate linguístico que às vezes ele nos escapa ou aparece fixado para denotar um tipo particular de unidade que foi originalmente analisada com considerações estruturais. Assim, uma lista de fonemas pode ser tomada como uma afirmação estrutural, embora não se mostre nenhuma estrutura unindo a lista, a não ser o fato de que cada unidade é diferente. A excelente definição do *Webster's New International Dictionary* (2ª edição) — "*estrutura*: a inter-relação de partes dominadas pelo caráter geral do todo" — descreve o padrão de variação estilística mostrado nas páginas precedentes. Mas, além dessa descrição, a linguística do século XX acrescentou a exigência de que as estruturas linguísticas sejam compostas de unidades discretas que alternem numa relação tudo-ou-nada[14].

A dimensão da variação estilística que foi ilustrada não pode satisfazer aquela exigência — pelo menos não pelas evidências apresentadas. Os nítidos contrastes entre os estilos de A a D' são, em parte, artefatos do procedimento. Se a dimensão for pensada como um *continuum*, então o método de dividir esse *continuum*, usado aqui, é perfeitamente adequado; se houver suspeitas de que existem rupturas naturais no *continuum*, de modo que em situações naturais alguém passe abruptamente (e não de forma gradual e contínua) da fala monitorada à fala cada vez mais casual, isso tem de ser demonstrado por outros métodos.

Se existe contraste entre estilos casuais e monitorados, e se as variáveis que estamos usando desempenham um papel importante nesse contraste, elas não parecem operar como sinais de tudo-ou-nada. O uso de uma única variante — mesmo uma altamente estigmatizada, como o ditongo centralizado em "boid" para *bird* — não produz em geral uma reação social marcada; apenas cria a expectativa de que tais formas podem recorrer, de modo que o ouvinte começa a perceber um padrão socialmente significativo. Qualquer falante pode iniciar uma palavra com (dh) com o início da sílaba forte (som oclusivo), o qual pode ser interpretado como uma africada [dð]. Contudo, na fala prestigiada, a raridade

---

14 Assim, a estrutura fonológica é construída com unidades discretas, os fonemas, que são eles mesmos os produtos da economia natural da língua. As unidades estruturais dos sistemas vocálicos não são artefatos do procedimento analítico; o procedimento categorizante que rompe o *continuum* em unidades altamente discretas pode ser testado e observado.

com que essas formas ocorrem as torna irrelevantes. Qualquer padrão de expectativa estabelecido por elas desaparece, até que a próxima seja ouvida. É a frequência com que Bennie N. usa tais formas que lhes confere significado social, e é essencialmente um nível de frequência que contrasta com outro nível na estrutura delineada acima.

Haverá rupturas no *continuum* de frequências possíveis? Isso varia de uma variável para outra, como mostrou o estudo geral da estratificação em Nova York. Todavia, o tipo radical de reação tudo-ou-nada característico das unidades fonêmicas será encontrado não tanto no desempenho, porém muito mais na avaliação (cf. capítulo 6). Mas quer consideremos a variação estilística como um *continuum* de comportamento expressivo ou como um tipo sutil de alternância discreta, está claro que ela tem de ser abordada por métodos quantitativos. Não temos condições de prever exatamente quando um dado falante produzirá uma fricativa, ou quando produzirá uma oclusiva. Um conjunto de diversos fatores opera para obscurecer as regularidades estilísticas no nível da ocorrência individual. O fato notável é que a unidade básica do contraste estilístico é uma frequência que, para ser estabelecida, bastam dez ocorrências de uma variável particular.

Os métodos desenvolvidos aqui para o isolamento de estilos contextuais foram preliminares para a análise geral da estratificação social e estilística na cidade de Nova York. Mas eles são bastante gerais em seu escopo e, desde então, têm sido utilizados com sucesso em vários outros contextos. As técnicas para estender o ponto final formal do intervalo estilístico têm sido usadas mais amplamente do que as técnicas para isolar a fala casual, mas ambas as orientações vêm sendo seguidas (cf. Shuy, Wolfram & Riley 1967; Wolfram 1969; Cook 1969; Sankoff & Cedergren 1971; Trudgill 1971). Os métodos para superar os constrangimentos da situação de entrevista são, é claro, apenas um modo de se obter a fala casual, e não necessariamente o definitivo. Em trabalhos mais recentes, temos nos valido das sessões de grupo, em que a interação dos membros anula os efeitos da observação e nos dá um acesso mais direto ao vernáculo com menor influência do observador (cf. Gumperz 1964; Labov *et al.* 1968; Legum *et al.* 1971). Entretanto, as entrevistas individuais face a face sempre serão necessárias para o volume maior de fala bem gravada de que precisamos para um estudo detalhado da fala de dado indivíduo. Entrevistas individuais foram usadas numa amostra aleatória de 100 falantes adultos no Harlem sul-central, e as técnicas desenvolvidas aqui foram usadas para isolar a fala casual (Labov *et al.* 1968). Em recentes estudos instrumentais de mudança sonora em andamento, entrevistas individuais foram requeridas para produzir o grande volume de fala contínua necessária para mapear plenamente o sistema vocálico de cada indivíduo. Numa série de entrevistas preliminares em várias regiões dos Estados Unidos e da Inglaterra, temos desenvolvido ainda mais as técnicas para elicitar o vernáculo em situações face a face. Tudo leva a crer, portanto, que os princípios subjacentes aos métodos delineados aqui oferecerão um fundamento para futuros estudos sociolinguísticos.

4 O reflexo dos processos sociais nas estruturas linguísticas

No último capítulo, apresentamos cinco variáveis fonológicas do sistema da cidade de Nova York e mostramos como uma ampla gama de estilos pôde ser isolada dentro da entrevista individual. Quando os estilos estão organizados ao longo de uma única dimensão segundo o grau de atenção prestada à fala, pode se ver que a maioria dos falantes seguem um padrão regular de alternância estilística na mesma direção. Vamos examinar agora uma segunda dimensão da variação linguística: a diferenciação dos falantes por seu *status* social[1]. Nossa dívida para com a sociologia e a metodologia de pesquisa é muito grande: os principais resultados se baseiam numa pesquisa do Lower East Side, que utilizou a lista exaustiva e minuciosa da população, feita pela equipe de pesquisadores da Mobilization for Youth e sua constituição de uma amostra aleatória; a nitidez dos resultados depende de um sofisticado indicador de *status* socioeconômico, ele mesmo produto de uma longa série de investigações sociológicas. Este capítulo, portanto, é dirigido primordialmente aos sociólogos e àqueles interessados nos aspectos quantitativos mais sistemáticos da estratificação de classe social. Mas também vamos considerar outros aspectos da diferenciação social da língua que emergiram da pesquisa no Lower East Side. Nosso foco será explícito e diretamente sociolinguístico, e a conclusão vai considerar de modo mais geral os meios pelos quais o estudo da língua e o estudo da sociedade podem interagir.

---

1 Este capítulo foi publicado primeiramente em Joshua Fishman (org.), *Readings in the Sociology of Language* (Haia: Mouton, 1968), pp. 240-51. Foi revisto para ser publicado aqui.

Os procedimentos da linguística descritiva se baseiam na concepção da língua como um conjunto estruturado de normas sociais. No passado, era natural considerar essas normas como invariantes, compartilhadas por todos os membros da comunidade de fala. No entanto, estudos mais detalhados do contexto social em que a língua é usada mostram que muitos elementos da estrutura linguística estão envolvidos em variação sistemática que reflete tanto a mudança temporal quanto os processos sociais extralinguísticos.

Como forma de comportamento social, a língua naturalmente é de interesse para o sociólogo. Mas a língua pode ter uma utilidade especial para o sociólogo como um indicador sensível de muitos outros processos sociais. A variação no comportamento linguístico não exerce, em si mesma, uma influência poderosa sobre o desenvolvimento social, nem afeta drasticamente as perspectivas de vida do indivíduo; pelo contrário, a forma do comportamento linguístico muda rapidamente à medida que muda a posição social do falante. Essa maleabilidade da língua sustenta sua grande utilidade como indicador de mudança social.

Indicadores fonológicos — baseados nos elementos do sistema sonoro de uma língua — são particularmente úteis para este propósito. Eles nos fornecem uma grande quantidade de dados quantitativos a partir de amostras de fala relativamente pequenas: 50-200 ocorrências de um único item numa conversa de meia hora. Em grande medida, a variação em que tais indicadores se baseiam é independente do controle consciente da pessoa. Por fim, os sistemas fonológicos exibem o mais alto grau de estrutura interna de todos os sistemas linguísticos e, com isso, oferecem ao pesquisador uma extensa série de resultados paralelos e convergentes.

As cinco variáveis fonológicas descritas no capítulo 3 foram estudadas numa população selecionada a partir de uma pesquisa linguística no Lower East Side. Esta investigação se baseou numa pesquisa inicial sobre atitudes sociais dos residentes do Lower East Side, empreendida pela Mobilization for Youth em 1961. A amostra original da população de 100.000 consistiu de 988 pessoas adultas. Nossa amostra-alvo foram 195 desses entrevistados, representando cerca de 33.000 falantes nativos de inglês que não tinham se mudado nos dois anos anteriores. Graças à assistência da Mobilization for Youth e da Columbia School of Social Work, pudemos dispor de um grande volume de informações sobre as características sociais dos informantes, e pudemos nos concentrar inteiramente em seu comportamento linguístico nesta pesquisa posterior. 81% da amostra-alvo foi alcançada na investigação da língua no Lower East Side.

A cidade de Nova York apresenta alguns problemas excepcionalmente difíceis para o estudo dos sistemas linguísticos. Como vimos no capítulo 3, os nova-iorquinos exibem um notável espectro de variação estilística, bem como de variação social, a tal ponto que os primeiros pesquisadores não conseguiram encontrar nenhum padrão, e atribuíram muitas variáveis ao puro acaso. Para estudar a variação social, foi necessário primeiro definir e isolar uma gama de estilos contextuais dentro da entrevista linguística (cf. capítulo 3). Já que o contexto da entrevista formal não evidencia, em geral, a fala casual ou espontânea, os métodos desenvolvidos para superar essa limitação foram fundamentais para o sucesso da investigação. Nosso sucesso na definição e elicitação da conversa casual é evidente na convergência desses resultados com outros estudos que utilizaram observações anônimas (capítulo 2), e também na coerência dos padrões de variação estilística que foram encontrados.

Embora haja uma grande variação nos valores absolutos dessas variáveis tal como usadas pelos nova-iorquinos, existe grande convergência no *padrão* da variação estilística. Quase 80% dos informantes mostraram padrões de variação estilística coerentes com o *status* de (r-1) como marcador de prestígio, e oclusivas e africadas para (th) como formas estigmatizadas.

Esse padrão de variação estilística é de interesse primordial para os linguistas e os estudiosos da etnografia da fala. Contudo, ele está intimamente associado ao padrão de estratificação social que permeia muitos aspectos da sociedade urbana. O padrão da variação estilística e o padrão da variação social entram na estrutura complexa e regular que se vê na figura 4.1.

A figura 4.1 é um diagrama de estratificação de classe para (th), derivado do comportamento de 81 informantes adultos, naturais da cidade de Nova York (Labov 1966a, cap. 7). Este é o primeiro dos padrões sociolinguísticos que são o principal foco deste e dos dois próximos capítulos. O eixo vertical é a escala com as médias de ocorrência de (th). O eixo horizontal representa os quatro estilos contextuais, de A a D, estabelecidos no capítulo 3. As linhas horizontais que conectam os valores mostram a progressão das médias para os grupos das classes socioeconômicas. Estes grupos são definidos como divisões da escala socioeconômica de dez pontos elaborada pela Mobilization for Youth com base em seus dados na pesquisa original.

O indicador socioeconômico se baseia em três indicadores de *status* produtivo de peso igual: profissão (do chefe da família), educação (do informante) e renda (da família)[2]. Informalmente, podemos descrever assim estes grupos de classes: grupo 0-1, classe baixa; 2-4, classe operária; 5-8, classe média baixa; 9 classe média alta. As classes 2 e 5 são grupos limítrofes, que, às vezes, exibem o comportamento linguístico do grupo imediatamente inferior e, às vezes, do grupo imediatamente superior.

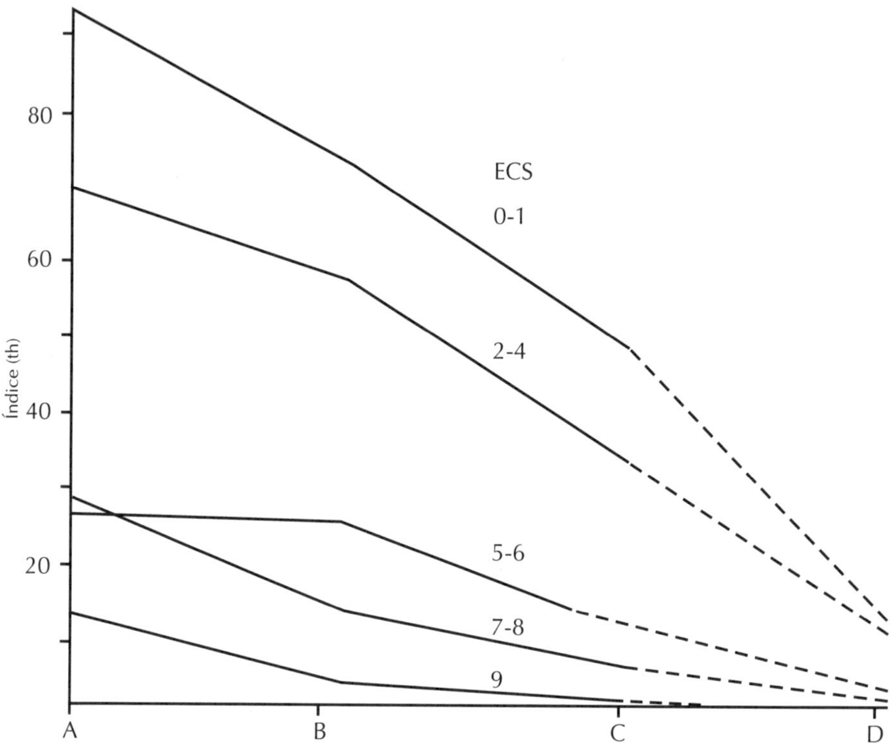

FIGURA 4.1 Estratificação de classe de uma variável linguística com significação social estável: (th) em *thing* ("coisa"), *through* ("através"), etc. ECS = escala de classe socioeconômica: 0-1, classe baixa; 2-4, classe operária; 5-6, 7-8, classe média baixa; 9, classe média alta. A, fala casual; B, fala monitorada; C, estilo de leitura; D, listas de palavras.

[2] O índice socioeconômico original, tal como desenvolvido pela Mobilization for Youth, utilizou o grau de escolaridade do chefe da família em vez do do informante. O resultado final de ambas as abordagens no estudo da estratificação social é o mesmo.

* Convém observar que, embora o autor utilize a notação (th), que representa a variável em seu conjunto, o índice apresentado no eixo vertical da figura se refere às variantes sem prestígio social, o que explica os valores elevados nos estilos casuais e a queda brusca do uso nos estilos mais monitorados (n. da tradução).

A figura 4.1 é um exemplo do que podemos chamar de estratificação nítida. Os cinco estratos da população estão agrupados em dois estratos maiores com uso da variável nitidamente distinto. A variável paralela (dh) exibe o mesmo tipo de estratificação nítida (Labov 1966a: 253). A figura 4.2 é um diagrama de estratificação de classe que mostra um tipo de estratificação um tanto diferente. O eixo vertical é o índice fonológico para (r), em que 100 representa um dialeto com pronúncia consistente de *r*, e 0 um dialeto consistentemente sem *-r*. O eixo horizontal mostra cinco, e não quatro, contextos estilísticos, incluindo D', a leitura de pares de palavras em que (r) é o único foco de atenção: *guard* ("guarda") vs. *god* ("deus"); *dock* ("doca") vs. *dark* ("escuro"). Esta estrutura é um exemplo do que podemos chamar de estratificação fina: um número maior de divisões do *continuum* socioeconômico em que a estratificação é preservada em cada nível estilístico. Outras investigações empreendidas na cidade de Nova York, incluindo a pesquisa nas lojas de departamento, sustentam a hipótese geral sobre a estratificação fina de (r) proposta no capítulo 2: quaisquer grupos de nova-iorquinos que estejam distribuídos numa escala hierárquica por critérios não linguísticos ficarão distribuídos na mesma ordem por seu uso diferencial de (r).

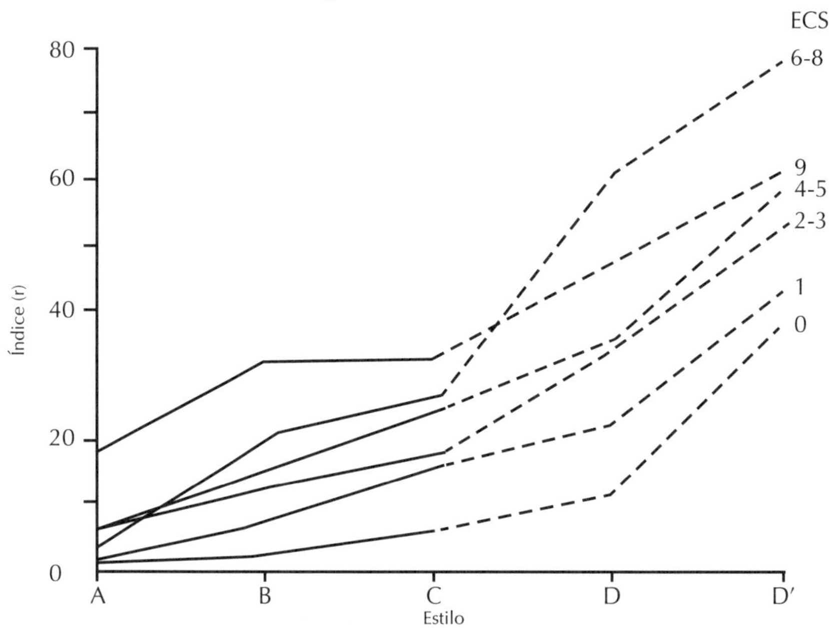

Figura 4.2 Estratificação de classe de uma variável linguística em processo de mudança: (r) em *guard* ("guarda"), *car* ("carro"), *beer* ("cerveja"), *beard* ("barba"), *board* ("quadro"), etc. ECS = escala de classe socioeconômica: 0-1, classe baixa; 2-4, classe operária; 5-6, 7-8, classe média baixa; 9, classe média alta. A, fala casual; B, fala monitorada; C, estilo de leitura; D, listas de palavras; D', pares mínimos.

O *status* de (r-1) como um marcador de prestígio é indicado pela direção ascendente geral de todas as linhas horizontais à medida que passamos dos contextos informais para os formais. No nível da fala casual, cotidiana, somente a classe média alta (9) exibe um grau significativo de pronúncia de *r*. Mas em estilos mais formais, a quantidade de pronúncia de *r* dos outros grupos aumenta rapidamente. A classe média baixa, em particular, exibe um aumento extremamente rápido, ultrapassando o nível da classe média alta nos dois estilos mais formais. Essa ultrapassagem parece, à primeira vista, um desvio da estrutura regular mostrada na figura 4.1. Mas é um padrão que aparece em outros diagramas: uma ultrapassagem semelhante da classe média baixa ocorre em dois outros indicadores fonológicos — de fato, em todas as variáveis linguísticas que estão implicadas num processo de mudança linguística sob pressão social. Por outro lado, os padrões social e estilístico de (th) permaneceram estáveis por pelo menos 75 anos, e não exibem nenhum sinal de padrão de ultrapassagem. Portanto, o comportamento de hipercorreção da classe média baixa é visto como um indicador sincrônico de mudança linguística em andamento. Vamos examinar esse padrão de hipercorreção mais demoradamente no próximo capítulo, e sua importância para o estudo da mudança em andamento será estudada no capítulo 9.

A natureza linear da escala de dez pontos do *status* socioeconômico é confirmada pelo fato de que ela proporciona estratificação regular para muitas variáveis linguísticas, tanto gramaticais quanto fonológicas. As variáveis linguísticas foram correlacionadas com os indicadores individuais de *status* social,profissão, educação e renda e fica evidente que nenhum indicador sozinho está tão estreitamente correlacionado com o comportamento linguístico quanto o índice combinado. No entanto, um índice que combine profissão e educação, desconsiderando a renda, gera estratificação mais regular para a variável (th). Quanto à educação, há uma nítida ruptura no comportamento linguístico dessa variável: a conclusão do primeiro ano do ensino médio. Quanto à profissão, há diferenças nítidas entre operários, executivos e profissionais liberais. Se combinarmos estes dois indicadores, obtemos quatro classes que dividem quase igualmente a população e estratificam com regularidade o uso de (th). Esta classificação parece ser melhor do que a escala socioeconômica para a análise de variáveis como (th), que reflete hábitos linguísticos adquiridos relativamente cedo na vida (Labov 1966a).

Contudo, o indicador socioeconômico combinado, utilizando a renda, exibe maior estratificação regular para uma variável como (r). Como (r-1) é um marcador de prestígio introduzido recentemente na fala da cidade de Nova York, parece coerente — quase previsível — que ele esteja correlacionado com uma escala socioeconômica que inclui a renda atual e, assim, represente melhor o atual *status* social da pessoa.

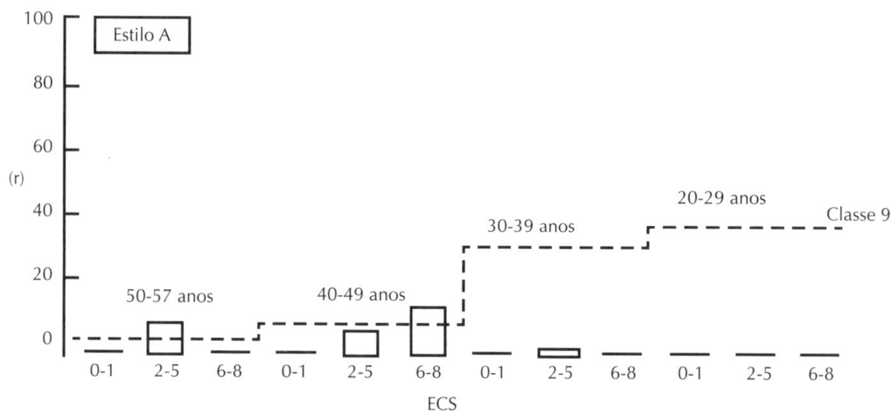

FIGURA 4.3 Desenvolvimento da estratificação de classes de (r) na fala casual (estilo A) em tempo aparente. ECS = escala de classe socioeconômica.

A figura 4.3 mostra a distribuição de (r) por faixas etárias, uma distribuição no tempo aparente que indica um aumento repentino em tempo real da estratificação social de (r) na fala cotidiana, fala casual. Nas duas faixas etárias mais altas, há pouca indicação de significado social para (r-1). Mas, começando pelos que têm menos de 40 anos, há uma situação radicalmente diferente, com (r-1) agindo como um marcador de prestígio somente no uso da classe média alta. Essa mudança súbita no *status* de (r) parece ter coincidido com os acontecimentos posteriores à Segunda Guerra Mundial.

Até agora, temos considerado apenas um aspecto da estratificação social: a diferenciação do comportamento objetivo. Em nossos estudos da cidade de Nova York, examinamos um aspecto complementar da estratificação social: a avaliação social. Desenvolvemos um teste de reação subjetiva para isolar reações sociais inconscientes aos valores de variáveis fonológicas individuais. Nesses testes, a pessoa pontuava alguns breves trechos da fala de outros nova-iorquinos numa escala de aptidão profissional (cf. figura 6.1), e a comparação cruzada dessas pontuações nos permitiu isolar as reações subjetivas inconscientes dos informantes a variáveis fonológicas específicas. Essa dimensão subjetiva será examinada em detalhe no capítulo 6: o que mais surpreende é a uniformidade dos nova-iorquinos com menos de 40 anos. Todas as pessoas entre 18 e 39 anos concordaram em sua avaliação positiva de (r-1) (figura 6.2), apesar do fato (mostrado na figura 4.3) da grande maioria dessas pessoas não usar nenhum (r-1) em sua fala cotidiana. Portanto, a diversificação aguda de (r) no desempenho objetivo é acompanhada pela avaliação subjetiva uniforme do significado social desse traço. Por outro lado, as pessoas com mais de 40 anos, que não mostram nenhum padrão diferencial em seu uso de (r), exibem um padrão muito diversificado em sua avaliação social desta variável.

Esse resultado é típico de muitas outras evidências empíricas que confirmam a noção de que a cidade de Nova York é uma comunidade de fala única, unificada por uma avaliação uniforme de traços linguísticos, porém diversificada por uma estratificação crescente no desempenho objetivo.

O papel especial da classe média baixa na mudança linguística foi ilustrado aqui em apenas um exemplo, o padrão de ultrapassagem da figura 4.2. Podemos antecipar aqui a discussão mais demorada do próximo capítulo e considerar outros aspectos do comportamento especial deste grupo. Quando a figura 4.3 é aplicada à análise de estilos cada vez mais formais, vemos que, em cada faixa etária, a classe média baixa exibe a maior tendência à pronúncia do *r* e, nos estilos mais formais, vai muito além da classe média alta neste particular. Um grande volume de dados mostra que os falantes da classe média baixa têm a maior propensão à insegurança linguística e, por conseguinte, tendem a adotar, mesmo na idade madura, as formas de prestígio usadas pelos membros mais jovens da classe de *status* mais elevado. A insegurança linguística é mostrada pelo intervalo bastante amplo de variação estilística usado pelos falantes da classe média baixa; por sua grande variação dentro de um dado contexto estilístico; por seu esforço consciente de correção; e por suas atitudes fortemente negativas para com seu padrão de fala nativo.

Obteve-se uma medida simples, mas exata, do grau de insegurança linguística por meio de uma abordagem independente, baseada no comportamento lexical. Apresentamos às pessoas 18 palavras cuja pronúncia têm variantes socialmente significativas: *vase* ("vaso"), *aunt* ("tia"), *escalator* ("escada rolante") etc. e lhes pedimos que selecionassem a forma que julgavam ser correta: [veɪz - vɑ:z], [æ•nt - ɑ•nt], [ɛskəleɪtɚ - ɛskjʊleɪtɚ] etc. Em seguida, pedimos que indicassem a forma que elas mesmas empregavam. O número total de casos em que essas duas escolhas diferiram foi tomado como o grau de insegurança linguística (GIL). Com essa medida, a classe média baixa exibiu de longe o maior grau de insegurança linguística (cf. tabela 5.1).

A estratificação social e suas consequências são apenas um tipo de processo social que se reflete nas estruturas linguísticas. A interação dos grupos étnicos em Nova York — judeus, italianos, negros e porto-riquenhos — também se reflete nestas e em outras variáveis linguísticas. Em algumas variáveis, os negros da cidade de Nova York participam da mesma estrutura de variação social e estilística dos nova-iorquinos brancos. Em outras variáveis, há uma diferenciação absoluta de brancos e negros que reflete o processo de segregação social característico da cidade. Por exemplo, existe uma característica fonológica sulista que funde as vogais /i/ e /e/ diante de nasais: *pin* ("alfinete") e *pen* ("caneta"), *since* ("desde") e *sense* ("senso") são homônimos: *"I asked for a straight* [pɪn] *and he gave me a writing* [pɪn]*"* ["Pedi um alfinete (*pin*) e ele me deu uma caneta (*pen*)"]. Em Nova York, esse traço fonológico se generalizou pela comunidade negra, de modo que os falantes mais jovens, exibindo ou não outras características sulistas em sua fala, apresentam regularmente essa fusão. Assim, esta característica linguística age como um diferenciador absoluto do grupo negro, refletindo os processos sociais que identificam o grupo racial como um todo. Características fonológicas semelhantes podem ser encontradas marcando o grupo porto-riquenho[3].

A segregação de negros e brancos pode ser vista em aspectos do comportamento linguístico que se diferenciam bastante do sistema fonológico. Nossa investigação da fala de Nova York inclui diversos estudos semânticos: um dos mais frutíferos diz respeito às estruturas semânticas que circulam em torno do termo *common sense**. Este termo se acha no centro

[3] A maioria dos nova-iorquinos diferencia as vogais de *can* em *"tin can"* ("lata") e de *can*, em *"I can"*. Nenhum dos porto-riquenhos entrevistados mostrou um uso consistente dessa distinção fonêmica. Os falantes porto-riquenhos também exibem padrões de simplificação de grupos consonantais que são diferentes dos dos nova-iorquinos negros e brancos. Grupos consonantais terminados em *-rd* são simplificados, e o *r* pré-consonântico é tratado como consoante: *a good car' game* ("um bom cartão de jogo"). Isso não faz parte da gama de variação disponível aos outros nova-iorquinos, que tratam intuitivamente *-r-* como vogal, bem diferente do *-l-* em *good ol' Mike* ("o velho e bom Mike").

* A variação semântica em torno de *common sense* se explica pelo fato desse termo significar, em inglês, tanto "senso comum" quanto "bom senso" (n. da tradução).

de uma das mais importantes áreas de atividade intelectual para a maioria dos americanos. É um termo usado frequentemente, com efeito considerável; seu significado é muito debatido, e as questões sobre o *common sense* provocam um considerável esforço intelectual da parte da maioria dos nossos informantes. Os negros usam o termo *common sense*, mas também um equivalente que não faz parte do vocabulário nativo de nenhum falante branco. Esse termo é *mother-wit*, ou *mother-with* [mʌðɚwɪθ]. Para uns poucos brancos, *mother-wit* representa um termo arcaico e erudito; mas, para os negros, é um termo nativo usado frequentemente por membros mais velhos da família, referindo-se a um complexo de emoções e conceitos que é muito importante para eles. No entanto, os negros não fazem a menor ideia de que as pessoas brancas não usam *mother-wit*, e os brancos nem de longe suspeitam do uso deste termo pelos negros. Contraste-se esta completa falta de comunicação numa área importante da atividade intelectual com a transmissão serena e regular de termos da gíria dos músicos negros para o conjunto da população branca.

O processo de segregação social emerge de causas e mecanismos que têm sido estudados em pormenor. Contudo, o processo oposto de integração social é menos óbvio, e no plano da estrutura linguística não é nada claro como ele ocorre. Consideremos a estrutura semântica de *common sense*. Quando analisamos os componentes semânticos desse termo, sua posição numa classificação hierárquica e sua relação com termos coordenados num paradigma semântico, vemos grandes diferenças nas estruturas semânticas usadas pelos diversos falantes.

O melhor modo de ilustrar essa diversidade é contrastando dois tipos de respostas às nossas perguntas sobre *common sense*, respostas que normalmente se enquadram em dois conjuntos consistentes. O informante A pode pensar em *common sense* simplesmente como "falar com prudência". Se ele entender o conteúdo cognitivo de um enunciado, isso para ele é *common sense*. O informante B considera *common sense* a forma mais elevada de atividade racional, a aplicação de conhecimento para resolver os problemas mais difíceis. A maioria das pessoas têm *common sense*? A diz que sim, B diz que não. Quem tem muito *common sense*? A pensa em médicos, advogados, professores como os que têm mais *common sense*. B pensa que as pessoas sem escolarização são mais aptas a ter *common sense*, e imediatamente lhe vêm à lembrança algumas pessoas altamente educadas sem absolutamente *common sense* algum. Se dissermos "dois e dois são quatro", este é um exemplo de *common sense*? A diz que sim, B diz que não. Podemos dizer que uma pessoa é inteligente, mas não tem *common sense*? A diz que não, porque inteligência é o mesmo que *common sense*. B diz que sim, *common sense* e inteligência são bem diferentes. A acredita que se uma pessoa puder ser chamada de *smart* ("sagaz, esperta") é porque ela tem *common sense*; B não vê conexão entre esperteza e *common sense*. Alguém pode ter *wisdom* ("sabedoria") e ainda assim nenhum *common sense*? A diz que sim, B diz que não.

As extremas diferenças entre os tipos A e B, que não são independentes da estratificação social, nos levam a questionar a possibilidade de integração semântica. É possível dizer que esses indivíduos, que têm estruturas semânticas radicalmente opostas para *common sense*, se entendem uns aos outros? O termo *common sense* pode ser usado para comunicar significado entre esses falantes? Alguns autores (especialmente os seguidores da semântica geral) creem que os falantes nativos de inglês normalmente *não* se entendem e que tais estruturas opostas levam inevitavelmente ao mal-entendido. Meus resultados me levam a inferir o contrário. As pessoas se entendem, sim: a integração semântica parece ocorrer através de um conjunto central de relações de equivalência e atribuição com o qual todos os falantes de inglês concordam. Com pouquíssimas exceções, todas as pessoas concordam que *common sense* está subordinado a uma categoria mais ampla, a de *judgement* ("juízo, julgamento"): trata-se de um "juízo/julgamento sensato". Também se encontra uma concordância muito elevada na colocação de *practical* ("prático") ou *everyday* ("corriqueiro") junto a *common sense*. Nós não temos um termo simples para descrever a qualidade de "não aprendido nos livros", mas existe também um alto grau de concordância em atribuí-la a *common sense*.

Se a integração semântica ocorre, tem de ser por um processo social em que as variantes extremas são suprimidas na interação dos grupos em prol de valores centrais, nucleares. São necessários mais estudos para determinar se tal mecanismo opera de fato.

Esta discussão apresentou vários aspectos do comportamento linguístico em que as estruturas linguísticas aparecem refletindo processos sociais. Na visão geral, existe um amplo espectro de benefícios que podem ser tirados da interação entre as pesquisas sociológicas e as linguísticas. Eles podem ser distribuídos em três categorias, em ordem de generalidade crescente:

1. Os indicadores linguísticos oferecem um grande volume de dados quantitativos que refletem a influência de diversas variáveis independentes. Nada parece impedir que esses dados gravados sejam coletados e analisados por cientistas sociais que não são linguistas de formação. Uma vez determinada a significação social de dada variante linguística, por métodos como os esboçados acima, esta variável pode então servir de indicador para medir outras formas de comportamento social: aspirações à ascensão social, mobilidade e insegurança social, mudanças na estratificação e segregação social.
2. Muitos dos conceitos fundamentais da sociologia estão exemplificados nos resultados destes estudos de variação linguística. A comunidade de fala não é definida por nenhuma concordância marcada pelo uso de elementos linguísticos, mas sim pela participação num conjunto de normas compartilhadas; estas normas podem ser observadas em tipos de comportamento avaliativo explícito e pela uniformidade de padrões abstratos de variação que são invariantes no tocante a níveis particulares de uso. De igual modo, por meio de observações do comportamento linguístico, é possível fazer estudos detalhados da estrutura de estratificação de classe numa dada comunidade. Verificamos que existem algumas variáveis linguísticas correlacionadas com uma medida abstrata de posição de classe social, derivada de uma combinação de vários indicadores não isomórficos, em que nenhuma medida única, menos abstrata, vai gerar correlações igualmente boas.
3. Se levarmos a sério o conceito de língua como uma forma de comportamento social, fica evidente que qualquer avanço teórico na análise do mecanismo da evolução linguística contribuirá diretamente para a teoria geral da evolução social. Quanto a isso, é necessário que os linguistas refinem e ampliem seus métodos de análise estrutural para o uso da língua em sociedades urbanas complexas. Para tanto, a linguística pode se valer agora de técnicas de metodologia de pesquisa; mais importante, muitas das abordagens teóricas da linguística podem ser reinterpretadas à luz de conceitos mais gerais de comportamento social desenvolvidos por outras ciências sociais. Assim, as principais conquistas da ciência linguística, que outrora pareceram remotas e irrelevantes para muitos sociólogos, podem finalmente ser vistas como consistentes com a atual orientação da sociologia e valiosas para a compreensão da função social e da mudança social.

5 A hipercorreção pela classe média baixa como fator de mudança linguística

GRANDE PARTE de nossa investigação da língua diz respeito ao isolamento de unidades funcionais invariantes e das estruturas invariantes que relacionam essas unidades entre si[1]. Tem se feito progresso considerável graças a essa abordagem na análise da língua, mas em diversas áreas atingimos um ponto onde se exige uma abordagem diferente, em que os aspectos variáveis da língua se tornem o foco principal de nossa atenção, e não os aspectos invariantes. O estudo empírico das variantes linguísticas nos mostra que a estrutura linguística não está confinada às unidades invariantes, funcionais, como os fonemas, morfemas ou tagmemas. Ao contrário, existe um nível de estrutura variante que relaciona sistemas inteiros de unidades funcionais e que governa a distribuição de variantes subfuncionais dentro de cada unidade funcional. Esse tipo de estrutura variante se torna, então, um novo tipo de invariante num nível de observação mais refinado.

O estudo da variação social na língua é simplesmente um dos muitos aspectos do estudo das estruturas linguísticas variantes. Uma motivação para o linguista estudar tais estruturas é que elas oferecem comprovação

[1] Este capítulo se baseia num texto lido numa conferência sobre sociolinguística realizada na Universidade da Califórnia, Los Angeles, em 1964, e publicado inicialmente em William Bright (org.), *Sociolinguistics* (Haia: Mouton, 1966).

empírica para resolver análises estruturais alternativas no nível funcional, dando soluções empíricas a problemas que, de outro modo, permanecem insolúveis. Em segundo lugar, as estruturas variantes são definidas por métodos quantitativos que permitem os estudos detalhados de mudanças linguísticas em andamento. O problema teórico central de que se ocupa o presente capítulo é o mecanismo da mudança linguística, em que a dinâmica da interação social parece desempenhar um papel importante.

O processo de mudança linguística pode ser considerado em três estágios (cf. Sturtevant 1947: cap. 8). Na sua *origem*, uma mudança é uma das inúmeras variações confinadas ao uso de algumas pessoas. Na sua *propagação*, a mudança é adotada por números tão amplos de falantes que ela passa a contrastar com a forma mais antiga ao longo de uma ampla frente de interação social. No seu *término*, a mudança alcança regularidade pela eliminação de variantes concorrentes. Neste capítulo, será de interesse primordial o segundo estágio: nele, evidencia-se que o significado social está inevitavelmente associado com a variante e com sua oposição à forma mais antiga.

As forças sociais exercidas sobre as formas linguísticas são de dois tipos distintos, que podemos designar como *pressões vindas de cima* e *pressões vindas de baixo.* Por *baixo* entendemos "abaixo do nível da percepção consciente". As pressões vindas de baixo operam sobre sistemas linguísticos inteiros, em resposta a motivações sociais que são relativamente obscuras e mesmo assim têm a maior importância para a evolução geral da língua. Neste capítulo, nos ocuparemos principalmente das pressões sociais vindas de cima, que representam o processo explícito de correção social aplicado a formas linguísticas individuais. Neste processo, o principal foco de atenção será o papel especial da classe média baixa ou, de modo mais geral, o papel do segundo grupo na hierarquia de *status* social.

O papel da hipercorreção na propagação da mudança linguística foi apontado no estudo de Martha's Vineyard (capítulo 1). Aqui, examinaremos o comportamento de hipercorreção de um único grupo social na comunidade de fala da cidade de Nova York e as consequências deste comportamento para o processo de mudança linguística.

A maior parte dos dados apresentados se baseia na medição quantitativa de indicadores fonológicos, embora o comportamento lexical e gramatical também seja considerado. Os métodos para selecionar, definir e medir variáveis fonológicas, e para definir e isolar estilos contextuais, foram apresentados no capítulo 3. Estes métodos foram aplicados numa pesquisa do Lower East Side de Nova York, uma área com uma população de 100.000 habitantes, usando informantes da pesquisa da Mobilization for Youth discutida no capítulo 4. Um total de 207 adultos e crianças foram entrevistados; a maior parte dos dados a serem apresentados aqui se baseia na fala de 81 adultos criados na cidade de Nova York, cuja fala foi estudada mais detalhadamente, mas também serão utilizadas informações provenientes de vários outros subgrupos.

Os métodos de análise quantitativa foram aplicados ao problema de descrever a estrutura fonológica da comunidade em seu conjunto, enquanto oposta à fala dos indivíduos. De fato, descobriu-se que a fala da maioria dos indivíduos não formava um sistema coerente e racional, sendo marcada por numerosas oscilações, contradições e alternâncias, inexplicáveis em termos de um único idioleto. Por esta razão, os primeiros investigadores tinham descrito amplas partes do comportamento linguístico dos nova-iorquinos como produto do puro acaso, "totalmente aleatório" (Hubbell 1950: 48; cf. Bronstein 1962: 24). Mas quando a fala de qualquer pessoa em qualquer contexto dado foi comparada com o padrão geral da variação social e estilística da comunidade, seu comportamento linguístico se apresentou como altamente determinado e altamente estruturado.

Essa estrutura da variação social e estilística foi vista na figura 4.1, que exibiu a estratificação de (th). Vamos retornar às propriedades extraordinariamente regulares deste padrão (para facilitar a compreensão, as figuras 4.1 e 4.2 são repetidas aqui).

A figura 4.1 mostra um complexo padrão de relações regulares. Cada valor para dada classe, num dado estilo, é menor do que o valor para o próximo estilo mais informal, e maior do que o próximo estilo mais formal; também é menor do que o valor para o próximo grupo de *status* mais baixo, e maior do que o próximo grupo de *status* mais alto (com uma exceção). Esta figura deixa claro que a forma fricativa de (th) é a forma de prestígio na cidade de Nova York (como em todos os Estados Unidos), e as oclusivas e africadas são as formas estigmatizadas. Todos os grupos sociais exibem a mesma redução gradual do uso de oclusivas e africadas em estilos mais formais, e em cada estilo há uma estratificação nítida da variável. Em outras palavras, temos uma estrutura que consiste de dois conjuntos constantes de relações.

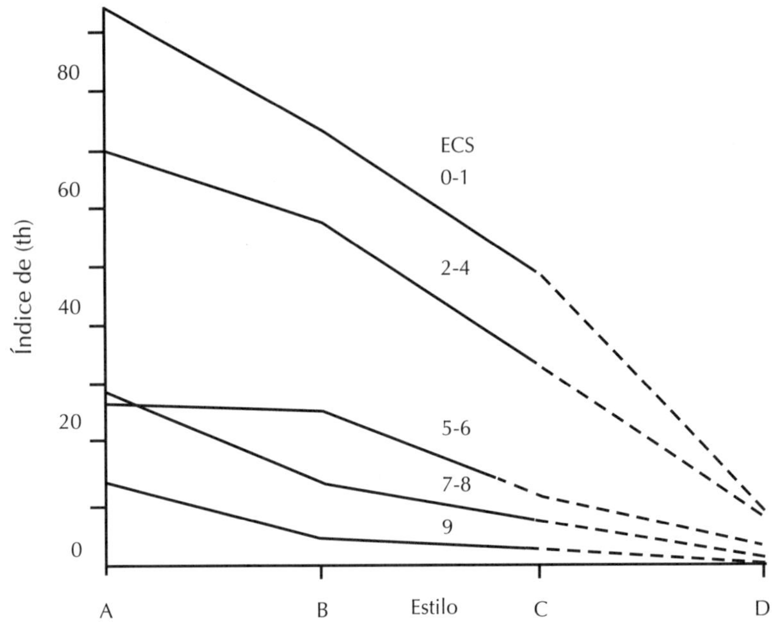

Fig. 4.1. Estratificação de classe de (th)(cf. p. 142)

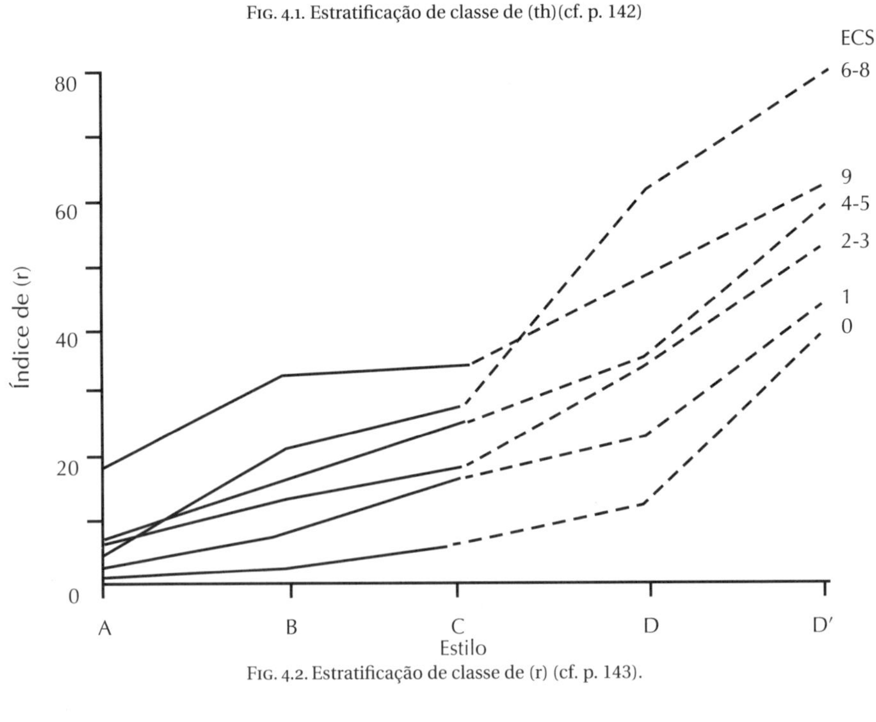

Fig. 4.2. Estratificação de classe de (r) (cf. p. 143).

COMPORTAMENTO DE HIPERCORREÇÃO NA CLASSE MÉDIA BAIXA

Em contraste com a figura 4.1, a figura 4.2 do capítulo 4 mostra um tipo diferente de estrutura. Num dos extremos, vemos que somente uma classe social exibe algum grau de pronúncia do *r* na fala casual; ou seja, na vida cotidiana, (r-1) funciona como um marcador de prestígio do grupo social de *status* mais elevado. Inicialmente, a classe média baixa, 6-8, exibe o mesmo valor insignificante de pronúncia do *r* da classe operária e da classe baixa. Mas quando se acompanha a progressão rumo a estilos mais formais, a classe média baixa exibe um claro aumento dos valores de (r), até que, nos estilos D e D', ela ultrapassa o uso da classe média alta. (Cf. capítulo 3 para a definição dos estilos contextuais de A a D'.) Esse padrão de ultrapassagem parece ser um desvio em relação à regularidade do comportamento exibido pelas outras classes e, assim, a figura 4.2 se distancia da regularidade da figura 4.1. Para descrever este fenômeno, usaremos o termo *hipercorreção*, já que os falantes da classe média baixa vão além do grupo de *status* mais elevado em sua tendência a usar as formas consideradas corretas e apropriadas para estilos formais. (Trata-se, é claro, de uma extensão do uso habitual do termo para indicar uma aplicação equivocada de uma regra aprendida imperfeitamente, como na marcação de caso hipercorrigida em *Whom did you say is calling?**) Se o desvio mostrado na figura 4.2 se encontrasse apenas em um caso, seria difícil interpretá-lo — uma irregularidade no método ou no comportamento linguístico. Contudo, encontramos um padrão de ultrapassagem semelhante em diversas outras estruturas. A figura 5.1, por exemplo, é o diagrama de estratificação por classes de (eh), a altura da vogal em *bad, ask, dance* etc., tal como definida no capítulo 3.

A estratificação social mostra quatro grupos de classes, com a classe média baixa ultrapassando o valor da classe média alta no estilo mais formal. Ou seja, ao ler uma lista de palavras como *bat, bad, back, bag, batch, badge*, os falantes da classe média baixa exibem maior tendência a dizer [bæt, bæ:d, bæk, bæ:g...], embora na fala cotidiana seja mais pro-

---

* Em inglês, a forma sem hipercorreção seria *Who did you say is calling?* que significa *Quem você disse que está chamando?*. No português brasileiro, um exemplo de hipercorreção seria na concordância verbal em uma sentença como *Houveram problemas por lá* em vez de *Houve problemas por lá* (n. da tradução).

vável que eles digam [bɛ:ᵊd] (para *beard* "barba"), homônimo de *bared* ("desnudo"): "I had a [bɛ:ᵊd] cut ("Eu fiz a barba"); I [bɛ:ᵊd] my arm ("Eu desnudei meu braço")".

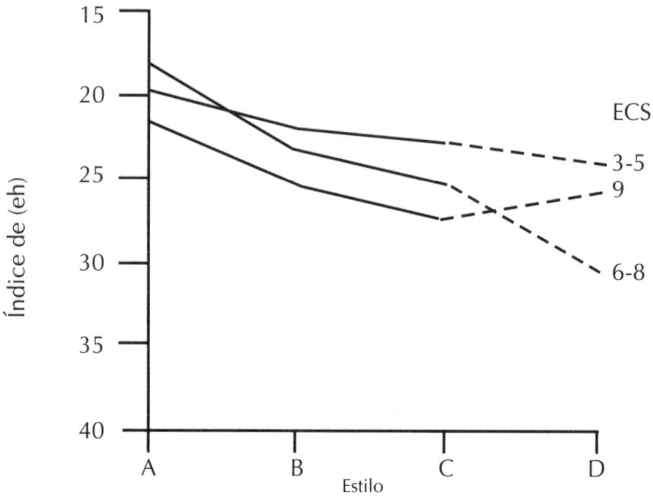

FIGURA 5.1 Estratificação de classes para (eh). ECS = escala de classe socioeconômica. A, fala casual; B, fala monitorada; C, estilo de leitura; D, listas de palavras.

Encontramos padrão de hipercorreção semelhante para a variável socialmente significativa (oh). A figura 5.2 é um diagrama de estratificação estilística para esta variável. O eixo vertical na figura 5.2 representa o índice fonológico, formado a partir de valores que são paralelos aos de (eh) (cf. capítulo 2). Para cada classe socioeconômica, o valor do índice em cada estilo contextual é indicado na figura, e os valores para o mesmo estilo são conectados ao longo de linhas horizontais. Este diagrama preserva todas as informações presentes nos dados originais e nos permite seguir a diferenciação do comportamento estilístico em detalhe. Para a classe baixa, 0-2, a variável (oh) não tem qualquer significação social ou estilística, como se vê pela distribuição caótica de valores nos quatro estilos contextuais. Há uma conexão íntima entre variação estilística e variação social e, como vemos aqui, os desvios num dos eixos de variação são frequentemente acompanhados de desvios no outro eixo. A classe baixa não exibe nenhum traço de padrão estratificado das três classes de *status* superior.

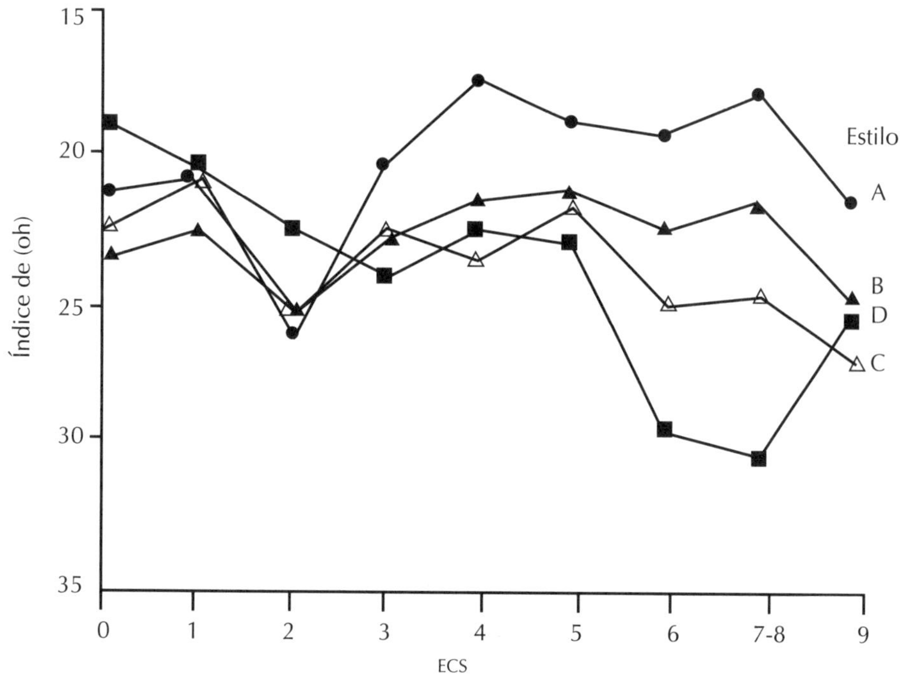

FIGURA 5.2 Estratificação estilística para (oh). ECS = escala de classe socioeconômica. A, fala casual; B, fala monitorada; C, estilo de leitura; D, listas de palavras.

A parte superior da classe operária começa a mostrar altos valores de (oh-1) — [ʊ:ᵊf] — na fala casual, valores que são também característicos da classe média baixa. No entanto, o significado social para a classe operária não é exatamente o mesmo para a classe média baixa, uma vez que os falantes da classe operária mostram apenas uma ligeira tendência à correção desta vogal, com valores mais abertos em estilo formal. A classe média baixa, por outro lado, exibe uma tendência acentuada rumo à correção, lendo uma lista de palavras como *Paul, all, ball, awful, office, dog*, com um esforço determinado, embora inconsistente, na direção de (oh-5): [pɔ:˔l, ɒl, ɒfəl, bɔ:˔l, ɒfɪs, dʊ:ᵊg...]. O grupo de maior *status*, a classe média alta, exibe uma tendência mais moderada tanto em estilos casuais quanto em formais. Dessa forma, vemos o padrão de ultrapassagem familiar na figura 5.3, que é a estratificação por classes para a variável (oh), sem a classe baixa.

Se agora compararmos as figuras 4.2, 5.1 e 5.3, fica evidente o mesmo comportamento de hipercorreção da classe média baixa. Esse desvio da estrutura regular não é, de fato, um desvio, mas sim um aspecto recorrente de uma estrutura regular bastante distinta da estrutura da figura 4.1. A figura 4.1 representa a estrutura típica de variáveis não envolvidas no processo de mudança linguística. Um padrão semelhante pode ser encontrado no caso paralelo de (dh), a consoante inicial de *this, that* etc., ou na variável morfológica do sufixo *-ing*. Por outro lado, o padrão de (r), (eh) e (oh) é o de variáveis fonológicas envolvidas no processo de mudança linguística, como veremos. O papel especial da classe média baixa nesse padrão se evidencia na sensibilidade deste grupo a pressões sociais vindas de cima. Podemos compreender mais profundamente o comportamento dessa classe estudando outros tipos de evidências que vão além da tabulação do desempenho objetivo.

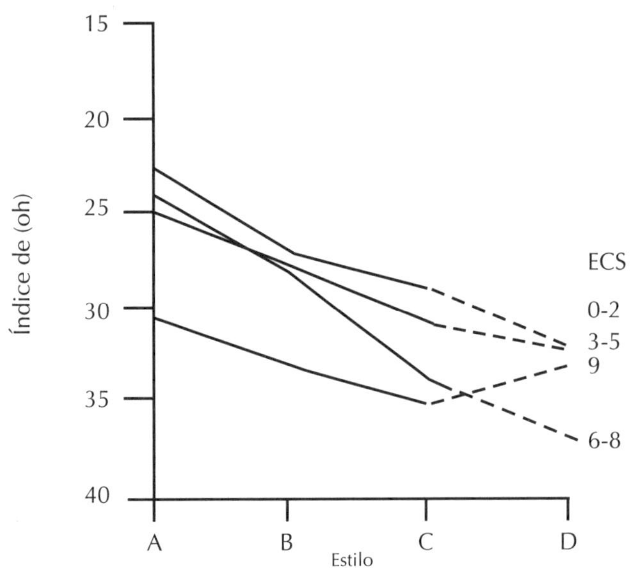

FIGURA 5.3 Estratificação de classe para (oh). ECS = escala de classe socioeconômica. A, fala casual; B, fala monitorada; C, estilo de leitura; D, listas de palavras.

HIPERSENSIBILIDADE DA CLASSE MÉDIA BAIXA EM REAÇÕES SUBJETIVAS

No estudo da estratificação social da língua, não precisamos nos limitar às evidências da diferenciação objetiva de comportamento. A estratificação social tem duas faces: a diferenciação, de um lado, e a avaliação social, do outro. Na pesquisa do Lower East Side, elaboramos métodos para medir as reações subjetivas inconscientes a valores individuais das variáveis fonológicas. Esses testes de reação subjetiva são o tema principal do capítulo 6. Aqui, vamos extrair deles somente a informação relevante para o padrão de hipercorreção da classe média baixa.

No teste de reação subjetiva (teste RS), uma gravação de 22 frases é reproduzida para os informantes, que são solicitados a avaliar a fala ouvida em cada frase a partir de uma escala de aptidão profissional. Somente cinco falantes diferentes são representados, todos lendo o mesmo texto padronizado, no qual os valores das principais variáveis fonológicas aumentam sucessivamente. Uma vez que o informante não pode saber exatamente que pontuação deu a determinado falante nas frases anteriores da série, cada avaliação é realmente independente uma da outra. Assim, é possível comparar a pontuação atribuída a um falante para um determinado tratamento de uma variável fonológica com o tratamento dado numa "seção zero", que não contém nenhuma das variáveis. Os efeitos de qualidade da voz, estilo de leitura etc. ficam neutralizados, e se isolam as reações inconscientes a valores de uma única variável.

Nos testes de reações subjetivas a (oh), os informantes ouviram três falantes diferentes usando vogais altas na frase: "We [o:˂we·z] had [tʃo˂ :klɪt] milk and [kʊ:ᵊfi] cake around four o'clock" ["Sempre tomávamos leite com chocolate e bolo de café por volta das quatro horas"]. Se as pontuações do informante para todos os três falantes forem iguais ou menores do que as pontuações dadas por eles aos mesmos falantes na seção zero, sua resposta é classificada como (oh)-negativa. A porcentagem de informantes que dão resposta (oh)-negativa é a seguinte, por classe social:

Classe baixa	0-2	24%
Classe operária	3-5	61
Classe média baixa	6-8	79
Classe média alta	9	59

Nessa tabela, vemos o correlato subjetivo de vários padrões objetivos discutidos anteriormente. A classe baixa, que não participa de um padrão de variação social ou estilística para (oh), não exibe sensibilidade a (oh) no teste RS. Além disso, há aqui a comprovação de um princípio bem geral que opera em todos os resultados do teste RS: aqueles que exibem o maior uso de um traço estigmatizado na fala casual exibem a maior sensibilidade a esse traço em reações subjetivas. Assim, por exemplo, homens da classe operária e de origem italiana, que exibem o uso mais alto de oclusivas para (th), também exibem maior sensibilidade a esse traço estigmatizado na fala dos outros. Aqui, a classe operária, e particularmente a classe média baixa, que exibem vogais (oh) altas na fala casual, exibem as reações mais negativas ao (oh) alto no teste RS. Por fim, vemos que a classe média baixa exibe hipersensibilidade, uma vez que ultrapassa a reação da classe média alta em sua resposta negativa ao (oh) alto.

Padrão semelhante emerge de reações subjetivas a (eh), diferindo do padrão de (oh) somente por um nível mais alto de sensibilidade da parte das duas classes mais baixas. As porcentagens abaixo de resposta (eh)-negativa foram exibidas pelos quatro grupos sociais:

Classe baixa	0-2	63%
Classe operária	3-5	81
Classe média baixa	6-8	86
Classe média alta	9	67

Aqui novamente se vê o comportamento hipersensível da classe média baixa, que reage mais intensamente às vogais (eh) altas do que a classe de *status* mais elevado (e é acompanhada aqui pela classe operária).

No caso de (r), a classe média baixa exibe um nível de sensibilidade a esta variável que ultrapassa a reação da classe média alta, muito embora o comportamento da classe média alta na fala diária seja mais próximo da norma. O teste para reações subjetivas a (r) é descrito em detalhe no próximo capítulo: essencialmente, ele mede o grau em que as reações do informante são coerentes com o *status* de (r-1) como marcador de prestígio. As porcentagens de resposta (r)-positiva das várias classes sociais mostram de novo o padrão de hipersensibilidade da classe média baixa:

Classe baixa	0-1	50%
Classe operária	2-5	53
Classe média baixa	6-8	86
Classe média alta	9	75

Se esse comportamento hipersensível estiver de fato associado à mudança linguística em andamento e for coerente com os resultados do desempenho objetivo, então é de se esperar que a classe média baixa não supere a classe média alta na reação à variável (th) (cf. capítulo 6). A porcentagem de respostas sensíveis a (th) nas várias classes sociais mostra que é este, de fato, o caso, já que não há evidência aqui de reação hipersensível da classe média baixa:

Classe baixa	0-2	58%
Classe operária	3-5	76
Classe média baixa	6-8	81
Classe média alta	9	92

Até aqui, temos considerado a avaliação da fala de outros. Em outra seção da entrevista linguística, exploramos a avaliação que o informante faz de seu próprio uso das variáveis. Pedimos a ele que designasse qual dentre quatro pronúncias alternativas de dada palavra (*cards, chocolate, pass* etc.) era a mais próxima do modo como ele normalmente a pronunciava. Esse teste de autoavaliação mostra bem claramente que o extraordinário consenso na reação subjetiva à fala dos outros não corresponde a uma percepção acurada da produção linguística do próprio informante. Pelo contrário, os informantes identificavam sua própria fala com aquelas normas subjetivas que governavam a direção da variação estilística. Por exemplo, os informantes em sua maioria se identificaram como usuários das variantes de (eh) e (oh) mais baixas do que sua própria produção linguística, mesmo nos estilos mais formais.

Evidencia-se desse modo que o falante nova-iorquino percebe sua própria intenção fônica, em vez de perceber os sons reais que produz; neste sentido, o padrão que governa a direção da variação estilística é determinado por um conjunto estruturado de normas sociais. Ele é fonêmico, no sentido mais amplo.

O comportamento da classe média baixa nesse teste é coerente com o padrão de hipercorreção já mostrado. Os falantes da classe média baixa exibem a maior tendência a atribuir a si mesmos valores muito baixos de (eh) — ou seja, eles se atribuem a pronúncia [pæ:s] em vez de [pɛ:ᵊs] —, e não revelam a tendência a se atribuir valores baixos de (oh) — afirmando que pronunciaram [tšɒklɪt] quando na verdade pronunciaram [tʃɔ:⊥klɪt]. Por outro lado, a classe média baixa não exibiu nenhuma tendência equivocada de hipercorreção na autoatribuição das pronúncias de (th).

Insegurança linguística da classe média baixa

A grande flutuação na variação estilística exibida pelos falantes da classe média baixa, sua hipersensibilidade a traços estigmatizados que eles mesmos usam e a percepção inexata de sua própria fala, tudo isso aponta para um alto grau de insegurança linguística nesses falantes. A insegurança linguística pode ser medida diretamente por diversos métodos que são independentes dos índices fonológicos. No capítulo 4, discutimos o grau de insegurança linguística (GIL) que contrasta o "próprio uso" e a "correção" em 18 itens lexicais. A tabela 5.1 mostra a distribuição percentual de resultados de quatro classes sociais para quatro níveis de GIL. A classe média baixa exibe uma concentração bem mais alta nos níveis mais elevados do GIL do que qualquer outro grupo — uma conclusão reforçada pela atitude dos informantes desta classe à variedade linguística de Nova York.

TABELA 5.1
DISTRIBUIÇÃO DOS RESULTADOS DO GRAU DE INSEGURANÇA LINGUÍSTICA POR CLASSE SOCIOECONÔMICA

	Classe socioeconômica			
Resultados do GIL	0-2	3-5	6-8	9
0	44%	50%	16%	20%
1-2	25	21	16	70
3-7	12	25	58	10
8-13	19	04	10	—
	100	100	100	100
N =	16	28	19	10

Os nova-iorquinos em geral demonstram um profundo desagrado em relação à fala de Nova York. A maioria deles já tentou mudar seu modo de falar de um jeito ou de outro, e eles ficariam sinceramente lisonjeados se alguém lhes dissesse que sua fala não parece ser de Nova York. No entanto, a maior parte dos informantes foram identificados como nova-iorquinos toda vez que puseram o pé fora da área metropolitana. Eles acreditam firmemente que as pessoas de fora não gostam da fala nova-iorquina, por uma razão ou outra. A maioria dos nova-iorquinos exibem uma firme crença na correção da fala e se esforçam conscientemente por alcançar essa correção em sua conversa mais monitorada.

Em todos esses aspectos, os falantes da classe média baixa superaram todos os outros nova-iorquinos[2]. A profunda insegurança linguísti-

[2] Com exceção de alguns informantes da classe média baixa, que declararam terem sido identificados como não nova-iorquinos por pessoas de fora.

ca da comunidade de fala da cidade de Nova York fica mais claramente exemplificada nas afirmações conscientes dos informantes de classe média baixa, tanto quanto em seu comportamento inconsciente.

O PAPEL DA CLASSE MÉDIA BAIXA NA MUDANÇA LINGUÍSTICA

Podemos agora abordar a questão da mudança linguística, particularmente, tal como ela afeta as variáveis fonológicas. Neste exame, a principal abordagem à mudança se fará através das comprovações internas, na distribuição do comportamento linguístico através das várias faixas etárias da população. Esta distribuição forma uma dimensão que podemos chamar de tempo aparente, em oposição ao tempo real. No relatório completo da pesquisa feita em Nova York, as relações de tempo aparente e tempo real foram analisadas em detalhe, e considerados os casos a seguir (Labov 1966a, cap. 9):

1. Um traço estigmatizado	A. estável
	B. em processo de mudança
2. Um marcador de prestígio	A. estável
	B. em processo de mudança
3. Mudança vinda de baixo	A. estágio inicial
	B. estágio avançado, com correção vinda de cima

Podemos encontrar dados empíricos que exemplificam cada um desses tipos, e que em geral confirmam a análise apresentada. Particularmente, a variável (th) corresponde ao caso de um traço estigmatizado não envolvido em mudança; (oh) a um estágio inicial de mudança vinda de baixo; e (eh) a um estágio avançado de mudança vinda de baixo, com correção vinda de cima. Os últimos casos são complicados pelo fato de que a dinâmica principal não reside na área da estratificação de classes, mas sim no comportamento contrastivo de grupos étnicos. No restante deste estudo, examinaremos o caso de (r), um marcador de prestígio recentemente introduzido na fala de Nova York. Esta variável, evidentemente, é mais do que uma simples alternância fonêmica: à medida que (r-1) é introduzido, ocorre toda uma série de mudanças que invertem a linha de evolução principal do sistema vocálico nova-iorquino.

Para começar, temos que considerar as relações entre tempo real e tempo aparente num marcador de prestígio em processo de mudança. No grupo de maior *status*, que exibe a maior segurança linguística, essas duas dimensões se correspondem bem estreitamente. Os membros mais velhos da classe média alta tenderiam a conservar suas formas de prestígio mais antigas, consolidadas relativamente cedo em seu desenvolvimento, enquanto os membros mais jovens exibiriam a adoção da forma de prestígio mais nova. Quando consideramos o grupo de *status* imediatamente inferior, em geral a classe média baixa, prevalece a situação inversa. A grande insegurança linguística desses falantes levaria à flutuação em suas normas para contextos formais, e até mesmo na meia-idade eles tendem a adotar os marcadores de prestígio mais recentes dos falantes mais jovens da classe média alta. Com isso, eles ultrapassariam os membros mais jovens de seu próprio grupo social, os quais não teriam tido uma exposição tão ampla à estrutura da estratificação social e suas consequências.

Poderíamos esperar que os informantes da classe operária seguissem as mesmas linhas gerais de comportamento da classe média baixa, mas num grau menos acentuado. Somente a classe baixa ficaria amplamente imune à tendência a seguir as normas de prestígio mais recentes. Com base nessas considerações gerais, poderíamos esperar as seguintes relações entre grupos mais jovens e mais velhos das quatro classes sociais, no que diz respeito ao uso de traços de prestígio:

	Classe baixa	*Classe operária*	*Classe média baixa*	*Classe média alta*
+Jovens	fraco	[mais fraco]	mais fraco	forte
+Velhos	fraco	[mais forte]	mais forte	fraco

Podemos agora examinar os dados empíricos que correspondem a este diagrama. A figura 4.3 mostrou a distribuição de valores de (r) na fala casual. Para as duas faixas etárias mais velhas, não há indicação de um significado social de (r); mas para todos aqueles com menos de 40 anos, existe uma estratificação acentuada, em que (r-1) se tornou a marca somente do grupo de maior *status*. Esta ruptura repentina corresponde exatamente à mudança na avaliação social de (r), como se verá na tabela 6.1 (próximo capítulo). Enquanto os de menos de 40 anos mostram um padrão bastante confuso em sua reação subjetiva a (r), os que têm entre 18 e 39 anos mostram uma completa unanimidade em sua avaliação positiva deste traço de prestígio. Note-se que, no grupo mais idoso, a classe média baixa exibe o grau mais alto de resposta (r)-positiva.

A tabela 6.1 tem implicações importantes para nossa visão geral da sociedade, bem como do desenvolvimento da língua dentro da sociedade. Vemos a comunidade de fala nova-iorquina se movendo rumo a uma crescente diversificação do desempenho oral (na figura 4.3); mas, ao mesmo tempo, na tabela 6.1, se desenvolveu uma concordância total na avaliação subjetiva. Esta mudança repentina pode preceder e superar o desenvolvimento paralelo no comportamento explícito.

Os dados para estilos de fala sucessivamente mais formais aparecem na figura 5.4. Começando pelo estilo B, a fala monitorada, há uma tendência crescente em todas as classes e faixas etárias a usar mais (r-1). Contudo, são os membros de meia-idade da classe média baixa que exibem a maior tendência a aumentar seu uso de (r-1) em estilos formais, até que nos estilos D e D' eles ultrapassam de longe o nível da classe média alta. As áreas sombreadas da figura 5.4 representam o grau em que um dado índice excede o nível da classe média alta.

A figura 5.4 é uma estrutura complexa, relacionando quatro variáveis. De cima para baixo, há um aumento regular de (r-1) com aumento de formalidade do estilo contextual; da esquerda para a direita, há um padrão de comportamento de classe, repetido diversas vezes, em que a classe média baixa supera a classe operária e a classe baixa no uso de (r-1). Por fim, o padrão mais amplo esquerda-para-direita mostra um complexo relacionamento de faixa etária com (r), em que os falantes mais jovens da classe 9 exibem cada vez mais (r-1), enquanto o padrão inverso de correlação entre idade e (r-1) se apresenta nas três classes mais baixas.

Graças a todos os dados apresentados nesta discussão, a complexa estrutura da figura 5.4 parece compreensível e, de fato, quase previsível. Tais dados permitiram explicar resultados anteriores que pareciam intrigantes — as inesperadas configurações que emergiram do estudo das três lojas de departamento da cidade de Nova York (no capítulo 2). Na figura 2.5, vimos que a loja de maior prestígio, Saks, mostrou o esperado aumento de (r-1) com a diminuição da idade. Contudo, a loja de prestígio médio, Macy's, mostrou a relação inversa, num nível mais baixo. A loja de menor prestígio, Kleins, não exibiu nenhum padrão nítido. Quando rearranjamos a figura 5.4 na forma da figura 2.5, obtivemos a

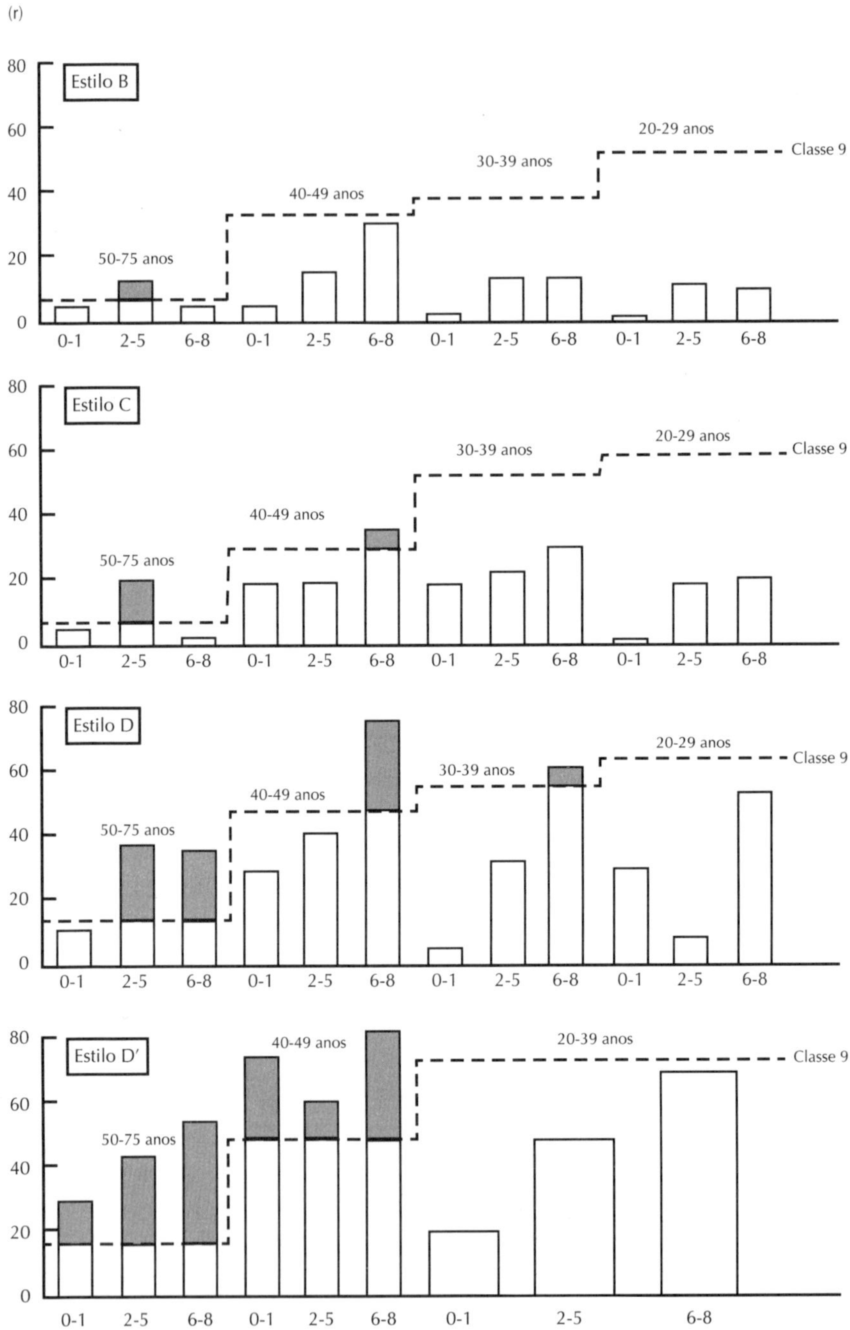

FIGURA 5.4 Estratificação de classe do (r) em tempo aparente para estilos B – D'. B, fala monitorada; C, estilo de leitura; D, listas de palavras; D', pares mínimos. Números 0-9 indicam escala de classe socioeconômica.

figura 2.6, estilo B. Ponto por ponto, traço por traço, os dois diagramas combinaram. Esta convergência é a verificação mais forte possível dos resultados de ambas as pesquisas, pois elas abordaram os dados com métodos completamente opostos. As possíveis fontes de erro são complementares: em cada área onde a pesquisa das lojas de departamento é suscetível de erro, a pesquisa do Lower East Side é mais confiável, e vice-versa.

A convergência das duas pesquisas estabelece a validade da análise feita acima das relações entre tempo aparente e tempo real para um marcador de prestígio recentemente introduzido na estrutura linguística de uma comunidade.

O PAPEL DA HIPERCORREÇÃO NO MECANISMO DA MUDANÇA LINGUÍSTICA

Existem comprovações suficientes para sustentar a opinião de que a introdução de (r-1) na cidade de Nova York é, de fato, um processo relativamente recente, que mostrou um aumento qualitativo acentuado nos anos imediatamente posteriores à Segunda Guerra Mundial. Indícios de um desenvolvimento semelhante podem ser encontrados em outras áreas sem *-r*, mas em nenhum lugar a tendência é tão grande quanto na cidade de Nova York, e em nenhum lugar ela penetrou tão profundamente a estrutura da comunidade. Podemos, é claro, considerar a influência dos meios de comunicação, onde os padrões sem *-r* simplesmente desapareceram, mas este é um fator que afeta todas as áreas dos Estados Unidos. Para dar conta do desenvolvimento especial da cidade de Nova York, é necessário considerar os mecanismos sociais e linguísticos peculiares à área metropolitana.

A cidade de Nova York, como comunidade de fala, pode ser vista como um repositório de prestígio negativo. Não se trata de um padrão recente: o dialeto de prestígio, tanto quanto podemos retraçá-lo no tempo, parece ter sido tomado de empréstimo, e o processo que estamos testemunhando aqui é primordialmente de substituição do dialeto sem-*-r*, mais antigo e de prestígio, vindo do leste da Nova Inglaterra, por um dialeto com *-r* do norte do Meio-Oeste. Contudo, as diferenças entre as formas mais novas e mais antigas são profundas do ponto de vista da estrutura fonológica. Todos os informantes da cidade de Nova York tinham crescido falando um dialeto sem -*r*; uma vez que adquiriram a pronúncia do *r* muito tempo depois que sua fala primária tinha se estabelecido, não foi possível para eles alcançar consistência no uso de (r-1), nem mesmo no contexto mais formal.

As evidências deste estudo em seu conjunto indicam uma sequência de eventos no desenvolvimento genético das complexas estruturas linguísticas aqui apresentadas. A primeira experiência da criança no uso do inglês, entre 2 e 3 anos de idade, é geralmente dominada pelo exemplo dos pais. Mas, dos 4 aos 13 anos mais ou menos, seu padrão de fala é dominado e regulado pelo do grupo pré-adolescente com que ela brinca. Esses são os companheiros capazes de eliminar, por suas pressões, quaisquer desvios do padrão dialetal do grupo. Parece que o período da pré-adolescência é a idade em que se firmam os padrões automáticos da produção verbal: em regra, quaisquer hábitos adquiridos depois deste período são conservados por audiomonitoramento, bem como pelos padrões de controle da produção automática.

É no primeiro ano do ensino médio que o falante começa a adquirir o conjunto de normas avaliativas exibidas neste capítulo. Ele se torna sensível ao significado social de sua própria maneira de falar e de outras; a familiaridade total com as normas da comunidade parece ser atingida aos 17 ou 18 anos de idade. Por outro lado, a capacidade de usar formas prestigiadas de falar, como a pronúncia do *r*, só é adquirida relativamente tarde: os mais jovens parecem iniciar esse processo aos 16 ou 17. Um jovem da classe operária ou da classe média baixa nunca adquire no uso desta forma de prestígio a segurança que os jovens da classe média alta adquirem: como vimos, até mesmo aos 30 ou 40 anos, o falante da classe média baixa pode ter pretensões de mudar seu estilo monitorado, alterando seu conceito de norma de prestígio para se adequar aos padrões mais recentes. Em contraste, o graduado universitário alcançou certo grau de segurança no seu uso do inglês, em parte através do intenso contato com falantes de prestígio e em parte através da aprovação de seus colegas estudantes. Apesar do fato de depender, portanto, de uma pronúncia de prestígio adquirida tardiamente, seu uso desta pronúncia pode permanecer relativamente constante a partir deste momento.

Do estudo do Lower East Side, podemos extrair comprovações sistemáticas que mostram a aquisição gradual dessas normas sociolinguísticas e o índice diferencial de aquisição das diferentes classes sociais. A figura 5.5 é um mapa compósito de todas as formas de comportamento linguístico que revelam o reconhecimento de tais normas. No tocante a qualquer variável, uma pessoa pode exibir: um padrão regular de mudança de estilo em direção à norma de prestígio; autoavaliação enviesada em direção à norma; testes de reação subjetiva sensíveis à norma; e reconhecimento explícito do traço sociolinguístico como um estereótipo. O eixo vertical é a contagem total para a aquisição de normas sociolinguísticas, e o eixo horizontal é a idade da pessoa. Todas as pessoas mostradas na figura 5.5 são filhos dos principais informantes da pesquisa no Lower East Side. As linhas horizontais ligam irmãos e irmãs, de modo que a direção ascendente destas linhas mostra a taxa de aquisição das normas por idade. Quando examinamos o *status* socioeconômico de cada família, fica imediatamente evidente que existe uma forte diferenciação por classe social. Crianças da classe média alta começam mais alto na escala e exibem uma resposta mais completa às normas sociolinguísticas do que as crianças da classe média baixa, e assim por diante abaixo da linha. Embora todas as famílias estejam se movendo na mesma direção geral, os jovens da classe baixa ainda se localizam num ponto relativamente baixo na escala aos 18 ou 19 anos de idade. Disso decorre que, na época em que adquirem um bom conhecimento das normas sociolinguísticas, já não são mais capazes de modificar seu vernáculo básico para alcançar um controle produtivo consistente.

O problema que temos de enfrentar agora é: como é que tal mecanismo leva à solidificação da pronúncia do *r* como um padrão de fala nativo para o estilo cuidado *ou* casual? O período em que os padrões de fala primários são solidificados está separado por um intervalo de ao menos quatro ou cinco anos do período em que as formas secundárias de prestígio são aprendidas. O pré-adolescente pode ser influenciado em seu padrão de fala por aqueles que são um ou dois anos mais velhos, mas é difícil imaginá-lo em contato íntimo com aqueles que são quatro ou cinco anos mais velhos. Assim, parece que este mecanismo poderia levar somente à estratificação permanente, e que a pronúncia do *r* jamais penetraria para além da pré-adolescência.

Contudo, é preciso considerar que a solidificação original da cidade de Nova York como uma área sem *-r* deve ter seguido o mesmo padrão que agora estamos testemunhando, só que ao contrário. A fala sem *-r* foi originalmente uma forma de prestígio, modelada a partir da fala do sul da Inglaterra, e a configuração atual de áreas sem *-r*, no entorno de Boston, Nova York, Richmond e Charleston, deve representar a introdução bem-sucedida de uma forma de prestígio no padrão primário da fala nativa. Se o processo se completou uma vez, pode se completar de novo.

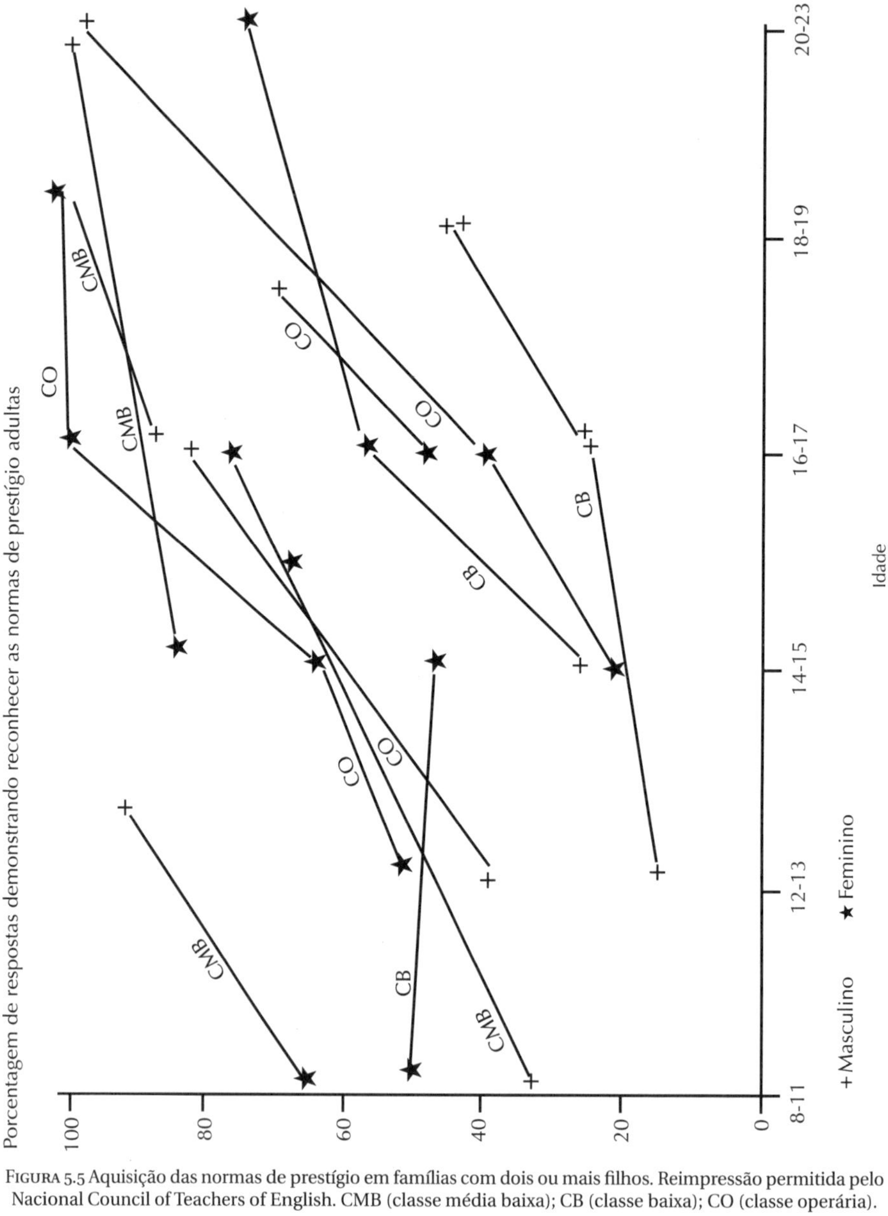

FIGURA 5.5 Aquisição das normas de prestígio em famílias com dois ou mais filhos. Reimpressão permitida pelo Nacional Council of Teachers of English. CMB (classe média baixa); CB (classe baixa); CO (classe operária).

A solução para esse quebra-cabeça está na hipercorreção da classe média baixa. Vimos que os falantes de meia-idade da classe média baixa tendem a adotar o padrão de fala formal dos falantes mais jovens da classe média alta. Essa tendência oferece um mecanismo de *feedback* potencialmente capaz de acelerar a introdução de qualquer traço de prestígio. Em lugar de uma difusão gradual, geração após geração, de um traço do grupo de *status* mais alto para o grupo de *status* mais baixo, temos aqui um meio pelo qual o processo pode ocorrer num ritmo inteiramente diferente. O jovem de classe média baixa (e, em menor medida, o jovem da classe operária) está em contato com a nova pronúncia de prestígio em duas frentes. Por um lado, ele está familiarizado com a fala daqueles que frequentam a faculdade, pertença ele ou não a este grupo. Por outro lado, seus pais (e seus professores) também usam este padrão de prestígio nas circunstâncias mais formais. Normalmente, o dialeto usado por seus pais tem pouco efeito visível sobre seu próprio dialeto nativo: não faz diferença se eles vêm do Maine ou do Brooklyn, no que diz respeito à fala do próprio jovem. No entanto, nada impede que o uso repetido de (r-1) pelos pais no estágio inicial do aprendizado da língua possa criar a base para a pronúncia automática e consistente de *r*. Tal efeito não é forte hoje na cidade de Nova York, exceto talvez em alguns lares de classe média alta. Mas pode ser que, na próxima geração ou antes, o uso de *r* em estilos formais por parte dos adultos tenha aumentado a tal ponto que as crianças passarão a adquirir esse padrão mais cedo, na fase motora. Alguém pode supor que os pais só usem padrões de fala casual ao se dirigir aos filhos pequenos; mas, ao contrário, ouvi informantes usando as formas mais monitoradas, com *-r*, ao repreender os filhos. Uma vez que a pronúncia de *r* foi adotada como a norma para o tipo mais monitorado de comunicação, pode ser que ela tenha se tornado apropriada para diversos tipos de interação entre pais e filhos. A hipercorreção certamente é mais forte nas mulheres — e pode ser que a mãe de classe média baixa e a professora primária sejam agentes principais na aceleração deste tipo de mudança linguística.

A existência do padrão de hipercorreção em Nova York foi estabelecida sem sombra de dúvida. O papel sugerido para a hipercorreção como aceleradora da mudança linguística foi proposto na expectativa de que estudos empíricos posteriores possam confirmar ou refutar tal possibilidade. Investigações semelhantes podem ser empreendidas com proveito em outras cidades, talvez naquelas que não mostrem uma gama tão ampla de variação estilística na comunidade de fala. Além disso, é necessário explorar mais profundamente a motivação social que subjaz ao processo mais sistemático e obscuro de mudança vinda de baixo. Todas essas pesquisas ajudarão a esclarecer o importante problema do estabelecimento do mecanismo da mudança linguística.

6 Dimensões subjetivas de uma mudança linguística em andamento

Estudos tradicionais dos dialetos regionais dos Estados Unidos têm mostrado que o isolamento leva à diversidade linguística, enquanto a mescla de populações leva à uniformidade linguística. Contudo, quando nos voltamos para o estudo das diferenças linguísticas em áreas metropolitanas, surge uma situação nova e diferente[1]. Em lugar da diferenciação horizontal e espacial, temos um corte transversal que não pressupõe isolamento das camadas linguísticas. Pelo contrário, os grupos que vivem em contato estreito podem participar de mudanças linguísticas rápidas que levam à crescente diversidade, em lugar da uniformidade.

Estudos sobre a estratificação social da língua na cidade de Nova York mostram duas direções gerais da mudança no sistema fonológico que contribuem para tal diversidade. A primeira direção é o avanço do desenvolvimento do padrão tradicional nova-iorquino, continuando as linhas de sua evolução inicial, com novas fusões fonêmicas e mudanças em cadeia comparáveis à grande mutação vocálica. A outra mudança em larga escala é a superposição de um novo padrão de prestígio, quase diretamente oposto ao dialeto tradicional na maioria de seus elementos variáveis.

---

[1] Esta é uma versão revista de um texto apresentado originalmente no encontro de inverno da Linguistic Society of America, em Chicago, Illinois, em dezembro de 1963. Ela incorpora parte do tratamento mais detalhado do assunto no capítulo 11 de *The Social Stratification of English in New York City* (1966).

Este capítulo tratará de uma variável do novo padrão de prestígio: (r), a presença ou ausência de [r] consonantal em posição final e pré--consonântica em *beer* ("cerveja"), *beard* ("barba), *car* ("carro"), *card* ("cartão") etc. Já abordamos esta variável sob diversos aspectos. Seu uso na interação cotidiana foi examinado na pesquisa rápida e anônima das lojas de departamento (capítulo 2); o padrão de alternância estilística de (r) foi delineado no capítulo 3; o padrão de estratificação social e estilística de (r) foi traçado no capítulo 4; e foi visto como um elemento do padrão de hipercorreção da classe média baixa no capítulo 5. Em diversos momentos, levamos em conta os resultados dos testes que traçam a dimensão subjetiva desta variável: neste capítulo, as reações subjetivas serão nosso foco principal. Mapearemos uma súbita mudança na avaliação subjetiva do novo padrão de prestígio por parte de nova-iorquinos nativos: o desenvolvimento de uma atitude uniforme para com (r), uma norma que transcende as diferenças de classe, em forte contraste com a diferenciação crescente do desempenho objetivo dos falantes.

Muitos padrões de variação linguística que encontramos em Nova York correm paralelos ao padrão dominante e cada vez mais rígido de estratificação social. Técnicas para o estudo da diferenciação linguística por meio de indicadores quantitativos, desenvolvidas inicialmente no estudo de Martha's Vineyard (capítulo 1), foram aplicadas ao estudo do Lower East Side para a elaboração de indicadores para cinco variáveis fonológicas. Mas o outro lado do problema, medir a avaliação subjetiva a variáveis específicas, teve de ser resolvido pela primeira vez em Nova York. Reações a variáveis fonológicas são respostas desarticuladas, abaixo do nível da percepção consciente, e ocorrem somente como parte de uma reação geral a diversas variáveis. Não existe um vocabulário com termos socialmente significativos com os quais nossos informantes possam avaliar a fala para nós. Testes para reações a dialetos sociais como um todo foram desenvolvidos por Lambert e colaboradores para a discussão dos princípios envolvidos (cf. mais adiante e no capítulo 8). Para nossos objetivos linguísticos, precisamos elicitar um tipo de comportamento avaliativo sensível o suficiente para registrar o efeito de um traço linguístico particular — e um modo de apresentar um estímulo que concentre esse traço. O método desenvolvido nesta pesquisa parece responder a essa exigência; ele será discutido aqui em sua aplicação à avaliação social de (r).

A pronúncia do *r* é a principal manifestação do novo padrão de prestígio que prevalece na cidade de Nova York. A introdução de /r/

neste dialeto anteriormente sem *-r* não é uma mera mudança fonética substituindo (r-0) por (r-1). Ela tem amplas consequências fonêmicas. Com (r-1), um falante diferencia *guard* ("guarda") e *god* ("deus"), *source* ("fonte") e *sauce* ("molho"), *bared* ("desnudo") e *bad* ("mau"), que são homônimos[2] na fala tradicional da cidade de Nova York: [gɑ:d] e [gɑ:d], [sɔ:s] e [sɔ:s], [bɛᵊd] e [bɛᵊd]. Junto com o uso de (r-1), temos a reversão das mudanças em cadeia nas vogais baixas e médias: por exemplo, o movimento de *farmer* ("fazendeiro") [fɑ:mə] para [fɑ:ʾmə] e em seguida para [fɒ:mə] é revertido com a introdução de (r-1).

As evidências apresentadas nos capítulos 3 e 4 para a diferenciação social deste traço são conclusivas. As evidências para a mudança no uso de (r) também parecem definitivas. Sabemos que a cidade de Nova York era uma região com *-r* no século XVIII e que se tornou completamente sem *-r* no XIX. Essa mudança parece ter seguido a influência da fala de Londres, onde o padrão sem *-r* foi explicitamente observado por Walker em 1791. Nova York seguiu o exemplo de Boston, Charleston, Savannah e outras cidades da Costa Leste; por isso o modelo pode ter sido, ao mesmo tempo, o padrão de prestígio da Nova Inglaterra e de Londres. Parece ser um dos nossos melhores exemplos de uma "mudança vinda de cima" originada no grupo social de maior prestígio — que acabou se difundindo por toda a comunidade de fala e se tornou a forma vernácula. Nossa primeira prova documental da pronúncia sem-*r* na cidade de Nova York data de meados do século XIX: Richard Norman observou que o poeta nova-iorquino Frederick Cozzens rimava *shore* e *pshaw* em 1856[3]. O estudo de Babbitt, de 1896, foi o primeiro relato linguístico e mostrou que a fala sem *-r* era o padrão vernáculo geral da cidade. O relato de Babbitt bem como as entrevistas para o Atlas Linguístico dos anos 1930 mostram um dialeto inteiramente sem *-r* para 21 falantes da cidade (Frank 1948). O es-

---

2 Como se indica aqui, *God* e *guard* podem ser diferenciados pela qualidade da vogal, com um [ɒ:] posterior alçado quando seguido de um /r/. No entanto, os desenvolvimentos mais recentes no sistema da cidade de Nova York mostram que /a/ antes de um final sonoro muda para a classe de *guard*, de modo que *got* com [ɑ] agora se opõe a *God, gart-* e *guard* com [ɒ:]. As classes de *source* e *sauce* também são consideradas homônimas pela maioria dos nova-iorquinos. Mas trabalhos espectrográficos recentes mostram que não é este o caso para a maioria dos falantes. Mesmo quando não pronunciam /r/, o núcleo de *source* é mais alto e/ou mais posterior do que *sauce*, embora pareça ser "o mesmo" para falantes nativos (Labov 1970; Labov, Yaeger & Steiner 1972).

3 Richard Norman, "An Ear to New York", manuscrito inédito.

tudo de Hubbell (1950) e as observações de Bronstein (1962) mencionam um crescente uso de (r-1) por universitários. A figura 4.2 mostrou que (r) agora se tornou, para a maioria dos nova-iorquinos, uma função tanto da formalidade do contexto quanto do *status* social do falante. Nossa pergunta agora é: qual o correlato subjetivo desta diferenciação social?

A técnica dos "falsos pares"* desenvolvida por Lambert (1967) é o instrumento básico agora amplamente utilizado para o estudo de reações subjetivas à linguagem. O princípio essencial que emerge do trabalho de Lambert é o de que existe um conjunto uniforme de atitudes frente à linguagem que são compartilhadas por quase todos os membros da comunidade de fala, seja no uso de uma forma estigmatizada ou prestigiada da língua em questão. Essas atitudes não emergem de forma sistemática se a pessoa for questionada diretamente sobre os dialetos; mas se ela fizer dois conjuntos de julgamentos de personalidade sobre o mesmo falante usando duas formas diferentes da língua, *e se não perceber que é o mesmo falante*, suas avaliações subjetivas da língua emergirão como diferenças nas duas pontuações.

Portanto, descobrimos que o primeiro passo é expor cada informante a enunciados com valores contrastantes da variável e nos quais todas as outras variáveis permaneçam estáveis. Isso poderia ser feito com fala sintetizada, ou com frases de um foneticista treinado. Mas então teríamos que provar que o detalhe fonético da variante era equivalente ao das variantes naturais e, também, que a artificialidade da frase não introduziria por si mesma uma nova variável que perturbasse as reações subjetivas. Parece preferível abordar o problema de cima, usando frases naturais de falantes nativos. Aumentando um pouco o raio de ação, talvez possamos trazer à tona algumas variáveis estranhas, mas preservaremos nosso principal objeto, as ocorrências naturais de (r).

Em Martha's Vineyard, não podíamos seguir esse procedimento, porque numa comunidade tão pequena não existiam vozes nativas anônimas (cf. capítulo 1). Em Nova York, isso não foi problema, e começamos com 40 versões de uma leitura padronizada, *"When I was nine or ten..."*, coletadas em entrevistas preliminares no Lower East Side. O texto

---

* Traduzimos o nome da técnica por "falsos pares", acompanhando as traduções espanhola ("pares falsos") e francesa ("faux-couples") do inglês *matched guises* (n. da tradução).

completo (com a tradução) é apresentado no Apêndice A deste capítulo. O primeiro parágrafo é o nível "zero", para o ajuste da voz do falante e do estilo de leitura, sem o uso de nenhuma das cinco variáveis fonológicas estudadas. Em cada parágrafo seguinte, as cinco variáveis são sucessivamente concentradas; (eh), (oh), (r) bem como as duas variáveis *th* juntas, (th) e (dh). Nos interessaremos aqui pelo quarto parágrafo, que começa com: *"I remember where he was run over, not far from our corner..."* Cada ocorrência de (r) é sublinhada no texto. De cinco leituras deste parágrafo por mulheres, escolhi 22 frases e as reuni numa fita-teste em que cada uma era ouvida duas vezes seguidas. As primeiras cinco frases são do parágrafo zero; depois, as frases são tiradas dos parágrafos sucessivos na leitura, com as falantes aparecendo fora de ordem.

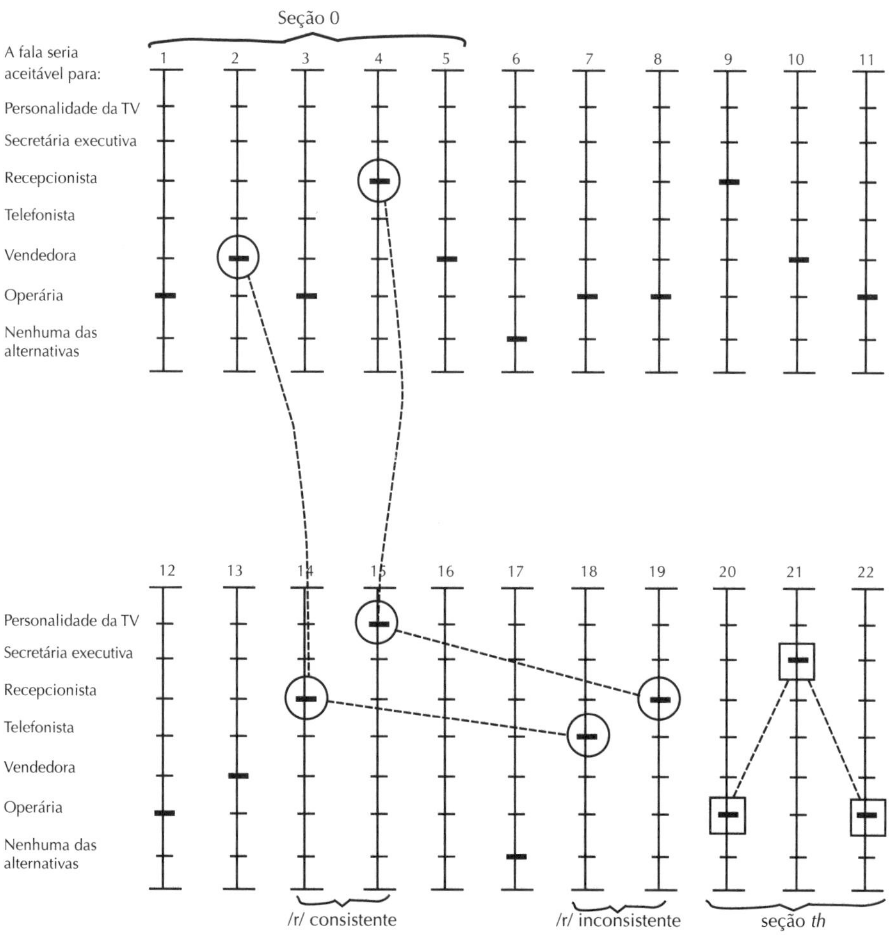

FIGURA 6.1 Avaliação subjetiva e padrões de (r) e (th).

A fita foi tocada para os informantes já perto do final da entrevista, quando só faltava discutir diretamente questões de linguagem. O próprio informante já tinha lido o texto; agora, era solicitado a registrar suas impressões sobre a fala daquelas outras nova-iorquinas nativas numa escala de adequação profissional, mostrada na figura 6.1. Pedíamos que ele se imaginasse na posição de um gerente de pessoal e usasse aquela escala para julgar as falantes como se fossem candidatas a empregos. Uma marca na linha significava que a falante podia ocupar tal emprego e todas as marcas abaixo daquela linha indicavam que ela não falava bem o suficiente para ocupar qualquer um dos empregos acima. As marcas nesta figura representam o desempenho médio das falantes jovens de classe média.

Foram realizados, ao todo, 200 testes. Alguns informantes perceberam que havia vozes que reapareciam no teste, mas nenhum deles soube dizer exatamente como tinha avaliado a falante nas ocorrências anteriores. Cada pontuação é, portanto, efetivamente independente. Por conseguinte, podemos comparar pontuações dadas a uma falante tal como ouvida inicialmente no parágrafo zero, com pontuações dadas a ela em outras frases marcadas por diversas ocorrências de uma determinada variável. Usamos, então, esta diferença como uma medida da avaliação pelo informante daquele valor particular daquela variável. A qualidade da voz, o estilo de leitura, a entonação são fatores que têm efeito constante sobre cada pontuação, por isso sua influência foi desconsiderada. A figura 6.1 também mostra a estrutura do teste com relação a (r). A falante que é ouvida inicialmente como nº 2 na seção zero é ouvida mais tarde como nº 14 pronunciando todo (r) como (r-1) — normalmente, um [ɚ] constritivo fraco, mas indicado de modo mais geral como [r]:

He [dɑrtɪd] out about [fɔɚ] feet [bifɔɚ] a [kɑr], and he got hit [hɑrd].

Mas no nº 18, é ouvida repetindo a mesma frase com um (r-0) no final:

He [dɑrtɪd] out about [fɔɚ] feet [bifɔɚ] a [kɑr], and he got hit [hɑ˒:d].

A mesma alternância aparece com a falante que é ouvida inicialmente como nº 4. Como nº 15, ela lê a frase *"He darted out..."* com uma articulação precisa de todo (r) como (r-1), mas como nº 19, o que se ouve é

We didn't have the [hɑrt] to play ball [ɔr] [kɑ˒:dz̥] all [mɔrnɪŋ].

Temos assim dois exemplos consistentes de (r-1) nos nºs 14 e 15, seguidos de perto por duas versões inconsistentes nos nºs 18 e 19. Aqueles que são sensíveis a (r-1) como marca de prestígio exibem uma capacidade extremamente refinada de distinguir entre esses dois pares, classificando 18 um ou dois níveis abaixo de 14, e 19 um ou dois níveis abaixo de 15. Somente umas poucas pessoas especialmente perspicazes têm consciência desse (r) inconsistente: a maioria das pessoas não conseguem explicar por que rebaixam as classificações de 18 e 19, embora sejam muito firmes em sua opinião.

Como podemos reduzir essas classificações a um só índice? Vamos considerar que existem duas reações possíveis, coerentes com o reconhecimento de (r-1) como marcador de prestígio: a classificação de 18 e 19 mais baixa que a de 14 e 15 respectivamente ou, diante do fato de que são, afinal, as mesmas falantes, a classificação de 18 como a mesma de 14, e de 19 como a mesma de 15. Essas reações, separadas ou combinadas, serão tratadas como (r)-*positivo*. Se a pessoa seguir uma direção contrária, avaliando 18 acima de 14, ou 15 acima de 19, chamaremos essa reação de (r)-*negativo*.

A tabela 6.1 mostra as porcentagens de respostas de (r)-positivo ao teste de dupla escolha por quatro faixas etárias, e cinco divisões da escala socioeconômica (as mesmas divisões usadas para a estratificação social de (r) no capítulo 4).

TABELA 6.1
RESPOSTA DE (r)-POSITIVO AO TESTE DE DUPLA ESCOLHA
POR CLASSE SOCIOECONÔMICA E IDADE

Idade	*0-1*	*2-3*	*4-5*	*6-8*	*9*	*Total*
8-17	16%	57%	67%	89%	(50)%	61%
18-19	100	—	100	100	100	100
20-39	100	100	100	100	100	100
40-	63	67	50	70	57	62

N				
6	14	12	9	2
2	—	2	1	3
3	6	7	11	5
8	18	8	10	7

Nessa tabela, nossa atenção é imediatamente atraída por uma regularidade mais absoluta do que qualquer outra encontrada até então. 100% dos falantes entre 20 e 39 anos de idade exibiram reações de (r)-positivo ao teste de dupla escolha, mas apenas 62% dos acima de 40 anos apresentaram esse resultado. Além disso, essa regularidade se estende aos informantes de 18 e 19 anos. Uma tabela simples de quatro células mostra uma notável distribuição de informantes que exibem respostas de (r)-positivo e de (r)-negativo nas duas faixas etárias:

Idade	*(r)-positivo*	*(r)-negativo*
18-39	40	0
40-	31	20

É um resultado surpreendente. Ele confirma, sem sombra de dúvida, que existe uma grande diferença no comportamento dessas duas faixas etárias, implicando que o reconhecimento de (r-1) como marcador de prestígio atingiu o estágio de absoluta regularidade que associamos com as mudanças linguísticas completadas.

Na tabela 6.1, as diferenças de classe praticamente desapareceram, e permanecem somente as diferenças etárias. Trata-se de um fato particularmente notável, já que nos capítulos 2 e 4, a variável (r) mostrou a mais fina e regular estratificação por classes entre todas as variáveis do estudo do Lower East Side. Agora descobrimos que essa estratificação uniforme de (r) no desempenho é acompanhada por uma avaliação uniforme da norma de prestígio pelos falantes mais jovens de todas as classes. Não houve qualquer aumento geral no uso de (r-1) no vernáculo da fala cotidiana; mas houve um súbito aumento na estratificação de (r). A figura 6.2a mostra a estratificação social de (r) no estilo A — fala casual — para os com menos e os com mais de 40 anos na amostra do Lower East Side. Na faixa etária mais alta, não há diferença particular no uso das quatro classes socioeconômicas. Mas, entre os falantes mais jovens, existe uma forte diferença entre o grupo de maior *status* — a classe média alta — e os demais. A quantidade total de (r-1) usado pode realmente ter diminuído — o que aumentou foi a diferenciação de classe social. Podemos comparar esse desenvolvimento com as avaliações subjetivas mostradas na figura 6.2b. Aqui, passamos de reações mais ou menos aleatórias na faixa etária mais alta para uma avaliação positiva uniforme na mais jovem. A figura 6.2, portanto, demonstra o princípio geral de que a estratificação social no uso de uma variável está correlacionada a uma avaliação subjetiva uniforme deste uso.

Podemos agora elaborar um teste mais difícil para incluir as duas frases originais 2 e 4. O reconhecimento consistente de (r-1) como marcador de prestígio deve levar a uma pontuação das frases 14 e 15 igual ou mais alta do que o nível zero das falantes 2 e 4. Em lugar de um teste de dupla escolha, usaremos um teste de *quatro escolhas* para estabelecer uma resposta de (r)-positivo. Para uma pontuação de (r)-positivo, a pessoa deve pontuar o uso consistente de (r-1) igual ou mais alto que o nível zero, e o uso inconsistente igual ou mais baixo do que o uso consistente.

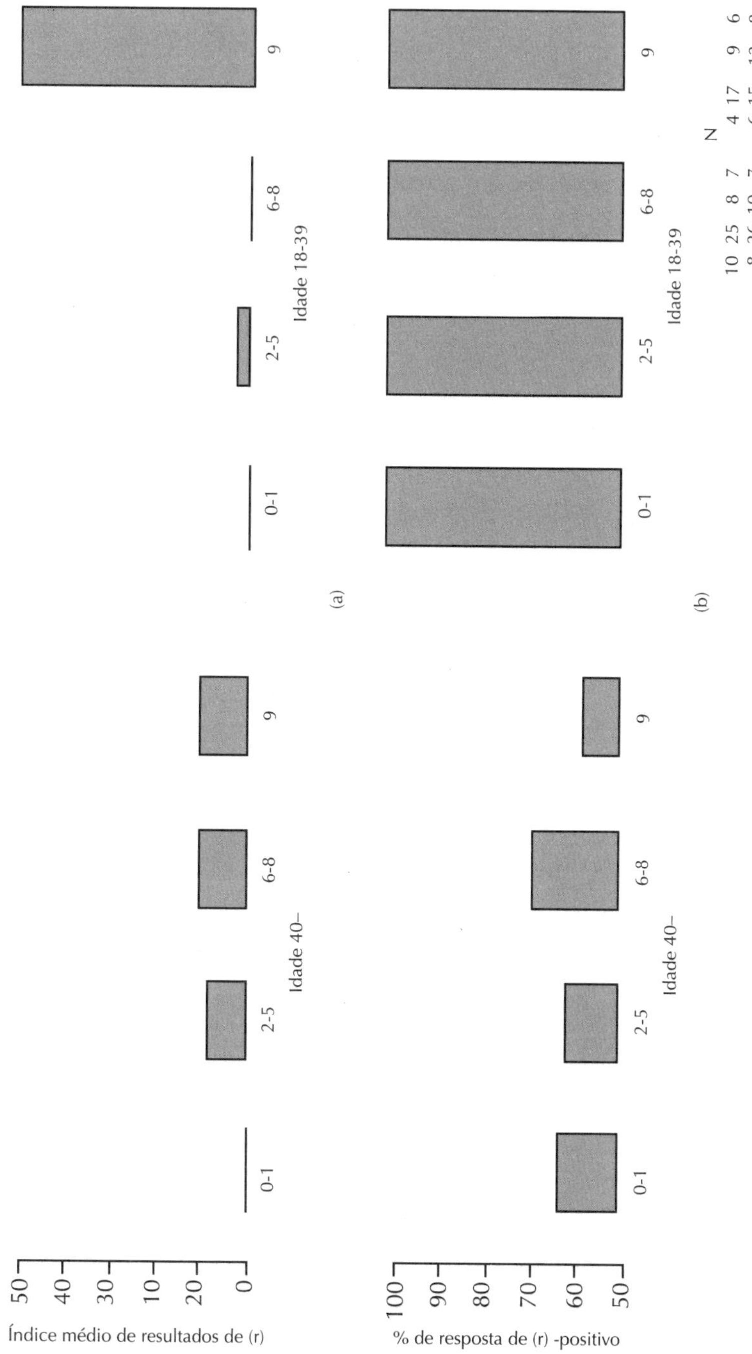

FIGURA 6.2 (a) Estratificação de classe do (r) por idade na fala casual (b) Avaliação subjetiva do (r) por idade e classe social. Nos 0-9 indicam escala de classe socioeconômica.

A inversão em qualquer uma dessas quatro escolhas dará ao sujeito uma pontuação (r)-negativa. A tabela 6.2 mostra os dados do teste de quatro escolhas que corresponde à tabela 6.1 para o teste de dupla escolha.

TABELA 6.2 RESPOSTA DE (r)-POSITIVO AO TESTE DE QUATRO ESCOLHAS POR CLASSE SOCIOECONÔMICA E IDADE

	CLASSE SOCIOECONÔMICA					
Idade	*0-1*	*2-3*	*4-5*	*6-8*	*9*	*Total*
8-17	00%	36%	33%	67%	(50)%	37
18-19	50	—	100	100	100	88
20-39	75	84	86	100	100	87
40-	38	44	25	79	57	48

N				
6	14	12	9	2
2	—	2	1	3
3	6	7	11	5
8	18	8	10	7

O teste de quatro escolhas, mais difícil, reduz ligeiramente as porcentagens gerais, mas preserva intactas as relações. Os resultados do teste de quatro escolhas são mais impressionantes sob diversos aspectos. Se tomarmos o número total de escolhas que os informantes têm de fazer para as frases 14, 15, 18 e 19, aparece o seguinte contraste entre as faixas etárias:

Idade	*Escolhas consistentes com o reconhecimento do marcador de prestígio*	*Nenhuma diferença em relação ao nível zero*	*Escolhas inconsistentes com o reconhecimento do marcador de prestígio*
18-39	128	35	5
40-	108	48	48

A consistência do grupo mais jovem é ainda mais notável quando se considera que as frases 14 e 15 estão muito distantes das frases 2 e 4 durante o teste de reação subjetiva. Só cinco desvios aparecem no padrão de respostas de (r)-positivo dos falantes mais jovens. Além disso, esses desvios estavam todos na classe social 4 e abaixo, de modo que fica evidente que pequenas diferenças de sensibilidade a (r) ainda existem entre os vários grupos sociais[4].

[4] Existem diferenças quanto à acuidade de reação às frases 18 e 19. Para todas as variáveis, os valores médios das diferenças absolutas nas avaliações das mesmas falantes estão em correlação com a classe social. No presente caso, as classes de maior *status* parecem ouvir a diferença entre as frases 14 e 18, 15 e 19, como diferenças leves; a avaliação das falantes cai apenas um ou dois graus. Informantes de classes mais baixas reagem em geral de modo exagerado e penalizam as frases inconsistentes avaliando-as bem abaixo das frases 14 e 15. Se somarmos as diferenças absolutas entre 14 e 18, 15 e 19, para todas as informantes entre 18 e 39 anos, obtemos a seguinte progressão:

Classe operária e classe baixa 0-5	*Classe média baixa 6-8*	*Classe média alta 9*
3,9	3,5	3,1
N = 20	12	8

As tabelas 6.1 e 6.2 não deixam lugar a dúvidas: as diferenças etárias na resposta de (r)-positivo estão bem estabelecidas. Há pouco espaço para diferenças de sexo ou grupo étnico, ou mesmo classe socioeconômica, diante de tamanha mudança geral no tempo aparente. Vemos que a diferenciação socioeconômica, obscurecida no teste de dupla escolha, reaparece em alguma medida no teste de quatro escolhas. As diferenças nos grupos etários se repetem em cada classe; no entanto, elas são bem mais amplas em magnitude do que qualquer diferença entre classes.

A ruptura, de fato, é mais forte do que aparece nas tabelas 6.1 e 6.2. A figura 6.3 mostra as porcentagens de resposta de (r)-positivo em nove faixas etárias. A ruptura parece ocorrer exatamente entre aqueles que nasceram em 1923, no que diz respeito à nossa amostra. Nenhuma direção particular aparece na figura para os que têm mais de 40 anos, enquanto, no outro extremo da escala, parece ser justo que é por volta dos 18 anos que os jovens aprendem a reconhecer o significado social desse traço.

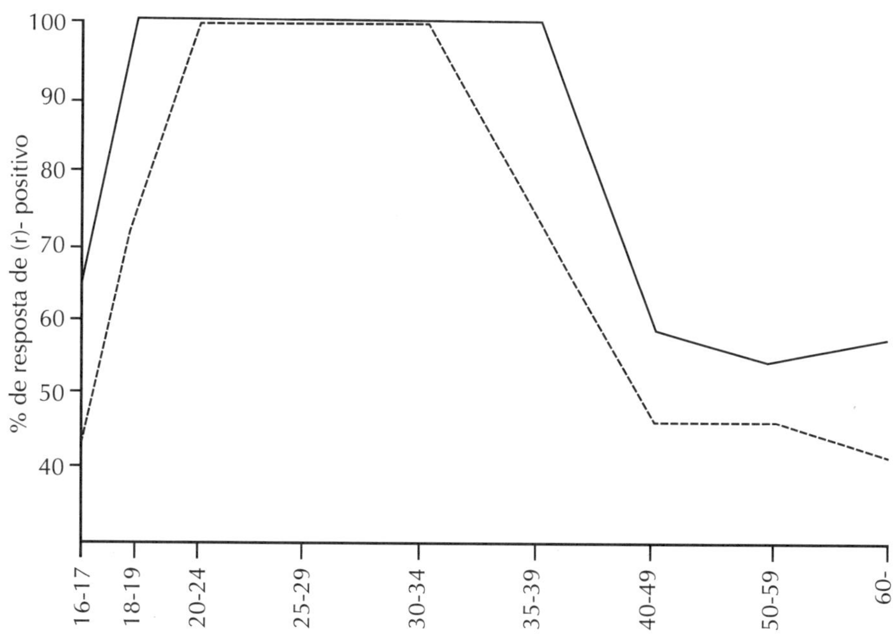

FIGURA 6.3 Desenvolvimento da avaliação social de (r) em dois testes de reação subjetiva. Linha sólida, teste de dupla escolha; linha pontilhada, teste de quatro escolhas

Os resultados são claros, mas ainda restam dúvidas a resolver. Primeiro, a resposta consistente pode não ser governada pela variação de (r), mas pela de algumas outras variáveis. Em seguida, a diferença de resposta entre faixas etárias pode ser ilusória se as faixas mais jovem e mais velha diferirem em outros aspectos além da idade.

É verdade que existe um viés de classe nas faixas etárias. O grupo mais jovem tem mais instrução formal, e melhores perspectivas, como produto natural do movimento ascendente das sucessivas gerações no Lower East Side. E as classes mais altas mostram uma reação algo melhor no reconhecimento de (r-1). Vamos, então, dividir ao meio as duas faixas etárias, criando dois grupos gerais: classe média alta combinada com classe média baixa, de um lado, e classe operária combinada com classe baixa, do outro. Constatamos que a diferença em faixas etárias se aplica igualmente à metade superior e à metade inferior. Para o teste de quatro escolhas, em termos de porcentagem de resposta de (r)-positivo:

	Metade superior	*Metade inferior*
40+	63	39
18-39	95	79

Se agora vemos que a diferença em faixas etárias se preserva em ambos os grupos sociais, ainda é possível que isso se deva ao fato de que o grupo mais jovem escuta melhor, ou tem mais interesse no teste, ou demonstra menos fadiga. Podemos verificar essa hipótese na correlação com outra variável: a percepção das consoantes iniciais de *thing* ("coisa") e *then* ("então"). A figura 6.1 também mostra a estrutura do teste quanto a (th) e (dh) nas frases 20, 21, 22. Em 20, ouve-se a falante de 3 com uma típica alternância de formas fricativa, oclusiva e africada para (th) e (dh):

20. [ð]ere's some[θ]ing strange about [d]at — how I can remember every[θ]ing he did: [ð]is [tθ]ing, [ð]at [θ]ing, and [d]e o[d]er [θ]ing.

Na frase 21, ouve-se a falante da frase 4 pronunciar a mesma frase com todas as formas fricativas: [θ] e [ð]. E, por fim, ouve-se a falante de 3 e 20 novamente na frase 22 com

I suppose it's [ð]e same [t]ing wi[t] most of us.

Qualquer padrão em que a sentença do meio (21) é classificada acima de 20 e 22 é consistente com o reconhecimento das fricativas em [θɪŋ] e [ðɛn] como de prestígio mais alto do que as africadas em [tθɪŋ] e [dðɛn] ou as oclusivas lenizadas em [tɪŋ] e [dɛn]. Tanto quanto sabemos, o *sta-*

tus dessas variáveis não está mudando, e o uso se divide somente nas linhas de classe. Existem indícios da estigmatização da forma oclusiva nos Estados Unidos já em 1783[5]. Uma vez que tais sons são mais difíceis de ouvir do que a maioria e ocorrem no final do teste, podemos dizer que as pessoas que reagem positivamente com um padrão baixo-alto-baixo são aproximadamente comparáveis no que diz respeito a audição, grau de atenção e sensibilidade a formas de prestígio da fala.

Para o subgrupo de informantes que exibiram resposta sensível a (th), os fatores fadiga, perda de audição ou falta de interesse devem ser consideravelmente menores do que para o grupo não sensível a (th). Se houver uma ligação entre esses fatores e a reação a (r), a diferença entre faixas etárias na reação a (r) aparecerá significativamente reduzida entre os informantes que se mostraram uniformemente sensíveis a (th) (cf. tabela 6.3).

TABELA 6.3 RESPOSTA DE (r) POSITIVO AO TESTE
DE QUATRO ESCOLHAS POR IDADE E SENSIBILIDADE A (th)

Idade	*Todas*	*(th)-sensível*	*(th) -não sensível*	N		
20-39	87%	92%	80%	34	29	5
40-	48	46	50	51	35	16

Verifica-se que a resposta de (r)-positivo é independente da sensibilidade a (th). O padrão de resposta de (r)-positivo por faixas etárias se repete tanto para o grupo não sensível a (th) quanto para o grupo sensível a (th). Somente 5 informantes mais jovens mostraram índices não sensíveis a (th): 4 deles foram de (r)-positivo no teste de quatro escolhas. 16 informantes mais velhos foram não sensíveis a (th): 8 foram de (r)-positivo e 8, (r)-negativo.

Podemos concluir que a resposta de (r)-positivo que foi medida é uma função da idade, e que os fatores de falha de audição, fadiga ou falta de interesse no teste parecem não ter desempenhado um papel neste resultado.

---

5 Como Richard Norman aponta, Noah Webster marcava o uso de oclusivas para (th) e (dh) como não padrão no final do século XVIII. Os primeiros documentos que temos estigmatizando esse traço em Nova York datam de meados do século XIX — relatos de viajantes e peças sobre os rapazes de Bowery [zona de Manhattan famosa por seu submundo: n. da tradução] — mas podemos supor que o estereótipo social surgiu bem antes.

Podemos agora considerar a possibilidade de que outras variáveis associadas às frases 14 e 15, 18 e 19 foram responsáveis no todo ou em parte pela reação diferenciada das faixas etárias aos pares de frases.

Quando uma falante exibe uma inconsistência em (r), é provável que ela exiba outros traços de pronúncia menos típicos da fala monitorada. Por exemplo, na frase 19, a falante 4 hesitou após a palavra *ball* ("bola") (por um problema de visão); suas consoantes na frase 19 não eram formadas ou relaxadas tão seguramente quanto na 15; por exemplo, não pronunciou o /t/ final na frase 19, e um ou dois informantes perceberam isso.

A frase 18 foi coletada de uma primeira leitura do texto pela falante 2, e nessa leitura ela estava um pouco mais afastada do microfone do que na segunda leitura, da qual se extraiu a frase 14. Diferenças como essas podem explicar uma parte das reações que situaram as frases 14 e 15 mais acima do que as frases 2 e 4, 18 e 19. Contudo, se isso for verdade, não há razão para suspeitar que falantes não nativos reagiriam ao texto de algum modo diferente dos nova-iorquinos nativos. Eles deveriam sentir tais diferenças como precisão na articulação, rapidez de leitura ou distância do microfone, exatamente como os nova-iorquinos. Assim, para verificar essa hipótese, podemos recorrer aos 32 falantes de nossa amostra que vieram para Nova York depois dos 13 anos de idade.

A tabela 6.4 mostra as porcentagens de respostas de (r)-positivo dos não nativos no teste de quatro escolhas. Os falantes não nativos mais velhos exibem quase a mesma resposta dos nova-iorquinos, mas os falantes mais jovens, em vez de exibir mais respostas de (r)-positivo, de fato exibem *menos*. Essa relação é exatamente o que esperaríamos de um teste elaborado para medir a reação especial de Nova York a (r-1) como novo marcador de prestígio. Os informantes não nativos mais velhos foram expostos à nova forma prestigiada na cidade de Nova York quase tanto quanto os informantes nativos. Mas os não nativos mais jovens foram criados fora de Nova York, longe dessa influência, e tiveram apenas uma breve exposição a (r-1). A distribuição de respostas de (r)-positivo entre falantes não nativos confirma, portanto, o fato de que é a variável (r) que é o foco das reações subjetivas[6].

---

[6] A maioria dos informantes não nativos eram negros. Este grupo, portanto, não é comparável aos informantes nova-iorquinos, e é possível que a reação especial de pessoas ne-

TABELA 6.4 RESPOSTA DE (r)-POSITIVO A TESTE DE QUATRO ESCOLHAS PARA INFORMANTES NATIVOS E NÃO NATIVOS DE NOVA YORK

Idade	*Nativos*	*Não nativos*
20-39	87%	40%
40-	48	50

N

14 10
51 22

Podemos usar os falantes não nativos para verificar esse ponto de outro modo. Se (r) de fato é a variável que está sendo medida no teste de reação subjetiva, então os falantes que provêm de uma região que pronuncia o *r* devem ter maior tendência a exibir respostas de (r)-positivo do que os que provêm de regiões sem *-r*, onde um dialeto sem *-r* tem prestígio. Realmente é o que acontece. Para o teste de quatro escolhas, informantes não nativos exibem resultados muito diferentes dependendo se provêm de uma região com *-r* ou sem *-r*[7].

	Informantes não nativos de Nova York	
	Vindos de região com -r	*Vindos de região sem -r*
(r)-positivo	10	5
(r)-negativo	7	10

As evidências que apresentamos mostram que as reações às frases 14 e 15, 18 e 19 são de fato reações ao uso de (r). A mudança súbita nas normas de pronúncia do *r* não pode ser explicada pela presença de variáveis associadas. A peculiar apresentação de reações subjetivas a (r) neste capítulo mostrou um súbito aumento na resposta de (r)-positivo em tempo aparente, e esse aumento indica uma mudança correspondente na estrutura da comunidade de fala da cidade de Nova York em tempo

gras a(r) seja responsável pela diferença. Contudo, quando comparamos pessoas não nativas negras somente com pessoas nativas negras, a diferença na reação a (r) permanece. Os informantes negros nova-iorquinos mais jovens exibiram uma reação de (r)-positivo ainda mais consistente do que os informantes nova-iorquinos brancos mais jovens.

7 Neste caso, não esperamos constatar que o baixo uso de (r-1) entre falantes mais jovens esteja associado a alta sensibilidade a este traço de prestígio. As pessoas mais jovens não nativas, criadas numa área onde a norma de prestígio era um dialeto sem *-r*, não teriam razão para estigmatizar as frases 18 e 19, ou atribuir avaliações melhores a 14 e 15 com base na pronúncia consistente de (r-1) — exceto na medida em que tenham absorvido o padrão nova-iorquino. Parece natural que elas apliquem este padrão menos acuradamente do que aquelas nascidas e criadas na cidade.

real. Como já observamos antes, a mudança parece estreitamente associada ao período da Segunda Guerra Mundial: todos aqueles, na amostra, que cresceram durante e depois da guerra exibem uma resposta de (r)-positivo uniforme no teste.

Esses resultados sustentam outras evidências que incidem sobre a definição de uma comunidade de fala. Como mostra a figura 6.2, uma comunidade de fala não pode ser concebida como um grupo de falantes que usam todos as mesmas formas; ela é mais bem definida como um grupo que compartilha as mesmas normas a respeito da língua. Neste sentido, falantes mais velhos e mais jovens da cidade de Nova York pertencem a comunidades de fala ligeiramente diferentes, com uma descontinuidade bem distinta para aqueles falantes nascidos em meados dos anos 1920.

Nossa conclusão deve ser suficiente para provar que de fato encontramos um meio para medir reações subjetivas a um único traço fonológico, apesar da coocorrência de outras variáveis socialmente significativas. Essa medição nos mostrou uma espantosa regularidade na avaliação de (r) por falantes mais jovens — os mesmos falantes que estão nitidamente divididos na escala das classes sociais em seu uso de (r) na fala cotidiana. Assim, vemos uma sociedade movendo-se rumo a uma diversidade linguística maior entre os subgrupos que estão em estreito contato e que, de fato, compartilham um conjunto comum de normas linguísticas. Pode se tratar de um estágio intermediário característico enquanto uma mudança linguística caminha rumo a se completar. Ou podemos testemunhar um enrijecimento da situação na forma de uma estratificação permanente da língua. Já que agora somos capazes de observar desenvolvimentos ulteriores ao longo de duas dimensões em vez de uma, podemos esperar que a resolução desta questão aumente consideravelmente nossa compreensão da evolução linguística. No próximo capítulo, aplicaremos alguns desses resultados ao problema geral da elucidação do mecanismo da mudança linguística.

Apêndice A

Leitura padronizada para cinco variáveis fonológicas na fala da cidade de Nova York:

zero

When I was nine or ten, I had a lot of friends who used to come over to my house to play. I remember a kid named Henry who had very big feet, and I remember a boy named Billy who had no neck, or at least none to look at. He was a funny kid, all right.

[*Quando eu tinha 9 ou 10 anos, tinha um monte de amigos que apareciam na minha casa para brincar. Me lembro de um garoto chamado Henry que tinha pés enormes, e me lembro de um menino chamado Billy que não tinha pescoço, ou pelo menos um pescoço que se pudesse ver. Era um garoto engraçado, bem legal.*]

/ɔ/

We always had chocolate milk and coffee cake around four o'clock. My dog used to give us an awful lot of trouble. He jumped all over us when he saw the coffee cake. We called him Hungry Sam.

[*Sempre tomávamos leite com chocolate e comíamos bolo de café por volta das quatro horas. Meu cachorro costumava nos dar um trabalhão. Pulava em cima da gente quando via o bolo de café. Nós chamávamos ele de Sam Faminto.*]

/æ/

We used to play Kick-the-can. One man is "IT": you run past him as fast as you can, and you kick a tin can so he can't tag you. Sammy used to grab the can and dash down the street. We'd chase him with a baseball bat, and yell, "Bad boy! Bad! Bad!" But he was too fast. Only my aunt could catch him. She had him do tricks, too: she even made him ask for a glass of milk, and jump into a paper bag.

[*Brincávamos de chutar lata. Um dos meninos fica parado: você passa correndo por ele e chuta uma lata sem que ele consiga te agarrar. Sammy costumava agarrar a lata e disparar rua abaixo. A gente perseguia ele com um taco de beisebol, gritando: "Safado! Safado!" Mas ele era rápido demais. Só a minha tia conseguia agarrá-lo. Ela também conseguia que ele fizesse truques: conseguia até que ele pedisse uma garrafa de leite e pulasse dentro de um saco de papel.*]

/r/

I remember where he was run over, not far from our corner. He darted out about four feet before a car, and he got hit hard. We didn't have the heart to play ball or cards all morning. We didn't know we cared so much for him until he was hurt.

[*Me lembro de onde ele foi atropelado, perto da nossa esquina. Ele disparou como uma flecha na frente de um carro, e foi apanhado em cheio. Nós não gostávamos de jogar bola ou cartas toda manhã. Não sabíamos que gostávamos tanto dele até vê-lo morto.*]

th

There's something strange about that — how I can remember everything he did: this thing, that thing, and the other thing. He used to carry three newspapers in his mouth at the same time. I suppose it's the same thing with most of us: your first dog is like your first girl. She's more trouble than she's worth, but you can't seem to forget her.

[*Tem algo estranho nisso — como eu consigo lembrar de tudo que ele fazia: isso, aquilo, e mais aquilo. Ele carregava três jornais na boca ao mesmo tempo. Acho que é o mesmo com a maioria das pessoas: seu primeiro cachorro é como sua primeira garota. Ela te dá mais trabalho do que merece, mas você não consegue esquecê-la.*]

7 Sobre o mecanismo da mudança linguística

Em nossos estudos em Martha's Vineyard e na comunidade de fala da cidade de Nova York, encontramos relações regulares onde estudos anteriores mostravam oscilação caótica ou intensa variação livre. Essas descobertas nos permitiram postular uma série de princípios sociolinguísticos acerca das relações de variação estilística, estratificação social e avaliação subjetiva. Em outros estudos, esses dados foram aplicados a problemas gerais da estrutura linguística: particularmente, a caracterização de regras linguísticas (cf. cap. 8). As questões mais gerais levantadas até agora dizem respeito à explicação da mudança linguística. Neste capítulo, com base nos dados reunidos até aqui, abordaremos o mecanismo da mudança linguística, especificamente a mudança sonora.

Os problemas da evolução linguística

Apesar das conquistas da linguística histórica do século XIX, muitas áreas do estudo da mudança linguística permanecem inexploradas. Em 1905, Meillet (1921: 16) observava que todas as leis da história linguística até então descobertas eram meras possibilidades:

> ... resta-nos descobrir as condições variáveis que permitem ou provocam a realização das possibilidades assim reconhecidas.

O problema, tal como o enfrentamos hoje, é precisamente o que Meillet esboçou há mais de sessenta anos, já que se fez pouco progresso na elucidação dos fatores empíricos que condicionam a mudança histórica. Os problemas centrais da evolução linguística poderiam ser resumidos em cinco perguntas:

1. Existe uma direção geral para a evolução linguística?
2. Quais são os condicionantes universais da mudança linguística?
3. Quais as causas do surgimento contínuo de novas mudanças linguísticas?
4. Por meio de que mecanismo as mudanças ocorrem?
5. Existe uma função adaptativa na evolução linguística?[1]

Uma abordagem da evolução linguística é o estudo de mudanças completadas no passado. Evidentemente, essa tem sido a principal estratégia da linguística histórica, e é a única abordagem possível às duas primeiras perguntas — a direção da evolução linguística e os condicionantes universais da mudança. No entanto, as questões sobre o mecanismo da mudança, as causas provocadoras da mudança e as funções adaptativas da mudança são mais bem analisadas pelo estudo detalhado da mudança linguística em andamento. O mecanismo da mudança linguística será o tema principal das discussões a seguir; contudo, muitas das conclusões serão plenamente relevantes para as questões das causas provocadoras e das funções adaptativas da mudança, e ficará evidente que respostas mais completas a tais questões exigirão métodos semelhantes aos usados aqui.

Um pressuposto essencial desta linha de investigação é uma doutrina uniformitarista, ou seja: a afirmação de que os mesmos mecanismos que operaram para produzir as mudanças em larga escala do passado podem ser observados em ação nas mudanças que presentemente ocorrem à nossa volta.

Uma estratégia para o estudo das mudanças linguísticas em andamento

Embora as respostas às cinco perguntas acima sejam os objetivos finais de nossa pesquisa atual, elas não representam a estratégia realmen-

[1] Esta questão é ainda mais intrigante quando contrastamos a evolução linguística com a biológica. É difícil discutir a evolução nos reinos vegetal e animal sem alguma referência à adaptação a diversos ambientes. Mas como conceber uma função adaptativa para a eflorescência da família indo-europeia? Sobre este tópico, cf. Hymes 1961 e o cap. 9.

te empregada. Para o estudo empírico das mudanças em andamento, a tarefa pode ser subdividida em três problemas distintos que, em conjunto, servem para responder as perguntas levantadas acima:

1. O problema da *transição* é encontrar o caminho pelo qual um estágio de uma mudança linguística evoluiu a partir de um estágio anterior. Desejamos traçar o maior número de estágios intermediários, de modo a conservar somente uma das principais alternativas. Assim, são aspectos do problema da transição questões sobre a regularidade da mudança sonora, sobre a influência gramatical na mudança sonora, sobre "cadeias que avançam" *versus* "cadeias que retrocedem", sobre movimento constante *versus* alterações súbitas e descontínuas.
2. O problema do *encaixamento* é encontrar a matriz contínua de comportamento social e linguístico em que a mudança linguística é levada a cabo. O principal caminho para a solução está na descoberta das correlações entre elementos do sistema linguístico e entre esses elementos e o sistema não linguístico de comportamento social. As correlações se estabelecem por provas sólidas de variação concomitante, ou seja: mostrando-se que uma pequena mudança na variável independente é regularmente acompanhada por uma mudança da variável linguística numa direção previsível[2].
3. O problema da *avaliação* é encontrar os correlatos subjetivos (ou latentes) das mudanças objetivas (ou manifestas) que foram observadas. A abordagem indireta deste problema correlaciona as atitudes e aspirações gerais dos informantes com seu comportamento linguístico. A abordagem mais direta é medir as reações subjetivas inconscientes dos informantes aos valores da própria variável linguística.

Tendo em mãos tentativas de solução para esses problemas, seria possível oferecer uma explicação da mudança linguística que respon-

[2] O conceito de variável linguística é o mesmo apresentado em Labov 1966a e retomado no cap. 2. É desenvolvido posteriormente na noção de condicionamentos variáveis sobre regras variáveis (cap. 8). A definição de uma variável deste tipo implica uma asserção empírica de covariação, dentro ou fora do sistema linguístico. Parece que a diferença fundamental entre uma explicação e uma descrição da mudança linguística é que uma descrição não faz essa asserção. Em termos de descrição de uma mudança, tal como a oferecida por Halle 1962, não existe probabilidade maior para a mudança ocorrer na direção observada, como na direção oposta. Note-se que o problema do encaixamento é apresentado aqui como um problema único, apesar do fato de haver nele dois aspectos distintos: correlações dentro do sistema linguístico e com elementos de fora do sistema. A argumentação central deste capítulo trata de justificar esta decisão.

desse às três questões sobre causas provocadoras, mecanismo e função adaptativa[3]. Como em qualquer outra investigação, o valor de uma explicação depende de seu poder de generalização, mas somente na medida em que se apoie em evidências confiáveis e reproduzíveis.

A OBSERVAÇÃO DA MUDANÇA SONORA

Os dados mais simples para se estabelecer a existência de uma mudança linguística são um conjunto de observações de duas gerações sucessivas de falantes — gerações de características sociais comparáveis que representam estágios na evolução da mesma comunidade de fala. Hermann (1929) obteve tais dados em Charmey em 1929, ao desenvolver as observações iniciais de Gauchat (1905) feitas em 1899. Temos dados desse tipo para Martha's Vineyard, acrescentando as observações de 1961 aos dados de 1933 do LANE (Kurath *et al.* 1941). Para a cidade de Nova York, acrescentamos os dados atuais de 1963 aos do LANE de 1940; além disso, temos vários outros relatos, incluindo as excelentes observações de Babbitt em 1896, que nos permitem aprofundar nossa análise no tempo (Frank 1948; Kurath & McDavid 1951; Hubbell 1950; Babbitt 1896).

Soluções para o problema da transição aqui proposto dependerão de análise mais acurada da distribuição de formas linguísticas no *tempo aparente* — isto é, ao longo das dimensões formadas por faixas etárias da população atual. Tal análise é possível somente porque a descrição simples original da mudança em *tempo real* nos permite distinguir entre a gradação etária da população atual e os efeitos da mudança linguística (Hockett 1950).

As evidências obtidas na pesquisa relatada aqui indicam que o processo regular de mudança sonora pode ser isolado e registrado por observações através de duas gerações. Este processo se caracteriza por um rápido desenvolvimento de algumas unidades do subsistema fonético, enquanto

---

3 A estes três problemas podemos acrescentar o problema dos *condicionamentos* e o problema da *implementação*, tal como desenvolvidos em Weinreich, Labov & Herzog 1968 [ed. br.: *Fundamentos empíricos para uma teoria da mudança linguística.* Trad.: M. Bagno. São Paulo: Parábola Editorial, 2006]. A busca de condicionamentos gerais sobre a mudança sonora é um dos aspectos de nosso trabalho atual sobre mudança sonora em andamento (Labov, Yaeger & Steiner 1972). Algum progresso quanto ao enigma da implementação é sugerido na conclusão deste capítulo.

outras unidades permanecem relativamente constantes. Afeta classes de palavras em conjunto, mais do que palavras individuais: no entanto, essas classes podem ser definidas por uma variedade de condições: morfofonêmicas e gramaticais tanto quanto fonéticas. O processo é regular, porém mais no seu fim do que em seu início ou em seu desenvolvimento. Além do mais, o processo de mudança sonora aparece não como um movimento autônomo dentro dos limites de um sistema linguístico, mas sim como uma reação complexa a diversos aspectos do comportamento humano.

Convém fazer alguns comentários sobre a possibilidade de observar a mudança sonora regular, já que os argumentos herdados da controvérsia neogramática têm impedido o progresso da pesquisa empírica nesta área. Os herdeiros da tradição neogramática, que deveriam se interessar sobremaneira pelo estudo empírico da mudança regular em andamento, abandonaram a arena da pesquisa significativa em favor de argumentos abstratos e especulativos. De fato, Bloomfield (1933: 347, 365) e Hockett (1958: 439, 444) sustentavam que a mudança fonética, em princípio, não pode ser observada por nenhuma das técnicas então disponíveis[4]. Hockett foi adiante, identificando a mudança sonora com um nível de flutuações aleatórias na ação do aparelho articulatório, sem qualquer direção inerente, uma deriva do alvo articulatório que não tem nenhum significado cognitivo, expressivo ou social[5]. Todas as observações empíricas de mudança em andamento que têm sido relatadas são explicadas como resultado de um complexo processo de empréstimo, e ficam relegadas a um tipo de comportamento linguístico conhecido como flutuação ou conflito de formas. Não se faz nenhuma reivindicação em prol da regularidade deste processo,

---

4 Hockett escreve: "Ninguém até hoje observou a mudança sonora: só temos podido detectá-la por meio de suas consequências. Veremos mais tarde que uma observação de fato mais direta seria teoricamente possível, embora impraticável, mas qualquer relato ostensivo de uma observação desse tipo deve ser desacreditado". Sua proposta teórica é que "por um período de 50 anos façamos, a cada mês, mil registros acústicos acurados ... todos de membros de uma comunidade bem coesa". A sugestão de multiplicar os dados dessa maneira não ajuda em nada, como tem mostrado a experiência dos analistas de pesquisas sociológicas: quantidades relativamente pequenas são suficientes para medir a mudança numa população, se o viés da seleção for eliminado ou minimizado. Do contrário, simplesmente multiplicamos os erros de medição.

5 Segundo Hockett, as variáveis responsáveis pela mudança sonora seriam "a quantidade de muco na garganta, no nariz e na boca do falante, correntes aleatórias em seu sistema nervoso central, tiques musculares... as condições do ouvido externo do ouvinte [presença de cerume ou sujeira]..." (1958: 443-444).

e assim o princípio básico da regularidade da mudança sonora ficou desprovido de toda importância empírica. Além disso, as mudanças realmente observadas são consideradas fenômenos não sistemáticos, explicáveis por meio de evidências anedóticas, sujeitas a forças "completamente fora do alcance do linguista", fatores que "escapam de nossa compreensão", flutuações "além de nossa capacidade" de detecção (Bloomfield 1933: 343-368).

As evidências da pesquisa atual sugerem que esse recuo foi prematuro, que o processo regular da mudança sonora pode ser observado por métodos empíricos. Os refinamentos metodológicos exigidos não são as elaborações mecânicas sugeridas pelos autores citados acima, pois a mera multiplicação de dados apenas confunde a análise e perpetua o viés da seleção. O que se requer é o rigor na análise de uma população e na seleção de informantes. Ademais, precisamos de perspicácia na resolução da variação estilística, para superarmos o método estéril da dissecação interminável dos idioletos. Com tais técnicas, descobrimos que a regularidade emerge onde antes só se via confusão. Flutuações aleatórias na articulação decerto podem ser encontradas: de fato, este é o nível de "ruído" que nos impede de predizer a forma de cada enunciado que nossos informantes vão produzir. Mas seria um erro atribuir um papel principal a tais flutuações na economia da mudança linguística. As forças que dirigem as mudanças observadas revelam ser de uma ordem de magnitude inteiramente diferente, e as mudanças ocorrem muito mais rapidamente do que qualquer processo de deriva aleatória poderia explicar[6].

Usaremos um único exemplo de mudança sonora observada para ilustrar a abordagem geral que permite resolver os problemas da transição, do encaixamento e da avaliação. Este exemplo é um dos casos mais simples — o da centralização de (aw) em Martha's Vineyard, discutida no capítulo 1. No desenvolvimento deste caso, serão apresentadas algumas evidências novas sobre o mecanismo das mudanças sonoras.

A centralização de (aw) em Martha's Vineyard

Começamos com um caso nítido de comprovação de uma mudança linguística a partir de observações no tempo real. Em 1933, Guy Lowman en-

---

6 Assim, o quadro abaixo contrasta os dois pontos de vista:

Neogramático:	mudança sonora	flutuação de formas	regularidade final
Neste capítulo:	flutuações sublinguísticas	mudança sonora	regularidade final

controu somente pequenos vestígios de centralização de /aw/; a variação significativa observada foi a anteriorização de /aw/ de [aʊ] para [æʊ]. Em 1961, um conjunto uniforme de pessoas mais velhas, da oitava geração de descendentes dos colonos ianques, dos mesmos vilarejos, mostrou uma centralização muito pronunciada de /aw/ — agora claramente a variável (aw).

O problema da *transição* é estudado por meio do exame detalhado da distribuição de formas através do tempo aparente — ou seja, através das várias faixas etárias na população atual. O primeiro passo na análise é construir um índice quantitativo para os valores discretos da variável:

aw-0 [aʊ]
aw-1 [a^ʊ]
aw-2 [ɐʊ]
aw-3 [əʊ]

O índice de centralização foi construído a partir desta escala pela média dos valores numéricos atribuídos a cada variante. Assim, (aw)-00 significaria nenhuma centralização, enquanto (aw)-300 significaria centralização consistente no nível de [əʊ]. Este índice foi aplicado a entrevistas com 69 informantes, pontuando cada uma das palavras em que ocorria (aw). Pode se fazer, então, a primeira abordagem para o problema da transição correlacionando-se os índices médios de (aw) nessas entrevistas com a faixa etária dos falantes. As três primeiras colunas da tabela 7.1 (uma versão reorganizada da tabela 1.2) mostram uma correlação regular, em que o índice de centralização aumenta regularmente nas quatro faixas etárias sucessivas.

TABELA 7.1 : ÍNDICES DE CENTRALIZAÇÃO POR FAIXA ETÁRIA

Geração	*Idade*	*(aw)*	*(ay)*
1a	75+	22	25
1b	61-75	37	35
2a	46-60	44	62
2b	31-45	88	81

O panorama da tabela 7.1 representa um amálgama de vários tipos diferentes de falantes e várias tendências diferentes no uso de (aw). A figura 7.1 apresenta uma análise mais detalhada do problema da transição num subgrupo decisivo. Aqui se apresenta a distribuição em porcentagem de itens lexicais para oito indivíduos entre 31 e 92 anos de idade.

Os eixos horizontais mostram os quatro níveis codificados da variável (aw). Os eixos verticais são as porcentagens de itens lexicais usados com cada variante. O vocabulário é dividido em duas seções, tabuladas separadamente: a linha cheia representa palavras em que (aw) é seguido de uma obstruinte surda, como em *out, house, about, mouth* ("fora", "casa", "sobre", "boca"); a linha tracejada representa todas as demais palavras — sobretudo as que terminam com uma nasal, como *town, found* ("cidade", "achado"), ou sem consoante final, como *now, how* ("agora", "como") etc.[7]

O primeiro diagrama na figura 7.1 não é o de uma pessoa, mas os resultados combinados de quatro informantes do Atlas Linguístico da Nova Inglaterra (LANE) entrevistados em 1933. Eles exibem só um ligeiro traço de centralização. O segundo diagrama é o do informante mais velho de 1961, um homem de 92 anos. A média de idade dos informantes do LANE era de 65 anos. O sr. H. H. sênior tinha 64 anos em 1933, e portanto é da mesma faixa etária. Seu perfil de centralização é bastante semelhante ao dos informantes do LANE. Em seguida, temos uma mulher de 87 anos que exibe apenas um ligeiro aumento na centralização. Já o sr. E. M., 83 anos, indica um pequeno, porém distinto aumento na ocorrência da variante (aw-2). O sr. H. H. júnior é consideravelmente mais jovem: tem 61 anos e é o primeiro representante da geração seguinte, já que é filho do sr. H. H. sênior. Aqui temos um marcado aumento na centralização, com ambas as classes de palavras centradas em torno de uma norma (aw-1). O sr. D. P., 57 anos, mostra uma nítida diferença entre palavras terminadas com obstruintes surdas e as outras; as primeiras estão agora centradas em torno de uma norma (aw-2), enquanto o segundo grupo se concentra em (aw-1). Este processo é levado mais adiante na fala do sr. P. N., 52 anos, que exibe perfeita distribuição complementar. Antes de obstruintes surdas, /aw/ tem um alofone que é quase sempre (aw-2), enquanto nas outras terminações é normalmente não centrali-

[7] O condicionamento fonético de (aw), na verdade, era mais complexo do que isso: tanto as consoantes subsequentes como as antecedentes estão implicadas. Em nossos estudos mais recentes sobre mudança sonora em andamento, retornamos ao mecanismo fonético da mudança. Estudos espectrográficos confirmam o desenvolvimento gradual do condicionamento fonético, o gradual aumento de importância de uma obstruinte surda subsequente, e o desenvolvimento final de condicionamento alofônico discreto (Labov 1972c). Tais estudos sugerem que pode não haver um movimento retrógrado dos ambientes sonoros, mas sim que eles são ouvidos à medida que a ascensão dos ambientes surdos alcança posição média.

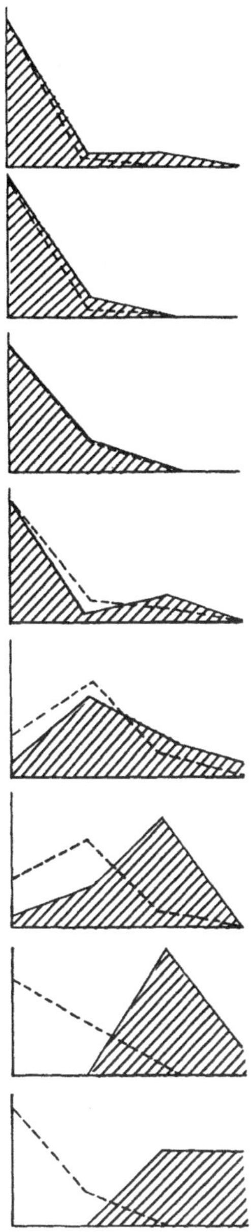

	(aw-) 0	1	2	3		Índice de (aw)
4 informantes LANE, idade média: 65 anos	15	1	1		_C°	06
	22	1			demais casos	
Sr. H. H., sênior, 92 anos	15	2			_C°	10
	14	1			demais casos	
Sra. S. H., 87 anos	8	2			_C°	20
	12	3			demais casos	
Sr. E. M., 83 anos	19	2	4		_C°	52
	20	3	3		demais casos	
Sr. H. H. Jr., 60 anos	1	6	4	1	_C°	118
	4	8	2		demais casos	
Sr. D. P., 57 anos	1	3	10		_C°	111
	9	15	3		demais casos	
Sr. P. N., 52 anos			17	2	_C°	131
	10	6			demais casos	
Sr. E. P., 31 anos			9	9	_C°	211
	7	2			demais casos	

FIGURA 7.1 Estágios da centralização de (aw) em Martha's Vineyard, Mass.
Linha cheia: (aw) seguido de obstruintes surdas; linha tracejada: todas as outras palavras.

zada. E neste ponto não há sobreposição na distribuição. Finalmente, o caso mais extremo de centralização, em que se vê uma separação ainda mais pronunciada: é o sr. E. P., 31 anos, filho do sr. D. P. acima.

No lado direito da figura 7.1, estão os números de itens lexicais observados, e os valores dos índices compostos para cada um dos oito casos. Note-se que (aw) tem somente um terço da frequência de (ay), e a regularidade que aparece aqui não exige um vasto *corpus* de observações. A regularidade emerge através da seleção controlada dos informantes, dos métodos de elicitação e do registro dos dados.

Os oito diagramas da figura 7.1 representam o tipo mais homogêneo de população. Todos os falantes são ianques, descendentes dos colonos originais da ilha, todos são aparentados entre si, vários da mesma família, com atitudes semelhantes a respeito da ilha. Todos foram criados na zona rural e trabalhavam como carpinteiros ou pescadores, à exceção de um. Assim, o desenvolvimento contínuo da centralização representa o exato modelo da mudança sonora dos neogramáticos, ocorrido no espaço de duas gerações.

O problema do *encaixamento* foi abordado inicialmente pela correlação da centralização das variáveis (aw) e (ay) — claramente relacionadas, ou seja, a mudança de (aw) se encaixa no sistema dos ditongos decrescentes. Os registros do LANE indicam um grau moderado de centralização nos anos 1930, de modo que sabemos que as formas centralizadas de (ay) precederam a ascensão de (aw). A quarta coluna da tabela 7.1 mostra uma estreita correlação das duas variáveis, com (ay) ligeiramente à frente no início, mas (aw) tornando-se mais dominante no final. Este padrão se repetiu quando as variáveis foram correlacionadas com alguns fatores extralinguísticos independentes: profissão, educação, localização geográfica do falante e, mais importante, o grupo étnico a que pertencia. As diferenças significativas nos índices de transição desses vários subgrupos permitiram postular a seguinte solução para o problema do encaixamento:

> A centralização de (aw) era parte de uma mudança mais geral que começou com a centralização de (ay). Essa mudança inicial procedia de um nível moderado de centralização de (ay) que era provavelmente um traço regional e recessivo, herdado dos primeiros colonizadores da ilha. O aumento de centralização de (ay) começou numa comunidade rural de pescadores ianques, descendentes diretos daqueles primeiros colonizadores. A partir dali, ela se difundiu entre falantes do mesmo grupo étnico de outras profissões e outras

comunidades. A variável (aw), estruturalmente simétrica, começou a exibir tendências semelhantes ao processo iniciado com (ay). A mudança também foi adotada pelo grupo indígena vizinho em Gay Head e, uma geração mais tarde, se difundiu pelo amplo grupo de portugueses nas partes mais povoadas da ilha. Nesses dois grupos étnicos, a centralização de (aw) alcançou e ultrapassou a centralização de (ay).

A figura 7.1 nos levaria a crer que o ambiente fonético de (aw) foi um poderoso fator no surgimento da mudança sonora. Além disso, podemos observar que a centralização de (ay) também mostrava uma forte tendência ao condicionamento fonético na geração 1b, semelhante à exibida para (aw) na geração 2b[8]. Contudo, a restrição fonética sobre (ay) foi superada na geração seguinte, de modo que a geração 2 exibe uma norma uniforme para (ay) em todos os ambientes fonéticos. Esse desenvolvimento sustentaria a opinião de que o condicionamento fonético não desempenha um papel importante como causa motivadora da centralização de (aw), mas age, bem mais, como um fator condicionante que pode ser eliminado por mudança ulterior.

Em Martha's Vineyard, o problema da *avaliação* foi abordado pela análise de certos indicadores das atitudes subjetivas em relação à vida da ilha que apareceram no curso das entrevistas. Atitudes em relação aos turistas de verão, ao seguro-desemprego, ao trabalho no continente, a outros grupos profissionais e étnicos, foram correlacionadas com dados obtidos de líderes comunitários e registros históricos, e depois com as variáveis linguísticas. Verificou-se que o alçamento de (aw) estava correlacionado com a entrada sucessiva no fluxo principal da vida da ilha de grupos que anteriormente tinham sido em parte excluídos dela. Concluiu-se que um valor social tinha sido associado, mais ou menos arbitrariamente, à centralização de (ay) e (aw): quanto mais um indivíduo se sentisse capaz de reivindicar e manter *status* como um vineyardense nativo, mais ele adotaria a centralização de (ay) e (aw). Filhos que tinham tentado ganhar a vida no continente, e que mais tarde tinham retornado à ilha, desenvolveram um grau ainda mais elevado de centralização do que seus pais. Mas a partir do momento em que um vineyardense abandonava seu desejo de

[8] Esse condicionamento fonético tem mais a natureza de um *continuum* do que o de (aw). A figura 1.4 apresenta os dados completos de um falante da mesma idade e da mesma extração social do sr. H. H. Jr. da figura 7.1.

permanecer na ilha e ganhar sua vida ali, também abandonava a centralização e retornava às formas padronizadas não centralizadas.

A solução para o problema da avaliação é o postulado do significado social da forma mudada — ou seja, a função que é o equivalente direto, no nível não cognitivo, do significado da forma no nível cognitivo. Nos desenvolvimentos aqui descritos, a função cognitiva de /ay/ e /aw/ permaneceu constante. É evidente que as funções não cognitivas exercidas por esses elementos fonológicos são os fatores essenciais no mecanismo da mudança. Esta conclusão pode ser generalizada para diversos outros exemplos de mudanças mais complexas, em que o resultado nítido é uma mudança radical de função cognitiva. A mudança sonora observada em Martha's Vineyard não produziu mudança fonêmica, em que unidades definidas por função cognitiva sofreram fusão ou cisão. Mas várias das mudanças em andamento observadas na cidade de Nova York produziram tais fusões e cisões no nível do fonema biunívoco. Uma dessas mudanças é o alçamento de (oh), a vogal de *law, talk, off, more* etc., que servirá para ilustrar diversos aspectos do mecanismo da mudança linguística não relevantes num caso mais simples, como o de Martha's Vineyard.

O ALÇAMENTO DE (oh) NA CIDADE DE NOVA YORK

Não foi possível atacar diretamente o problema da transição na cidade de Nova York. Embora os registros do Atlas Linguístico mostrassem um alçamento esporádico de (oh) em nível bastante baixo, os informantes do Atlas de Nova York não foram selecionados sistematicamente o bastante para que pudéssemos construir uma amostra comparável em 1963[9]. Além disso, uma comparação geral do uso desta variável por falantes mais velhos e mais jovens não mostrou a progressão nítida e regular que vimos para (aw) em Martha's Vineyard. As possíveis razões dessa dificuldade talvez fossem a tendência maior rumo à variação estilística entre os

[9] A facilidade parece ter sido um fator mais importante na seleção dos informantes do Atlas em Nova York do que em Martha's Vineyard. A grande diversidade da população nova-iorquina teve representação muito pobre na amostra, inclusive no que diz respeito à classe operária e à classe média baixa. As famílias tradicionais usadas nas entrevistas do Atlas representam apenas uma pequena fração da composição étnica da cidade, no máximo 1 ou 2%.

nova-iorquinos e a heterogeneidade da população em termos de classe socioeconômica e origem étnica. Por conseguinte, foi necessário atacar primeiro o problema do encaixamento, antes do problema da transição.

A variável (oh), tal como a definimos no cap. 3, faz parte do sistema de vogais longas e ditongadas do vernáculo sem *-r* da cidade de Nova York. Assim, codificaremos as seis variantes de (oh) em *law, lore, talk, stork, broad, board, all* etc.:

ESCALA DOS ÍNDICES DE (oh)

Nº	Qualidade fonética aproximada	Nível da vogal de
(oh-1)	[ʊːᵊ]	*sure* em NY
(oh-2)	[o˂ːᵊ]	
(oh-3)	[ɔ˄ːᵊ]	Americano geral *for, nor*
(oh-4)	[ɔː]	/ɔ/ cardinal do IPA
(oh-5)	[ɒ]	*hot, dog* do Leste da Nova Inglaterra
(oh-6)	[ɑ]	*dock, doll* de Nova York

O cap. 3 descreve os métodos usados para isolar um espectro de estilos contextuais bem definidos na fala dos informantes individuais. Para cada estilo foram estabelecidos índices médios, e empreendeu-se uma sistemática amostragem de uma grande população urbana. O problema do encaixamento foi então atacado correlacionando-se as cinco principais variáveis linguísticas umas com as outras e com outros elementos do sistema linguístico, com o nível de variação estilística em que foram gravadas, e com as variáveis independentes: classe socioeconômica (profissão, educação e renda), sexo, grupo étnico e faixa etária.

Em nossos estudos sobre a hipercorreção no cap. 5, apresentamos um diagrama de estratificação estilística de (oh) em que o estado transicional desta variável é visto em corte sincrônico (cf. fig. 5.2, cap. 5). A figura 5.2, assim, indica que a mudança ainda não afetou todas as classes sociais: (oh) não é uma variável significativa para os falantes da classe baixa, que não usam valores particularmente altos desta vogal e não exibem nenhuma estratificação estilística. Falantes da classe operária exibem um estágio recente no alçamento de (oh): vogais muito altas na fala casual, mas, ao contrário, muito pouca estratificação nos estilos mais formais, e pouca tendência rumo aos extremos, (oh-4) e (oh-5) hipercorretos. Mas os falantes da classe média baixa exibem o estado mais desenvolvido da mudança sonora, com valores altos na fala casual e forte estratificação estilística. Por fim, o grupo da classe média alta é mais moderado em todos os aspectos do que a classe média baixa, embora mantendo o padrão de estratificação estilística.

A origem étnica dos falantes da cidade de Nova York é ainda mais relevante para o uso de (oh) do que a classe socioeconômica. A figura 7.2 mostra as diferenças entre falantes de origem judaica e italiana no tratamento de (oh) na fala casual. Com exceção da classe média alta, todos no grupo judeu usam níveis mais altos de (oh)[10].

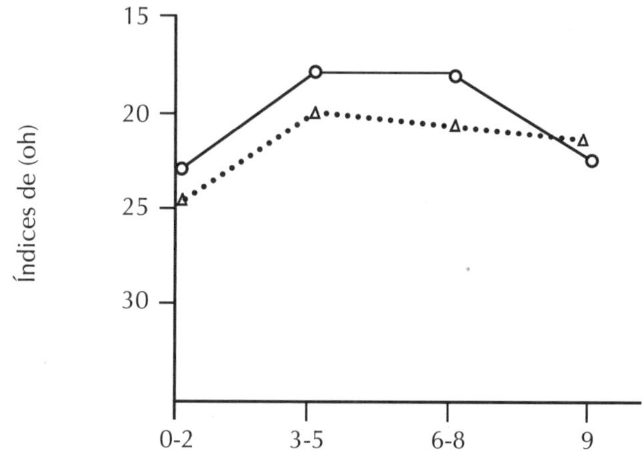

FIGURA 7.2. Estratificação de classe para (oh) por grupo étnico na fala casual. Linha sólida, judeus; linha pontilhada, italianos. ECS: 0-2, classe baixa; 3-5, classe operária; 6-8, classe média baixa; 9, classe média alta.

TABELA 7.2
ÍNDICES MÉDIOS DE (oh) POR FAIXA ETÁRIA E GRUPO ÉTNICO NA FALA INFORMAL

Idade	*Judeus*	*Italianos*
8-19	17	18
20-35	18	18
36-49	17	20
50-59	15	20
60–	25	30

[10] O grupo negro não exibe qualquer resposta significativa à variável (oh), e mostra um índice constante de desempenho num nível baixo. Como se observou acima, a classe baixa em geral é igualmente indiferente a (oh). A tabela 7.2 mostra somente os grupos étnicos judaico e italiano, com a classe baixa excluída.

A tabela 7.2 mostra que falantes judeus e italianos têm participado do alçamento de (oh), mas o aumento parece ter atingido seu ápice mais cedo entre os judeus e mais tarde entre os italianos. Uma solução diferenciada para o problema da transição é, portanto, necessária para cada grupo étnico.

A análise do problema da *transição* no grupo italiano pode ser vista na figura 7.3. A série de valores não é absolutamente regular, já que classe socioeconômica, sexo e outros fatores afetam os valores; apesar disso, há um firme movimento ascendente partindo dos falantes mais velhos, à direita, para os mais jovens, à esquerda. Dentro da atual amostra de falantes de Nova York, esta é a solução mais refinada que podemos obter para o problema da transição[11].

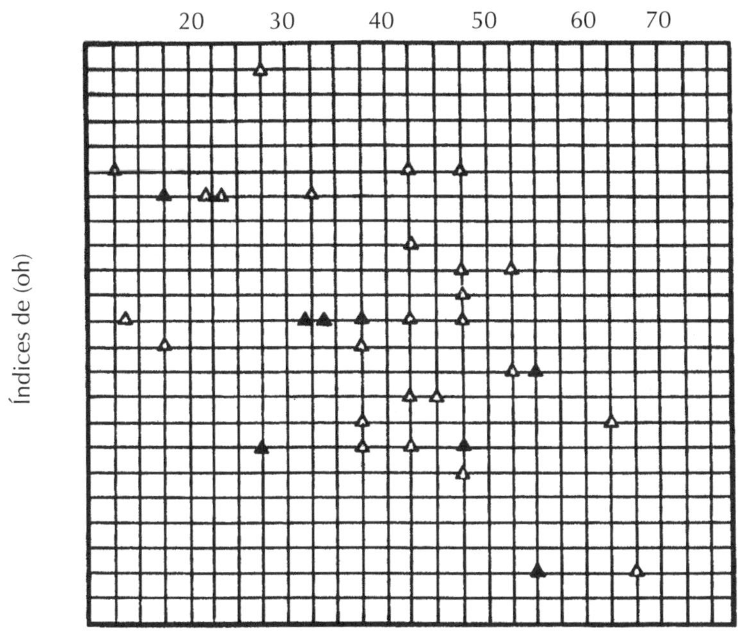

FIGURA 7.3. Distribuição dos resultados dos índices de (oh) para pessoas italianas por idade. △ mulher; ▲ homem.

O problema do *encaixamento* de (oh) requer um intrincado conjunto de correlações com outros elementos no sistema linguístico, além das correlações extralinguísticas exemplificadas acima. Verifica-se que

[11] A figura 7.3 inclui informantes italianos que se recusaram a dar entrevista e cujos padrões foram coletados através de entrevistas televisionadas, como descritas no Apêndice D de Labov 1966a.

(oh) está firmemente encaixado dentro do subsistema de vogais longas e ditongadas, e também está relacionado estruturalmente com outros subsistemas vocálicos. Os estudos quantitativos dessas relações se dividem em cinco conjuntos:

1. Há uma forte correlação entre a altura de (oh) e a altura da vogal anterior ditongada (eh) na classe de palavras de *bad, ask, dance* etc. Esta variável se originou como um alçamento de /æh/, mas cedo na evolução da fala da cidade de Nova York ela se fundiu com /eh/, a classe de palavras de *bare, bared, where* etc. A relação entre (eh) e (oh) é fortemente paralela à de (ay) e (aw) em Martha's Vineyard. A vogal anterior se elevou primeiro, já na década de 1890 em Nova York, e a vogal posterior a seguiu. Tal como (aw) em Martha's Vineyard, a variável (oh) se tornou especializada no uso de um grupo étnico particular: assim como o grupo italiano exibe um uso mais elevado de (eh) na fala casual, o grupo judeu exibe valores mais altos de (oh), diferença que desaparece em grande medida na fala dos mais jovens pela fusão de (eh) e /ih/, (oh) e /uh/.
2. A variável (oh) também tem estreitas relações com a vogal ditongada mais alta /uh/. À medida que observamos variantes cada vez mais altas de (oh) na fala casual dos informantes mais jovens, torna-se evidente que é iminente uma fusão de (oh) e /uh/. Esta fusão sem dúvida ocorreu na nossa amostra entre os falantes mais jovens das classes operária e média baixa. De fato, temos muitos informantes que exibem a fusão até mesmo nos estilos mais formais, na leitura de listas de palavras isoladas, e podemos então concluir que a fusão existe na fala casual. O estudo minucioso das variantes de sua fala casual mostra a fusão como um fato consumado: embora a maioria dos ouvintes, inconscientes da sobreposição, ouvirão *sure* ("óbvio") tão alto quanto *shore* ("litoral"), as vogais de fato são indistinguíveis fora de contexto.
3. Também há estreita correlação entre (oh) e /ah/, a vogal tensa longa ouvida em *guard, father, car* etc. A variável (ah) representa a escolha entre opções posteriores e centrais para as subclasses de *hot, heart, hod* e *hard*. Valores altos de (oh) se correlacionam com posições posteriores baixas de *heart, hod* e *hard* (com as duas últimas geralmente homônimas); valores mais baixos de (oh) se correlacionam com posições centrais baixas das vogais nessas classes de palavras.

Essa correlação é independente de classe socioeconômica e grupo étnico. Enquanto (oh) está firmemente encaixado na estrutura sociolinguística da comunidade de fala, /ah/ não está. Como variável linguística, (ah) parece ser uma função apenas da altura de (oh): uma variável puramente interna[12].

4. (oh) também se relaciona com a altura variável da vogal em *boy, coil* etc., isto é, (oy), no sistema de ditongos descrescentes anteriores. A altura das vogais em *coil* e *call* parece variar da mesma forma na fala casual, mas somente (oh) é corrigida para valores mais baixos em estilos mais formais. (oh) carrega o principal fardo de significado social e é o foco de pressão não sistemática vinda de cima.
5. Por fim, verifica-se que (oh) e (oy) estão juntamente correlacionadas com a variável (ay), que representa a posteriorização ou anteriorização do primeiro elemento do ditongo em *my, why, side* etc. Valores altos de (oh) e (oy) se correlacionam com valores posteriores de (ay), e valores baixos de (oh) e (oy) com valores centrais baixos de (ay).

Para além dessas correlações imediatas, existem relações mais indiretas, difusas, com variáveis como (aw) e /ih/, através das quais (oh) se conecta com todas as outras vogais do sistema vernáculo da fala nova-iorquina. Não é este o lugar para perseguir todos os detalhes deste conjunto intrincado de correlações estruturais dentro do sistema linguístico: contudo, já deve estar claro que uma plena solução para o problema do encaixamento revelará os modos como as relações internas dos elementos linguísticos determinam a direção da mudança sonora. Podemos resumir as relações mais importantes que giram em torno de (oh) na seguinte notação, que define as unidades estruturais à esquerda das equações como variáveis linguísticas:

$(oh) = f_1(Est, C, E, Fe, Sx, (eh))$	Est = estilo
$(ah) = f_2((oh))$	C = classe socioeconômica
$(oy) = f_3((oh))$	E = grupo étnico
$(ay) = f_4((ah)) = f_4(f_2((oh)))$	Fe = faixa etária
$(ay) = f_5((oy)) = f_5(f_3((oh)))$	Sx = sexo

Na cidade de Nova York, o problema da *avaliação* foi abordado mais diretamente do que em Martha's Vineyard. Determinamos as reações sub-

12 As correlações quantitativas são dadas em Labov 1966a: cap. 12. A relação de (oh) e (ah) se mantém mesmo dentro de um único grupo étnico. Para uma espectrografia de todas essas correlações, cf. Labov, Yaeger & Steiner 1972.

jetivas inconscientes dos informantes para cada uma das variáveis. Os detalhes deste método foram apresentados no capítulo 6. No geral, podemos dizer que a confiabilidade dos testes pode ser medida pelo alto grau de uniformidade exibido pelos nova-iorquinos em contraste com os resultados difusos obtidos dos que foram criados fora da cidade de Nova York.

As respostas de reação subjetiva a (oh) nos dão uma clara visão do significado social da variável, como se vê na tabela 7.3. A maioria dos informantes respondeu ao teste de modo consistente com o *status* estigmatizado do (oh) alto[13]. Assim como a solução para o problema do encaixamento não mostrou nenhuma resposta estilística significativa a (oh) entre os falantes da classe baixa, aqui descobrimos que os falantes dessa mesma classe não exibiram nenhuma resposta (oh)-negativa. Os outros grupos exibiram resposta (oh)-negativa em proporção à altura média de (oh) usada em sua própria fala casual e ao grau de estratificação estilística em seus padrões de fala. Este resultado ilustra o princípio que vigora de modo bem geral na cidade de Nova York: aqueles que usam a mais alta porcentagem de uma forma estigmatizada na fala casual foram os mais sensíveis na estigmatização da fala dos outros. Assim, os falantes de classe média baixa entre 20 e 39 anos, que usam os valores mais elevados de (oh) em sua própria fala casual, exibem 100% de resposta (oh)-negativa. De igual modo, vemos que a porcentagem de resposta (oh)-negativa entre judeus e italianos é proporcional à altura de (oh) na fala casual.

TABELA 7.3
RESPOSTA (oh)-NEGATIVA POR CLASSE SOCIOECONÔMICA E FAIXA ETÁRIA

	CLASSE SOCIOECONÔMICA				N			
Idade	*0-2*	*3-4*	*5-8*	*9*				
20-39	25%	80%	100%	60%	4	10	11	5
40-59	18	60	62	57	11	15	13	7
60-	33	[00]	—	—	6	1	—	—

Esta solução para o problema da avaliação está longe de ser satisfatória. Não está claro por que um grupo de falantes adotaria cada vez

13 A resposta (oh)-negativa mostrada aqui consistiu em pontuar três falantes mais abaixo numa escala de adequação profissional quando pronunciaram frases com vogais (oh) altas e fechadas, em comparação com frases sem variáveis significativas. Os informantes que atribuíam a pontuação não tinham consciência de que eles estavam avaliando os mesmos falantes.

mais formas fonéticas extremas que eles mesmos estigmatizam como fala errada[14]. É preciso oferecer mais explicações.

Antes de tudo, ficou claro que pouquíssimos falantes se dão conta de que eles mesmos usam as formas estigmatizadas. Eles se ouvem a si mesmos como usuários das formas prestigiadas que ocorrem esporadicamente em sua fala monitorada e em sua leitura de listas de palavras isoladas. Em segundo lugar, as respostas subjetivas detectadas pelo nosso teste são apenas os valores explícitos — aqueles que se conformam aos sistemas de valores do grupo dominante de classe média. Certamente existem outros valores, num nível mais profundo de consciência, que reforçam as formas vernaculares da cidade de Nova York. Nossas primeiras evidências para tal conclusão foram esporádicas. No entanto, estudos mais recentes sobre o vernáculo do inglês negro nova-iorquino demonstraram a existência dessas normas encobertas por meio de escalas alternadas sobre testes de reação subjetiva (cf. capítulo 8).

No caso da preferência de judeus e italianos por (oh) e (eh), respectivamente, podemos propor uma hipótese razoável baseada no mecanismo da hipercorreção[15]. A influência do substrato iídiche leva a uma perda da distinção entre vogais baixas posteriores arredondadas e não arredondadas no inglês de falantes judeus da primeira geração, de modo que *cup* e *coffee* ("xícara", "café") têm a mesma vogal. Na segunda geração de falantes de ascendência judaica, a reação contra essa tendência leva a um exagero de distinção com hipercorreção, de modo que (oh) se torna alta, tensa e superarredondada. Argumento paralelo se aplica aos falantes italianos. Esta hipótese é ainda mais plausível, uma vez que ficou demonstrado que a hipercorreção é um importante mecanismo de mudança linguística em diversas circunstâncias[16].

---

[14] Muitos informantes reagiram ao teste com pontuações agressivas e irrealistas, afirmando, por exemplo, que uma pessoa que usava vogais altas para *coffee* e *chocolate* não falava bem nem sequer para ocupar uma vaga de operário numa fábrica.

[15] Agradeço esta sugestão a Marvin Herzog.

[16] Como se observou no capítulo 5, usa-se *hipercorreção* aqui, não para indicar o tratamento esporádico e irregular de uma classe de palavras, mas o movimento de toda uma classe de palavras para além do ponto delimitado pelo modelo de prestígio. Este mecanismo é evidente em Martha's Vineyard, tanto quanto em Nova York.

O MECANISMO DA MUDANÇA SONORA

As soluções para os problemas da transição, do encaixamento e da avaliação foram ilustradas com dois exemplos, colhidos em Martha's Vineyard e na cidade de Nova York. É possível aproveitar os resultados de nosso trabalho com essas e outras variáveis para dar uma resposta provisória à pergunta: qual é o mecanismo pelo qual se processa a mudança sonora? O esboço abaixo se baseia na análise de doze mudanças sonoras: três no ambiente rural de Martha's Vineyard e nove no meio urbano da cidade de Nova York[17].

1. As mudanças sonoras geralmente se originaram num subgrupo restrito da comunidade de fala, num momento em que a identidade diferenciada desse grupo tinha sido enfraquecida por pressões internas ou externas. A forma linguística que começou a mudar era, frequentemente, um marcador de *status* regional com uma distribuição irregular dentro da comunidade. Neste estágio, a forma é uma variável linguística indefinida.
2. As mudanças começaram como generalizações da forma linguística para todos os membros do subgrupo. Podemos nos referir a este estágio como *mudança vinda de baixo*, isto é, abaixo do nível da consciência social. A variável não apresenta nenhum padrão de variação estilística na fala daqueles que a usam, afetando todos os itens numa dada classe de palavras. A variável linguística é um *indicador*, definido como uma função de pertencimento ao grupo.
3. Gerações sucessivas de falantes dentro do mesmo subgrupo, reagindo às mesmas pressões sociais, fazem a variável linguística avançar mais um passo no processo de mudança, para além do modelo estabelecido por seus pais. Podemos nos referir a este estágio como *hipercorreção vinda de baixo*. A variável agora é definida como uma função de pertencimento ao grupo e à faixa etária.
4. Na medida em que os valores do subgrupo original foram adotados por outros grupos da comunidade de fala, a mudança sonora, com seu valor associado de pertencimento a um grupo, se difunde por esses grupos de adoção. A função de pertencimento ao grupo agora é redefinida em estágios sucessivos.

---

[17] Os estágios sugeridos aqui estão necessariamente ordenados da maneira listada, mas há alguns rearranjos e permutas nos dados observados.

5. Os limites da difusão da mudança sonora eram os limites da comunidade de fala, definida como um grupo que compartilha o mesmo conjunto de valores normativos acerca da língua.
6. Depois que a mudança sonora, com seus valores associados, alcançou os limites de sua expansão, a variável linguística se tornou uma das normas que definem a comunidade de fala, e todos os membros da comunidade reagem de maneira uniforme a seu uso (sem necessariamente ter consciência disso). A variável agora é um *marcador* e começa a exibir variação estilística.
7. O movimento da variável linguística dentro do sistema linguístico sempre leva a reajustes na distribuição de outros elementos dentro do espaço fonológico.
8. Os reajustes estruturais levam a outras mudanças sonoras que estavam associadas à mudança original. Contudo, outros subgrupos que, nesse ínterim, entraram na comunidade de fala adotaram a mudança sonora mais antiga como parte das normas da comunidade, e tratam a mudança sonora mais nova como o estágio 1. Este estágio de *reciclagem* parece ser a fonte primária para o surgimento contínuo de novas mudanças. No desenvolvimento seguinte, a segunda mudança sonora pode ser levada adiante pelo grupo novo para além do nível do primeiro estágio.

   [Os estágios de 1 a 8 têm a ver com *mudança vinda de baixo*, enquanto os estágios de 9 a 13 se referem a *mudança vinda de cima*.]
9. Se o grupo no qual se originou a mudança não era o grupo de maior *status* social na comunidade de fala, os membros do grupo de maior *status* acabam por estigmatizar a forma resultante de mudança, por meio do controle que eles têm das várias instituições da rede de comunicação.
10. Essa estigmatização dá início à *mudança vinda de cima*, uma correção esporádica e irregular das formas mudadas, na direção do modelo do grupo de maior *status* — ou seja, o *modelo de prestígio*. Este modelo de prestígio é agora o padrão que os falantes se escutam usando: ele governa o audiomonitoramento da emissão verbal. A variável linguística agora exibe uma estratificação estilística regular, bem como uma estratificação social, na medida em que o modelo de controle motor da fala casual compete com o modelo de audiomonitoramento dos estilos mais cuidados.

11. Se o modelo de prestígio do grupo de maior *status* não corresponder à forma usada pelos outros grupos em algumas classes de palavras, os outros grupos exibirão um segundo tipo de *hipercorreção*: eles modificarão sua fala monitorada a ponto de ultrapassar o alvo designado pelo grupo de prestígio. Podemos chamar este estágio de *hipercorreção vinda de cima*.
12. Sob extrema estigmatização, uma forma se torna assunto de comentário social explícito e pode acabar por desaparecer. Trata-se então de um *estereótipo*, que pode ficar cada vez mais divorciado das formas que são realmente usadas na fala.
13. Se a mudança tiver se originado no grupo de maior *status* da comunidade, ela se tornará um modelo de prestígio para todos os membros da comunidade de fala. A forma resultante de mudança é então adotada nas formas mais cuidadas de fala por todos os outros grupos, na proporção de seu contato com usuários do modelo de prestígio e, em menor medida, na fala casual[18].

Muitos dos estágios do mecanismo da mudança sonora esboçados aqui estão exemplificados nos dois casos detalhados neste capítulo. A centralização de (aw) em Martha's Vineyard parece estar no estágio 4 da mudança vinda de baixo. De fato, ela pode ter alcançado os estágios 5 e 6, mas as técnicas usadas em Martha's Vineyard não oferecem evidências para resolver a questão. Não há dúvidas, porém, de que a centralização de (aw) é uma mudança secundária, produzida pelo processo de reciclagem quando a centralização de (ay) atingiu o estágio 8.

Para colocar o alçamento de (oh) neste esboço, é necessário considerar brevemente a evolução do sistema vocálico da cidade de Nova York como um todo. O primeiro passo no registro histórico é o alçamento de (eh). Temos razões para crer que a fusão de /æh/ com /eh/ começou no último quartel do século XIX (Babbitt 1896). O movimento ascendente da variável linguística (eh) prosseguiu para além dessa fusão, levando à atual fusão cumulativa de /eh/ com /ih/ entre os nova-iorquinos mais jovens. Para a comunidade inteira, (eh) está sujeita à força total da correção vinda

---

[18] Nessas observações, encontramos algum suporte para a ideia de que as pessoas não tomam empréstimos dos meios de comunicação ou de outras fontes distantes, mas daqueles que estão distantes delas no máximo uma ou duas unidades na faixa etária ou na escala social.

de cima: a mudança alcançou o estágio 11, de modo que a variável linguística se define por covariação com classe social, origem étnica, faixa etária e estilo contextual. O alçamento de (oh) foi o primeiro processo de reciclagem que começou quando (eh) atingiu o estágio 8. O principal fardo do alçamento de (oh) tem sido carregado pelo grupo étnico judaico: a extrema mobilidade social ascendente deste grupo provocou uma sensibilidade especial a (oh) na classe média baixa. Assim, a fusão de /oh/ e /uh/ se deu bem depressa, e (oh) alcançou o estágio 11 para a classe média baixa; no entanto, ela ainda mal iniciou o estágio 1 para a classe baixa.

O terceiro estágio no processo de reciclagem aconteceu quando (oh) atingiu o estágio 8. Os reajustes estruturais ocorridos foram complexos: (oy) e (ah) estavam estreitamente associados com (oh), e foram definidos como variáveis linguísticas somente por sua covariação com (oh). Assim, o alçamento de (oy) e a posteriorização de (ah) foram determinados por fatores internos, estruturais. A mudança vinda de cima é exercida sobre (oh), mas não sobre (oy). Na fala monitorada, um nova-iorquino pode dizer [ɪts ɒ:l tɪn fʊ:-I], *It's all tin foil* ["É tudo folha de estanho"]. Mas a mudança de (ah) e (oy), por sua vez, levou a uma mudança de (ay), e este processo deu início, ao que parece, a uma terceira reciclagem. De fato, a posteriorização de (ay) atingiu o estágio 8 e produziu uma quarta reciclagem associada, a anteriorização de (aw). Há indícios de que (ay) evoluiu para o estágio 9, com o início de correção explícita vinda de cima, embora (aw) tenha alcançado só o estágio 4 ou 5 (Labov 1966a: cap. 12).

É evidente que o tipo de reajustes estruturais aqui considerados exige uma teoria linguística que preserve a geometria do espaço fonológico. As relações estruturais encontradas aqui são surpreendentemente paralelas às estabelecidas por Moulton (1962) em seu estudo da covariação de vogais médias e baixas em dialetos suíço-alemães. As técnicas, a área, as sociedades estudadas são bastante diferentes, e a coincidência dos resultados oferece fortes evidências empíricas para a visão funcional da estrutura fonológica proposta por Martinet (1955). No entanto, os equilíbrios puramente internos projetados por Martinet não oferecem uma teoria coerente do mecanismo da mudança sonora. No esquema que foi esboçado aqui, eles são apenas parte de um processo mais abrangente, encaixado na estrutura sociolinguística da comunidade.

Conclusão

Esta discussão se concentrou na tese de que as pressões internas, estruturais, e as pressões sociolinguísticas agem em alternância sistemática no mecanismo da mudança linguística. Não se pode mais alegar seriamente que o linguista deve limitar suas explicações da mudança às influências mútuas de elementos linguísticos definidos por função cognitiva. Tampouco se pode alegar, com um mínimo de bom senso, que um sistema linguístico em mudança é autônomo. Tentei sustentar aqui este argumento para além da mera catalogação das possibilidades, ao introduzir um amplo conjunto de evidências de mudanças sonoras em andamento observadas. Com base nessas evidências, podemos afirmar com mais segurança que não é possível realizar uma análise das relações estruturais dentro de um sistema linguístico para só depois recorrer a relações externas. O processo de reciclagem delineado aqui sugere o tipo de resposta que podemos dar às questões fundamentais sobre as causas motivadoras da mudança linguística, e sobre as funções adaptativas da mudança, bem como sobre o mecanismo pelo qual a mudança se processa. Podemos esperar que investigações futuras modifiquem o esboço apresentado aqui, mas os dados vindos da comunidade de fala continuarão a ser parte essencial da análise da mudança linguística.

8 O estudo da língua em seu contexto social

Os sete primeiros capítulos deste volume documentaram uma abordagem da pesquisa linguística que se concentra na língua em uso dentro da comunidade de fala, com vistas a uma teoria linguística adequada para dar conta desses dados. Este tipo de pesquisa tem sido às vezes rotulado de "sociolinguística", embora este seja um uso um tanto enganoso de um termo estranhamente redundante. A língua é uma forma de comportamento social: declarações neste sentido podem ser encontradas em qualquer texto introdutório. Crianças mantidas em isolamento não usam a língua; ela é usada por seres humanos num contexto social, comunicando suas necessidades, ideias e emoções uns aos outros. Os monólogos egocêntricos das crianças revelam ser desenvolvimentos secundários derivados do uso social da língua (Vygotsky 1962: 19) e pouquíssimas pessoas passam muito tempo falando consigo mesmas. É questionável se frases que nada comunicam a ninguém façam parte da língua. De que maneira, então, a "sociolinguística" pode ser considerada algo separado da "linguística"?

Uma área de pesquisa que tem sido incluída na "sociolinguística" talvez seja rotulada mais adequadamente de "sociologia da linguagem". Lida com fatores sociais de larga escala e sua interação mútua com línguas e dialetos. Há várias questões abertas e diversos problemas práticos associados com o declínio e a assimilação de línguas minoritárias, o desenvolvimento do bilinguismo estável, a padronização de línguas e o planejamento do desenvolvimento da língua em nações recém-surgidas. O estímulo linguístico para tais estudos é primordialmente o de que dada pessoa ou grupo usa a língua X num contexto ou domínio social Y.

Muitos compêndios recentes têm discutido o trabalho nesta área (Fishman 1969) e não tentarei lidar com tais questões e tal pesquisa aqui.

Existe outra área de estudo às vezes incluída na "sociolinguística" que se preocupa mais com os detalhes da língua no uso real — o campo que Hymes tem chamado de "etnografia da fala" (1962). Há muito o que fazer na descrição e na análise dos padrões de uso de línguas e dialetos dentro de uma cultura específica: as formas de "eventos de fala"; as regras para a seleção adequada dos falantes; as inter-relações entre falante, ouvinte, público, tópico, canal e contexto; e os modos como os falantes se valem dos recursos de sua língua para desempenhar certas funções. Este estudo funcional é concebido como complementar ao estudo da estrutura linguística. A pesquisa atual e os objetivos deste campo foram bem resenhados por Hymes (1966); em nossa discussão da metodologia, algum material deste estudo descritivo estará envolvido, mas esta revisão não tentará cobrir a etnografia da fala como um todo. Muitas revisões e resenhas deste campo mais amplo da "sociolinguística" apareceram recentemente, e o leitor encontrará muitos estudos excelentes e perspicazes em Bright 1966; Gumperz & Hymes 1966; Lieberson 1966; Fishman 1968; Ervin-Tripp 1968; e Grimshaw 1968.

Este capítulo tratará do estudo da estrutura e da evolução da língua dentro do contexto social da comunidade de fala. Os tópicos linguísticos a serem considerados aqui cobrem a área normalmente chamada de "linguística geral", que lida com fonologia, morfologia, sintaxe e semântica[1]. As questões teóricas a serem levantadas também farão parte da categoria da linguística geral. Estaremos preocupados com as formas das regras linguísticas, sua combinação em sistemas, a coexistência de vários sistemas e a evolução destas regras e sistemas com o tempo. Se não houvesse necessidade de contrastar este trabalho com o estudo da língua fora de seu contexto social, eu preferiria dizer que se trata simplesmente de *linguística*. É relevante, portanto, indagar por que deveria haver a necessidade de uma nova abordagem da linguística com uma base social mais ampla. Parece bastante natural que o dado básico para qualquer forma de linguística geral seja a língua tal como usada por fa-

[1] Também estendemos esses estudos para a área da análise do discurso, que não tem sido considerada uma parte da linguística geral nem foi investigada seriamente no passado. A seção 4 deste capítulo dá uma breve indicação da natureza deste trabalho.

lantes nativos comunicando-se uns com os outros na vida diária. Antes de prosseguir, será útil ver por que este não tem sido o caso.

A ABORDAGEM SAUSSURIANA DA "LANGUE"

A orientação básica para a análise estrutural da língua tal como a maioria dos linguistas a empreendem hoje em dia parte do ponto de vista expresso por Ferdinand de Saussure no início do século XX. Os linguistas frequentemente começam as discussões teóricas se referindo ao conceito saussuriano de *langue*, que deve ser distinguida de *parole* ou "fala", por um lado, e de *langage* ou "linguagem", por outro. Segundo Saussure, *langue* "est la partie sociale du langage... elle n'existe qu'en vertu d'une sorte de contrat passé entre les membres de la communauté" ["é a parte social da linguagem... ela não existe fora de um tipo de contrato estabelecido entre os membros da comunidade"] (1962: 321). Por esta razão, a Escola de Genebra saussuriana é frequentemente mencionada como a escola "social" da linguística. Saussure concebia a linguística como uma parte de "une science qui étudie la vie des signes au sein de la vie sociale" ["uma ciência que estuda a vida dos signos no seio da vida social"]. No entanto, de modo bastante curioso, os linguistas que trabalham dentro da tradição saussuriana (e isso inclui a grande maioria) não levam em conta de modo nenhum a vida social: trabalham com um ou dois informantes em seus escritórios, ou examinam seu próprio conhecimento da *langue*. Além disso, insistem em que as explicações dos fatos linguísticos sejam derivadas de outros fatos linguísticos, não de quaisquer dados "externos" sobre o comportamento social[2].

Este desenvolvimento depende de um curioso paradoxo. Se todo indivíduo possui um conhecimento da estrutura da língua, se a *langue* é "un système grammatical existant virtuellement dans chaque cerveau" ["um

2 Meillet, contemporâneo de Saussure, acreditava que o século XX assistiria o desenvolvimento da explicação histórica baseada no exame da mudança linguística encaixada na mudança social (1921). Mas discípulos de Saussure, como Martinet (1964b), repudiaram ativamente essa opinião e empreenderam esforços para que a explanação linguística ficasse confinada às inter-relações de fatores internos, estruturais. Assim procedendo, eles certamente seguiam o espírito da doutrina de Saussure, pois o estudo mais atento de seus escritos sugere que, para ele, "social" não significava muito mais do que "multi-individual", sem nenhuma sugestão das implicações mais amplas da interação social.

sistema gramatical existente virtualmente em cada cérebro"] (p. 30), uma pessoa deveria ser capaz de obter os dados pelo testemunho de qualquer outra — inclusive de si mesma[3]. Por outro lado, dados sobre a *parole*, ou fala, só podem ser obtidos pelo exame do comportamento de indivíduos que estão usando a língua. Assim, temos o *paradoxo saussuriano*: o aspecto social da língua é estudado pela observação de qualquer indivíduo, mas o aspecto individual somente pela observação da língua em seu contexto social. A ciência da *parole* nunca se desenvolveu, mas a abordagem da ciência da *langue* tem tido muito sucesso desde a última metade do século XX.

O estudo dessa "língua" abstrata — o conhecimento disponível a qualquer falante nativo — recebeu novo ímpeto de Chomsky, que fortaleceu a dicotomia saussuriana ao opor a *competência*, ou o conhecimento abstrato das regras da língua, ao *desempenho*, ou seleção e execução destas regras (1965)[4]. Para Chomsky, a linguística é propriamente o estudo da competência, e ele deixa explícita a prática que decorre do paradoxo saussuriano: que o real objeto do estudo linguístico é uma comunidade de fala abstrata, homogênea, em que todo mundo fala igual e aprende a língua instantaneamente (1965: 3). Além disso, Chomsky insiste que o dado da linguística não é o enunciado do indivíduo a ser estudado, mas suas intuições acerca da língua — primordialmente, seus julgamentos so-

---

[3] O próprio Saussure hesitava um pouco neste ponto, já que, depois da citação que acabamos de fazer, ele acrescenta: "Ou plus exactement dans les cerveaux d'un ensemble d'individus car la langue n'est complètement dans aucun, elle n'existe parfaitement que dans la masse" ["ou mais exatamente nos cérebros de um conjunto de indivíduos, pois a língua não está completamente em nenhum, ela só existe perfeitamente na massa"]. Mas *virtuellement* se tornou equivalente a *para todos os propósitos práticos*. O próprio Saussure não se engajou em nenhum estudo sincrônico detalhado, mas os linguistas que assim fizeram descartaram completamente aquela reserva. Assim, Bloomfield apresenta uma análise estrutural do "inglês padrão de Chicago", sem identificação posterior (1933: 90-92); supomos que ele está falando de seu próprio sistema, embora não atinja um nível de detalhe onde isso se tornaria um problema. Benjamin L. Whorf escreveu um artigo intitulado "The Phonetic Analysis of the English of Eastern Massachusetts" (1943), que era, novamente, um relato baseado em seu próprio modo de falar.

[4] Embora Chomsky tenha criticado a concepção de *langue* de Saussure como algo limitado (1964: 59-60), ele não vê diferença entre a dicotomia *langue/parole* saussuriana e sua própria terminologia *competência/desempenho*: "A gramática gerativa interiorizada por alguém que adquiriu a língua define o que em termos saussurianos podemos chamar de *langue*... É claro que a descrição da competência intrínseca oferecida pela gramática não deve ser confundida com uma descrição do desempenho real, como enfatizou Saussure com tanta lucidez" (1964: 52).

bre quais frases são gramaticais e quais não são — e também julgamentos sobre a relação entre as frases — que frases significam "o mesmo". É preciso construir teorias da linguagem para explicar essas intuições.

Este desenvolvimento teórico se baseia em duas suposições mais ou menos explícitas:

1. A estrutura linguística está intimamente associada à homogeneidade (Weinreich, Labov & Herzog 1968). Saussure diz que "tandis que le langage est hétérogène, la langue ainsi délimitée est de nature homogène" ["enquanto a linguagem é heterogênea, a língua assim delimitada é de natureza homogênea"] (1962: 32)[5]. A visão geral, então, é a de que as teorias linguísticas podem ser plenamente desenvolvidas com base nesta parte do comportamento linguístico que é uniforme e homogêneo; embora a variação linguística possa ser importante de um ponto de vista prático ou aplicado, tais dados não são exigíveis para a teoria linguística — e de fato serão mais bem entendidos quando a teoria da competência for plenamente desenvolvida.
2. Os falantes da língua têm acesso às suas intuições sobre a *langue* ou a competência, e podem falar sobre elas.

A linguística, portanto, tem sido definida de tal modo a excluir o estudo do comportamento social ou o estudo da fala. A definição tem sido conveniente para os formuladores, os quais, por inclinação pessoal, preferiram trabalhar com seu próprio conhecimento, com informantes individuais ou com materiais secundários. Mas também tem sido uma estratégia bem-sucedida em nossa abordagem da estrutura linguística. Não existe nenhuma razão *a priori* pela qual alguém *tenha que* entrar na comunidade de fala para buscar dados. O grande consumo de tempo e esforço necessários teria de ser justificado, e o sucesso da análise linguís-

---

[5] Num manual introdutório escrito por John Lyons, representando um ponto de vista de alguma forma independente da gramática gerativa, encontramos: "Quando dizemos que duas pessoas falam a mesma língua, estamos necessariamente fazendo abstração de todo tipo de diferença na fala delas... Para simplicidade de exposição, assumiremos que a língua que estamos descrevendo é uniforme (por 'uniforme' se entende 'dialetalmente e estilisticamente' indiferenciada, ou seja, é claro, uma 'idealização' dos fatos...) e que todos os falantes nativos concordarão quanto a um enunciado ser ou não aceitável" (1968: 140-141). É preciso notar que o manual de Lyons é uma introdução à "linguística teórica" e que essa idealização não representa uma resposta a nenhum problema prático.

tica abstrata nas últimas cinco décadas simplesmente impossibilitou tal desenvolvimento. De fato, a limitação de nosso campo de investigação certamente foi útil no desenvolvimento da gramática gerativa — a elaboração de modelos abstratos baseados em nossos julgamentos intuitivos das frases. Não podemos nos permitir qualquer passo atrás: quem quer que deseje seguir adiante no estudo da língua certamente tem que ser capaz de trabalhar neste nível de abstração. Ao mesmo tempo, é difícil evitar a conclusão sensata de que o objeto da linguística tem de ser, ao fim e ao cabo, o instrumento de comunicação usado pela comunidade de fala; e se não estivermos falando *desta* língua, há qualquer coisa de trivial em nosso procedimento. Por diversas razões, este tipo de língua tem sido o objeto de interesse mais difícil para a linguística. Algumas das razões desta dificuldade serão delineadas a seguir.

Problemas em lidar com a fala

Apesar da orientação geral da área para o estudo da língua fora de seu contexto social, tem havido várias situações em que os linguistas esperaram obter confirmação a partir do estudo da fala. Existem quatro dificuldades distintas que têm sido citadas e que têm tido profundos efeitos sobre a prática da linguística.

1. A agramaticalidade da fala

Houve um tempo em que os linguistas da escola bloomfieldiana declaravam que os falantes nativos nunca cometiam erros. Mas o ponto de vista oposto prevalece hoje em dia: o de que a fala é cheia de formas agramaticais, já que as dificuldades de desempenho se colocam no caminho da plena manifestação da competência do falante[6]. Acredita-se em geral que um *corpus* extraído da língua falada não constitui boa evidência, já que conterá vários exemplos de frases malformadas que os próprios falantes condenam e mudam quando sua atenção é chamada para elas.

6 Chomsky afirmou que o caráter "degenerado" da fala cotidiana que a criança ouve é um forte argumento de apoio à posição inatista: a criança deve ter uma teoria inata da língua, já que não poderia induzir regras a partir da fala agramatical que a circunda (1965: 58).

2. Variação na fala e na comunidade de fala

É comum que uma língua tenha diversas maneiras alternativas de dizer "a mesma" coisa. Algumas palavras como *carro* e *automóvel* parecem ter os mesmos referentes; outras têm duas pronúncias, como *cantando* e *cantano*. Existem opções sintáticas como *Uma pessoa que eu confio muito* vs. *Uma pessoa em quem eu confio muito* ou *É fácil para ele falar* vs. *Para ele falar é fácil*[7]. Em cada um destes casos, temos o problema de decidir o lugar desta variação na estrutura linguística. A análise formal contemporânea nos oferece duas opções claras:

(1) diz-se que as variantes pertencem a dois sistemas diferentes, e que a alternância é um exemplo de "mistura dialetal" ou "alternância de código" [*code-switching*];
(2) diz-se que as variantes se encontram em "variação livre" dentro do mesmo sistema, e a seleção se encontra abaixo do nível da estrutura linguística.

Ambas as abordagens colocam a variação fora do sistema que está sendo estudado. Existem, é claro, diversos casos aos quais cabe apropriadamente um ou outro desses rótulos. Mas para demonstrar que temos um verdadeiro caso de alternância de código, é necessário mostrar que o falante se move de um conjunto consistente de regras coocorrentes para outro; para demonstrar a "variação livre", é preciso mostrar que ele não se moveu de jeito nenhum. É raro que qualquer dessas alegações seja estabelecida empiricamente. Os casos, em sua maioria, não são facilmente descritos sob um desses rótulos; considere-se por exemplo um exemplo real de língua em uso[8]:

> An' den like IF YOU MISS ONESIES, de OTHuh person shoot to skelly; ef he miss, den you go again. An' IF YOU GET IN, YOU SHOOT TO TWOSIES. An' IF YOU GET IN TWOSIES, YOU GO TO tthreesies. An' IF YOU MISS tthreesies, THEN THE PERSON THa' miss skelly shoot THE SKELLIES an' shoot in THE ONESIES: an' IF HE MISS, YOU GO f'om tthreesies to foursies.

[7] É costume dizer que essas expressões têm o mesmo *significado*, o que podemos definir rigorosamente como "tendo o mesmo valor de verdade". O resultado final de nossos estudos da variação sintática será atribuir um sentido ou *significação* a uma transformação, um tipo de carga funcional que podemos querer distinguir nitidamente do significado representacional.

[8] Essa citação é de uma entrevista com "Boot", o porta-voz de um grupo de pré-adolescentes negros no centro-sul do Harlem, na cidade de Nova York (Labov *et al.* 1968).

[*Então, se você perde primeiro, a outra pessoa atira skelly; se ela perde, então você vai novamente. E se você ganha, você vai pela segunda vez. E se você ganha pela segunda vez, você vai para a terceira. E se você perde na terceira vez, então a pessoa que perdeu a vez atira o skelly e volta a ser o primeiro. E se ela perde, você vai para a terceira ou a quarta vez.*] [skelly *é um antigo jogo de rua da cidade de Nova York*]

Neste trecho, um menino negro de 12 anos está explicando o jogo de *skelly*. Podemos tratar suas variações como exemplos de alternância de código; cada vez que usa uma variante marcada, ele se move para o "sistema" que contém tal variante. As minúsculas indicariam, então, o "Inglês Vernacular Negro" [*"Black English Vernacular"* – BEV] e as maiúsculas, o "Inglês-padrão" [*"Standard English"* – SE]. Mas é um esforço que não convence: não existe nenhuma motivação óbvia para ele alternar 18 vezes durante essa breve passagem. Além disso, a grande maioria das formas são compartilhadas por ambos os sistemas e são atribuídas a um ou outro código pelos acidentes da sequenciação. Na linha 2, *you go again* é atribuído ao BEV somente porque se segue a *den*, e YOU GET IN é atribuído ao SE somente porque se segue à forma marcada IF. Mas, por outro lado, podemos tratar a diferença entre *de* e THE como "variação livre"? Tal decisão não faria sentido nem para o falante nem para o analista, pois ambos sabem que *de* é uma forma estigmatizada. Sem nenhum modo claro de categorizar este comportamento, somos forçados a falar de "variantes estilísticas", e assim estamos deixando de capturar relações que têm a ver com nossa noção de estrutura linguística. Que é um estilo senão um subcódigo distinto, e quando é que temos dois deles? Normalmente pensamos na língua como um meio de traduzir significado em forma linear. Onde e como os significados estilísticos entram neste processo? Falamos da necessidade de comunicar significado como um fator controlador na evolução linguística. Que tipo de controle, se algum há, é exercido pela necessidade de comunicar mensagens "estilísticas"?

Um problema ainda mais intrigante se levanta quando consideramos um fenômeno variável como a simplificação dos grupos consonantais no BEV — um processo que aparece na interseção da gramática e da fonologia. Uma palavra como *bold* ("ousado") é frequentemente simplificada em *bol'*, mas nem sempre. Também é o caso com *rolled* ("girado"). Imediatamente queremos saber se os grupos do tempo passado CVC + D podem ser tratados da mesma maneira como formas CVCC simples, sem perigo de perder a informação de tempo passado. A investigação cuidadosa nos mostra que a distinção nunca se perde — as formas do tempo passado são simplificadas menos frequentemente por todos os falantes. Mas nossa teoria não tem nenhum modo de registrar este fato formalmente: tanto *bold* quanto *rolled* são abarcados pela mesma regra "opcional", e nossas observações não têm *status* teórico nas regras da *langue*.

3. *Dificuldades de ouvir e gravar*

Gravações de fala observada em uso real são quase sempre de qualidade muito deficiente. Os foneticistas acústicos coletam seus dados em salas à prova de som, sob as melhores condições possíveis. No trabalho de campo, verificamos que ruídos na sala, barulho da rua e outras interferências reduzem a qualidade fonética de nossos dados. Se o informante for levado para ser gravado sob condições ideais, sua fala terá as propriedades da fala formal, direcionada, que tentamos evitar[9]. O problema fundamental é que a maioria dos sinais linguísticos são apoiados por uma grande quantidade de sinais redundantes, e é raro que qualquer um deles transmita uma carga pesada de significado; não é essencial, para a mensagem global, que os ouvintes percebam todos os sinais. No entanto, para gravar este item na forma plena, o linguista gostaria de ouvi-lo do modo mais claro, *como se* fosse o único meio de assinalar a mensagem. Daí decorreria, portanto, que as formas direcionadas obtidas no laboratório oferecem a indicação mais clara do sistema subjacente.

4. *A raridade das formas sintáticas*

Os dados baseados naquilo que os falantes realmente dizem podem ser adequados para as formas fonológicas e sintáticas mais comuns. Para qualquer análise profunda do padrão sonoro de uma língua, será necessário elicitar palavras raras como *adz* ["enxó": ferramenta de carpinteiro]

---

[9] Essa situação é menos prejudicial para a análise fonológica do que para a pesquisa gramatical. Na fonologia, podemos esperar que as formas nitidamente acentuadas emerjam do ruído de fundo. Mas diversas partículas gramaticais ficam reduzidas a consoantes mínimas ou mesmo a traços de tensão ou vozeamento, difíceis de ouvir, a não ser nas melhores condições, e muitos são tão raros que não podemos nos dar ao luxo de deixá-los escapar.

(o único morfema do inglês que termina com um grupo de obstruintes sonoras). No estudo da sintaxe, a inadequação do *corpus* médio é ainda mais evidente. Qualquer tentativa de especificar regras sintáticas implica inevitavelmente formas que não podemos esperar ouvir numa investigação limitada. Por exemplo, uma análise do *got* passivo pode depender da possibilidade ou não de se dizer frases como *"He got kicked out of the army by playing the trumpet"* ("Ele foi expulso do exército por tocar trompete"), onde estamos buscando formas raras como *X got Verbo + ed ... by ø Verbo + ing – Z.*

Essas dificuldades deixam clara a motivação básica para alguém se concentrar na *langue* ou "competência" e excluir outros dados. Uma vez que se tem feito considerável progresso no estudo abstrato da *langue*, e dadas tais dificuldades de trabalho num contexto natural, não surpreende que a linguística tenha se afastado decididamente da comunidade de fala. Mas também existem desvantagens no estudo abstrato da língua. Algumas de suas limitações têm se tornado penosamente conhecidas; as dificuldades de desenvolver a teoria linguística com essa base de dados limitada talvez sejam maiores do que as esboçadas acima para o estudo da comunidade de fala.

Problemas no estudo das intuições

Quando explicitou pela primeira vez sua proposta de que o objeto próprio da linguística deveria estar restrito aos julgamentos intuitivos dos falantes nativos, Chomsky esperava que a grande maioria destes julgamentos fossem claros (1957: 14). Esperava-se que os casos marginais, duvidosos na mente do teórico e/ou do falante nativo, fossem pouco numerosos e que seu *status* gramatical fosse decidido por regras formadas a partir dos casos claros. Tal expectativa não se concretizou, porque é difícil encontrar casos duvidosos que não tenham permanecido problemáticos para a teoria. Não é o número de casos duvidosos que está em jogo aqui: é sua localização em pontos cruciais em questões relevantes para a teoria gramatical. Pode se ver exemplos desse problema em qualquer encontro de linguistas, onde uma comunicação após a outra citará dados importantes como aceitáveis ou inaceitáveis sem que se obtenha o consenso da plateia. Isso não se deve à negligência ou à inabilidade linguística da parte dos autores: em sua sincera intenção de explorar a teoria linguística com base em suas intuições, eles inevitavelmente atingem um ponto em que os dados assumem tal forma. Nessas circunstâncias, os dois postulados de homogeneidade e acessibilidade da *langue* são seriamente questionados.

Quando seus dados são contestados num encontro de linguistas, o autor normalmente se defende afirmando que existem diversos "dialetos" e que o argumento sistemático que ele está apresentando funciona bem para o seu próprio "dialeto". Esse é um uso estranho do termo, e levanta a questão sobre qual pode ou deve ser o objeto da descrição linguística.

O objeto da descrição linguística: "dialeto" e "idioleto"

O uso do termo "dialeto" nas discussões sobre a variabilidade dos julgamentos é difícil de justificar. Não se oferece nenhuma prova das diferenças em dois conjuntos sistemáticos de regras usados por dois grupos de falantes; o que observamos são diferenças individuais de opinião sobre pontos isolados. Como veremos, os indivíduos não são de modo algum consistentes de um julgamento para o outro. Surge a questão: o que está sendo descrito? Na busca de um objeto homogêneo que se adapte às exigências e suposições do modelo saussuriano, os linguistas gradualmente restringiram seu foco a segmentos de língua cada vez menores. Assim, Bloch introduziu o termo "idioleto" para representar a fala de uma só pessoa falando sobre um mesmo assunto para a mesma pessoa por um período curto de tempo (1948). Embora esse termo tenha sido amplamente adotado, é duvidoso que alguém tenha encontrado, dentro de um "idioleto" assim, os dados homogêneos que Bloch esperava. Mas é preciso notar que a própria existência do conceito de "idioleto" como objeto próprio da descrição linguística representa uma derrota da noção saussuriana de *langue* como um objeto de entendimento social uniforme.

Esperava-se que, ao se concentrar nos julgamentos do falante nativo em vez de em sua fala real, boa parte dessa variação poderia ser contornada. De algum modo, essa expectativa se justificava: os membros de uma comunidade de fala compartilham, sim, um conjunto comum de padrões normativos, mesmo quando encontramos uma variação altamente estratificada na fala real (Labov 1966a: 4-35ss.). Mas essa uniformidade nos julgamentos intuitivos é característica somente de variáveis sociolinguísticas bem desenvolvidas, que têm recebido correção social explícita. A maioria das regras linguísticas estão muito abaixo do nível da correção social e não têm normas sociais explícitas associadas a elas.

Numa versão anterior deste capítulo, narrei as dificuldades de reproduzir os dialetos sintáticos que Postal (1971) relatou quanto a fenômenos de cruzamento e restrições de pronominalização. Mais recentemente, começamos a explorar sistematicamente a consistência interna dos dialetos sintáticos "idioletais", ou seja, dialetos sintáticos estabelecidos com base em respostas intuitivas a frases isoladas aleatoriamente distribuídas entre pessoas sem qualquer diferenciação geográfica ou social.

Uma dessas áreas de variação sintática é a dos dialetos quantificadores pesquisados por Carden (1970). Carden é um dos poucos investigadores cuidadosos de dialetos sintáticos, enfatizando a importância de entrevistas individuais em vez de questionários de grupo, técnica controlada e verificação de confiabilidade por dado período de tempo. Seus dados básicos são as reações diferenciadas para as frases

1 All the boys didn't leave.
[*Todos os meninos não saíram*]

2 All the boys didn't leave until six.
[*Todos os meninos não saíram até as seis*]

3 All the boys didn't leave, did they?
[*Todos os meninos não saíram, saíram?*]*

A interpretação de 1 como *"Not all the boys left"* ["nem todos os meninos saíram"] é considerada uma característica do dialeto NEG-Q e é consistente com o fato de se considerar 3 como aceitável e de 2 como inaceitável, tendo em vista que a negativa está então no predicado mais alto, provocando uma *tag question** positiva em 3, mas impedindo *until* ["até"] numa frase positiva de nível mais baixo em 2. A interpretação de 1 como *"None of the boys left"* ["nenhum dos meninos saiu"] é considerada uma característica do dialeto NEG-V e é consistente com o fato de 2 ser aceitável e 3, inaceitável, uma vez que a negativa então é o predicado mais baixo, dominado

* A tradução das frases tenta dar ao leitor uma ideia do seu conteúdo, e não corresponde necessariamente a construções naturais e/ou aceitáveis em português (n. da tradução).

** *Tag question*: pergunta usada depois de uma afirmação e que busca ou espera a confirmação dessa declaração. É o caso de *"did they?"* no caso 3 analisado aqui (n. da tradução).

por um predicado mais alto com o quantificador *all* ["todos"]; isso permite *until* em 2, mas exige uma *tag question* negativa em 3.

Meu interesse na questão deriva da generalização do estudo da atração negativa do quantificador *any* ["qualquer"] (cf. seção 2, abaixo). Junto com Mark Baltin, desenvolvi vários instrumentos para abordar tais intuições sobre dialetos quantificadores e contrastar essas intuições com o uso inconsciente das regras linguísticas envolvidas. Dez estudos diferentes foram realizados com amostras de 15 a 40 pessoas, usando várias técnicas para afinar os julgamentos intuitivos. As pessoas foram selecionadas nas classes média e operária, com amplo favorecimento da primeira, em testes empreendidos na Filadélfia, em Nova York, Providence e Kansas City. No geral, verificamos que três quartos ou mais de qualquer amostra darão respostas iniciais NEG-Q a 1, com uma pequena porcentagem de NEG-V e alguns falantes que davam respostas ambíguas. Para essa frase isolada, verificamos que somente cerca de um quarto das pessoas é consistente e definitivamente NEG-Q em respostas a 1-3, e recusam admitir possibilidades NEG-V; e raramente encontramos respostas NEG-V consistentes. No entanto, não encontramos respostas consistentes ao padrão NEG-Q ou NEG-V. Num estudo com 17 informantes, testamos o tipo mais consistente de resposta: a preferência pela frase A sobre a frase B, por exemplo, 2 sobre 3. O primeiro par testado opunha 3 e 2. O segundo par foi

4 a. All the guys won't start work until the whistle blows.
[*Todos os caras não começarão a trabalhar até o apito tocar*]

b. All the guys haven't started work, have they?
[*Todos os caras não começaram a trabalhar, começaram?*]

Também usamos dois pares que mostravam desambiguação semântica:

5 a. Since the plant's locked, all of them haven't started work yet.
[*Já que a fábrica está trancada, todos eles não começaram a trabalhar ainda.*]

b. All the guys haven't started work yet; some are still on their lunch hour.
[*Todos os caras não começaram a trabalhar ainda; alguns ainda estão na hora do almoço.*]

6 a. All the guys don't like John; some of them can't stand him.
[*Todos os caras não gostam de John; alguns deles não conseguem suportá-lo.*]

b. All the guys don't like John; none of them has anything good to say about him.

[*Todos os caras não gostam de John; nenhum deles tem qualquer coisa de bom a dizer sobre ele.*]

Se o falante, de fato, tem um dialeto NEG-Q, preferirá 3 a 2, 4b a 4a, 5b a 5a, e 6a a 6b. A frase 5a oferece o contexto que mais fortemente favorece a interpretação NEG-V.

Se os dialetos NEG-Q e NEG-V fossem característicos das gramáticas de nossos 17 sujeitos, teríamos obtido um número de respostas consistentes a esses quatro pares que seria maior do que o permitido pelo acaso. Mas só oito dos 17 deram respostas consistentes aos dois pares com desambiguação sintática; só nove dos 17 deram respostas consistentes aos dois pares com desambiguação semântica; e só três dos 17 deram respostas consistentes a ambos os casos. Além disso, só 1 desses 3 deu *a mesma* resposta consistente a ambos os conjuntos, ou seja, foi consistentemente NEG-Q ou NEG-V de ponta a ponta.

Este resultado é consistente com outros dados que mostram que quase todas as pessoas responderão, de fato, NEG-Q ou NEG-V se controlarmos efetivamente o contexto. Ou seja, todos são ambíguos. Elaboramos um teste que olha "através" da gramática para ver estados de coisas extralinguísticos. Mostramos às pessoas pares de diagramas como as figuras 8.1a e 8.1b e perguntamos qual deles é designado pela frase

7. All the circles don't have dots in them.
   [*Todos os círculos não têm pontos neles.*]

Diante deste problema, a maioria das pessoas mudou para interpretações NEG-V e escolheu a fig. 8.1b. Em nossa primeira abordagem, submetemos a fig. 8.1 antes de qualquer teste de frases, como 1 a 3, e obtivemos 100% de NEG-V. Quando apresentamos o diagrama depois dos testes de frases, a maioria ainda mudou de NEG-Q para NEG-V. Numa série recente, 39 de 58 pessoas responderam NEG-V aos diagramas e, destas, somente 17 foram levadas a ver NEG-Q como uma possibilidade alternativa. Além disso, conseguimos controlar essa resposta usando formas variantes da figura 8.1a com um dos oito círculos tendo pontos, sete dos oito, ou quatro dos oito. A tabela 8.1 mostra como as respostas mudam sistematicamente da situação mais favorável (1 dos 8) para a menos favorável (4 dos 8). Quando há somente um ponto como na figura 8.1a, a grande maioria vê apenas o sentido NEG-V de 7 referindo-se a 8.1b. Quando o pri-

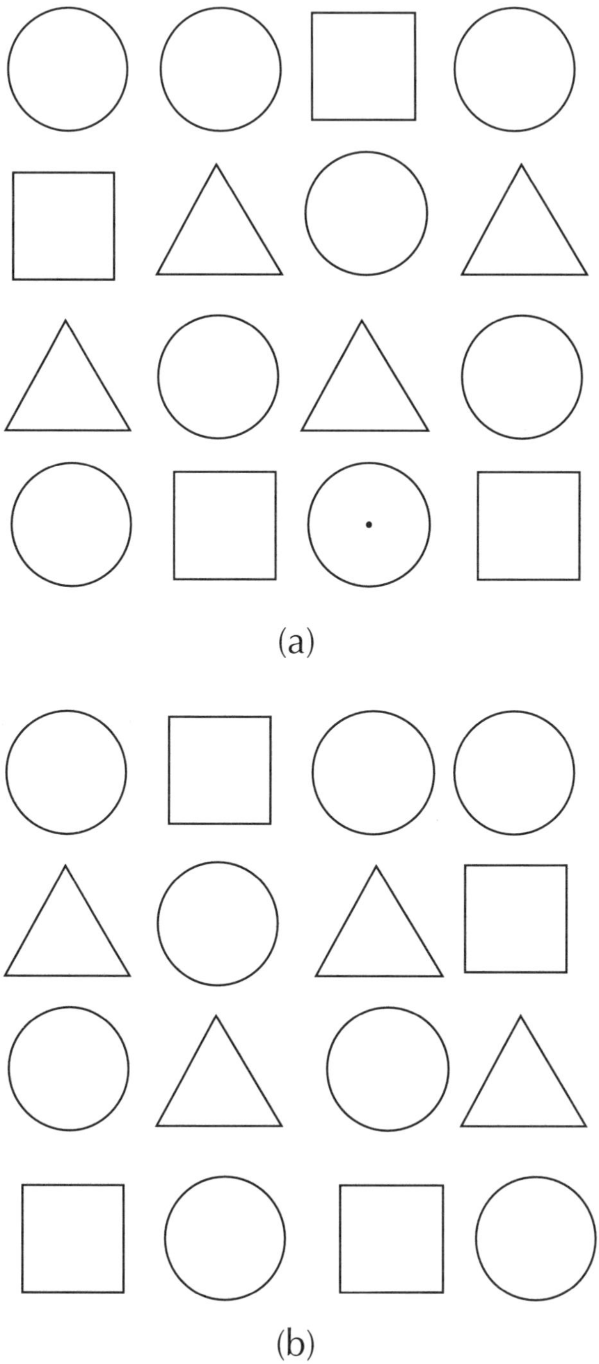

FIGURA 8.1 "All the circles don't have dots in them" [*Todos os círculos não têm pontos neles.*]

meiro diagrama tem quatro círculos com pontos, quase metade das pessoas veem interpretações tanto NEG-Q quanto NEG-V. Ademais, não existe correlação entre essas respostas e respostas a frases isoladas. A tabela 8.1 também mostra para cada teste a distribuição por resposta às frases 1-3. Neste teste como em outros, vemos que existem *mais* pessoas que alteram as respostas das frases para os diagramas do que as que mantêm uma posição consistente. A tabela 8.2 mostra uma inconsistência ainda mais dramática em outra série usando a frase-teste

8 Everybody doesn't know how to play bridge.
[*Todo mundo não sabe como jogar bridge.*]

TABELA 8.1
EFEITO DE FORMAS VARIANTES DA FIG. 8.1
SOBRE RESPOSTAS NEG-V E NEG-Q

Reação à Fig. 8.1	Pontos por 8 círculos (na Fig. 8.1)					
	1/8		4/8		7/8	
	Q*	V	Q	V	Q	V
só V	5	7	1	3	2	5
V > Q	1	-	1	1	1	1
V = Q	1	-	3	3	1	-
Q > V	-	-	1	-	3	1
só Q	-	-	1	-	-	-
	7	7	7	7	7	7

frase NEG-Q = All the guys didn't leave, but some did. ["Alguns caras não saíram, mas alguns saíram"]
frase NEG-V = All the girls didn't arrive until eight, so the room was empty at seven thirty. ["Todas as meninas não chegaram antes das oito, de modo que o quarto ficou vazio até as sete e meia"]
* Preferência das pessoas por frases NEG-Q ou NEG-V.

TABELA 8.2
RESPOSTAS NEG-Q E NEG-V INCONSISTENTES AOS DIAGRAMAS E FRASES

Reações à Fig. 8.1 (1 ponto)	Interpretações da frase 8			
	só Q	Q > V	V > Q	só V
só Q	-	1	3	4
Q > V	-	-	-	-
V > Q	1	-	-	-
só V	4	3	1	1

Interpretações da frase 8 fora do contexto favorecem NEG-Q mais fortemente do que a frase 7. Na tabela 8.2, vemos que somente 3 das 19 pessoas foram consistentes entre respostas de frases e diagramas — um resultado que reproduz de perto o padrão de consistência interna para as frases 2-6 observado acima. Podemos obter uma reação ainda mais fortemente NEG-V acrescentando um modificador restritivo a 1, produzindo

9 All of us here don't play bridge.
[*Todos nós aqui não jogamos bridge.*]

O quantificador *all* ["todos"] é visto agora pela grande maioria dos falantes como se aplicando à quantidade *we who are here* ["nós que estamos aqui"], e isso é interpretado como "None of us here plays brigde" ["Nenhum de nós aqui joga bridge"]. Em teste após teste, 90 a 95% das pessoas selecionam interpretações NEG-V para 9, e a grande maioria não aceita leituras NEG-Q.

Para ilustrar a força dessa mudança na construção, observamos que, num teste recente, 21 de 26 pessoas deram uma resposta NEG-Q a 1. Quando a frase 1 foi seguida imediatamente pela frase 9, a maioria mudou para NEG-V e só onze se mantiveram em NEG-Q.

Essas respostas indicam que o contexto elicitador pode ser controlado para produzir à vontade "dialetos" NEG-Q e NEG-V. Comprovação ainda mais convincente pode ser obtida pela observação do uso da língua na vida cotidiana. Quando apresentei pela primeira vez a figura 8.1 à minha família, houve um debate acalorado. Minha mulher deu respostas NEG-Q peremptórias; depois de meia hora de debate entre ela e nossos filhos, ela ainda sustentava que a interpretação NEG-V era tão remota que não podia ser levada a sério. Na manhã seguinte, enquanto eu ainda estava deitado na cama, ouvi minha mulher chamar nosso filho do corredor:

10 Simon, get up! Everybody's not helping!
[*Simon, levante! Todo mundo não está ajudando!*]

Os "dialetos quantificadores" têm desempenhado um papel importante na teoria linguística recente. Recorreu-se a diferenças dialetais para explicar as interpretações das frases 11a e 11b.

11 a. Half of the people in this room speak two languages.
[*Metade das pessoas nesta sala fala duas línguas.*]

b. Two languages are spoken by half of the people in this room.
[*Duas línguas são faladas por metade das pessoas nesta sala.*]

Essas frases incidem diretamente sobre o problema de as transformações preservarem ou não o sentido referencial. Um linguista, ao descobrir que outros discordam dele sobre se 11a significa ou não o mesmo que 11b, defenderá sua própria reação como "meu dialeto", e afirmará que a teoria deve explicar pelo menos os "fatos" do dialeto dele.

Grinder & Postal (1971) desenvolveram alguns argumentos importantes sobre identidade de sentido de anáforas, os quais, esperavam eles, resolveriam o conflito entre semântica gerativa e teoria interpretativa. A maioria dos tipos de frases propostos produziram uma reação mista; os que favorecem a semântica gerativa normalmente veem os dados como os autores os veem, rejeitando frases como

12 *Max wasn't imprisoned but Joe was imprisoned and he is still there.
[*Max não estava preso, mas Joe estava preso e ainda está lá.*]

13 *Max is off his rocker and so is his mother.
[*Max está pirado e sua mãe também.*]

Mas aqueles que não favorecem tal posição não rejeitam em geral 12 e 13. Em sua conclusão, Grinder & Postal entram em conflito direto com Chomsky na interpretação de frases como

14 John hasn't been here for a month, but Bill has.
[*John não tem vindo aqui faz um mês, mas Bill tem.*]

A questão aqui é que a semântica gerativa expandirá a elipse numa forma subjacente

14' John hasn't been here for a month, but Bill has been here for a month.
[*John não tem vindo aqui faz um mês, mas Bill tem vindo aqui faz um mês.*]

Isso permite apenas uma interpretação durativa; assim, a semântica gerativa exclui uma interpretação pontual para 14. Mas Chomsky permite uma leitura pontual por meio de uma regra interpretativa, já que ele não deriva 14 de uma estrutura profunda que comporte 14'. Postal & Grinder chamam o argumento de Chomsky de "enganador e distorcedor" porque 9 entre 10 pessoas que interrogaram concordaram com *eles*. Um estudante da Universidade da Califórnia, em Los Angeles (UCLA), me escreveu que a grande maioria dos estudantes de linguística de lá concordavam com as intuições de Chomsky. Não se deve esquecer que o departamento de linguística da UCLA favorece a teoria interpretativa. Postal & Grinder argumentam que a melhor teoria é aquela que pode dar conta dos fatos de variação dialetal; mas esses dialetos parecem ser artefatos de uma postura teórica. À medida que os linguistas se envolvem mais e mais profundamente nessas questões teóricas, maior a chance de suas intuições se distanciarem cada vez mais das das pessoas comuns e da realidade da língua usada na vida cotidiana[10]. Voltamos à mesma conclusão penosa e óbvia (óbvia ao menos para os de fora da linguística): os linguistas não podem continuar a produzir ao mesmo tempo dados e teoria.

Novamente, temos de nos render à dificuldade e à sutileza das questões levantadas. É claro que precisamos desenvolver mais as técnicas de investigação. No entanto, nada prova que se possa obter julgamentos consistentes e homogêneos dos falantes nativos sobre tais questões fundamentais. A variação nos julgamentos sintáticos pode ser estudada com proveito, e as séries implicacionais dentro deles podem ser analisadas para se decidir a forma das regras (Elliott, Legum & Thomson 1969). Mas já ficou evidente que a busca pela homogeneidade em julgamentos intuitivos leva ao fracasso. Quando se aceitar isso, desaparecerá a motivação mais forte para confinar a análise linguística a tais julgamentos. De diversas maneiras, a intuição é menos regular e mais difícil de interpretar do que a fala. Se quisermos fazer bom uso das declarações dos falantes sobre a língua, temos que interpretá-las à luz de produções inconscientes, sem reflexão. Sem esse controle, lidamos com dados realmente muito duvidosos — sem nenhuma relação clara com o processo comunicativo que reconhecemos ser a própria língua.

---

10 O divórcio entre as intuições dos linguistas e o entendimento geral ficou indicado numa pesquisa recente, não publicada, de N. Spencer na Universidade Estadual da Pensilvânia. Ela selecionou 150 frases de artigos gerativistas de alguma importância para a teoria gerativa, assinados por Perlmutter, C. Smith, Postal, Ross, Rosenbaum e R. Lakoff. Elas foram submetidas aos julgamentos de aceitabilidade de 60 pessoas: 20 estudantes graduados em linguística, 20 estudantes graduados em outras áreas e 20 pessoas de fora da universidade. Houve um considerável desacordo com o julgamento original: em 44 dos 150 casos, os autores dos artigos não conseguiram que a maioria das pessoas concordassem com eles, fossem os juízes leigos ou não. Mas quando houve desacordo entre os juízes, os graduados não linguistas regularmente se colocavam ao lado dos leigos e os estudantes de linguística eram deixados sozinhos.

PROBLEMAS NA RELAÇÃO ENTRE DADOS E TEORIA

Os procedimentos da gramática gerativa, operando com intuições sobre a língua, têm nos permitido elaborar modelos refinados e perspicazes da estrutura linguística. Trouxemos à tona uma grande quantidade de problemas que nunca antes tinham sido tocados ou discutidos. Já se tornou lugar-comum afirmar que a gramática gerativa é o melhor procedimento de descoberta que temos. O estudo dos julgamentos intuitivos chama nossa atenção para as importantes relações entre frases e as estruturas mais profundas que subjazem a elas. Mas, como teoria da língua, essa abordagem tem um defeito sério, já que não nos oferece nenhum meio de verificar se nosso modelo está certo ou errado. Originalmente, a gramática gerativa foi construída para produzir todas as frases aceitáveis da língua e nenhuma das inaceitáveis. Mas se agora compararmos o modelo com o que as pessoas falam, não podemos tirar nenhuma conclusão definitiva sobre se o modelo consegue ou não se adequar aos dados:

1. Se alguém usa uma estrutura oracional que não é gerada pela gramática, não há nada que nos impeça de colocá-la de lado como um equívoco ou uma diferença dialetal.
2. Se ninguém jamais usa uma estrutura oracional prevista pela gramática, esse fato pode ser desconsiderado, porque as formas sintáticas mais complexas são sabidamente muito raras — simplesmente não houve ocasião para que emergissem.

Essa segunda situação pode ser extremamente embaraçosa quando as formas sintáticas em questão se acham bem no centro do argumento teórico. O argumento original de Chomsky contra as gramáticas de estados finitos (1957) dependia da existência de estruturas autoencaixadas na língua natural. Todo mundo parece aceitar construções do tipo

15 The man (that) the girl (that) I used to go with married just got drafted. [*O cara com quem a garota com quem eu costumava sair se casou acaba de se alistar.*]

como gramaticais (na competência) embora um tanto difíceis de interpretar (no desempenho). Mas depois que Peter Reich contestou o *status* gramatical desse padrão e reafirmou a finitude da língua natural (1969), é inútil procurar comprovações empíricas do uso dessas formas duplamente encaixadas[11]. Nas entrevistas e conversas que gravamos, não apareceu nenhum exemplo de tais formas na fala não monitorada e espontânea. Os estudos atuais com técnicas sociolinguísticas para enriquecimento dos dados sugerem que é possível estabelecer a gramaticalidade de 15, mas enquanto não tivermos fortes comprovações de seu uso ou de sua compreensão na conversa natural, o argumento básico para a estrutura oracional hierarquizada não apresentará fundamentação sólida.

Os problemas que nós, linguistas, enfrentamos ao lidar diretamente com os dados da língua não são exclusivos da nossa disciplina. É um problema geral em todas as ciências sociais. Garfinckel (1967) demonstrou que existe em todo campo de pesquisa uma lacuna inevitável entre os dados brutos, tal como ocorrem, e os protocolos que registram tais dados como matéria-prima para a elaboração teórica. Na literatura sociolinguística citada, encontramos diversos tipos de dados usados para fornecer informações sobre a língua no uso real: censos; questionários; excertos de peças teatrais e romances; testes psicológicos; relatórios etnográficos de normas comunitárias. Por mais que esses estudos sejam perspicazes e produtivos, nem por isso eles nos permitem chegar mais perto dos dados fundamentais da língua em uso. Há muitas questões abertas a que simplesmente não conseguimos responder. Qual é a relação entre o estereótipo criado pelo romancista e o comportamento linguístico das pessoas em questão? Qual é a conexão entre testes de associação de palavras e a semântica da língua natural? Como descobrir quando um falante usa *tu*, se tudo o que temos é seu depoimento pessoal? Ou como saber quando ele fala francês somente perguntando-lhe isso diretamente? Qual a relação entre as normas que o antropólogo relata e a prática dos membros na conformação a essas normas? Existem diversos atos de percepção, recordação, seleção, interpretação e tradução que se insinuam entre os dados e o relatório do linguista, e quase todos eles estão implícitos em seu trabalho. Como destacou Garfinckel, todo procedimento de codificação e transcrição que transforma os dados exibirá um resíduo irredutível de operações derivadas do senso comum, e que não pode ser sintetizado em regras. Para lidar com a *língua*,

[11] Uma gramática de estado finito pode gerar encaixes simples como "The girl I used to go with just got married" ("A garota com quem eu costumava sair acaba de se casar"). O problema só aparece quando a gramática tem que ser capaz de "lembrar" que tem dois sujeitos armazenados para os quais ela deve produzir predicados.

temos de olhar para os dados da fala cotidiana o mais perto e diretamente possível, e caracterizar seu relacionamento com as teorias gramaticais do modo mais acurado que pudermos, corrigindo e adequando a teoria para que ela se ajuste ao objeto visado. Podemos, assim, reexaminar os métodos que temos empregado, numa investigação que fará crescer enormemente nosso entendimento do objeto que estamos estudando.

O ESTUDO DIRETO DOS DADOS LINGUÍSTICOS

A crítica feita acima aos métodos linguísticos convencionais não deve ser tomada como uma sugestão para que eles sejam abandonados. A elicitação formal de paradigmas, o exame dos julgamentos intuitivos, o estudo de textos literários, a experimentação em laboratório, os questionários sobre uso linguístico — são todos modos de investigação importantes e valiosos. Os dois primeiros procedimentos têm de ser dominados por qualquer um que deseje empreender uma análise linguística significativa. As técnicas a serem discutidas abaixo para a observação direta da língua em uso pressupõem que as grandes linhas da gramática já foram traçadas, que as principais possibilidades são conhecidas. Assim, a transcrição fonética de uma língua desconhecida (ou mesmo de palavras desconhecidas) está bem além de nossa capacidade. O ouvido é um instrumento muito pobre para julgar a qualidade absoluta de sons isolados. Mas uma vez obtido um conhecimento da sintaxe e dos morfemas, o ouvido se torna um excelente instrumento para julgar quais dentre diversas possibilidades estão sendo realizadas[12]. Em sintaxe, nossas primeiras análises de dada forma são relativamente superficiais; mas, quando se nota diversas relações com outras estruturas frasais, começa a aparecer um campo rico de estruturas subjacentes possíveis. Há aqui um segundo *paradoxo cumulativo*: *quanto mais se conhece uma língua, mais se pode descobrir sobre ela.*

As limitações impostas por Chomsky aos dados de *input* o levaram à convicção de que a *teoria é não determinada pelos dados* (1966), isto é, sempre haverá muitas análises possíveis para cada conjunto de dados, e

[12] Nosso próprio trabalho em traçar mudanças sonoras em andamento por meio de medições espectrográficas confirma a notável precisão da fonética impressionística usada para comparar dois sons. Cf. capítulos 1 e 2.

serão necessárias medidas de avaliação internas para escolher entre elas. Assumimos a posição contrária. Por meio do estudo direto da língua em seu contexto social, o montante de dados disponíveis se expande enormemente e nos oferece formas e meios de decidir qual das várias análises possíveis está correta. Em nossas operações preliminares sobre os dados iniciais, considerações de simplicidade sempre terão lugar; mas encontrada a correta linha de ataque[13], é possível provar se a hipótese simples inicial é a correta. Os estudos de covariação e mudança em andamento discutidos a seguir oferecem sustentação considerável a este postulado.

Solução de problemas no estudo da língua cotidiana

Entre as motivações alegadas para se restringir os dados linguísticos a intuições estão as dificuldades de operar com a fala cotidiana. Felizmente para nossos estudos, muitos desses problemas se revelaram ilusórios, quando não exagerados:

1. *A agramaticalidade da fala cotidiana* parece ser um mito sem nenhum fundamento na realidade. Nos vários estudos empíricos que conduzimos, a grande maioria dos enunciados — cerca de 75% — eram frases bem formadas sob qualquer critério. Quando se aplicam regras de elipse, e certas regras universais de editoração para lidar com gaguejos e falsos inícios, a proporção de frases realmente agramaticais e malformadas cai para menos de 2% (Labov 1966b). Quando sujeitos não acadêmicos estão falando de assuntos que conhecem bem — narrativas de experiência pessoal —, a proporção de frases que precisam de alguma editoração para serem bem-formadas cai para cerca de 10%. Tenho recebido confirmações dessa visão geral da parte de diversos outros linguistas que têm trabalha-

[13] A descoberta da estrutura do DNA por Watson é um dos casos mais notáveis do papel da simplicidade na pesquisa científica. Watson estava convencido de que a solução tinha que ser simples, e essa convicção motivou suas tentativas persistentes na construção do modelo (1969). Mas a simplicidade apenas sugeriu a melhor abordagem: a validade de seu modelo foi estabelecida pela convergência de várias medições quantitativas. Hafner & Presswood (1965) citam outro caso na teoria das interações fracas em que considerações de simplicidade levaram a uma nova abordagem teórica; mas, de novo, como em todos os demais casos que conheço, a aceitação da teoria como correta dependeu de novos dados quantitativos.

do com a conversação espontânea. O mito da agramaticalidade da língua falada parece ter duas fontes: dados obtidos de transcrições de conferências acadêmicas, onde falantes altamente instruídos tentam expressar ideias complexas pela primeira vez; e a tendência habitual a aceitar ideias que se encaixam em nosso quadro de referências, sem observar os dados que nos circundam.

2. A existência de *variação e de estruturas heterogêneas* nas comunidades de fala investigadas está certamente bem fundamentada nos fatos. É a existência de qualquer outro tipo de comunidade de fala que deve ser posta em dúvida. Há um certo mito popular profundamente arraigado entre os linguistas de que, antes deles mesmos entrarem em cena, existia um grupo homogêneo, de estilo único, que realmente "falava a língua". Cada pesquisador acredita que sua própria comunidade foi de algum jeito desviada daquele modelo normal — pelo contato com outras línguas, pelos efeitos da educação e da pressão da língua-padrão, pelos tabus ou pela mistura de dialetos especializados ou jargões. Mas nos últimos anos fomos obrigados a reconhecer que essa é que é a situação *normal* — a heterogeneidade não é apenas comum, ela é o resultado natural de fatores linguísticos fundamentais. Argumentamos que a ausência de alternância estilística e de sistemas comunicativos multiestratificados é que seria disfuncional (Weinreich, Labov & Herzog 1968: 101). Tão logo eliminarmos a suposta associação entre estrutura e homogeneidade, estaremos livres para desenvolver os instrumentos formais necessários para lidar com a variação inerente dentro da comunidade de fala. Aqui, também, nos consideramos felizardos pelo fato dessa variação não ser de modo algum obscura: ela não exige a análise estatística de centenas de registros de falantes, como os linguistas tradicionalmente temiam (Hockett 1958: 444). Pelo contrário, verificamos que os padrões básicos de estratificação por classes, por exemplo, emergem de amostras com apenas 25 falantes[14]. Como vimos no capítulo 2, esquemas regulares de estratificação social e

[14] Essa conclusão se apoia amplamente em Labov 1966a e Labov *et al.* 1968, mas de forma mais notável em Shuy, Wolfram & Riley 1967. De uma enorme amostra de mais de 700 entrevistas, 25 foram selecionadas para a análise, e padrões extremamente regulares de estratificação social emergiram para uma série de variáveis linguísticas. Cf. também Kučera 1961: 97-98, em que 19 pessoas são estratificadas em pelo menos quatro classes.

estilística aparecem mesmo quando nossas células individuais contêm somente cinco falantes e temos não mais do que cinco ou dez ocorrências de dada variável para cada falante. Com esses dados regulares e reproduzíveis, estamos aptos a especificar o que queremos dizer com significado "estilístico" ou "social", fato que parece então elusivo quando se estuda a língua fora de contexto.

3. *O problema de gravar a fala em ambientes naturais* é uma questão técnica. O desenvolvimento de gravadores profissionais a pilha tornou possível obter excelentes resultados em campo. Com um bom microfone, um pesquisador de campo pode conseguir ótimas gravações sob condições barulhentas ao encurtar a distância entre a boca do informante e o microfone[15]. Em geral, pode se dizer que o verdadeiro problema reside primordialmente no fato dos linguistas não terem se valido da invenção do gravador de fita magnética na Alemanha nos anos 1930. Não existe tradição, na linguística, de resolver problemas técnicos ou experimentais, de avaliar desenvolvimentos tecnológicos e reagir a eles. Do contrário, a natureza das investigações linguísticas já teria se transformado 30 anos atrás.
4. O quarto problema a resolver é a *raridade das formas gramaticais cruciais* necessárias para a composição dos dados. Não existe solução imediata à vista, mas alguma direção já se começa a vislumbrar. Um entendimento mais profundo da função comunicativa das formas gramaticais nos permitirá enriquecer os dados da conversação espontânea. O modo de operação ideal é o linguista se engajar numa conversa normal com o informante e ser capaz de elicitar o uso natural de dada forma sem usá-la ele mesmo. Obviamente, existe aqui um *feedback* entre análise abstrata e métodos de campo: a habilidade de controlar a produção de uma dada forma confirma nossa análise e fornece dados contextuais sobre seu uso. Temos tido algum sucesso com esse método na elicitação e no controle de itens como a passiva e o pretérito perfeito do inglês. Ao final, teremos condições de afirmar que um falante não tem dada forma em seu sistema por causa da ausência consistente de uso dessa forma num contexto onde outros membros da comunidade a usam regularmente.

---

15 Cf. seção 1 abaixo para algumas difíceis consequências desse avanço.

Fontes para o estudo da língua em seu contexto social

Já existem muitos trabalhos empíricos publicados que demonstram de modo convincente que o estudo direto da língua é um procedimento prático e produtivo. A investigação que se discutirá neste capítulo e no próximo é relativamente recente: o trabalho de dez pesquisadores ou grupos de pesquisadores que usam, como dados primários, gravações da língua em seu contexto social natural. Os dois primeiros são breves estudos derivados de outro tipo de pesquisa; os demais são empreendimentos de larga escala, especificamente elaborados para o estudo da comunidade de fala:

1. O breve estudo de John L. Fischer sobre o sufixo *-ing* usado por crianças de uma comunidade da Nova Inglaterra (1958).
2. As observações de Henry Kučera sobre o uso de variáveis do tcheco comum e do tcheco literário na fala de 19 exilados que trabalham em estações de rádio francesas (1961).
3. As investigações de John Gumperz sobre estratificação dialetal e alternância de código em Khalapur (Índia) e Hemnes (Noruega) (1964, 1967), e seu estudo sobre o bilinguismo marathi-kannada em Kupwar (Índia) (1969) [Gumperz *et al.* 1971]
4. O relato de Lewis Levine e Harry Crockett sobre o uso do *r* pós-vocálico em seu estudo sociolinguístico de Hillsboro (Carolina do Norte) (1966); o estudo de Frank Anshen sobre quatro variáveis fonológicas na população negra daquela cidade (1969).
5. Investigações sobre o bilinguismo espanhol-inglês na comunidade porto-riquenha de Nova York e de Jersey City, por Joshua Fishman, John Gumperz e Roxana Ma (Fishman *et al.* 1968) e particularmente o estudo de Ma e Herasimchuk sobre as variáveis do espanhol e do inglês.
6. O estudo de Roger Shuy, Walt Wolfram e Ralph Fasold sobre a estratificação social de variáveis fonológicas e gramaticais no inglês de Detroit (Shuy, Wolfram & Riley 1967) e a análise de Wolfram da fala dos negros dentro desse estudo (1969).
7. As investigações sociolinguísticas do francês de Montreal por Gillian Sankoff, Henrietta Cedergren e colaboradores (Sankoff & Cedergren 1971; Sankoff, Sarrasin & Cedergren 1971; Sankoff 1972).
8. A investigação da estratificação social do inglês em Norwich (Inglaterra) por Peter Trudgill (1971).

9. O estudo do espanhol da Cidade do Panamá por Henrietta Cedergren (1970).
10. Meu próprio estudo da centralização em Martha's Vineyard (capítulo 1); da estratificação do inglês na cidade de Nova York (capítulos 3 a 6); e com Paul Cohen, Clarence Robins e John Lewis, da estrutura e o do uso do inglês vernáculo negro (Labov 1972a; Labov *et al.* 1968)*.

Além disso, recorrerei a estudos sobre atitudes sociais para com línguas e dialetos feitos por Lambert e colaboradores (1967). Embora se baseiem totalmente em testes de reação, são adequados e ajudam a explicar os outros dados acima citados. Também existem estudos menos amplos empreendidos por estudantes, e estudos mais amplos agora em andamento, que colaboram na nossa compreensão dos princípios envolvidos.

Poderemos entender melhor o valor dessa investigação empírica se a aplicarmos ao tipo específico de problemas teóricos da estrutura linguística que preocupam todos os linguistas. O estudo da língua em seu contexto social abrange a mesma gama de problemas linguísticos de outras abordagens da teoria linguística. Podemos destacar cinco questões gerais:

1. Qual é a forma da regra linguística? E que restrições podem incidir sobre ela?
2. Quais são as formas subjacentes sobre as quais as regras operam, e como podem ser precisamente determinadas em cada caso?
3. Como as regras se combinam em sistemas? E como estão ordenadas dentro desses sistemas?
4. Como os sistemas se inter-relacionam em situações bilíngues e polissistêmicas?

* Na segunda edição de *The Social Stratification of English in New York City* (2006), Labov incorpora sugestões de colegas da área em 30 páginas e apresenta um novo capítulo ao final, em que faz uma síntese das principais pesquisas sociolinguísticas realizadas no mundo, entre as quais se encontram referências ao trabalho pioneiro de Lemle & Naro (1977) e aos trabalhos do Programa de Estudos sobre o Uso da Língua (PEUL) na cidade do Rio de Janeiro (Oliveira e Silva & Scherre, 1996; Paiva & Duarte, 2003), de Lira (1982), de Tarallo (1983) e de Oliveira (1983). Além disso, faz referência ao NWAV (New Ways of Analyzing Variation) — principal evento anual dos variacionistas —, iniciado em 1971, e à principal revista devotada à análise quantitativa — *Language Variation and Change*. Registramos, ainda, a publicação de *The Handbook of Language Variation and Change* (2002/2004), pela Blackwell, que traz uma ampla visão do desenvolvimento da sociolinguística (n. da tradução).

5. Como as regras e os sistemas de regras mudam? Qual é o mecanismo dos processos fundamentais de aquisição da língua? Como mudam as regras no curso da evolução linguística?

A seção 1 apresentará métodos para a coleta de dados confiáveis dentro da comunidade de fala. A seção 2 tratará dos métodos usados para analisar tais dados e mostrará o tipo de soluções possíveis para problemas linguísticos internos. A seção 3 abordará as estruturas sociolinguísticas mais amplas e a interação de fatores sociais e linguísticos. A análise teórica e a abordagem formal são originalmente minhas, baseadas em grande medida nos estudos listados em 10 acima, mas é de fato impressionante a convergência de resultados e princípios neste campo. Mais recentemente, foram feitas importantes modificações na formalização de regras variáveis, as quais estão refletidas na versão apresentada nas páginas a seguir. Cedergren & D. Sankoff (1972) quantificaram as restrições variáveis como probabilidades subjacentes e, assim, levaram toda a discussão a um patamar mais alto de explicabilidade.

Em todas estas discussões, usaremos os fatos de variação inerente para resolver questões abstratas que, de outro modo, permaneceriam não resolvidas, como possibilidades controversas. O objetivo aqui não é necessariamente prover à linguística uma nova teoria da língua, mas, antes, um novo método de trabalho.

1. Metodologia

Em todo empreendimento acadêmico que lide com pesquisa na comunidade de fala, existe sempre muito interesse quanto aos primeiros passos a dar. A pergunta: "O que você diz às pessoas?" não é trivial. Os passos elementares de localizar e contatar informantes e levá-los a falar livremente numa entrevista gravada são problemas difíceis para os estudantes. É um erro ignorar essas questões, pois nas práticas e técnicas que têm sido elaboradas estão contidos vários princípios importantes do comportamento linguístico e social. O exame minucioso dessas hipóteses e descobertas metodológicas nos dirá muita coisa sobre a natureza do discurso e as funções da linguagem.

A questão sociolinguística fundamental é suscitada pela necessidade de entender por que alguém diz alguma coisa. Há questões metodológicas de amostragem e gravação que simplesmente põem em cena os problemas básicos. Observou-se acima que bons dados exigem boa gravação, especialmente para a análise gramatical da fala natural. Uma vez definidas e isoladas as variáveis importantes, muito se pode fazer com anotações manuscritas. Mas nossa abordagem inicial da comunidade de fala é governada pela necessidade de obter grandes volumes de fala natural bem gravada.

Podemos isolar cinco axiomas metodológicos que emergiram dos resultados dos projetos de pesquisa de campo citados acima e que levam a um paradoxo metodológico. A solução para esse paradoxo é o problema metodológico central.

1. *Alternância de estilo.* Tanto quanto podemos ver, não existe falante de estilo único. Alguns informantes exibem um espectro de alternância estilística mais amplo que outros, mas todo falante que encontramos exibe alternância de algumas variáveis linguísticas à medida que mudam o contexto social e o tópico (capítulo 3). Algumas dessas alternâncias podem ser detectadas qualitativamente nas pequenas autocorreções do falante, que vão quase sempre numa mesma direção.
2. *Atenção.* Existem mais estilos e dimensões estilísticas do que um analista pode isolar. Mas descobrimos que *os estilos podem ser dispostos ao longo de uma única dimensão, medida pelo grau de atenção prestada à fala.* O modo mais importante pelo qual se exerce essa atenção é o audiomonitoramento da própria fala, embora outras formas de monitoramento também possam ocorrer[16]. Este axioma (na realidade, uma hipótese) recebe forte apoio do fato de que os falantes exibem o mesmo nível de atenção para diversas variáveis linguísticas importantes na fala casual — quando estão menos envolvidos — e na fala excitada — quando estão profundamente envolvidos pela emoção. O fator comum para ambos os estilos é que há pouca atenção para a monitoração da própria fala.
3. *Vernáculo.* Nem todos os estilos ou pontos do *continuum* estilístico são de igual interesse para os linguistas. Alguns estilos exibem padrões fonológicos e gramaticais irregulares, com um grande volume de “hipercorreção”. Em outros estilos, encontramos a fala mais sis-

[16] Cf. os experimentos de Mahl com ruído branco no capítulo 3.

temática, onde as relações fundamentais que determinam o curso da evolução linguística podem ser vistas mais claramente. Este é o "vernáculo" — o estilo em que se presta o mínimo de atenção ao monitoramento da fala. A observação do vernáculo nos oferece os dados mais sistemáticos para a análise da estrutura linguística.

4. *Formalidade. Qualquer observação sistemática de um falante define um contexto formal em que ele confere à fala mais do que o mínimo de atenção.* No corpo principal de uma entrevista, onde se pede e se dá informação, não se deve esperar encontrar o vernáculo em uso. Por mais que o falante nos pareça informal ou à vontade, podemos sempre supor que ele tem uma fala mais informal, outro estilo no qual se diverte com os amigos e discute com a mulher.
5. *Bons dados.* Não importa que outros métodos possam ser usados para obter amostras da fala (sessões em grupo, observação anônima), a única maneira de obter bons dados de fala em quantidade suficiente é mediante a entrevista individual, gravada, ou seja, por meio do tipo mais óbvio de observação sistemática[17].

Com isso chegamos ao *paradoxo do observador*: o objetivo da pesquisa linguística na comunidade deve ser descobrir como as pessoas falam quando não estão sendo sistematicamente observadas — no entanto, só podemos obter tais dados por meio da observação sistemática. O problema, evidentemente, não é insolúvel: ou achamos maneiras de suplementar as entrevistas formais com outros dados, ou mudamos a estrutura da situação de entrevista de um jeito ou de outro. Dos vários projetos de pesquisa mencionados acima, nem todos conseguiram superar este paradoxo. Muitos pesquisadores concluíram seu trabalho obtendo apenas uma gama limitada de dados estilísticos, concentrados nos extremos mais formais do *continuum*. O estudo sistemático do vernáculo foi realizado primordialmente no trabalho de Gumperz, em nosso próprio trabalho em Nova York e nas áreas de gueto urbano, e no projeto de Fishman-Gumperz-Ma em Jersey City.

Uma maneira de superar o paradoxo é romper os constrangimentos da situação de entrevista com vários procedimentos que desviem a atenção do falante e permitam que o vernáculo emerja. Isso pode ser

---

17 Há algumas situações em que a gravação espontânea é possível e cabível, mas a qualidade do som é tão pobre que tais gravações, quando muito, têm valor confirmatório.

feito em vários intervalos e pausas, que, se bem definidos, fazem com que a pessoa presuma inconscientemente que, naquele momento, não está sendo entrevistada (cap. 3). Também podemos envolver a pessoa com perguntas e assuntos que recriem emoções fortes que ela experimentou no passado, ou envolvê-la em outros contextos. Uma das perguntas desse tipo que tem dado mais resultado é a que lida com o "risco de vida": "Você já viveu uma situação em que correu sério risco de morrer?". As narrativas produzidas em resposta a essa pergunta quase sempre exibem uma mudança de estilo que se distancia da fala monitorada e se aproxima do vernáculo[18].

Não se pode esperar que tais procedimentos sejam sempre bem-sucedidos na obtenção de uma mudança radical de estilo. Uma abordagem mais sistemática usa a interação normal do grupo de pares para controlar a fala, em vez do encontro face a face de sujeito e observador. No trabalho de Gumperz em Hemnes (1964), os dados fundamentais foram obtidos por meio de sessões gravadas com grupos naturais. Em nosso trabalho no Harlem (Labov *et al.* 1968), estudamos grupos de adolescentes através da observação participante de longo termo. Entrevistas individuais foram feitas com todos os membros do grupo, gerando os dados individuais de que necessitávamos sobre cada indivíduo. Também se realizou uma série de sessões em grupo, em que a fala de cada membro (captada com microfone de lapela) foi registrada numa trilha separada. Não houve constrangimentos evidentes nessas sessões em grupo; os adolescentes se comportaram de seu modo habitual, e a maior parte da interação — física e verbal — ocorreu entre os membros. Como resultado, reduziu-se ao mínimo o efeito da observação sistemática. É, até o momento, o único estudo quantitativo na literatura de um grupo de pares autosselecionado, formado espontaneamente. Esperamos que outros estudos semelhantes sejam realizados no futuro próximo.

---

18 Um dos aspectos mais interessantes dessa pergunta é que ela implica uma resposta sim ou não, do tipo que em geral evitamos. O mecanismo parece ser o seguinte: o informante está disposto a reconhecer o fato de ter estado numa situação assim, embora possa não estar disposto a fazer um relato. Mas, uma vez que reconheceu o fato, acha muito difícil deixar de fazer um relato completo quando o entrevistador pergunta, depois de alguns instantes: "O que aconteceu?" Do contrário, ficaria parecendo que ele fez uma afirmação falsa.

Entrevistas rápidas e anônimas

Nos métodos descritos acima, a identidade e a posição demográfica de cada pessoa são bem conhecidas. Também é possível empreender a observação sistemática de modo anônimo, em conversas que não se definem como entrevistas. Em alguns locais estratégicos, é possível estudar muitas pessoas num breve período de tempo, e se sua identidade social for bem definida pela situação objetiva, os resultados podem ser muito ricos. A investigação nas lojas de departamento (cap. 2) ofereceu um modelo para esse trabalho rápido e anônimo, e vários projetos semelhantes têm confirmado a confiabilidade e praticidade desta abordagem (para detalhes e outras possibilidades, cf. cap. 2).

Observações assistemáticas

A questão central em qualquer desses estudos é se obtivemos dados reais sobre a forma vernacular fundamental, sistemática, da língua. A observação assistemática e espontânea da fala em vários pontos estratégicos pode nos revelar muito do nosso êxito a esse respeito. Podemos gravar muitos traços constantes e variáveis em grandes amostras de população em locais públicos como trens, ônibus, balcões de lanchonetes, bilheterias, zoológicos — onde quer que muitos membros da comunidade de fala estejam reunidos, de modo que sua fala seja naturalmente e facilmente ouvida pelos outros. Muitas distorções estão embutidas nessas observações: por exemplo, pessoas menos discretas e que falam mais alto são favorecidas na seleção. Mas, como uma forma de corrigir o enviesamento da situação de entrevista, esses dados podem ser valiosos.

Meios de comunicação de massa

Também é possível obter dados sistemáticos nas transmissões de rádio e televisão, embora aqui a seleção e os condicionamentos estilísticos sejam em geral muito fortes. Nos últimos anos, temos tido muitas entrevistas diretas no local de desastres, onde os falantes estão sob o forte impacto imediato do evento para monitorar a própria fala. Programas de entrevistas e discursos em eventos públicos podem nos dar bons cortes transversais da população, mas aqui o estilo é ainda mais formal do que obteríamos numa entrevista face a face.

O extremo formal do espectro estilístico

É relativamente fácil estender a gama de estilos usados pelo falante rumo ao extremo formal do espectro, onde se presta mais atenção à fala. Há muitas perguntas que naturalmente evocam a fala mais monitorada (como perguntas sobre a própria fala em si). Na maioria dos estudos urbanos empreendidos até agora, a leitura de textos foi usada para estudar variações fonológicas. Em geral, as variáveis linguísticas exibem uma mudança notável da elicitação mais formal para a leitura menos formal. Textos tradicionais como "Grip the Rat" são relativamente artificiais, elaborados para incluir o máximo possível de palavras sensíveis à variação dialetal. Um texto de leitura fluente, concentrado no vernáculo ou em temas adolescentes, proporcionará uma fala muito menos formal do que os textos formais ou as listas de palavras isoladas. Podemos, então, encaixar pares mínimos em tal texto, de modo que o falante não perceba o contraste (capítulo 3). O trabalho de Shuy, Wolfram & Riley (1967), Wolfram (1969) e Trudgill (1971) utilizou textos assim; apesar disso, a elaboração de leituras especiais para variáveis específicas não avançou tanto quanto a pesquisa merece.

Levine & Crockett (1966) e Anshen (1969) usaram outro método para ampliar a gama de estilos de leitura. Foram construídas frases em que as variáveis eram encaixadas e, em outros pontos, nas mesmas frases, foram inseridas lacunas para a pessoa preencher com itens lexicais enquanto lia, desviando sua atenção das variáveis. A pronúncia da variável fonológica (r) neste contexto revelou menos (r-1) do que na leitura de palavras isoladas.

Alguns testes formais não requerem nenhuma leitura da parte das pessoas. *Testes de percepção* do tipo ABX fornecem informações úteis: no caso de fusão total de uma distinção fonológica, os falantes não conseguem ouvir se X é mais próximo de A ou de B; mas onde regras variáveis estão operando, e a fusão não se completou, eles exibirão êxito parcial. Uma quantidade surpreendente de informação gramatical pode ser obtida por *testes de repetição* com pessoas mais velhas. Os psicolinguistas têm usado, há muito tempo, esses testes de repetição com crianças de 2 a 5 anos, mas, para nossa surpresa, descobrimos que, com falantes de dialetos não padrão, as regras gramaticais subjacentes de pessoas mais velhas, de 10 a 17 anos, controlavam a forma de suas repetições. Falantes do vernáculo inglês negro não tiveram dificuldade em repetir com precisão longas frases dentro de seu próprio sistema gramatical, mas várias frases em inglês padrão foram repetidas imediatamente em forma vernácula (Labov *et al.*: 1968, 3.9)[19].

Foram desenvolvidos diversos testes formais para isolar atitudes sociais frente à língua e a informação social veiculada pelas formas dialetais. O pesquisador faz o informante ouvir *testes de antecedentes familiares* — trechos gravados de falantes "típicos" — e lhe pede que identifique a origem étnica, a raça, a classe social desses falantes (Labov *et al.* 1968: 4.4; Brown 1969). Isso nos diz se os ouvintes conseguem ou não obter essa informação social a partir da fala, mas não onde tal informação se localiza — na gramática do falante, em sua fonologia, entonação ou qualidades da voz. Os *testes de reação subjetiva* nos permitem separar as variáveis linguísticas dos fatores pessoais. A técnica dos "falsos pares" ("*matched guise*") usada por Lambert e seus alunos (Lambert 1967) apresenta à pessoa uma série de trechos gravados em que ela ouve vozes dos mesmos falantes usando línguas ou dialetos diferentes. Pede-se às pessoas que façam julgamentos sobre as personalidades dos falantes. Na medida em que não têm como saber que já avaliaram os mesmos falantes antes, elas inconscientemente traduzem suas atitudes sociais frente à língua em diferentes julgamentos sobre a honestidade, a confiabilidade e a inteligência dos falantes. Nos nossos próprios testes de reação subjetiva (cap. 6), ouve-se os mesmos falantes lendo frases que diferem principalmente em seu tratamento da variável linguística em análise. A avaliação do significado social de tal variável pelas pessoas é indicada por suas respostas diferenciadas às frases do mesmo falante, em escalas do tipo: "Qual o melhor emprego que esse falante poderia exercer, falando dessa forma?" ou "Se essa pessoa se metesse numa briga de rua, que chances ela teria de vencer?"

As atitudes dos falantes para com variáveis linguísticas bem estabelecidas também se mostram nos *testes de autoavaliação*. Quando indagadas sobre quais dentre várias formas são características de sua própria fala, as respostas das pessoas refletem a forma que elas acreditam gozar de prestígio ou ser a "correta", mais do que a forma que elas realmente empregam. Aqui, novamente, esse tipo de dados colhidos em testes não

---

19 Essas observações desde então têm sido confirmadas por testes de larga escala realizados com populações escolares, onde a relação das pessoas com o vernáculo não era tão bem conhecida (Baratz 1969; Garvey & McFarlane 1968).

podem ser interpretados sem dados sobre os padrões de fala real das pessoas (cf. Labov 1966a, cap. 12; Trudgill 1971).

Podemos investigar a consciência que os falantes têm de variantes sociais estigmatizadas bem estabelecidas por meio de *testes de correção de sala de aula*, pedindo-lhes que corrijam frases que se afastem dos modelos escolares (Labov *et al.* 1968: 4.4). Mas é quase impossível obter resultados interpretáveis no tipo contrário de *testes de correção vernacular*, em que se pede à pessoa que passe formas prestigiadas para formas vernaculares não padrão. A influência da situação formal de teste é tamanha que a pessoa não consegue perceber acuradamente as regras não padrão. Parece estar comprovado que a norma de audiomonitoramento que governa a produção da forma não padrão na infância é substituída pela norma de prestígio, de modo que, em geral, não é possível para a maioria dos falantes direcionar acuradamente sua atenção para regras não padrão. Esse resultado reflete um importante axioma da *permutação dialetal*: *sempre que um dialeto subordinado está em contato com um dialeto superordenado, as respostas dadas em qualquer situação formal de teste passarão do subordinado para o superordenado de uma maneira irregular e assistemática.* Os termos "superordenado" e "subordinado" se referem aqui a qualquer dimensão de hierarquia social equivalente a "prestigiado" e "estigmatizado". Alguns linguistas acreditam que, "instruindo" o informante sobre os objetivos da análise, seja possível diminuir tal efeito e obter gradualmente respostas características do vernáculo puro. Mas é uma ilusão. Pelo contrário, a pessoa pode usar seu conhecimento do dialeto de prestígio para evitar exibir qualquer forma vernacular que seja idêntica ou semelhante à norma-padrão, produzindo assim formas estereotipadas que são simplesmente uma coleção dos tipos de frases "mais diferentes" ou "piores". Os falantes que tiveram um intenso contato com a forma superordenada já não têm intuições claras sobre seu vernáculo disponíveis para a investigação[20].

Essa é uma razão a mais para olhar com suspeita os dados de um vernáculo não padrão recolhidos de um informante "educado". Nor-

---

20 Isso vale, obviamente, no caso das crianças. Não se pode perguntar a crianças pequenas se uma frase não padrão delas é bem formada, nem pedir a adultos que reconstruam suas gramáticas da infância. É verdade, em geral, que aprender uma série de regras muito próximas da série mais antiga torna impossível reconstruir a situação anterior.

malmente, o pesquisador fala o dialeto padrão superordenado que é dominante nessa situação de entrevista face a face. A capacidade do informante de aprender línguas está operando o tempo todo, e é sabido que suas regras gramaticais ficarão sob pesada influência do padrão durante este período de elicitação[21].

Raras vezes encontramos um informante que pareça de algum modo imune à "correção" desse tipo — alguém que parece ter acesso direto às próprias intuições, apesar de seu conhecimento do dialeto-padrão. Uma importante tarefa para os psicolinguistas é identificar outros traços que acompanham ou determinam esse comportamento, de modo que pudéssemos ser capazes de buscar informantes "ideais" numa dada população. Mas sempre será necessário confrontar as respostas do informante com outros dados do vernáculo para ver se ele de fato tem acesso às suas regras originais. Para avaliar esses dados, temos de já conhecer as regras do vernáculo pela observação direta da fala informal. Mas o procedimento não é inteiramente circular, pois, se tivermos confiança nas introspecções de informantes "imunes", poderemos obter dados cruciais sobre formas que muito raramente se encontram em qualquer *corpus* de fala informal. Permanece em aberto a questão sobre se é seguro extrapolar da estabilidade observada de formas comuns para a estabilidade não observada de formas raras.

Tais considerações não se aplicam necessariamente aos linguistas que estudam línguas através de uma língua intermediária que não é marcada socialmente com relação à sua língua-alvo[22]. É normal que um linguista que se aproxima pela primeira vez de uma língua trabalhe com informantes bilíngues, que podem nem sequer ser bons falantes da língua-alvo. Esses passos iniciais na elicitação formal são, é claro, pré-requisitos necessários para o estudo adequado da língua em seu contexto social. Bons linguistas podem ir mais além e obter seus melhores dados de gravações de falantes nativos conversando entre si — como nas

---

21 Nosso próprio agente de campo no centro-sul do Harlem, John Lewis, mostrou uma grande mudança das variáveis não padrão que estávamos investigando entre o tempo em que foi entrevistado pela primeira vez (1965) e o tempo em que acabou entrevistando outros (1967).

22 Em sua primeira abordagem do lahu, uma língua lolo-birmanesa da Tailândia e da Birmânia, J. Matisoff usou um falante bilíngue em inglês-lahu. Na sua opinião, se tivesse usado uma língua de parentesco próximo, como o tai, a distorção dos dados teria sido muito maior.

sessões de grupo mencionadas acima. O estudo da língua em seu contexto social só pode ser feito quando a língua é "conhecida", no sentido de que o investigador pode compreender a conversa rápida. Quando um linguista-antropólogo entrar nesse estudo mais avançado, o axioma da permutação dialetal se aplicará, pois haverá inevitavelmente níveis estilísticos que ele vai querer distinguir.

Ainda que seja possível obter bons resultados trabalhando-se com informantes bilíngues, não é certo que se possa dizer o mesmo de informantes "bidialetais", se é que de fato existem. Nunca encontramos um falante do não padrão que, tendo alcançado um bom controle de uma língua padrão, ainda conservasse o domínio do vernáculo não padrão. Diferenças dialetais dependem de regras de nível superficial que aparecem como ajustes menores e extensões de condições contextuais etc. É evidente que tais condições atuam inevitavelmente e, embora o falante de fato pareça estar falando o vernáculo, o exame minucioso de sua fala mostra que sua gramática foi fortemente influenciada pela norma-padrão. Ele pode ter sucesso em convencer os ouvintes de que está falando o vernáculo, mas essa impressão parece depender de muitos sinais assistemáticos e fortemente marcados[23].

Em toda comunidade existem falantes que têm mais consciência do que outros das formas prestigiosas de falar e cujo comportamento é mais influenciado pelos padrões externos de excelência. Eles exibirão uma alternância estilística maior do que aqueles que não reconhecem tais padrões. Esse traço pode ser medido pelos *testes de insegurança linguística.* De uma lista selecionada de variantes socialmente marcadas, a pessoa é indagada sobre qual dentre duas formas é a correta e, em seguida, qual delas ela mesmo usa de fato. O número total de itens em que as duas respostas diferem forma um sensível grau de insegurança linguística (caps. 4 e 5).

2. Resolvendo problemas da estrutura linguística

Esta seção apresentará três diferentes problemas da estrutura linguística que emergiram do estudo do inglês vernáculo negro (BEV - *Black*

[23] O modo como tais falantes convencem seus ouvintes de que estão falando o vernáculo é um problema importante para o estudo sociolinguístico. Líderes educados da comunidade negra dos Estados Unidos oferecem diversos exemplos desse fenômeno.

English Vernacular): problemas concernentes às regras internas e aos elementos subjacentes sobre os quais as regras operam. No quadro do estudo abstrato das possibilidades linguísticas, esses problemas só podem ser resolvidos parcialmente. Usaremos dados obtidos da fala em seu contexto social, recolhidos segundo os métodos esboçados acima, para apresentar aquelas que nos parecem ser as soluções definitivas para cada um dos problemas.

Cada uma destas soluções é fortalecida pela convergência de dados provenientes de diversas fontes. Dentro de nossos próprios estudos, temos dados paralelos de seis diferentes grupos de colegas adolescentes falantes do BEV, diversas populações adultas, e várias amostras exploratórias em outras cidades. Sobre cada um dos problemas, obtivemos confirmação independente no trabalho de Wolfram em Detroit (1969) com uma população completamente diferente e análises diferentes. A convergência regular de dados provenientes de estudos totalmente distintos oferece o tipo de forte evidência que nos leva a afirmar que estas são as soluções corretas.

1. Simplificação dos grupos consonantais e do sufixo de tempo passado

Como se mostrou acima, o BEV exibe um nítido padrão de simplificação de grupos consonantais no final das palavras. Palavras que no inglês padrão exibem grupos consonantais terminados em *-t, -d*, frequentemente aparecem no BEV somente com a primeira consoante. Assim, *bold* ("ousado"), *find* ("achar") e *fist* ("punho") são frequentemente pronunciadas *bol', fin'* e *fis'.* Surge a questão: trata-se realmente de um caso de simplificação do grupo consonantal ou, simplesmente, essas consoantes finais não existem no BEV? A existência de plurais como *lisses* para *lists* ("listas") sugere que algumas dessas palavras têm sua forma subjacente sem *t*. Podemos nos aprofundar nessa questão somente depois de uma série de investigações preliminares que nos permitam definir a variável, tal como fizemos aqui. O argumento apresentado aqui resume a solução apresentada em Labov *et al.* 1968: 3.2. Dada uma definição adequada da variável, qualquer pequena quantidade de fala de qualquer grupo ou indivíduo BEV fornecerá as seguintes evidências:

a. Não existe nenhum falante que nunca apresente esses grupos consonantais; nem existe nenhum que sempre os preserve: trata-se de um caso de variação inerente no BEV.
b. Para todo falante e todo grupo, a segunda consoante está ausente mais frequentemente quando a palavra seguinte começa com consoante do que quando começa com vogal. Esse efeito regular da vogal subsequente é um traço característico de outras regras fonológicas: ele também condiciona a vocalização do *r* e *l* finais e das nasais em diversos dialetos.
c. Há pouca ou nenhuma hipercorreção, isto é, o *-t* ou *-d* finais não são atribuídos à classe de palavras erradas, como ocorreria em *mold* para *mole* ("verruga"), ou *lipt* para *lip* ("lábio").

Esses fatos mostram que o grupo consonantal pleno está presente na forma subjacente de *act, bold* ou *find,* e que uma regra variável apaga a segunda consoante. Em nossa representação formal deste processo, o fato (c) pode facilmente ser mostrado, fornecendo-se as formas subjacentes corretas no dicionário. O fato (a) pode ser mostrado, tornando-se opcional a regra de apagamento. Mas em termos gerativos convencionais, não há modo de mostrar formalmente o fato (b). Se escrevêssemos:

15 $_{\text{opcional}}$ [–contínuo] → Ø / [+consonantal] ____ # # [–silábico]

estaríamos afirmando que uma oclusiva é opcionalmente apagada depois de um segmento consonantal (líquido ou obstruinte), no final da palavra, se a palavra seguinte não começar com vogal[24].

Essa regra fornece uma descrição razoável do sistema coloquial de muitos falantes de classe média, que frequentemente dizem *firs' thing* ("primeira coisa") e *las' month* ("último mês"), mas não *firs' of all* ("primeiro de tudo") ou *las' October* ("último outubro"). Mas 15 não é em nada adequada para a maioria dos outros dialetos onde alguns grupos consonantais

[24] Wolfram argumenta que só devem ser incluídos na regra os grupos que mostram vozeamento homogêneo, excluindo assim *jump, belt, bent* etc. Certamente, o primeiro tem de ser excluído, mas fazemos isso restringindo a regra às oclusivas apicais *t, d.* Os grupos *-sp* e *-sk* são afetados por uma regra precedente, junto com *-st,* a qual opera numa frequência muito mais alta e com condicionantes especiais como o fato de *-sps* e *-sts* serem categoricamente simplificados em diversos dialetos. Mas verificamos que existe uma alta porcentagem de simplificação de *-lt, -nt* etc., em vários dialetos, de modo que, se a regra for restrita ao vozeamento homogêneo, uma regra especial terá que ser postulada para esses tipos.

são simplificados com muita frequência quando a palavra seguinte começa com vogal. Para tais dialetos, teríamos de remover [–silábico] do ambiente:

16 $_{\text{opcional}}$ [–contínuo] → Ø / [+consonantal] ____ # #

Essa regra estipula que qualquer grupo *-t, -d* final pode ser simplificado e que não faz diferença alguma se há ou não uma vogal seguinte. Mas ela é tão evidentemente falsa quanto aos fatos da situação que oferece uma descrição muito pobre da língua. Para todos os falantes de inglês, a regra 16 opera *mais* frequentemente quando a palavra seguinte não começa com vogal. A existência desse condicionamento fonológico, como observamos acima, é a indicação mais importante do conhecimento das formas subjacentes pelo falante. Se quisermos representar esses fatos com rigor, temos de captar de algum modo, em nossa representação formal, a existência de condicionamento fonológico *variável*.

O primeiro passo no desenvolvimento dessa notação formal é generalizar a noção de regra opcional para a de *regra variável*. Fazemos isso atribuindo a cada regra um quantidade φ representando a proporção de casos em que a regra se aplica em relação a todos aqueles em que ela poderia se aplicar. Para uma regra categórica, invariante, $\varphi = 1$, e numa regra variável, $0 < \varphi < 1$ [φ é maior do que zero e menor do que um]. Para indicar a variabilidade, empregamos parênteses angulares em torno do elemento situado à direita da flecha. Se φ for afetado pela presença ou ausência de algum traço no ambiente, esse elemento age como uma *restrição variável* e é colocado em parênteses angulares no ambiente à direita da barra inclinada. Assim, no BEV, uma obstruinte subsequente ou uma pausa favorece a operação de apagamento de *-t* e *-d* e condiciona o que, de outro modo, seria variação livre.

17 [–contínuo] → <Ø>/ [+consonantal] _____ # # <–silábico>

Informalmente, 17 postula que uma oclusiva é variavelmente apagada depois de um segmento consonantal no final de uma palavra, mais frequentemente quando não há uma vogal subsequente do que quando há.

Essa forma da regra é bastante satisfatória para diversos dialetos não padrão, cujos falantes de vez em quando dizem *firs' of all*. Mas ela se aplica somente a grupos da forma __CC, sem uma fronteira de morfema entre as duas consoantes; não se aplica a grupos como em *passed* [pæst] ("passado") ou *rolled* [rold] ("rolado") da forma abstrata __C#C, onde a segunda consoante representa o tempo passado. Na maioria dos dialetos não padrão, tais grupos consonantais às vezes são apagados — no sul dos Estados Unidos mais frequentemente do que no norte, e especialmente no BEV. Podemos permitir isso inserindo a fronteira opcionalmente em nossa regra:

18 [−contínuo] → <Ø> / [+consonantal] (#) _____ # # <−silábico>

É uma regra estranha porque, se uma consoante após # for apagada, todo o indicador do tempo passado desaparece nos verbos regulares[25]. Surge a questão de se a fronteira # está de fato presente no BEV: os falantes "sabem", em qualquer sentido linguístico, que o grupo [-st] em *passed* representa o tempo passado? A investigação gramatical em nossas sessões de grupo e nas entrevistas individuais mostra que, para qualquer indivíduo e qualquer grupo, vigoram os seguintes fatos:

a. Não há falante algum que sempre apague o *-ed* nesses grupos, e nenhum falante que nunca apague.
b. Há também um condicionamento fonológico para esses grupos consonantais: uma vogal subsequente tem um forte efeito na preservação deles.
c. Em qualquer ambiente fonológico, os grupos consonantais de tempo passado são apagados menos frequentemente do que os grupos monomorfêmicos.
d. Não há hipercorreção: a terminação *-ed* não ocorre de forma indevida onde o tempo presente seria esperado.

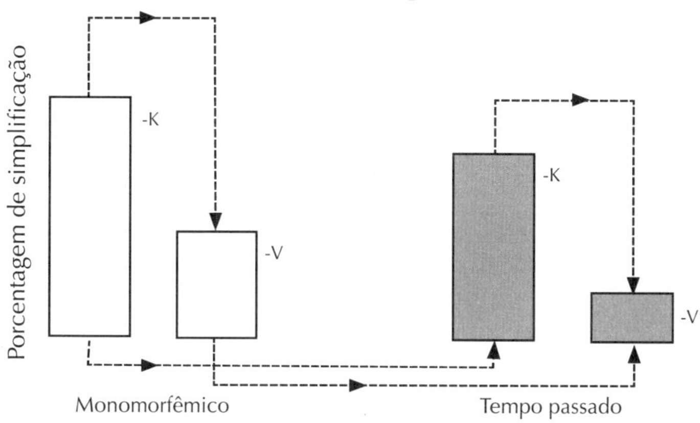

FIGURA 8.2 Quatro relações que governam o apagamento de *-t,d*.

[25] Toda vez que a consoante apagada representar um morfema inteiro, o efeito de uma vogal subsequente não permitirá que os falantes nativos reconstruam a forma subjacente. Pois mesmo que o [t] seja preservado em *I passed Edith*, isso nada nos diz sobre se o sinal *-ed* está presente em *I passed Mike*. Para grupos monomorfêmicos em *fist* etc. essa alternância nos diz qual é a forma subjacente da palavra.

Em qualquer amostra de fala, mesmo de extensão modesta, encontramos em vigor as relações expressas na figura 8.2.

Se dividirmos os grupos *-t,d* nessas quatro classes, verificamos que em todos os casos os grupos de tempo passado são simplificados menos frequentemente, e grupos antes de vogais menos frequentemente do que outros grupos. Essas relações são notavelmente uniformes: elas vigoram para todo indivíduo e todo grupo. Os condicionamentos sobre a regra aparecem então como

19 [–contínuo] → <Ø> / [+consonantal]<Ø> _____ # # <–silábico>

Aqui é a *ausência* de fronteira que favorece a regra. Podemos traduzir 19 informalmente dizendo que uma oclusiva é variavelmente apagada após um segmento consonantal no final de uma palavra, mais frequentemente quando não é um morfema flexional, e mais frequentemente quando não é seguida de vogal.

A regra 19, com duas restrições variáveis, se aplicará agora de modo mais geral a uma ampla variedade de dialetos. Onde quer que exista variabilidade, essas restrições se impõem a todos os falantes de inglês. Para um dialeto específico, como o BEV, podemos querer estabelecer relações de ordem mais específicas entre as restrições, e dar peso maior a uma do que a outra. Podemos fazer isso usando letras gregas no canto esquerdo superior do primeiro parêntese angular que indica as relações de mais ou de menos. Assim, 20 indica que o condicionamento fonológico tem peso maior do que o gramatical:

20 [–contínuo] → <Ø> / [+consonantal]$^{\beta}$ <Ø> _____ # # $^{\alpha}$< –silábico>

Essa representação é semelhante à figura 8.2, onde o efeito maior é o condicionamento gramatical. O que está em 20 é a situação do BEV entre os grupos de colegas adolescentes que estudamos. Mas à medida que o falante envelhece, ou fala mais formalmente, o ambiente gramatical tem efeito maior, até que as posições de α e β se invertem. Essa alternância na ordenação das restrições sobre as regras representa uma das formas básicas da mudança linguística, geneticamente ou diacronicamente. É um dos motivos mais importantes para incorporarmos condicionamentos variáveis em nossa representação das regras, pois do contrário não temos nenhum modo formal de registrar esse aspecto fundamental do desenvolvimento linguístico.

A simples existência de variação não nos diz se o elemento variável está de fato presente em nossa gramática subjacente. Por exemplo, o *-s* da 3ª pessoa do singular ocorre variavelmente em grupos do BEV, como em *He works* vs. *He work* ("ele trabalha"). Mas em contraste com a situação de *-t,d*, nossa investigação gramatical estabelece os seguintes fatos:

a. Há alguns falantes que não exibem nenhum *-s* na 3ª pessoa do singular, nem mesmo na fala monitorada, e outros indivíduos variam amplamente na quantidade de *-s* que usam.
b. Não existe nenhum processo fonológico geral operando sobre os grupos consonantais finais *-s* ou *-z*, pois o plural está quase completamente intacto no BEV.
c. Uma vogal subsequente não age para preservar o *-s* da 3ª pessoa do singular. Quando muito, esse *-s* está presente com *menos* frequência quando seguido por uma vogal.
d. Há muita hipercorreção: o *-s* aparece imprevisivelmente em outras pessoas e números (*we works there* ["trabalhamos lá"]) ou mesmo em posições não finitas (*he can gets hurt* ["ele pode ficar ferido"]).

Resultados obtidos com testes formais confirmam de diversas maneiras a análise apresentada aqui. Testes de repetição, de percepção e de compreensão mostram que o sufixo *-ed* é facilmente controlado pelos falantes de BEV de todas as idades, como o sufixo plural *-s*, mas que o *-s* da 3ª pessoa do singular é para eles muito difícil de perceber, de produzir com segurança e de compreender[26].

A pesquisa independente de Wolfram em Detroit apresenta precisamente o mesmo conjunto de fatos. A tabela 8.3 mostra as porcentagens de grupos *-t,d* simplificados nos quatro ambientes para três classes sociais adultas e quatro grupos de colegas na cidade de Nova York, e quatro classes sociais no estudo de Detroit[27]. Aqui vemos que, para cada grupo, vigoram as

---

[26] Trabalho recente de Jane Torrey (1969) com crianças mais novas do centro-sul do Harlem mostra que o *-s* da 3ª pessoa do singular pode ser usado como sinal do presente, mas não para distinguir singular de plural, como em *the cat splashes* vs. *the cats splash* (1972).

[27] Esses dados procedem das entrevistas individuais em Nova York e em Detroit. As relações da figura 8.2 estão preservadas nas sessões de grupo em Nova York, com o condicionamento gramatical operando num nível mais baixo. Os números de Detroit não são exatamente comparáveis aos de Nova York por duas razões: (1) as entrevistas de Detroit não distinguem fala casual e fala monitorada em nenhum grupo etário, enquanto em Nova York as entrevistas com adultos mostram estilos casuais e monitorados distintos [a tabela 8.3 dá os valores destes últimos]; (2) posições finais estão incluídas no ambiente __K nos estudos da cidade de Nova York, mas em __V (ou seja, não consonantal) para Detroit.

relações dadas na figura 8.2. A coluna 1 é maior que a coluna 2, e a coluna 3 é maior que a coluna 4, mostrando os efeitos de uma vogal subsequente. A coluna 1 é maior do que a coluna 3, e a coluna 2 é maior que a coluna 4, mostrando o efeito da fronteira do tempo passado. Tal como em todos os demais dados sociolinguísticos apresentados aqui, fica óbvio para o estatístico experiente que os testes de significância são irrelevantes. Os dados originais estão apresentados de tal maneira que a análise estatística pode ser empreendida, se desejada, mas é óbvio que, ainda que um caso particular estivesse abaixo do nível de significância, a convergência de tantos eventos independentes nos levaria a um nível de confiança desconhecido na maioria das investigações sociais ou psicológicas.

TABELA 8.3
CONDICIONAMENTOS SOBRE O APAGAMENTO DE -t,d NA COMUNIDADE DE FALA NEGRA

	% simplificação			
	Grupos consonantais monomorfêmicos		Grupos consonantais do tempo passado	
Comunidade de fala	___*K*	___*V*	___*K*	___*V*
NOVA YORK				
Adultos				
Classe média	60%	28%	19%	04%
Classe operária alta	90	40	19	09
Classe operária baixa	89	40	47	32
Adolescentes				
Thunderbirds (10-13)	91	59	74	24
Aces (10-13)	98	64	85	43
Cobras (12-17)	97	76	73	15
Jets (12-17)	90	49	44	09
DETROIT				
Classe média alta	79	23	49	07
Classe média baixa	87	43	62	13
Classe operária alta	94	65	73	24
Classe operária baixa	97	72	76	34

Fonte: Labov *et al.* 1968: Tabela 3.9, e Wolfram, 1969: Figs. 7 e 8.

A confirmação do estudo de Nova York pelo estudo de Detroit sobre o apagamento de *-t,d* não deixa qualquer dúvida quanto à existência da forma subjacente *-ed* no BEV, e quanto à natureza da regra que está operando. O contraste entre *-ed* e o *-s* da 3ª pessoa do singular também fica claramente delineado nos dados de Detroit (Wolfram 1969: 161 ss.). Uma vez que os dados de Wolfram não incluem sessões de grupo ou fala informal, não encontramos os níveis mais baixos de *-s* da 3ª pessoa do singular, como descrito no ponto *a* acima. Mas encontramos *b*, a ausência de qualquer processo fonológico geral que afete *-s,z*: não somente outras flexões são preservadas, como também o *-s* da 3ª pessoa do singular está ausente com a mesma frequência depois de verbos que terminam em vogais ou em consoantes. De novo, *c*, não existe nenhum efeito claro de uma vogal subsequente na preservação do *-s*: ao contrário, ele está presente em 38% dos casos antes de uma consoante, e somente 33% antes de uma vogal. Finalmente, *d*, Wolfram observa uma hipercorreção frequente mas irregular, com o *-s* aparecendo em outras pessoas e posições não finitas. Esses exemplos dão apenas alguma amostra da precisão e do detalhamento da convergência entre os estudos de Nova York e Detroit, o que nos permite postular com confiança tanto as regras variáveis quanto as categóricas.

A variação é inerente ao sistema?

Antes de prosseguir, precisamos levar em conta a possibilidade de não termos conseguido realmente isolar o vernáculo básico. Até mesmo as sessões grupais tumultuadas e descontroladas com adolescentes podem exibir o efeito da observação, o que responderia por alguns grupos consonantais não simplificados. Ou talvez as crianças de 10 anos já tenham começado a apresentar mescla dialetal com o inglês-padrão em sua fala mais casual, de modo que, para encontrarmos o vernáculo puro, deveríamos buscá-lo entre crianças ainda menores. Duas descobertas tornam essa possibilidade bastante improvável. Primeiro, nosso trabalho com crianças menores não apresenta maior homogeneidade na fala delas[28]. Segundo, já observamos que o caráter sistemático do apagamen-

---

[28] Trabalho feito por Jane Torrey com crianças entre 4 e 7 anos no centro-sul do Harlem mostra os mesmos padrões de variação no sufixo *-ed* e nos grupos com *-t*, *-d* como nas crianças mais velhas, e padrões semelhantes com a cópula e a concordância negativa que discutiremos a seguir.

to de *-t,d* torna mais provável a presença dessas consoantes finais na representação subjacente. Mas existe uma razão teórica mais importante para postularmos que a regra 20 é a caracterização mais exata do vernáculo básico. Se a regra subjacente em algum sistema "puro" fosse uma regra categórica que tendesse a completar seu campo de ação, eliminando todos os grupos *-t,d* finais, ela se eliminaria a si mesma. Não haveria base alguma para postular a forma *bold* no dicionário desse dialeto; ao contrário, as crianças infeririam que a palavra era *bole* e a regra não teria nada sobre o que operar. O mesmo valeria para *rolled*: uma regra categórica eliminaria a flexão regular do tempo passado[29].

É importante notar que, no curso da evolução linguística, a mudança caminha para se completar, e regras variáveis se tornam invariantes. Quando isso acontece, há inevitavelmente alguma outra mudança estrutural que compensa a perda de informação envolvida. Gostaria de citar três exemplos de mudanças estruturais dramáticas que sustentam tal afirmação:

a. Em muitos crioulos de base inglesa, a simplificação fonológica e gramatical reduziu efetivamente os grupos consonantais, de modo que as flexões são tipicamente eliminadas por completo. Enquanto o BEV preserva explicitamente o tempo passado com verbos irregulares como *give-gave, keep-kep', tell-tol'*, e a terminação *-ed* em *rolled* permanece encaixada numa regra variável, o inglês de Trinidad e o crioulo da Jamaica usam as formas simples invariantes *roll, give, keep, tell* para o tempo passado. Como é, então, que se distingue o passado do presente? Em Trinidad, usa-se o auxiliar *do*, de modo que agora o tempo presente se torna a forma marcada, *he does give* ("ele dá"), em oposição ao passado *he give* ("ele deu") (Solomon 1966).

b. Nos dialetos ingleses da Escócia, a simplificação de grupos consonantais *-t,d* depois de oclusivas surdas se tornou categórica, gerando uniformemente *ac'* para *act*, *ap'* para *apt*. A mesma regra teria eliminado o tempo passado em *liked* e *stopped*. Mas uma regra de epêntese generalizada preserva esses morfemas de tempo passado, de modo que eles não formam grupos consonantais, e assim temos [laikit] e [stapit] para *liked* e *stopped* (Grant & Dixon 1921).

---

[29] Esse seria o caso mesmo se a regra categórica fosse restringida pelo contexto, de modo que não operasse antes de vogais. Como se observou na nota 25 acima, não há como reconstruir a forma subjacente se o morfema desaparece inteiramente na maioria das posições.

c. Na evolução da língua francesa, uma mudança sonora provinda do norte eliminou *-p, -t, -k* e *-s* finais. Quando o *-s* final se perdeu na maioria dos dialetos, a forma normal de distinguir singular de plural em artigos, adjetivos e nomes também se perdeu. Assim, o artigo singular *la* já não podia se opor ao artigo plural *las*, exceto quando seguido de uma vogal. Na maioria dos casos, mudanças radicais nas formas plurais preservaram a distinção singular-plural. O *Atlas Linguistique de France* mostra que numa área sul-central da França, perto do limite sul da perda do *-s* final, outra mudança sonora estava ocorrendo: o *a* átono estava mudando para *o*. Normalmente, essa mudança ocorre tanto nas formas singulares quanto nas plurais. Mas numa sub-região considerável mais ao norte, onde o *-s* se perdeu, essa mudança sonora se especializou, de modo que *a* mudou para *o* somente no singular, opondo *lo* (singular) a *la* (plural).

Essa descoberta recente de Penelope Eckert (1969) é da maior importância por mostrar como as funções gramaticais podem provocar diretamente uma mudança sonora por necessidades comunicativas. Também é relevante para nossa discussão aqui o fato dessa diferenciação compensadora da mudança *a* → *o* só ocorrer onde a perda do *-s* se torna uma regra uniforme e categórica. Na área de "perturbação do *-s*" não existe efeito compensatório sobre a regra *a* → *o*. Isso implica que, se uma regra variável for regular o bastante, ela fornece aos aprendizes da língua informação suficiente para preservar as distinções básicas e as formas subjacentes.

Se um estudo sociolinguístico do *-s* fosse empreendido naquela área, sem dúvida descobriríamos uma regra variável semelhante a 20. O apagamento do *-s* final na França não foi registrado em nenhum detalhe pelos dialetólogos. Mas uma regra variável semelhante no espanhol de Porto Rico foi estudada por Roxana Ma e Eleanor Herasimchuk (Fishman *et al.* 1968: 689-703). Elas encontraram padrões regulares de condicionamentos variáveis semelhantes aos que acabamos de apresentar para o apagamento de *-t,d*:

(1) um padrão complexo de restrições gramaticais — o *-s* plural nos artigos é conservado mais frequentemente, em seguida o *-s* verbal, e o *-s* plural dos nomes em menor grau;
(2) um condicionamento fonológico em que o apagamento ocorre menos frequentemente antes de uma vogal do que antes de uma consoante;

(3) um padrão regular de alternância estilística onde o aumento da formalidade desfavorece a operação da regra.

Existe uma forma intermediária [h] que complica a regra, mas a forma da regra porto-riquenha $s \rightarrow h \rightarrow ø$ é provavelmente bastante semelhante à francesa $s \rightarrow ø$.

Concluímos que a variação tal como é mostrada no apagamento dos grupos *-t,d* não é um produto da mistura dialetal irregular, mas uma propriedade inerente e regular do sistema. O *status* das regras variáveis numa gramática pode ser questionado em outras bases: elas envolvem uma assimetria fundamental entre produção e percepção. Podemos argumentar que o falante exibe seu conhecimento do sufixo do tempo passado simplificando menos grupos *-ed* do que outros (e presumivelmente preservando o *-ed* mais frequentemente quando tem uma carga semântica pesada). Mas tudo o que o ouvinte tem de saber é se o *-ed* é opcional ou não, já que ele interpreta cada sinal de passado à medida que o recebe. (Há provas de que os ouvintes conseguem reagir, e reagem, à frequência, mas seria difícil vincular essa capacidade à função gramatical do "passado"; tais reações têm a ver com a caracterização global do falante.) De qualquer modo, é claro que as regras variáveis são regras de *produção*. A questão é saber se a simetria de produção e percepção é uma suposição bem fundada ou não acerca da estrutura linguística, ou até mesmo uma meta alcançável da construção teórica. Por mais atraente que isso possa parecer, não há comprovação sólida de que seja uma suposição inválida. Em testes de repetição com falantes do BEV de 14 a 17 anos, descobrimos que frases como *I asked him if he did it* ("Eu perguntei a ele se ele fez isso") são repetidas instantaneamente como *I axed him did he do it*. O sentido da frase é captado perfeitamente, mas ela é produzida automaticamente por regras do BEV — existe evidentemente uma profunda assimetria entre percepção (inglês-padrão e/ou BEV) e produção (somente BEV).

Por fim, seria possível descartar as regras variáveis sob o argumento de que elas são regras de desempenho. Quanto menos se considerar o conceito de desempenho como "lata de lixo", melhor. Pois é preciso notar que a grande maioria de nossas regras transformacionais ou fonológicas também podem ser caracterizadas como regras de "desempenho". Extraposição, atração-QU, posposição adverbial etc., são meios de facilitar a linearização do *input* da estrutura frasal, eliminando descontinuidades e encaixamentos à esquerda, coordenando e assimilando os elementos entre si, de modo a tornar o "desempenho" da frase o mais cômodo possível.

A capacidade dos seres humanos de aceitar, preservar e interpretar regras com condicionamentos variáveis é sem dúvida um aspecto importante de sua competência linguística ou *langue*. Mas ninguém tem consciência dessa competência, e não existem julgamentos intuitivos acessíveis para revelá-la a nós. Ao contrário, a percepção ingênua do nosso próprio comportamento e do dos outros é normalmente categórica[30], e somente o estudo cuidadoso da língua em uso demonstrará a existência dessa capacidade de operar com regras variáveis.

2. O apagamento da cópula no BEV

Agora nos voltamos para um problema mais complexo: o uso variável da cópula no presente e do auxiliar *is* no BEV. Frequentemente ouvimos nesse dialeto frases como *he wild, she out the game, he gon' try to get up*, correspondentes ao inglês-padrão *he is wild* ("ele é fera"), *she is out of the game* ("ela está fora do jogo") e *he is going to try to get up* ("ele está tentando se levantar"). Essas frases sem cópula são semelhantes às de diversas línguas como o russo, o hebraico ou o húngaro, que não têm cópula no presente; ao crioulo ou inglês jamaicano, que tem a cópula somente antes de sintagmas nominais (e locativos), ou à fala de crianças pequenas, que dizem *that a lamb* ("Isso [é] um carneiro") e *Mommy busy* ("Mamãe [está] ocupada"). A questão é saber se a cópula está ou não pre-

[30] Devido ao espectro contínuo de frequência na aplicação de uma regra, tal como "engolir o *g*" em *-ing*, observamos que os ouvintes reagem de forma discreta. Até determinado ponto, eles nunca percebem o falante "engolir o *g*"; para além desse ponto, percebem o falante como sempre fazendo isso. O mesmo vale para as regras de (th) e (dh) discutidas abaixo, e qualquer outra variável linguística bem desenvolvida. Os mesmos juízos categóricos aparecem na percepção dos hábitos alimentares dos outros ("Ela come feito um passarinho; ele nunca sabe quando parar") ou no cuidado da casa ("Ela não para de limpar; a casa toda tem dois dedos de poeira..."). Sempre que existem valores sociais fortes associados a padrões de desempenho de um papel, tendemos a assumir essa percepção categórica. Mas note-se que mesmo essa alteração brusca de julgamento exige que o observador seja (inconscientemente) sensível à frequência. Podemos especular que cada ocorrência da forma marcada estabelece uma expectativa inconsciente, que se torna explícita se reforçada dentro de um dado período de tempo, mas que, do contrário, se extingue sem efeito.

sente na estrutura profunda ou na estrutura de nível superior do BEV — e, se estiver, se ela é apagada como um todo no nível morfológico ou por regras fonológicas de nível mais baixo. Essas são questões importantes para a linguística teórica e aplicada, pois envolvem aspectos de como os dialetos de uma língua diferem e de como devem ser ensinados. O breve esboço do argumento apresentado aqui é um resumo da apresentação mais detalhada de Labov 1972a: cap. 3, e Labov *et al.* 1968: 3.4.

a. Primeiramente, descobrimos que não existe nenhum falante do BEV que apague sempre a cópula, e nenhum que nunca a apague. Todos exibem algumas formas plenas, algumas formas contraídas e algumas formas zero. A regularidade desse comportamento e o padrão dos condicionamentos variáveis discutido acima atestam que estamos lidando com uma regra variável dentro do sistema do BEV.

b. Há posições sintáticas onde o apagamento nunca ocorre: em formas elípticas (*he is too,* "ele é também"), depois de atração-QU (*that's what he is,* "é isso que ele é"). Em geral, verifica-se que sempre que o inglês padrão pode contrair, o BEV pode apagar a cópula, e sempre que o inglês padrão não pode contrair, o BEV não pode apagar.

c. Esse vínculo entre contração e apagamento torna necessário investigar as condições gerais da contração em inglês, analisando-se as evidências de nossas próprias intuições dentro do modelo gerativo. Verifica-se que a contração de *am, is, are, will, has, have, had* é o apagamento de um *schwa* [ə] inicial isolado antes de uma consoante isolada numa palavra que contém o marcador temporal. Esse processo, que gera *he's here* ("ele está aqui"), *I'm coming* ("eu estou vindo"), *you're there* ("você está aí"), *I'll go* ("eu irei"), *he's got it* ("ele tem isso") etc., é dependente de regras que apagam *glides* iniciais e da regra de redução de vogal que reduz vogais distensas átonas a *schwa.* A regra de redução de vogal, por seu turno, é dependente das regras de atribuição de acento, determinadas pela sintaxe da estrutura de superfície, tal como desenvolvidas por Chomsky & Halle (1968). As regras de contração confirmam os resultados independentes da construção de Chomsky e Halle do ciclo transformacional na fonologia do inglês[31].

[31] Uma análise da redução do auxiliar por Zwicky (1970) alega que existem casos de *is* ou *has* não contraíveis que não podem ser explicados por regras de acento. Nos casos críticos, o *h-* de *has* é considerado apagável e a vogal reduzida, mas não contraída: *Gerda*

d. Que o apagamento da cópula se relaciona com a contração é algo também indicado por nossa descoberta de que o BEV não apaga formas com vogais tensas que não podem ser reduzidas a *schwa*: *be, ain't, can't* são preservados. Que o apagamento é um processo fonológico também aparece no fato de que o *m* de *I'm* raramente é apagado: em geral, nasais finais não são apagadas no BEV.

e. As regras variáveis que controlam a contração e o apagamento no BEV mostram uma série de condicionamentos variáveis segundo o ambiente gramatical. A regra é favorecida se o sintagma nominal precedente for um pronome. O ambiente gramatical subsequente condiciona as regras na seguinte ordem (do menos favorável ao mais favorável): sintagma nominal predicativo; adjetivos e locativos; verbos; e o auxiliar *gonna* antes de verbo. Se aceitarmos a noção de que a contração opera primeiro e que o apagamento remove a consoante isolada que permanece depois da contração, veremos que tais condicionamentos operam do mesmo modo sobre ambas as regras, e que a contração no BEV exibirá um padrão semelhante à contração em outros dialetos do inglês. A existência de duas regras separadas é indicada pelo fato de os efeitos quantitativos desses ambientes gramaticais serem intensificados com o apagamento: os condicionamentos foram aplicados duas vezes.

f. Embora os mesmos condicionamentos gramaticais operem sobre a contração e o apagamento no BEV, o efeito fonológico de uma vogal ou consoante precedentes é o inverso. Para a contração, a regra é favorecida se o sujeito termina com vogal; para o apagamento, se termina com consoante. Essa inversão é consistente com a diferença fonológica entre contração e apagamento, pois a contração é a remoção de uma vogal, e o apagamento é a de uma consoante, e em cada caso o contexto favorável leva a uma estrutura CVC.

---

has been to North Dakota as often as Trudi (h)as. É possível que esses dados intuitivos (e reconhecidamente polêmicos) sejam o produto de acento contrastivo sobre o segundo sujeito *Trudi*. A dependência do acento se mostraria pela irredutibilidade de *has* em *I don't think anyone should go to North Dakota as often as Trudi has*, onde não há qualquer acento contrastivo sobre Trudi.

Assim, concluímos que a forma básica das regras de contração e apagamento de *is* é:

21 Contração

$$ə \rightarrow \langle \emptyset \rangle \; / \left\langle \begin{matrix} +\text{Pro} \\ -\text{cons} \end{matrix} \right\rangle \# \# \begin{bmatrix} \rule{2em}{0.4pt} \\ +\text{Tns} \end{bmatrix} z \# \# \left\langle \begin{matrix} +\text{Vb} \\ +\text{Fut} \\ -\text{NP} \end{matrix} \right\rangle$$

22 Apagamento

$$z \rightarrow \langle \emptyset \rangle \; / \left\langle \begin{matrix} +\text{Pro} \\ +\text{cons} \end{matrix} \right\rangle \# \# \; \rule{3em}{0.4pt} \; \# \# \left\langle \begin{matrix} +\text{Vb} \\ +\text{Fut} \\ -\text{NP} \end{matrix} \right\rangle$$

Uma forma mais geral da regra de contração mostra que ela opera diante de uma consoante ou de pausa, $\_C_0^1$. Essa consoante é, então, geralmente eliminada por 22. Mas aqui estamos lidando especificamente com a contração e o apagamento de *is*, cujos condicionamentos variáveis são bem conhecidos. Os condicionamentos precedentes mostram que a regra é favorecida por um pronome-sujeito (que em geral termina com vogal) ou por algum outro sintagma nominal que termina com uma vogal ou um *glide*. Esse condicionamento é invertido no apagamento, que é favorecido por [+consonantal]. Os condicionamentos subsequentes mostram que a regra é favorecida por um verbo subsequente, especialmente se esse verbo for uma forma do futuro (*gonna, gon'*). Se o elemento seguinte não for um verbo, então a regra é favorecida se não for um sintagma nominal — ou seja, se for um locativo ou um adjetivo. A ordenação vertical dos condicionamentos variáveis dentro dos parênteses angulados reflete sua força, mas não existe força relativa indicada aqui entre as restrições precedentes e subsequentes.

Os dados completos que apoiam 21 e 22 são apresentados no cap. 3 de Labov 1972a. Há algumas questões não resolvidas na regra de contração acerca do efeito do sintagma nominal subsequente quando há um sintagma nominal precedente; nessa situação, alguns grupos de BEV parecem diferir de outros. De resto, os condicionamentos são totalmente independentes e se repetem em cada um dos grupos vernaculares que temos estudado. A tabela 8.4 mostra uma pequena parte do padrão: o efeito do ambiente gramatical subsequente sobre o apagamento de *is* com pronomes sujeitos. Para cada um dos três grupos adolescentes de

Nova York, a frequência de apagamento aumenta regularmente ao longo desses quatro ambientes. Abaixo deles há números extraídos dos estudos de Wolfram com falantes negros em Detroit: nesse caso, trata-se de uma população de classe operária, com entrevistas individuais de adultos e adolescentes. Em geral, esses falantes de Detroit seguem as regras 21 e 22 no tratamento de *is*. A tabela 8.4 mostra que eles seguem o mesmo padrão para os quatro ambientes gramaticais dos grupos de Nova York.

TABELA 8.4
EFEITO DO AMBIENTE GRAMATICAL SUBSEQUENTE
SOBRE O APAGAMENTO DE *IS* NO BEV COM PRONOME SUJEITO

	% de apagamento antes de			
Comunidade de fala	*sintagma nominal*	*adjetivo locativo*	*verbo*	*gonna*
NOVA YORK				
Thunderbirds	35%	51%	74%	91%
Cobras	53	77	80	100
Jets	63	72	78	95
DETROIT				
Classe operária	37	46	50	79

FONTE: Labov *et al.* 1968: 3.4, e Wolfram, 1969: 211.

As regras de contração e apagamento 21 e 22 não são simples resumos do desempenho de grupos particulares. São condicionamentos gerais que refletem o sistema linguístico de falantes de BEV em diversas áreas. Não somente as amostras de Nova York e Detroit coincidem, como também encontramos padrão semelhante em Washington, como mostra a análise de conversas de Loman (1967); em San Francisco, como mostra Mitchell-Kernan (1969) em seu estudo detalhado de dois falantes adultos; em Los Angeles, como se vê em estudos menos detalhados de crianças negras pequenas (Legum *et al.* 1971).

Estamos agora em condições de examinar mais de perto o caráter formal dessas regras variáveis. Aqui seguirei a interpretação formal desenvolvida por Cedergren & Sankoff (1972), aceitando suas modificações da interpretação original semiquantitativa de Labov 1969[32]. Precisamos

32 O modelo original apresentado em Labov 1969 tem dois defeitos relacionados. Já

antes reexaminar o significado da quantidade φ, que representa a proporção de casos em que uma regra se aplica em relação a todos os casos em que se poderia aplicar. Numa discussão anterior, φ foi usada para a frequência real de uma regra numa dada amostra. Mas tais frequências não podem ser vistas como um aspecto da regra em si mesma. Em vez disso, φ deve ser vista como a *probabilidade* da regra se aplicar a qualquer amostra dada com qualquer configuração dada de ambientes relevantes. A hipótese explicitada por Cedergren & Sankoff é a de que cada um dos condicionamentos variáveis atribui uma contribuição independente a essa probabilidade: essa hipótese é da maior importância para a teoria linguística, pois oferece a primeira justificativa de peso para o linguista reunir regras individuais em esquemas de regras.

Há uma boa base empírica, derivada do estudo da mudança linguística, para se considerar que a maioria das regras tendem a se aplicar ao máximo — a se generalizar a todos os ambientes e a se tornar categóricas num determinado ambiente (Labov 1972a, Wang 1969, Chen & Hsieh 1971) e a se reordenar para se aplicar ao máximo de casos (Kiparsky 1968). Dentro de um dado ambiente, será normal $\varphi = 1$; numa regra variável haverá algum fator impedindo a regra de se aplicar, de modo que $\varphi = 1 - k_o$. Se este fator limitador for $k_o = 1$, então a regra não se aplicará de modo algum. Nos casos que estamos considerando, k_o é limitado ou diminuído por uma série de fatores que favorecem a regra: uma probabilidade de *input* p_o, e condicionamentos variáveis como os de 21 ou 22. O efeito desses condicionamentos em limitar k_o pode ser simbolizado como $v_1, v_2, v_3 \ldots v_n$. Assim, a fórmula geral para a probabilidade de dada regra variável se aplicar é

23 $\varphi = 1 - k_o$

24 $k_o = (1 - p_o)(1 - v_1)(1 - v_2) \ldots (1 - v_n)$.

---

que era aditivo, um postulado de ordenação geométrica era necessário para evitar que as contribuições de condicionantes individuais totalizassem mais do que 1. Esse tipo de ordenação nem sempre foi encontrado, por isso houve casos em que as duas restrições mais importantes tiveram, *grosso modo*, o mesmo efeito sobre a regra. Por conseguinte, um incremento no efeito de uma restrição necessariamente implicaria um decréscimo no efeito da outra, e assim elas não seriam independentes em sua ação.

Se determinado condicionamento variável <+traço$_i$> não estiver presente, então $v_i = 0$, e a probabilidade da regra se aplicar não é afetada. Se o traço estiver presente, então o fator $(1 - v_i)$ opera para diminuir o fator limitador k_0 e, assim, aumenta a probabilidade da regra se aplicar nesse ambiente.

Esse modelo de Cedergren & Sankoff se baseia na hipótese de que os condicionamentos variáveis são independentes e contribuem com o mesmo elemento v_i para a probabilidade da regra, independentemente de quaisquer outros condicionamentos presentes. Eles aplicaram esse modelo para estabelecer probabilidades subjacentes para os condicionamentos variáveis sobre a contração de *is* refletida na tabela 6 de Labov 1969 (Labov 1972a, cap. 3), usando uma forma ligeiramente diferente da regra de contração 21[33]. Por meio do método estatístico de probabilidade máxima [*maximum likelihood*], eles produziram a estimativa de 0,27 para a probabilidade de *input* p_0 e cinco outras estimativas para v_i, situadas entre 0,13 e 0,90. Assim, podem predizer a tabela original com doze células (quatro ambientes subsequentes e três precedentes) com apenas seis parâmetros. Os resultados são bastante próximos: em oito células, a fórmula prediz os números originais dos casos na tabela; em quatro células a predição difere em um caso*.

Cedergren & Sankoff aplicaram seu modelo à investigação quantitativa de diversas outras regras variáveis no espanhol do Panamá e no francês de Montreal. O trabalho em curso de G. Sankoff, Cedergren e colaboradores em Montreal está levando a investigação das regras variá-

---

[33] A demonstração de Cedergren & Sankoff tomou como restrições variáveis as categorias sob as quais os dados foram tabulados. Mas em termos de traços subjacentes, vários deles se sobrepõem. Assim, um [+Pro] precedente termina com uma vogal, de modo que também é [+V] do mesmo modo como sintagmas nominais [–Pro] que terminam com uma vogal como *Joe*. A independência desses traços subjacentes deveria decorrer do método, se, de fato, eles representassem a análise correta.

* Para maiores detalhes sobre a história dos modelos matemáticos usados pela sociolinguística quantitativa e para detalhes sobre o modelo atualmente usado (logístico), cf.: (1) Anthony Julius Naro, Modelos quantitativos e tratamento estatístico, in: Mª Cecília Mollica, Mª Luiza Braga (orgs.). *Introdução à sociolinguística: o tratamento da variação.* São Paulo: Contexto, 2003, pp. 15-26; (2) Gregory R. Guy, Introdução à análise quantitativa da variação linguística, in: Gregory R. Guy, Ana Zilles. *Sociolinguística quantitativa: instrumental de análise.* São Paulo: Parábola Editorial, 2007, pp. 11-46; (3), Sali A. Tagliamonte. *Analysing Sociolinguistic Variation.* New York: Cambridge University Press, 2006 (n. da tradução).

veis a um nível superior de explicabilidade. Pelo uso do método estatístico de probabilidade máxima (*maximum likelihood*), é possível confirmar ou rejeitar a hipótese de independência de condicionamentos variáveis em qualquer instância particular e, assim, oferecer dados fundamentais para validar a operação linguística básica de composição de esquemas de regras.

Dada uma série de regras linguísticas

25 a. X → Y / A ____ C
b. X → Y / A ____ D
c. X → Y / B ____ C
d. X → Y / B ____ D
e. X → Y / ____ C
f. X → Y / ____ D

os linguistas acreditam que é econômico e revelador representar todas essas possibilidades com um único esquema de regras como:

26 $X \rightarrow Y / (\left\{ \begin{matrix} A \\ B \end{matrix} \right\}) \_\_\_\_ \left\{ \begin{matrix} C \\ D \end{matrix} \right\}$

O argumento geral de Chomsky e Halle é que as notações abreviadas de 26 ou semelhantes, que levam ao máximo de economia, nos dão informações reais sobre as estruturas formais disponíveis ao aprendiz da língua (1968: 331). Contudo, argumentos baseados na simplicidade nem sempre têm sido convincentes. No estudo da mudança linguística em andamento, frequentemente encontramos regras que se expandem para gerar formas mais complexas (Cohen 1970), e é possível que alguém afirme que ainda não se obteve nenhuma prova conclusiva por meio da simplicidade relativa[34].

A demonstração de Cedergren & Sankoff se torna agora um ponto fundamental neste argumento. Se as várias sub-regras agrupadas no esquema 21 tivessem de ser dissolvidas em regras individuais, isso equivaleria a dizer que os condicionamentos variáveis não são independentes e que é impossível chegar a estimativas de v_i que predissessem esses dados. A própria existência de contribuições estáveis para a probabilidade de uma regra por condicionamentos variáveis demonstra a validade do

[34] Cf. a introdução de Lakoff (1971), onde ele argumenta que não houve nenhuma explicação satisfatória na sintaxe por meio da simplicidade ou de uma medida de avaliação interna.

esquema de regras. A hipótese da independência de condicionamentos variáveis é equivalente à hipótese de que esquemas de regras são significativos. Mas é somente com dados quantitativos que podemos obter demonstrações convincentes dessa afirmação.

Além das evidências internas e da confiabilidade das regras de contração e apagamento, há outras comprovações da validade de nossa explicação. As pessoas não têm nenhuma dificuldade em repetir a cópula em testes de imitação (Labov *et al.* 1968: 3.9, Labov 1972a: cap. 2), e apresentam pouquíssimos problemas nos testes de compreensão desse elemento. A esse respeito, a cópula contrasta fortemente com o *-s* de 3ª pessoa do singular, que não corresponde a nenhum elemento da estrutura gramatical do BEV[35].

Até agora, não dissemos nada sobre a probabilidade de *input* p_0. Esta seção se ocupou de problemas de estrutura linguística interna, mas deve ter ficado claro pela tabela 8.3 que os falantes de Detroit estão operando com um p_0 mais baixo, o qual em geral é sensível a parâmetros sociolinguísticos como idade, filiação a grupos e *status* socioeconômico. Essas variáveis operam diretamente sobre p_0 em nossa representação e produzem funções que podem ser isoladas dos condicionamentos internos mais estáveis sobre as regras linguísticas. Essas variáveis sociolinguísticas são o tema da seção 3 abaixo.

3. Concordância negativa

Para o terceiro exemplo da análise da estrutura linguística em seu contexto social, considerarei o problema que gira em torno do enunciado

27 It ain't no cat can't get in no coop.

---

[35] A abordagem experimental de Torrey da compreensão da sintaxe usou desenhos que ilustravam a diferença entre *passado* e *presente* ou *singular* e *plural*. Ela testou crianças negras do ensino secundário em sua habilidade de usar várias flexões na fala e na compreensão, antes e depois de um período de treinamento. O plural operou num alto nível desde o começo, e a cópula respondeu rapidamente à prática. Mas no caso do *-s* de 3ª pessoa do singular, houve uma clara diferença entre duas situações. Os secundaristas não tiveram dificuldade alguma em usar o *-s* para distinguir *presente* de *passado* como em *The man hits the dog* vs. *The man hit the dog*. Mas não tiveram nenhum sucesso, antes ou depois do treinamento, em usar o *-s* para distinguir singular de plural, como em *The cat splashes* vs. *The cats splash*. Podemos concluir que eles têm uma regra que afirma, *grosso modo*: "Insira um *-s* em verbos no presente em situações formais" (1972).

["Não tem nenhum gato que consiga entrar num pombal" — literal: "Não tem nenhum gato que não consiga entrar em nenhum pombal"]

Quem disse isso foi Speedy, o chefe dos Cobras, numa de nossas sessões em grupo, numa discussão sobre pombais. Falantes de qualquer outro dialeto do inglês que não o BEV interpretam 27 com o sentido de: "There is no cat that can't get into any coop" ["Qualquer gato consegue entrar num pombal"]. Eles ficam muito surpresos ao descobrir, pelo contexto, que Speedy estava negando que os gatos fossem um problema, pois o sentido que *ele* dava à sua frase era: "There isn't any cat that *can* get into any coop" ["Nenhum gato consegue entrar num pombal"]. À primeira vista, parece que os falantes de BEV se comportam de modo ilógico, contraditório. Se os dialetos não diferem radicalmente em sua estrutura profunda, como sugerido acima, então como é possível que uma frase negativa num dialeto seja positiva em outro?

Primeiramente, alguém poderia perguntar se Speedy simplesmente não cometeu um erro. Não é o caso, pois encontramos meia dúzia de outros exemplos da mesma construção em nosso trabalho na comunidade negra. Muito convincente é o exemplo de um longo poema épico do folclore negro — falando de uma prostituta, o narrador diz: *"There wasn't a son of a gun who this whore couldn't shun"* [literal: "Não havia nenhum filho da mãe que dessa prostituta *não* conseguisse escapar"], significando que ela era tão boa que "There wasn't any customer that could shun her" ["não havia cliente algum capaz de escapar dela"].

Observamos que os exemplos normalmente tinham três características em comum:

(a) havia duas frases, e na segunda aparecia uma negativa contraditória;
(b) havia uma outra negativa na primeira frase, e
(c) a primeira frase também continha um advérbio indeterminado como *ever* ou *any* (negativa mais *any* = *no*).

Esses três fatos nos levaram a vincular o fenômeno à "concordância negativa", o processo pelo qual as negativas são atraídas para os indeterminados. Nessa pesquisa, novamente achamos necessário levar o argumento mais adiante em termos de nossas intuições gramaticais (como falantes nativos do inglês padrão e de vários dialetos brancos não padrão). Podemos começar com a formulação gerativa oferecida por Klima (1964) para a observação de Jespersen e outros de que em inglês a negação é obrigatoriamente atraída para o primeiro indeterminado se este preceder o verbo, e opcionalmente para o primeiro indeterminado logo a seguir. Assim, em vez de **Anybody doesn't sit there* ["Alguém não se senta ali"], temos por regra obrigatória: *Nobody sits there* ["Ninguém se senta ali"]. Por outro lado, há uma regra meramente opcional (e, de algum modo, estilisticamente formal) que muda *He doesn't sit anywhere* ["Ele não senta em qualquer lugar"] para *He sits nowhere* ["Ele senta em nenhum lugar"]. Se continuássemos a considerar somente o inglês-padrão, poderíamos escrever uma regra que toma a negativa inicial como um traço da frase e a distribui diretamente pelas várias posições com as condições indicadas. Mas o estudo de diversos dialetos do inglês nos leva à conclusão de que a regra de atração negativa que incorpora a negativa ao primeiro indeterminado é de um caráter muito distinto das outras. Parece haver três regras distintas, todas operando *depois* que a negativa é colocada em sua posição pré-verbal normal, as quais podemos esboçar em linhas gerais aqui. A primeira é a regra categórica de atração negativa (ATRANEG):

28 ATRANEG (obrigatória para todos os dialetos)
Indet – X – Neg
1 2 3 → 3 + 1 2

Não somente essa regra é obrigatória para todos os dialetos como também as frases em que não é aplicada, como **Anybody doesn't sit there*, são seguramente não inglesas: em testes de repetição (Labov *et al.* 1968: 3.9), frases assim só provocam confusão e ninguém consegue repeti-las. Há condições que suspendem a força obrigatória dessa regra, como um elemento hipotético ou negativo precedente; uma exposição exata delas requer uma discussão mais ampla (cf. Labov 1972a: cap. 4). Mas a investigação detalhada de ATRANEG nos leva à conclusão de que essa regra reflete uma exigência cognitiva para a organização dos traços dos indeterminados em relação à negativa. A condição geral é que quantificadores universais não podem preceder um predicado negativo simples se contiverem os traços [+DISTRIBUTIVO], como *each* ["cada"], e, de forma alguma, se contiverem [–FACTUAL], como *any* ["algum" ou "qualquer"].

As duas próximas regras são de um caráter diferente:

29 Posposição da negativa (opcional; só para o inglês-padrão literário)
Neg — X — Indef
1 2 3 → 2 1 + 3

30 CONCORDNEG (opcional; só para dialetos não padrão)
Neg – X – Indef
1 2 3 → 1 2 1 + 3

Estas duas regras são complementares e desempenham a mesma função enfática. Em lugar de *He doesn't sit anywhere*, a primeira regra nos dá *He sits nowhere*, e a segunda regra pleonástica gera *He don't sit nowhere* ["Ele não senta em nenhum lugar"]. A regra 30 se aplica sem consideração a fronteiras de frase: assim, podemos ter *He doesn't like nobody that went to no prep school* ["Ele não gosta de ninguém que foi a nenhuma escola preparatória"], que corresponde ao inglês-padrão: *He doesn't like anybody that went to any prep school* ["Ele não gosta de alguém que foi a alguma escola preparatória"]. Também há alguns dialetos brancos não padrão [WNS_2] que podem transferir a negativa para a posição pré-verbal, de modo que temos **Anybody doesn't sit there → Nobody sits there → Nobody don't sit there.* O BEV compartilha esta propriedade.

A pesquisa gramatical cuidadosa de nossas entrevistas e sessões de grupo nos mostra agora que o BEV exibe uma diferença surpreendente em relação aos demais dialetos. A regra 30 não é variável, mas obrigatória para o BEV dentro da mesma frase. Para os membros efetivos dos grupos de pares BEV, verificamos que essa concordância negativa opera, não num nível de 95 ou 98%, mas de 100%, em 42 de 42 casos, 63 de 63 etc., ao passo que nossos grupos brancos correspondentes exibem variação inerente. Isso significa que a função enfática da concordância da negação se perdeu inteiramente no BEV: se a regra é obrigatória, ela não tem significado estilístico ou contrastivo. Essa função enfática é suplementada pelo BEV através de várias extensões das regras de negação, não usadas pelos dialetos do Norte, tais como a *inversão da negação*: *Nobody can do it → Ain't nobody can do it* ["Ninguém (não) pode fazer isso"]; *Nobody saw him → Didn't nobody see him* ["Ninguém (não) viu ele"]. O BEV também estende a regra 30 para permitir a transferência da negação para a posição pré-verbal *numa frase subsequente*. É esse o uso enfático que produz 27: *It ain't no cat can't get in no coop.*

Vemos, por fim, que a aparente "contradição" de 27 não é uma diferença em operações lógicas entre dialetos, mas somente um ligeiro reajuste das condições sobre uma transformação. Podemos reescrever 30 agora como

30' CONCORDNEG

$$\text{Neg} - \text{X} - \begin{Bmatrix}\text{Verb}\\ \text{Indef}\end{Bmatrix}$$

$$1 \quad 2 \quad 3 \rightarrow 1 \qquad 2 \qquad 1+3$$

e estabelecer a tabela de condicionamentos abaixo. Esta tabela está na forma de valores de φ, onde 0 significa que a regra nunca se aplica, X significa que é uma regra variável como $0 < \varphi < 1$, e 1 significa que a regra é obrigatória.

3 =	*Indeterminado*		*Verbo*	
1 e 3 concordam?	Sim	Não	Sim	Não
Dialeto				
SE	0	0	0	0
WNS_1	X	X	0	0
WNS_2	X	X	X	0
BEV	1	X	X	X

[SE = Inglês Padrão; WNS = Dialetos brancos não padrão; BEV = Inglês negro vernacular.]

Aqui fazemos uso da distinção entre uma regra variável e uma regra obrigatória independente, de um modo novo: a regra variável tem uma função comunicativa — nesse caso, valor "estilístico", "expressivo" ou "enfático" —, enquanto a regra invariante não tem nenhuma: ela simplesmente facilita a expressão de escolhas já feitas. Uma vez mais, uma compensação estrutural aparece quando uma regra variável se torna invariante e a informação se perde: o BEV estende a concordância negativa a novos ambientes para compensar essa perda. O BEV tem, assim, as propriedades de um subsistema separado, já que as mudanças em uma parte do sistema parecem ser inevitavelmente acompanhadas de mudanças compensatórias em outra parte para manter a mesma operação funcional.

3. Estrutura sociolinguística

Podemos definir uma *variável sociolinguística* como correlacionada com alguma variável não linguística do contexto social: o falante, o interlocutor, o público, o ambiente etc. Alguns traços linguísticos (que chamaremos de *indicadores*) mostram uma distribuição regular pelos grupos socioeconômicos, étnicos e etários, mas são usados por cada indivíduo mais ou menos do mesmo modo em qualquer contexto. Se os contextos sociais puderem ser ordenados em algum tipo de hierarquia (como grupos socioeconômicos ou etários), podemos dizer que tais indicadores são *estratificados*. Variáveis sociolinguísticas mais altamente desenvolvidas (que chamaremos de *marcadores*) não somente exibem distribuição social, mas também diferenciação estilística. Como observamos na seção 1, o contexto estilístico pode ser ordenado ao longo de uma única dimensão segundo o grau de atenção prestado à fala, de modo que temos *estratificação* tanto *estilística* quanto *social*. Estudos anteriores como os de Fischer (1958) ou Kučera (1961) observaram as variáveis linguísticas somente numa dimensão a cada vez, porém estudos mais recentes (Labov 1966a; Wolfram 1969; Anshen 1969; Trudgill 1971) contemplaram a inter-relação de ambas as dimensões.

Um marcador sociolinguístico estável: (ing)

Um dos marcadores sociolinguísticos mais gerais em inglês é (ing): a presença ou ausência de uma velar final no /ing/ átono. A variante formal é sempre a velar, com algumas interessantes exceções em áreas do Sul[36]. Há algumas questões técnicas na definição dessa variável que nem sempre receberam a merecida atenção. Uma abordagem ingênua se concentra no sufixo *-ing* como se a variável fosse uma alternância na forma desse morfema, desconsiderando o *-ing* átono em *something* e *nothing*. Em diversos dialetos sulistas (p. ex., Atlanta), os trissílabos *anything* e *everything* escapam da regra e são realizados sempre com a variante [ɪŋ]: provavelmente o resultado de acento terciário na última sílaba. Por outro lado, alguns dialetos (leste da Nova Inglaterra) realizam [ɪŋ] com acento terciário em *workin'* [wɝ̀kìn], *fishin'* [fíʃìn]. Outras complicações podem surgir na medida em que alguns dialetos diferenciam nomes, particípios e formas progressivas, de modo que fronteiras flexionais e derivacionais, # e +, aparecerão como restrições variáveis na regra. No tratamento mais extremo Sul dessa variável, todos os nomes próprios estão também incluídos, tais como *Manning* [mɛ:nɪn].

36 Um estudo do inglês da área de Austin (Texas) feito por Stanley Legum (comunicação pessoal) mostrou uma inversão incomum do padrão normal de (ing). Diversos informantes usaram a variante velar [iŋ] na situação de entrevista, mas mudaram para [in] no contexto mais formal do estilo de leitura. Parece que estamos lidando com uma norma regional que eleva a variante [in] como símbolo de identidade local, reconhecido mesmo por aqueles que não a usam em sua fala corrente.

Apesar dessas variações no processo de seleção, a operação dessa variável é extraordinariamente uniforme. Ainda que desconsideremos os detalhes observados acima, obteremos um padrão regular de estratificação estilística e social bastante semelhante ao apresentado para (th) nos capítulos 4 e 5. As primeiras observações de Fischer (1958) de (ing) mostraram que essa variável refletia sensibilidade às variáveis sexo, formalidade e orientação cultural em relação à escola. A figura 8.3 mostra o padrão de (ing) do estudo do Lower East Side (Labov 1966a: cap. 10). Padrões semelhantes são obtidos por outros pesquisadores para variáveis sociolinguísticas bem estabelecidas como (ing), (th), (eh) e concordância negativa; esses padrões compartilham algumas propriedades comuns com a figura 8.3:

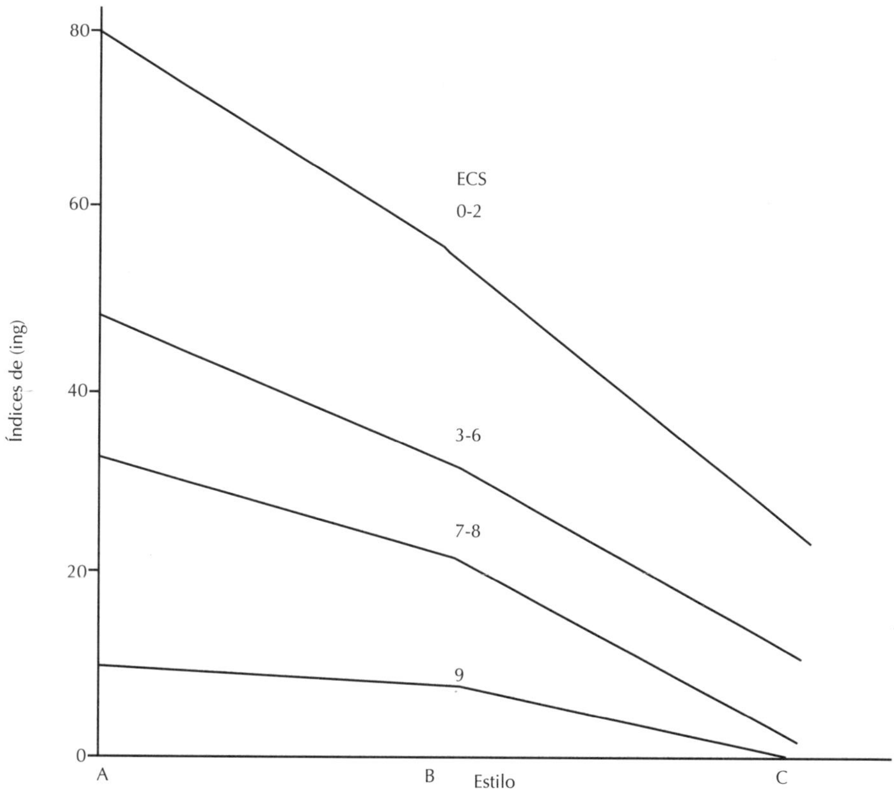

FIGURA 8.3 Estratificação de classe e de estilo de (ing) em *working, living* etc.; para adultos nova-iorquinos brancos. Escala de classe socioeconômica: 0-2, 3-6, 7-8, 9. A, fala casual; B, fala monitorada; C, estilo de leitura*.

* Os gráficos nas figuras 8.3 e 8.4 se referem à *ausência* da velar [ŋ], ou seja, ao uso da variante alveolar [n] (n. da tradução).

a. Em qualquer contexto, os membros da comunidade de fala se diferenciam pelo uso de (ing), de modo que índices mais altos e mais baixos dessa variável estão diretamente correlacionados a posições mais altas e mais baixas nos índices socioeconômicos.
b. Além disso, cada grupo se comporta do mesmo modo, como indicam as linhas inclinadas paralelas da alternância estilística de (ing), de modo que índices mais altos e mais baixos para essa variável estão diretamente correlacionados a posições mais altas e mais baixas numa escala de formalidade do contexto.
c. Uma vez que a figura 8.3 não é visível como um todo para o conjunto das pessoas, os fatos (a) e (b) não fazem parte do conhecimento geral. A porção da figura 8.3 visível a qualquer indivíduo é normalmente um corte vertical e um corte horizontal: o espectro de alternância estilística usado por seu próprio grupo, e o comportamento estratificado de outros grupos nos poucos contextos em que tal indivíduo interage com eles. Ele não tem consciência de que os outros alternam do mesmo modo que ele.
d. A mesma variável sociolinguística é usada para sinalizar a estratificação social e estilística. Pode ser difícil, portanto, interpretar qualquer sinalização por si mesma — distinguir, por exemplo, o estilo casual de um vendedor do estilo monitorado de um soldador[37].
e. Embora seja impossível prever, para qualquer enunciado, qual variante um falante usará, a nítida regularidade da figura 8.3 emerge de amostras com apenas cinco indivíduos em um subgrupo, e não mais do que cinco ou dez enunciados num dado estilo para cada indivíduo.

O fato de (ing) ser uma função regular de classe social e estilo contextual é de grande importância na sua caracterização como variável sociolinguística estável. A regra que governa essa variável pode ser formulada como 31:

[37] Esse é um dos resultados mais notáveis da pesquisa sociolinguística, já que os textos sobre uso social, escritos a partir do conhecimento do "senso comum", vêm tentando distinguir "variedades funcionais" e "níveis culturais" como dimensões completamente independentes. Mas sua interdependência é mostrada neste e em todo estudo empírico cuidadoso até o presente. Embora possa parecer inconveniente ter uma variável operando em ambas as dimensões, este parece ser um resultado inevitável dos processos sociolinguísticos que envolvem atenção à fala e percepção de normas, como esboçado abaixo.

$$31\quad \begin{bmatrix} -\text{contínua} \\ -\text{tensa} \\ -\text{anterior} \end{bmatrix} \rightarrow <\text{ø}> / \begin{bmatrix} +\text{vocálica} \\ -\text{consonantal} \\ -\text{tônica} \end{bmatrix} \begin{bmatrix} +\text{ nasal} \\ +\text{ coronal} \end{bmatrix} \text{ ——}$$

Não estamos preocupados aqui com nenhum condicionamento variável que possa influenciar essa regra, mas sim com a determinação do *input* variável p_0. Os dois maiores determinantes desta quantidade são classe socioeconômica e estilo contextual: idade, sexo e grupo étnico desempenham papel secundário. Para (ing) e as demais variáveis sociolinguísticas, a função assume a forma geral:

$$32\quad p_0 = a \bullet (\text{ECS}) + b \bullet (\text{estilo}) + c$$
[ECS = escala de classe socioeconômica]

A sugestão de 32 de que isso é uma função linear vai além dos dados disponíveis, uma vez que não podemos ainda quantificar a dimensão do estilo. Talvez seja possível fazer isso em estudos futuros que desenvolvam a noção de que os estilos são organizados segundo o grau de atenção prestado à fala, mas no momento essa falta de quantificação é uma séria limitação.

A função 32 afirma concisamente a informação básica afirmada em (a) e (b) acima: que os marcadores sociolinguísticos estáveis organizam a variação linguística de um modo diretamente paralelo a outros índices hierárquicos de *status* social. No capítulo 9, veremos que eles contrastam nitidamente quanto a isso com as variáveis sociolinguísticas que refletem mudança em andamento.

Os cinco traços gerais a–e valem para diversos marcadores sociolinguísticos que têm sido estudados nas pesquisas acima. Não dispomos de uma visão completa da estratificação social e estilística na maioria desses estudos: alguns fornecem dados apenas sobre seções relativamente pequenas do padrão da figura 8.3 e seus equivalentes, enquanto outros cobrem um espectro mais amplo. Mas todos esses dados podem ser interpretados em termos dessa configuração e se encaixam no padrão. Vários estudos têm demonstrado isso para (th) e (dh), entre a população branca e negra (Labov 1966a; Labov *et al.* 1968; Anshen 1969). Concordância negativa e colocação pronominal foram estudadas por Shuy, Wolfram e Riley em Detroit (1967). Diversas variáveis do espanhol foram estudadas por Ma e Herasimchuk em falantes porto-riquenhos: a variável mais intrincada e sistemática é (S), a aspiração e o apagamento do /s/ final de sílaba, que é geralmente de grande importância por todo o mundo hispanófono. Ma e Herasimchuk deram uma boa visão da estratificação estilística dessa variável. Cedergren estudou o (S) em seu trabalho sobre o espanhol panamenho, onde encontrou uma correlação linear com o *status* socioeconômico. O mesmo se pode dizer de (R), o desvozeamento, fricativização, faringalização e apagamento do /r/ final de sílaba (cf. cap. 9 a seguir). Sankoff e seus colaboradores em Montreal estão começando a produzir relatórios detalhados sobre diversas variáveis do francês que mostram o padrão da figura 8.3, incluindo o apagamento de (l), presença ou ausência de (que) e vários outros. Trudgill (1971) estudou diversas variáveis no sistema vocálico de Norwich (Inglaterra): de novo, o contraste

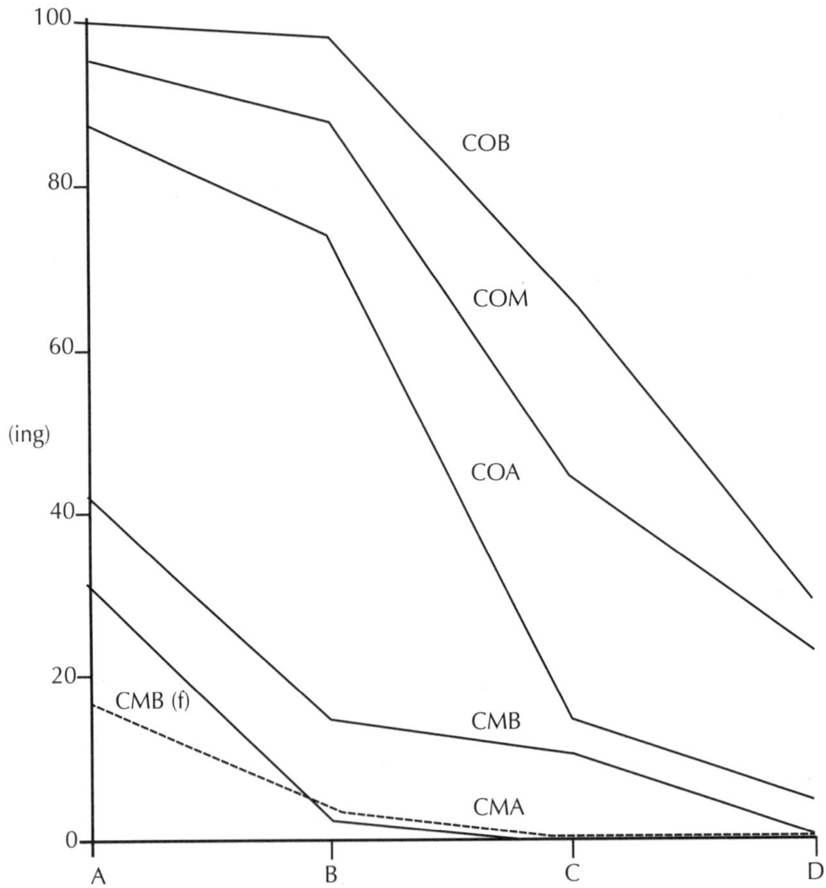

FIGURA 8.4 Estratificação de classe e estilo de (ing) em Norwich (adaptado de Trudgill, 1971). A, fala casual; B, fala monitorada; C, estilo de leitura; D, lista de palavras.

entre variáveis sociolinguísticas estáveis e mudanças em andamento é da maior importância. A generalidade e a estabilidade da variável (ing) se refletem novamente nos dados de Trudgill, obtidos de uma área bastante remota daquelas onde tal variável se localizava originalmente. A figura 8.4 mostra o padrão linear de (ing) em Norwich, que coincide em todos os aspectos essenciais com o padrão da figura 8.3.

As cinco propriedades a–e estão preservadas intactas. Além disso, podemos ver que a figura 8.4 é um bom exemplo de *estratificação abrupta* em oposição à estratificação suave. A esse respeito, o (ing) de Norwich é mais semelhante ao (th) de Nova York na figura 4.1, onde os grupos de classe operária e classe média estão nitidamente separados. Em contraste, o padrão do (r) e do (ing) nova-iorquinos mostra uma variação gradual onde não há nenhuma descontinuidade nítida entre uma classe social e a outra.

Uma visão superficial dessa regularidade nos levaria a concluir que tudo o que os estudos sociolinguísticos posteriores podem fazer é revelar mais correlações lineares. Mas cada um desses estudos levou a *insights* mais profundos sobre a relação dos determinantes internos e externos da estrutura e da mudança linguísticas. Sem uma linha básica de marcadores sociolinguísticos estáveis, não há como investigar questões mais abstratas: o contraste entre mudança e estabilidade; entre traços fonológicos e gramaticais, entre estratificação abrupta e suave, ou entre regras abstratas de nível alto e padrões fonéticos de nível mais baixo; o papel da função referencial *vs.* informação sociolinguística expressiva; a interação de sexo com classe social e *status* étnico; o padrão de hipercorreção do segundo grupo de mais alto *status* social; e diversas outras questões que pressupõem, todas, que tenhamos estabelecido a orientação sociolinguística básica da comunidade com marcadores sociolinguísticos estáveis.

Homens vs. mulheres

Existe um aspecto regular da estratificação social de variáveis estáveis que não aparece na figura 8.3. Na fala monitorada, as mulheres usam menos formas estigmatizadas do que os homens (Labov 1966a: 288) e são mais sensíveis do que os homens ao padrão de prestígio. Elas mostram isso numa linha inclinada acentuada da alternância estilística, sobretudo no extremo mais formal do espectro. Essa observação é confirmada inúmeras vezes, em Fischer (1958), em todo o trabalho de Shuy & Fasold em Detroit, em Levine & Crockett, e no estudo de Anshen em Hillsboro. O padrão é particularmente marcado nas mulheres da classe média baixa, que exibem a forma mais extrema desse comportamento. No exemplo de (ing), encontramos o padrão usual de diferenciação de sexo e, no estudo de Trudgill em Norwich, as mulheres têm menores valores de (ing) em quase todos os estilos e classes sociais. Na figura 8.4, indicamos essa diferenciação apenas para uma classe social. Aqui o índice de (ing) em mulheres de classe média baixa mostra um uso menor da forma não padrão do que o da classe média alta como um todo. Excetuando-se uma porcentagem pequena de formas [in] na fala casual, as falantes de classe média usam exclusivamente a forma padronizada [iŋ]. Aqui, como em toda parte, fica claro que as mulheres são mais sensíveis do que os homens aos valores sociolinguísticos explícitos. Mesmo quando usam as formas mais extremas de uma variável sociolinguística em avanço em sua fala casual (cap. 6), as mulheres se corrigem mais nitidamente do que os homens nos contextos formais. O capítulo 9 examinará mais detidamente esse padrão de diferenciação de sexo com relação ao processo de mudança linguística.

O padrão de hipercorreção da classe média baixa

Um dos fenômenos do comportamento sociolinguístico mais solidamente estabelecidos é o de que o segundo grupo de *status* social mais alto exibe a alternância estilística mais extrema, ultrapassando o grupo de maior *status* nesse aspecto. O capítulo 5 apresentou o padrão em maior detalhe, extraído dos dados do estudo do Lower East Side de Nova York. Dado esse padrão, podemos encontrar fenômenos paralelos por toda a literatura citada acima. Shuy, Wolfram & Riley (1967) e Wolfram (1969) mostram diversos casos em que a maior alternância estilística é exibida pelo segundo grupo de *status* social mais alto. Em sua maioria, são traços linguísticos estáveis estigmatizados. Os exemplos mais nítidos do padrão de hipercorreção se encontram em mudanças de cima para baixo, como na importação da nova norma de pronúncia do *r* para áreas do leste dos Estados Unidos anteriormente sem *-r*. A figura 4.2 de estratificação social do (r) na cidade de Nova York nos deu a visão clássica do padrão de ultrapassagem. Uma corroboração enfática deste padrão é oferecida pelo estudo de Levine & Crockett do (r) em Hillsboro (Carolina do Norte). A alternância de (r) em Hillsboro mostrada na tabela 9.7 (próximo capítulo) é uma alternância estilística entre frases em que o (r) não é o foco principal e listas de palavras onde ele é.

Aqui, dados de um estudo completamente independente, com um espectro estilístico mais limitado, exibem o mesmo fenômeno de ultrapassagem como em Nova York. O segundo grupo de *status* social mais alto — no caso, diplomados do ensino médio — mostra uma alternância muito maior rumo à norma de prestígio no estilo mais formal. A importância desse padrão para o mecanismo da mudança linguística foi tratada nos capítulos 5 e 7 e será considerada no contexto mais geral do capítulo 9.

A generalidade de nosso princípio de que "o segundo grupo de *status* social mais alto exibe a alternância estilística mais evidente" é contestada pelos dados de Norwich na figura 8.4, onde o terceiro grupo de *status* social mais alto — a classe operária alta — exibe a alternância mais acentuada. Entre a fala casual e o estilo de leitura, a classe operária alta se move de (ing)-74 para (ing)-15*. No entanto, essa exceção só vale para os homens: no que diz respeito às mulheres, é novamente a classe média baixa que mostra a inclinação mais forte, e a correção exibida por esse grupo é de fato mais acentuada que a de qualquer outro grupo. A linha tracejada na figura 8.4 mostra os valores de (ing) para as mulheres da classe média baixa que se movem de (ing)-67 na fala casual para (ing)-03 na fala monitorada. A partir desse ponto, elas se fundem com a classe média alta no que diz respeito ao uso de (ing).

Admitida a estabilidade e generalidade desse padrão complexo, será interessante ver se alguma simplificação formal pode ser alcançada. O padrão de ultrapassagem pode ser abstratamente representado como:

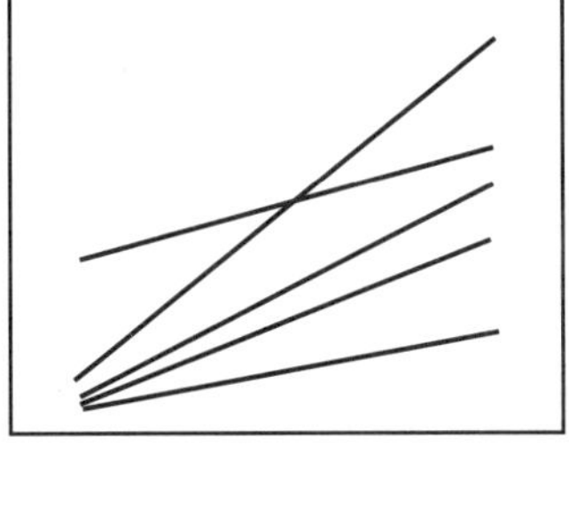

* Convém sempre enfatizar que (ing) aqui se refere ao uso da alveolar [n], que é a forma de menor prestígio (n. da tradução).

O desenho da alternância estilística é realmente complexo. Os grupos mais alto e mais baixo têm a inclinação menos abrupta; os grupos intermediários seguem atrás do segundo grupo de maior *status*, que tem a inclinação mais pronunciada. Como formalizar isso? A regra para a vocalização do (r) na comunidade branca tem a forma geral:

33 [+central] <–consonantal> / [–consonantal] ___ [–silábico]

Ou seja, um segmento central perde seu traço consonântico variavelmente em posição pós-vocálica se o elemento seguinte não for uma vogal. O problema aqui é escrever uma função para o condicionamento básico sobre o *input* variável p_0 comparável à clara e direta função 32. A solução reside numa compreensão da importância crucial da alternância estilística: ela é governada pelo reconhecimento de um padrão externo de correção. A força desse comportamento pode ser medida pelo grau de insegurança linguística (GIL). A tabela 5.1 nos mostra o padrão curvilinear, com a classe média baixa no máximo, do qual precisamos para descrever as inclinações de alternância estilística mostradas acima. Podemos então escrever para 33 a seguinte função:

34 $p_0 = a \bullet (ECS) + b \bullet (GIL)\ (estilo) + c$
[ECS = Escala de classe socioeconômica]

Problemas da estrutura sociolinguística

Como observamos acima, o problema mais imediato a ser resolvido na abordagem da estrutura sociolinguística é a quantificação da dimensão estilística. Se estudos quantitativos de atenção puderem ser relacionados à alternância estilística, será possível dar forma mais precisa a regras como 32 ou 34 e especificar as constantes a, b e c. Talvez essas quantificações possam ser obtidas por estudos de dilatação da pupila ou de divisões sistemáticas da atenção através de testes mecânicos e mensuráveis, ou pela redução quantitativa do audiomonitoramento através de níveis de ruído.

Também é evidente que diversos estudos citados não têm dados suficientes extraídos do estudo direto do vernáculo. A tarefa metodológica é combinar análises de indivíduos que nos deem uma amostra representativa com estudos de grupos a longo prazo. O estudo ideal de uma comunidade identificaria pessoas aleatoriamente e, em seguida, investigaria diversos grupos dos quais essas pessoas são membros. Isso é quase impossível numa pesquisa social normal, por causa dos números exigidos, mas uma vez que tenhamos estabelecido que os estudos sociolinguísticos requerem uma população menor para começar, tal modelo não está fora da esfera das possibilidades.

Um terceiro problema reside em lidar com regras que mostram distribuição lexical irregular. Temos agora provas suficientes de que o curso da mudança linguística implica a dissolução temporária de classes de palavras[38]. O problema mais difícil aqui é que existem distribuições entre classes de palavras que gostaríamos de descrever, mas que provavelmente não fazem parte do conhecimento do falante nativo. Por exemplo, somente uma pequena proporção de verbos ingleses com prefixos latinos mostram uma alternância de acento quando aparecem como nomes, como *convíct* [V] e *cónvict* [N]; outros mantêm o acento final, como *consént* [V] e *consént* [N]. É possível mostrar que a proporção de palavras numa dada subclasse se relaciona com o comprimento do prefixo, mas essa regularidade não tem utilidade para o falante nativo, já que a maioria das palavras têm acento fixo. Mais um exemplo: a regra de tensionamento do *a* breve na cidade de Nova York normalmente não opera em ambientes __CV, embora haja algumas exceções. O linguista tem interesse em descobrir que a maioria dessas exceções têm uma sibilante como consoante C. medial. Mas, em tais casos, o falante nativo, novamente, só precisa saber em que classe entra determinada palavra. A proporção de classes de palavras originais afetada pela regra nova não é de interesse imediato para ele se não tiver escolha na pronúncia de um item específico. É possível que entremos com regras em nossa gramática que *não* fazem parte do "conhecimento" dos falantes nativos. Essa metáfora particular pode ter perdido seu valor neste ponto de nossas investigações.

---

[38] Embora as figuras 4.1 e 4.2 mostrem as classes de palavras se movendo como um todo, encontramos algumas regras que exibem uma grande margem de variação lexical irregular. O tensionamento do *a* breve em *bad, ask* etc., investigado na cidade de Nova York por Paul Cohen (1970), mostra essa irregularidade, enquanto a regra de alçamento que se segue à regra de tensionamento não mostra (Labov 1966a: 51-52). É a existência de uma regra variável que permite que a classe de palavras seja reconstituída quando a mudança é completada, já que é definida como a classe de itens lexicais que pode variar entre X e Y, em oposição às classes que são sempre X ou sempre Y. Para algumas causas estruturais dessa variação lexical, cf. Wang 1969.

Um quarto grande desafio é o de entrar mais profundamente no estudo de variáveis sintáticas de nível superior, como extraposição, nominalização, colocação de complementizadores, alçamento de negação, atração-QU ou relativização. Os dois principais obstáculos na investigação desses traços em seu contexto social são a baixa frequência de ocorrência dos subcasos cruciais e a falta de certeza em nossas análises abstratas. Mas de algum modo já começamos a fazer isso em nosso trabalho recente nas áreas de gueto urbano, e os desafios de trabalhar com questões mais abstratas não podem ser desconsiderados. O estudo da língua em seu contexto social não pode permanecer no nível das variáveis fonológicas do tipo (ing) se quiser dar uma contribuição importante aos problemas esboçados no início deste capítulo.

O quinto problema é ampliar o escopo desses estudos para além das comunidades de fala individuais e relacioná-los às gramáticas mais amplas da comunidade anglófona como um todo. A discussão da concordância negativa na seção 2 indica um modo como se pode fazer isso. O trabalho de C. J. Bailey é bastante representativo aqui, particularmente seus perspicazes estudos das regras fonológicas dos dialetos sulistas (1969a) e suas tentativas mais amplas de incorporar toda a fonologia do inglês num único conjunto de regras pandialetais (1969b). Embora esses estudos de Bailey não se baseiem no estudo da língua em contexto, podemos ter a esperança de fornecer dados confiáveis para apoiar o trabalho com esse grau de generalidade e esse nível de abstração.

A relação entre normas e comportamento

Até agora, em nossa consideração da estrutura sociolinguística, só levamos em conta o que as pessoas dizem, e só incidentalmente o que elas acham que *deveriam* dizer. Essas são as "respostas secundárias" à língua, que Bloomfield (1944) sugeriu que observássemos também como parte do saber popular. Existe um vocabulário muito restrito disponível à maioria das pessoas para falar sobre a língua: os mesmos e poucos termos reaparecem quando ouvimos dizer que outras pessoas falam "pelo nariz", falam "cantado", que sua pronúncia é "áspera" ou "gutural", "preguiçosa" ou "molenga". Da gramática se diz que é "confusa" ou "sem lógica".

Um pequeno número de marcadores sociolinguísticos ascendem à consciência social explícita e se tornam *estereótipos*. Pode haver ou não uma relação fixa entre tais estereótipos e o uso real. As variáveis (ing) e (dh) são estereótipos assim nos Estados Unidos: alguém pode ser acusado de "engolir os g's" ou de ser um desses *"dese, dem and dose guys"*. A maioria das comunidades têm estereótipos locais, como o "brooklynês" em Nova York, que se concentra no *"thoity-thoid"* para *thirty-third* ["trinta e três"]. Em Boston, o *a* aberto frontal em "cah" [car] e "pahk" [park] chama muito a atenção. Falantes do dialeto isolado de Cape Hatteras (Carolina do Norte) são conhecidos como *"hoi toiders"* por causa da posteriorização e arredondamento do núcleo do ditongo em *high, tide* ["maré alta"] etc.

Esses estereótipos sociais oferecem uma visão fragmentada e assistemática da estrutura linguística, para dizer o mínimo. Em geral, podemos afirmar que a *correção social* explícita da fala é extremamente irregular, concentrando-se nos itens lexicais mais frequentes, enquanto o verdadeiro curso da evolução linguística, que produziu a forma marcada dessas variáveis, é altamente sistemático. Essa é a principal razão por que o vernáculo, no qual se presta o mínimo de atenção à fala, nos dá o retrato mais sistemático da estrutura linguística. Por exemplo, a evolução do vernáculo da cidade de Nova York levou ao alçamento da vogal em *off, lost, shore, more* etc. até sua fusão com a vogal de *sure* e *moor*. A vogal alta tem sido estigmatizada e agora está sendo corrigida irregularmente por falantes de classe média. Mas a mesma vogal, simultaneamente alçada no núcleo de *boy, toy* etc., nunca é corrigida[39].

As reações subjetivas, porém, não estão confinadas aos poucos estereótipos que ascenderam à consciência social. Julgamentos sociais inconscientes sobre a língua podem ser medidos por técnicas como o teste dos "falsos pares" de Lambert, e outros descritos na seção 1. Um princípio básico emerge: *as atitudes sociais para com a língua são extremamente uniformes dentro de uma comunidade de fala*[40]. Os estudos de Lambert,

---

[39] Também verificamos que as vogais de *my* e *mouth* são afetadas pela rotação das vogais longas e ditongadas de *bad, bar, lost*. Enquanto *bar* se move para trás, *my* se move com ela, e *mouth* se move na direção oposta, para a frente. Mas de todas essas mudanças sistematicamente interligadas, só o alçamento de *bad* e *lost* exibe alternância estilística e correção. Mesmo para esses casos, a correção é lexicalmente irregular.

[40] De fato, parece plausível definir uma comunidade de fala como um grupo de falantes que compartilham um conjunto de atitudes sociais frente à língua. Em Nova York, as pes-

por exemplo, mostram que a atitude negativa para com o francês canadense não é bastante uniforme somente na comunidade anglófona, mas quase unanimemente sustentada pelos falantes francófonos do Quebec (1967). Em nosso estudo das reações subjetivas inconscientes a marcadores com (r), encontramos a mais extraordinária unanimidade nas reações dos falantes, a despeito da grande variação no uso de [r] já descrita. Existe um axioma geral da estrutura sociolinguística que pode ser formulado assim: *o correlato da estratificação regular de uma variável sociolinguística no comportamento é a concordância uniforme em reações subjetivas a essa variável.* Esse princípio foi documentado no capítulo 6, onde vimos, na figura 6.2, que o desenvolvimento de diferenciação social de (r) entre falantes mais jovens correspondia à avaliação uniforme positiva de (r-1).

Quando reexaminamos as estruturas mostradas nas figuras 4.1 e 4.2, fica evidente que a inclinação uniforme de alternância estilística também reflete as atitudes uniformes sustentadas pela comunidade. Mas para um marcador sociolinguístico estável como (ing) ou (th), podemos perguntar: o que mantém essa estrutura por um período de tempo tão longo? Por que todas as pessoas não falam do jeito como elas obviamente acreditam que deveriam falar? A resposta habitual é citar a preguiça, a falta de cuidado ou o isolamento em relação à norma de prestígio. Mas não há fundamento para a ideia de que as formas vernaculares estigmatizadas sejam mais fáceis de pronunciar[41]; e existe comprovação sólida do cuidado das pessoas nas grandes cidades. A consideração atenta desse problema difícil nos levou a postular a existência de um conjunto oposto de normas encobertas, que atribui valores positivos ao vernáculo. Em situações mais formais em áreas urbanas, como uma entrevista ou um teste psicolinguístico, tais normas são dificílimas de elicitar. Os valores de classe média são tão dominantes nesses contextos que a maioria das pessoas não consegue perceber nenhum dos valores opostos, por mais forte que seja a influência desses valores em seu comportamento em outras

---

soas criadas fora da cidade em seus anos de formação não exibem nada do padrão regular das reações subjetivas características dos nativos, quando está em jogo uma variável nova-iorquina como a vogal de *lost* (Labov 1966a: 651).

[41] Alguns dos desenvolvimentos extremos das mudanças vocálicas vernáculas em Nova York, em Detroit ou em Chicago são vogais tensas que parecem envolver, se comparadas ao padrão, uma grande dose de esforço muscular. A análise espectrográfica indica que essas vogais, como o /a/ breve que se alça à altura de *here*, são extremamente anteriorizadas.

situações. Em nosso trabalho recente na comunidade negra, conseguimos fazer emergir a existência de tais normas opostas. A figura 8.5 mostra respostas aos dois primeiros itens de nosso teste de reação subjetiva, opondo um falante de classe operária a um falante de classe média em frases "zero" (que não contêm nenhuma das variáveis em exame).

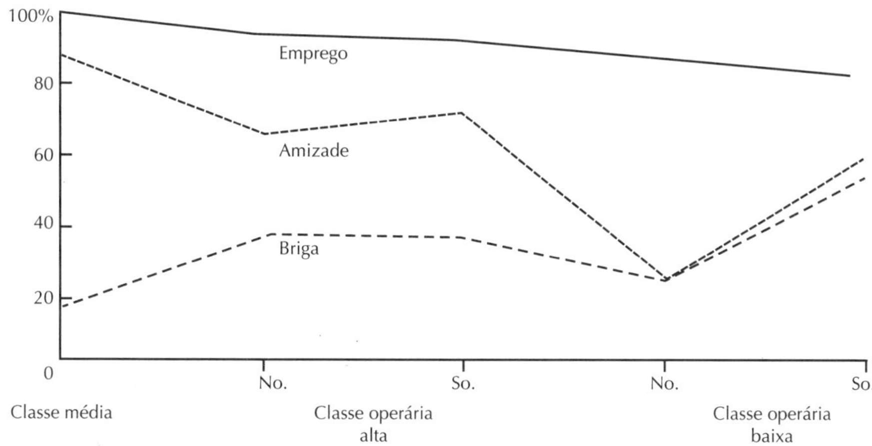

FIGURA 8.5 Porcentagem de falante de classe média mais alta do que de falante de classe operária em três escalas de 5 grupos sociais, de Labov et al. (1968: 242).

A linha superior mostra a porcentagem daqueles que puseram o falante de classe média bem alto na escala de "adequação ao emprego". Ela começa muito alta com as pessoas de classe média e cai ligeiramente enquanto nos movemos para os grupos socioeconômicos inferiores. A linha inferior é o inverso: ela registra reações na escala da "briga" ou da "resistência": "Se o falante estivesse numa briga de rua, qual a chance dele sair vencedor?" Aqui há uma relação simples de inversão: um estereótipo que é provavelmente reforçado pelos professores na escola, mas que também mostra algum reconhecimento da realidade social. Mas o terceiro conjunto de reações na escala da "amizade" mostra que tem mais coisa envolvida aqui. Essa escala é a resposta à pergunta: "Se você conhecesse o falante por muito tempo, qual a chance dele se tornar um grande amigo seu?" Para os três grupos sociais mais altos, ela acompanha de perto a escala do emprego; mas para a classe operária baixa, ela despenca abruptamente e acompanha a escala da briga. O mesmo fenômeno pode ser observado para todo o espectro de variáveis testadas (Labov *et al.* 1968: 3.6).

Temos, portanto, algum suporte empírico para postular a oposição entre dois conjuntos de valores quanto ao correlato normativo de marcadores sociolinguísticos estáveis como (th) e (ing). Neste tipo de estudo, concordamos com Homans (1955) que o objeto apropriado de estudo não deve ser só o comportamento, ou só as normas, mas sim o grau em que (e as regras pelas quais) as pessoas se desviam das normas explícitas que elas sustentam. É nesse nível de abstração que podemos desenvolver melhor a teoria linguística e sociolinguística.

O papel de fatores sociais na mudança linguística

Embora este capítulo não tenha como interesse primordial o problema da mudança linguística, já introduzimos alguns dados que incidem sobre esta questão. Ao falar do papel de fatores sociais que influenciam a evolução linguística, é importante não superestimar o grau de contato ou de superposição entre valores sociais e a estrutura da língua. A estrutura linguística e a estrutura social não são de modo algum coextensivas. A grande maioria das regras linguísticas estão bastante distantes de qualquer valor social; elas fazem parte do elaborado mecanismo de que o falante precisa para traduzir seu complexo conjunto de significados ou intenções em forma linear. Por exemplo, as regras que governam os quantificadores e a negação discutidas acima estão bem abaixo do nível da avaliação social, e sua distribuição irregular, idiossincrática na população reflete esse fato.

As variáveis mais próximas da estrutura superficial frequentemente são foco da avaliação social. De fato, valores sociais são atribuídos a regras linguísticas somente quando há variação. Os falantes não aceitam de imediato o fato de que duas expressões diferentes realmente "têm o mesmo significado" e existe uma forte tendência a atribuir diferentes significados a elas[42]. Se dado grupo de falantes usa uma variante particular, então os valores sociais atribuídos a esse grupo serão transferidos a essa variante linguística. Sturtevant (1947) propôs um modelo geral de mudança linguística, mostrando a oposição de duas formas, cada qual favo-

---

[42] Quando o *cruller* (holandês *kroeller*) foi substituído em Nova York pelo termo padrão *doughnut*, o termo *cruller* foi atribuído de modo variado a outras formas de rosquinhas. De igual modo, o *pot cheese* (holandês *pot kees*) local foi substituído por *cottage cheese* e foi diferenciado para indicar uma forma mais seca. A oscilação de pronúncias socialmente marcadas de *vase* levou um informante a dizer: "These small ones are my [veziz], but these big ones are my [vaziz]".

recida por um grupo social particular. Quando a questão fica resolvida, e uma forma se torna universal, o valor social associado a ela desaparece.

No que diz respeito ao aspecto sincrônico da estrutura da língua, seria um erro pôr demasiada ênfase nos fatores sociais. A gramática gerativa tem feito grande progresso em desvendar as relações invariantes dentro dessa estrutura, muito embora despreze totalmente o contexto social da língua. Mas agora parece claro que não se pode fazer nenhum avanço importante rumo ao entendimento do mecanismo da mudança linguística sem o estudo sério dos fatores sociais que motivam a evolução linguística. O capítulo 7 esboçou uma proposta para o mecanismo básico pelo qual os fatores sociais interagem com os fatores internos, linguísticos. O capítulo 9 abordará um campo muito mais amplo e terá como foco principal o espectro das variáveis sociais que influenciam diretamente o curso da evolução linguística.

4. Algumas regras invariantes da análise do discurso

Essa apresentação se concentrou, até agora, quase inteiramente nas regras variáveis da língua: seu uso para responder de modo decisivo a questões sobre a estrutura linguística, seu lugar na estrutura sociolinguística e, mais brevemente, seu papel na evolução da língua. Mas um grande número de regras linguísticas são absolutamente invariáveis: são regras categóricas que, dado o *input* adequado, sempre se aplicam. Mais do que qualquer outro campo interessado no comportamento humano, a linguística tem tido sucesso em isolar as estruturas invariantes subjacentes aos fenômenos de superfície, e é sobre essas conquistas que temos construído o trabalho esboçado nas seções 2 e 3. A representação formal das regras variáveis apresentada ali depende de (e se encaixa em) certo número de regras gramaticais invariantes derivadas de estudos da língua bem afastados de qualquer contexto social.

Existem algumas áreas da análise linguística em que nem sequer os primeiros passos rumo às regras básicas, invariantes, podem ser dados sem que se considere o contexto social do evento de fala. Os exemplos mais notáveis estão na análise do discurso. O problema fundamental da análise do discurso é mostrar como um enunciado se segue a outro de maneira racional, governado por regras — em outras palavras: como entendemos um discurso coerente. Confiamos em nossas intuições para distinguir o discurso coerente do incoerente. Por exemplo, o que se segue simplesmente não é governado por nenhuma regra que possamos reconhecer de imediato:

35 A: Qual é o seu nome?
B: Bem, digamos que você tenha pensado que tinha algo de antemão, mas ainda não tem.
A: Vou chamar você de Dean.

Trata-se de um trecho de uma conversa entre um médico e um paciente esquizofrênico. Nossos primeiros dados, ao lidar com essa passagem, serão nossas reações intuitivas, e o primeiro desafio na análise do discurso é dar conta de nossas intuições (tal como confirmadas pelas respostas dos participantes como em 35). A questão é: de quantos dados, e de que tipo, precisamos para formar juízos corretos e interpretar sequências de enunciados como fazem os participantes da conversa? O caso mais simples é o das respostas elípticas, como em 36:

36 A: Você vai trabalhar amanhã?
B: Sim.

Aqui, nosso conhecimento normal da sintaxe da língua é suficiente para nos permitir derivar o enunciado de B de *Sim, vou trabalhar amanhã*. Existe uma regra de discurso simples da seguinte forma:

37 Se A enuncia uma pergunta da forma Q-S_1 e B responde com um E existencial (incluindo *sim, não, talvez* etc.), então se ouve B responder a A com a afirmação E-S_1.

Mas agora vamos considerar sequências da seguinte forma:

38 A: Ela nunca ajuda em casa.
B: Sim.

39 A: Ela te disse no que estamos interessados.
B: Sim.

40 A: Você mora na rua 115.
B: Não. Moro na 116.

Encontramos vários desses exemplos em nossas análises de entrevistas terapêuticas e na fala diária. A regra 37 obviamente não se aplica:

não existe nenhum Q-S_1 na formulação de A. Será verdade que qualquer afirmação pode ser seguida de *sim* ou *não*? As sequências abaixo parecem indicar o contrário:

41 A: Não gostei do modo como você disse aquilo.
B: *Sim.

42 A: Estou com muito calor hoje.
B: *Não.

Não se trata apenas do fato de que 41-42 não pedem nem toleram uma resposta *sim* ou *não*, mas, de modo ainda mais admirável, que afirmações como 38-40 parecem *exigir* tal resposta. Encontramos diversos casos em que os falantes não permitirão que a conversa continue, a menos que uma resposta *sim* ou *não* tenha sido dada a enunciados desse tipo. A regra que opera aqui é uma das regras invariantes mais simples do discurso. Dadas duas partes numa conversa, A e B, podemos distinguir como "eventos-A" as coisas que A conhece, mas B não; como "eventos-B", as coisas que B conhece, mas A não; e como "eventos-AB", o conhecimento que é compartilhado igualmente por A e B. A regra então expressa:

43 Se A faz uma declaração sobre um evento-B, esta é percebida como um pedido de confirmação.

Observe-se que, em 41-42, A está fazendo uma declaração sobre um evento-A, mas em 38-40, sobre um evento-B. Qualquer um pode testar essa regra numa conversa normal e observar a força de sua operação. Essa regra contém o construto social de "conhecimento partilhado", que normalmente não é parte de uma regra linguística. Essa é simplesmente uma das várias regras de interpretação que relacionam "o que se diz" — perguntas, declarações, imperativos — com "o que se faz" — pedidos, recusas, asserções, negações, insultos, desafios, retratações, e assim por diante. Não existem relações simples uma a uma entre ações e enunciados; regras de interpretação (e suas quase simétricas regras de produção) são extremamente complexas e relacionam diversos níveis hierárquicos de "ações" uns com os outros e com enunciados. Regras de sequenciamento não operam entre enunciados, mas entre as ações desempenhadas com esses enunciados. De fato, em geral não há conexão alguma entre enunciados sucessivos. O padrão geral da análise do discurso pode ser esboçado como:

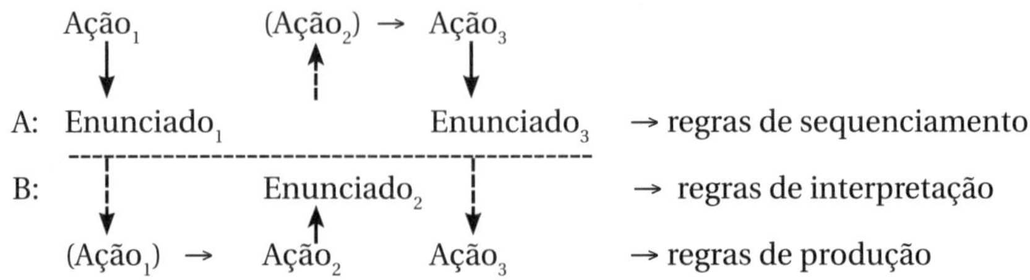

Pode ser útil considerar um caso mais difícil, extraído de uma entrevista terapêutica que temos investigado mais detalhadamente[43].

44 A: Então, quando você planeja voltar para casa?
B: Oh, por quê-ê?

Não há conexão sintática entre essas duas perguntas e nenhuma análise abstrata as relacionará corretamente. Não se pode interpretar B como Q-S_1: "Por que planejo voltar para casa?" Pode se interpretar B como dirigida a uma forma implícita subjacente, A: [Eu lhe pergunto] quando você... B: Por que [você me pergunta...]? Mas essa seria uma interpretação errada; sem o conhecimento detalhado dos falantes e da situação, não se pode esperar chegar aos juízos intuitivos apropriados para começar a analisar. Precisamos saber que A é uma estudante secundarista e que B é sua mãe; que B esteve fora durante quatro dias ajudando uma filha casada; que A e B sabem que A quer que B volte para casa; e que B disse várias vezes no passado que A não pode cuidar de si mesma, o que A nega. Fica então claro que 44-A é um pedido de ação, não de informação: A está pedindo à mãe que volte para casa.

Há uma regra geral para interpretar qualquer enunciado como um pedido de ação (ou comando) que diz:

45 Se A pede a B que desempenhe uma ação X num tempo T, o enunciado de A será tido como um comando válido somente se as seguintes precondições forem satisfeitas: B acredita que A acredita (= é um evento-AB) que

1. X precisa ser feito para um propósito Y
2. B tem a capacidade de fazer X
3. B tem a obrigação de fazer X
4. A tem o direito de dizer a B que faça X

---

43 De estudos de entrevistas terapêuticas conduzidas pelo autor e por David Fanshel, da Columbia School of Social Work.

Quando, de algum modo óbvio, as quatro precondições não são satisfeitas, temos piadas ou brincadeiras de mau gosto do tipo "Dá o fora daqui!", "Vai tomar banho!" ou "Termina esse trabalho antes que eu volte do almoço!"[44] Essas precondições aparecem em quase toda regra de interpretação e produção que tem a ver com dar ordens ou responder a ordens. Note-se que os termos primitivos de 45 incluem *direitos* e *deveres* que são construtos francamente sociais. Dada a regra 45, há uma regra de interpretação operando para B em resposta à pergunta de A em 44:

> 46 Se A pede uma informação a B sobre se uma ação X foi desempenhada, ou em que momento TX será desempenhada, e se as quatro precondições de (45) estão satisfeitas, então se ouvirá A fazer um pedido de ação com a forma subjacente *B: faça X!*

A resposta de B, "Oh, por quê?", se dirige, portanto, não ao pedido de informação da superfície, mas, antes, à precondição 1 do pedido, mais abstrato, de ação: "Por que você está me pedindo para voltar para casa?" Ao fazer uma pergunta sobre a precondição 1, B descarta o pedido de A: se nenhuma das precondições é conhecimento partilhado, o pedido obviamente não é válido pela regra 45. O próximo passo de A neste discurso é responder ao pedido de informação de B: ela explica que o trabalho doméstico e os estudos são, em conjunto, coisa demais para ela fazer. Assim, o conteúdo da resposta de A mostra que ela interpreta a questão de B tal como o fazemos aqui.

Agora vemos, intuitivamente, que o pedido original de 45 ainda tem força, sob a operação de uma regra invariante posterior que afirma geralmente que

> 47 Se A fez um pedido, e B responde com um pedido de informação, A reafirma o pedido original suprindo essa informação.

Como o pedido original é novamente feito, B deve agora responder uma segunda vez. Dessa vez, B descarta o pedido fazendo outra pergunta envolvendo a precondição 2 — ao implicar que Helen é a pessoa que

[44] Harvey Sacks salientou que a primeira decisão a ser tomada na interpretação de qualquer enunciado é se ele é sério ou não (ou, podemos dizer, o grau de seriedade envolvido). Reações apropriadas a piadas são limitadas, e quase independentes de contexto, mas se o enunciado é sério, regras mais complexas devem ser invocadas. A regra 45 nos mostra uma base formal para essa decisão.

deveria ser interrogada, ela indica que ela própria não deveria ser interrogada, implicando que ela (B) não tem a capacidade de cumprir o pedido de A.

> 48 A: Bem, as coisas estão ficando um pouquinho demais. [riso] Isso tá... tá ficando bastante difícil.
> B: Bem, por que você não diz isso a Helen?

É óbvio que a complexidade da situação não acaba aqui. Essas ilustrações de regras de discurso devem servir para mostrar a forma de tais regras e o tipo de elementos primitivos que elas exigem. Embora essa exposição se baseie em vários anos de análise de entrevistas terapêuticas e outros eventos de fala, isso não avançou com a mesma segurança das soluções aos problemas das seções 2 e 3. Pelo contrário, a análise do discurso está num estágio muito mais primitivo, análogo aos primeiros desenvolvimentos na sintaxe e na morfologia. É uma questão interessante que os avanços mais significativos nesse campo não tenham sido feitos por linguistas, mas por sociólogos. O trabalho de Sacks (1972) e Schegloff (1968) localizou várias questões fundamentais acerca da seleção dos falantes e da identificação de pessoas, e isolou muitas regras de sequenciamento. Os linguistas têm sido prejudicados em sua abordagem nesse campo por causa de sua incapacidade de utilizar construtos sociais essenciais envolvendo as regras do falante e do ouvinte, obrigações, relações de poder, categorias de pertencimento etc.

Deve ficar óbvio que a abordagem ao estudo da língua em seu contexto social esboçada nas seções 2-3 deste capítulo pode facilmente acomodar a gama total de elementos de que precisamos para as regras do discurso. A abordagem linguística pode contribuir com diversos conceitos que não estão bem desenvolvidos na antropologia e na sociologia. Primeiro, há a distinção entre enunciados e ações, e as relações hierárquicas de ações por meio das quais uma pergunta pode ser vista como um pedido de informação, o qual, por sua vez, é interpretado como um pedido de ação, o qual pode aparecer num nível mais alto como um desafio. O avanço posterior nesse campo pode depender do conceito linguístico de regra invariante e da abordagem linguística da formalização dessas regras.

Cedo ou tarde, a exploração das regras do discurso chegará a uma fase quantitativa em que regras variáveis podem ser constituídas e em que grandes quantidades de dados podem ser introduzidos para confirmar ou rejeitar as regras preliminares que postulamos. Uma área que claramente envolve regras variáveis é a do grau de mitigação ou não mitigação que governa a seleção de regras para fazer perguntas. Observamos que em 44 a filha tem que atenuar ou mitigar seu pedido; dizer à mãe "Volte já pra casa!" seria violar uma convenção social fortemente estabelecida, embora a mãe pudesse tranquilamente dizer isso à filha. O grau exato de atenuação e o modo como o pedido é feito implicam muitas variáveis: idade, classe socioeconômica, *status* relativo do falante e do ouvinte, e a forma do enunciado precedente. Tais condicionantes variáveis acabarão por aparecer em regras comparáveis às formuladas nas seções 2 e 3. Mas nosso conhecimento atual é ainda incompleto para tornar frutíferas essas tentativas[45]. A pesquisa quantitativa implica que a pessoa saiba o que quantificar, e esse conhecimento é alcançado somente por meio de um período de tentativa e aproximação e sobre a base de um sólido corpo de construtos teóricos. Quando o analista sabe o que quantificar, o problema está praticamente resolvido.

Nos últimos anos, houve diversas tentativas, por parte dos psicólogos sociais, de caracterizar diferenças no uso da língua por falantes de classe média e classe operária (Bernstein 1966; Lawton 1968). Há pouca conexão entre as afirmações gerais feitas e os dados quantitativos oferecidos sobre o uso da língua. Diz-se que os falantes de classe média exibem maior planejamento verbal, mais argumentos abstratos, mais perspectivas objetivas, exibem mais conexões lógicas, e assim por diante. Mas ninguém desvenda a complexidade lógica de uma quantidade de fala contando o número de frases subordinadas. O estilo cognitivo de um falante não tem relação fixa alguma com o número de adjetivos incomuns ou conjunções raras que ele emprega. Como mostra o exemplo dado acima, não haveria utilidade alguma em contar o número de perguntas que alguém faz numa entrevista. A relação de argumento e discurso com a língua é muito mais abstrata do que isso, e esses índices superficiais podem ser bastante ilusórios. Quando pudermos dizer *o que* está sendo feito com uma frase, poderemos observar com que frequência os falantes fazem isso.

---

45 O exame mais pormenorizado que realizamos de um evento de fala é a análise de insultos rituais na comunidade negra (Labov 1972a: cap. 8). Embora as regras de discurso dadas ali pareçam bem adequadas, não temos meios para estabelecer quais delas estão disponíveis em nossos estudos da estrutura linguística.

5. O ESTADO DA LINGUÍSTICA

Na introdução deste capítulo, sugeriu-se que a linguística estava sofrendo da dificuldade de saber captar os dados fundamentais da língua. A esse respeito, nosso campo não é diferente de qualquer outra ciência social. Os linguistas deram, sim, o passo um tanto incomum de redefinir o campo, de modo que o uso cotidiano da língua na comunidade fosse posto para fora da linguística propriamente dita — chamando-o de *fala*, e não de língua. Em vez de se preocupar com as dificuldades de lidar com esse material, os linguistas consideraram simplesmente desnecessário, em termos teóricos, dar conta dele. De fato, alegou-se que um linguista *não deveria* se ocupar dos fatos da fala.

Por quanto tempo um programa assim pode continuar a ser produtivo, eis uma questão aberta. A linguística claramente se beneficiou com a restrição de seu campo de visão. Mas se, neste momento, a linguística está mais avançada do que qualquer outro estudo do comportamento social, isso se deve, sem dúvida, à natureza altamente estruturada do nosso objeto, mais do que à excelência particular de nossas estratégias. Neste capítulo, levantei uma série de problemas onde o progresso foi bloqueado, onde um campo mais amplo de visão parece ser exigido para se chegar a uma solução decisiva. A análise da língua fora de contexto indubitavelmente continuará como uma meta separada; como antes, encontraremos alguns linguistas que despenderão todo o seu tempo analisando suas intuições sobre a língua, enquanto outros trabalharão com textos ou empreenderão experimentos de laboratório. Minha própria opinião é a de que tal atividade será cada vez mais valorizada como um preliminar necessário para o desenvolvimento da pesquisa linguística. Mas a teoria linguística não pode ignorar o comportamento social dos falantes de uma língua, tanto quanto a teoria química não pode ignorar as propriedades observadas dos elementos.

As punições para quem ignorar os dados da comunidade de fala são um crescente sentimento de frustração, a proliferação de questões polêmicas e a convicção de que a linguística é um jogo em que cada teórico escolhe a solução que combina com seu gosto ou intuição. Não acredito que necessitemos, neste ponto, de uma nova "teoria da linguagem"; em vez disso, precisamos de um novo modo de fazer linguística que produza soluções decisivas. Ao alargar nossa visão da língua, encontramos a possibilidade de estarmos certos: ao encontrar respostas que são sustentadas por um número ilimitado de medições reproduzíveis, em que o viés inevitável do observador é cancelado pela convergência de diversas abordagens. Existem vários linguistas que não acreditam que haja um lado certo ou um lado errado para alternativas teóricas: a natureza de seus dados não permite convergência com qualquer outra visão ou confirmação decisiva deles.

Não quero dizer, é claro, que uma solução particular oferecida seja correta num sentido absoluto. Ninguém duvida que seu melhor esforço será criticado, modificado, substituído, ou que talvez reemerja numa forma quase irreconhecível. Mas dentro do arcabouço oferecido por este capítulo, podemos dizer que o tipo de soluções oferecidas a problemas tais como simplificação de grupos consonantais, apagamento da cópula e concordância negativa representa relações abstratas de elementos linguísticos que estão profundamente encaixados nos dados. É razoável acreditar que são mais do que construções do analista — que são propriedades da língua em si mesma. O estado da linguística é de fato promissor se pudermos afirmar isso de qualquer resultado de nossa pesquisa.

9 O quadro social da mudança linguística

O ESTUDO DA MUDANÇA linguística no contexto social tem sido descrito por alguns como uma terra virgem; por outros, como um território estéril[1]. Um breve exame do que foi escrito no passado sobre o assunto mostra que ele se parece mais com um quintal abandonado, invadido por erudição confusa e sem importância. O tema tem sido tão maltratado em ensaios volumosos, ocos e equivocados que podemos até simpatizar com os linguistas que dizem que é melhor deixá-lo em paz. Mas as consequências de evitar a dimensão social da mudança linguística são sérias. Resta-nos assim um volume tão limitado de fatos que somos condenados a repetir os argumentos de nossos predecessores; nos pegamos discutindo interminavelmente sobre dados ruins em vez de tirar proveito da rica produção da mudança linguística inovadora que nos rodeia.

No entanto, os linguistas históricos adotaram e defenderam com vigor uma política inteiramente associal no último meio século. Para entender por que, será útil reexaminar brevemente a história das relações entre linguistas e sociedade, e de como eles têm conseguido se evitar mutuamente. Esta revisão levantará três questões: se as funções expressivas e diretivas da língua são importantes determinadores da mudança; se regras gramaticais altamente abstratas podem ser afetadas por fatores sociais; e se a evolução linguística é inteiramente disfuncional. Este capítulo pode ser considerado o correlato diacrônico do capítulo 8, que

[1] Este capítulo é uma versão revisada do capítulo sobre este tema preparado para *Current Trends in Linguistics*, vol. 11, organizado por Thomas Sebeok (Haia: Mouton, no prelo).

se preocupou quase inteiramente com os aspectos sincrônicos das duas primeiras questões. Dados de estudos recentes sobre mudança em andamento serão apresentados para mostrar como as mudanças linguísticas podem estar encaixadas num contexto social, como são avaliadas, e como a mudança pode ser ativada num tempo e lugar particulares. Esses resultados serão em seguida aplicados às três questões levantadas acima.

A CONCEPÇÃO LINGUÍSTICA DA LÍNGUA COMO UM FATO SOCIAL

Todo linguista reconhece que a língua é um fato social, mas nem todos dão a mesma ênfase a esse fato. Quando os linguistas escrevem sobre mudança linguística, encontramos um grau muito diferente de preocupação com o contexto social em que essas mudanças ocorrem. Alguns ampliam sua visão para incluir uma ampla gama de fatos sobre os falantes e seu comportamento extralinguístico, enquanto outros estreitam sua visão para excluir o máximo possível. Em geral, podemos predizer, com base na definição que o autor dá de língua, o quanto ele estará preocupado com os fatores sociais na mudança linguística. Além disso, aqueles que focalizam a comunicação da informação cognitiva ou referencial tratarão mais do indivíduo, e aqueles que se envolvem com os usos afetivos e fáticos da língua, das questões sociais.

Não é difícil encontrar no século XIX porta-vozes da importância dos fatores sociais na mudança linguística. Whitney está firmemente convencido:

> A fala não é uma posse pessoal, mas social; ela pertence, não ao indivíduo, mas aos membros da sociedade (1901: 404).

Ao considerar as funções da língua, Whitney enfatizava a função comunicativa num sentido social, mais do que a primazia das "ideias":

> O homem fala, portanto, primordialmente, não com o intuito de pensar, mas de transmitir seu pensamento. Suas necessidades sociais, seus instintos sociais, forçam-no à expressão (p. 401).

Para uma visão contrária, podemos recorrer a Hermann Paul, cuja abordagem individualista está refletida na maioria das atuais teorias da mudança linguística (cf. Weinreich, Labov & Herzog 1968 [ed. br.: 2006]).

Paul via a língua da comunidade como uma mistura grosseira da fala bem-formada dos indivíduos. Com base nisso, ele descarta o problema de explicar a diversificação da língua por considerá-lo muito transparente:

> Se partimos da verdade inegável de que cada indivíduo tem sua própria língua, e de que cada uma dessas línguas tem sua própria história... o surgimento de variações parece uma simples obviedade [*die Entstehung der Verschiedenheit scheint ja danach selbstverständlich*] (Paul 1889: 23 = 1886: 37).

Para Paul, a função da língua era organizar "grupos de ideias" (*Vorstellungsgruppen*), um processo que "assume um desenvolvimento particular no caso de cada indivíduo" (1889: 6 = 1886: 22). Sweet estudou Paul e absorveu e endossou esse ponto de vista; ele avisa que todos os princípios gerais da mudança estão subordinados "à principal função da língua... a expressão de ideias" (1900: 34). Não nos causa surpresa, então, que Sweet defina a língua sem qualquer referência ao contexto social, como "a expressão do pensamento por meio dos sons da fala" (1900: 1). Suas explicações para a mudança linguística, de acordo com isso, giram em torno de traços individuais do tipo "preguiça" ou "descuido".

A ênfase nas funções cognitivas ou representacionais da língua é mantida pela Escola de Praga em seus estudos sincrônicos. Outras funções, é claro, foram reconhecidas: seguindo Bühler e Laziczius, Troubetzkoy estabeleceria três divisões da fonologia: a expressiva, a apelativa e a representacional, ou fonologia propriamente dita. O efeito evidente dessa divisão foi liberar o linguista de qualquer preocupação com fatores sociais e funções não cognitivas. Depois de consagrar algumas páginas a uma exposição anedótica dessas questões, o linguista poderia proceder com o que realmente conta no negócio (1957: 16-17). Martinet (cf. abaixo), por seu modo de lidar com a mudança linguística, parece ser um seguidor direto dessa tradição.

Bloomfield herdou de Paul a mesma psicologia individualista, embora se opusesse a seu caráter subjetivo (1933). O modelo estímulo-resposta de Bloomfield mostra a língua como propriedade do indivíduo; seu modelo de mudança sonora supõe um processo perfeitamente regular, mas inobservável, que ocorre dentro do padrão de fala do indivíduo. Fatores sociais mais amplos são apresentados como processos relativamente vagos e confusos, sob a rubrica de "flutuação na frequência das formas" e "empréstimo dialetal".

Chomsky e Halle, que diferem de Bloomfield e Paul em tantos outros pontos, continuam a tradição de especulação com base nos modelos individuais da relação falante-ouvinte. Chomsky excluiria deliberadamente toda a variação social do objeto da linguística (1965: 3); Halle (1962) apresenta um modelo de mudança linguística em que a criança, por si própria, reestrutura a fala dos pais.

Embora as noções individualistas de Paul tenham sido seguidas na corrente principal da linguística, também houve considerável oposição da parte de muitos que compartilhavam a preocupação de Whitney acerca do contexto social da língua e seu amplo espectro de funções sociais. Testemunha disso é a bem conhecida posição de Meillet:

> ... pelo fato de ser a língua uma instituição social, resulta que a linguística é uma ciência social, e o único elemento variável ao qual se pode recorrer para dar conta da mudança linguística é a mudança social, da qual as variações da língua são apenas as consequências... (1921: 16-17).

Vendryes, discípulo de Meillet, continua no mesmo espírito, mais de vinte anos depois:

> A linguagem, que é o fato social por excelência, resulta dos contatos sociais. Ela se tornou um dos vínculos mais fortes que unem as sociedades e deve seu desenvolvimento à existência do grupo social (1951: 11).

Jespersen seguiu Sweet em diversos pontos, mas enfatizou o papel da língua na interação social:

> A língua de uma nação é o conjunto de hábitos pelos quais os membros desta nação se acostumaram a se comunicar uns com os outros (1946: 21).

Embora Jespersen estivesse profundamente envolvido em sua teoria "nocional" da gramática, encontramos ao longo de toda a sua obra uma preocupação com as funções expressivas e diretivas da língua que entra fortemente em suas discussões sobre a mudança linguística. Sturtevant escreveu na mesma tradição:

> Uma língua é um sistema de símbolos vocais arbitrários pelos quais os membros de um grupo social cooperam e interagem (1947: 2).

As propostas de Sturtevant para o mecanismo da mudança linguística (1947: 74ss) davam grande ênfase ao papel dos valores sociais e afetivos:

> Está claro que não entenderemos a regularidade das leis fonéticas enquanto não aprendermos como a competição entre fonemas leva à vitória de um deles... Antes que um fonema possa se difundir de palavra em palavra... é necessário que um dos dois rivais adquira algum tipo de prestígio (1947: 80-81).

Mas Sturtevant foi o último sobrevivente da esquecida proposta de Meillet de que precisávamos buscar uma explicação para as flutuações da mudança linguística no curso flutuante dos eventos sociais. A tendência dominante é expressa por muitos linguistas eminentes que resistem ferozmente a qualquer envolvimento desse tipo e insistem em que devemos nos restringir a explicações puramente internas, linguísticas. Martinet, por exemplo, declara que o linguista só tem competência para estudar os *resultados* do impacto externo. *Enquanto* linguista, ele abrirá mão de investigar o condicionamento "sociológico" (1964: 52).

Kuryłowicz assume uma atitude ainda mais dura:

> Quando se deixa a língua *sensu stricto* e se apela a fatores extralinguísticos, perde-se a clara delimitação do campo da pesquisa linguística. Assim, por exemplo, o aspecto fisiológico (articulatório) pode ser uma consequência de fatores sociais, estes últimos sendo eles mesmos devidos a certos fatos políticos ou econômicos (conquista, migrações envolvendo bilinguismo)... Parece que o campo da explicação linguística no sentido literal deve ficar circunscrito ao aspecto linguístico da mudança em questão, ou seja, ao estado atual do sistema antes e depois da mudança ("l'état momentanée des termes du système" ["o estado momentâneo dos elementos do sistema"] — Saussure) (1964: 11).

Kuryłowicz deseja purificar o argumento linguístico de todo suporte contaminador; ele renuncia ao uso da geografia dialetal, da fonética, da psicologia e da antropologia cultural na reconstrução da história de uma língua, a fim de ascender a uma "base conceitual mais elevada" (1964: 30).

Assim, os linguistas parecem, a esse respeito, formar dois grupos principais. O grupo A, o grupo "social", presta maior atenção aos fatores sociais para explicar a mudança; vê as funções expressivas e diretivas da língua como intimamente entrecruzadas com a comunicação de informação referencial; estuda a mudança em andamento e vê mudança em andamento refletida nos mapas dialetais; e enfatiza a importância da diversidade linguística, das línguas em contato e do modelo de ondas para a evolução linguística.

Os linguistas do grupo B, o grupo "associal", se concentram em fatores puramente internos — estruturais ou psicológicos — para explicar a mudança; separam a comunicação afetiva ou social da comunicação de "ideias"; acreditam que a mudança sonora em andamento não pode ser estudada diretamente e que os estudos das comunidades e dos mapas dialetais não mostram mais do que os resultados do empréstimo dialetal; assumem a comunidade homogênea e monolíngue como típica, trabalhando dentro do modelo Stammbaum [árvore genealógica] de evolução linguística.

Seria injusto alegar que os linguistas do grupo B desconsideram por completo os fatores sociais ao explicar a mudança linguística. Na verdade, eles definem a influência da sociedade como alheia à operação normal da língua e consideram a operação dos fatores sociais como interferência disfuncional no desenvolvimento normal (Bloomfield 1933) ou como intervenção rara e assistemática. Assim, Martinet desenvolve o que podemos chamar de visão "catastrófica" das relações entre eventos sociais e linguísticos. Ele argumenta que movimentos sociais extraordinários podem perturbar o equilíbrio linguístico em raros intervalos, provocando uma onda de reajustes linguísticos nos quais fatores puramente internos governam a sucessão de mudanças ao longo de "anos, séculos e milênios" (1964: 522). Desse modo, a influência do francês normando sobre o inglês nos séculos XII e XIII teve efeitos profundos, que ainda são sentidos hoje em dia por meio de uma longa série de reajustes internamente ligados. Dentro de sua própria perspectiva, Chomsky & Halle (1968) compartilham esse ponto de vista. Eles alegam que as formas subjacentes do inglês sofreram pouquíssima mudança desde o inglês médio (séculos XII-XV) e que a última mudança séria no sistema foi provavelmente a substituição da regra acentual germânica pela românica, em consequência da invasão normanda.

Portanto, há áreas de consenso em torno dos efeitos de certas mudanças sociais violentas sobre a língua. Ninguém negaria a importância de conquistas, invasões e imigração em massa, com a consequente extinção, superposição ou fusão de línguas inteiras. Podemos distinguir três subtipos, de acordo com Lehmann (1963):

(1) uma invasão em que a língua do povo conquistado simplesmente desaparece, como o céltico na Grã-Bretanha;
(2) uma conquista em que os conquistadores acabam adotando a língua dos conquistados, com consequentes alterações de larga escala num vocabulário estratificado socialmente, como no caso da hegemonia normanda;

(3) uma invasão que resulta numa íntima miscigenação de duas populações, com intenso empréstimo de vocabulário e até de palavras funcionais, como no caso das invasões escandinavas na Inglaterra*.

Seria interessante acrescentar, se pudéssemos, as condições para cada um desses resultados, mas o problema parece ser histórico e político, apropriado para uma "sociolinguística" mais ampla e interdisciplinar[2].

---

* Os três subtipos propostos se relacionam com a história da Grã-Bretanha e da língua inglesa: (1) se refere à ocupação da ilha, no século V, por povos germânicos (anglos e saxões), provindos de áreas que hoje pertencem à Alemanha e à Dinamarca; com isso, dialetos anglo-saxões se impuseram no território, fazendo desaparecer as línguas célticas originais ou reduzindo-as a minorias linguísticas (como o galês); (2) remete à conquista da Inglaterra por Guilherme, duque da Normandia (França), no ano de 1066, para reivindicar direitos de herança sobre o trono inglês; com isso, o francês se torna a língua da corte e das camadas dominantes inglesas, enquanto o inglês é falado pelo resto da população; (3) se refere às muitas excursões de pilhagem dos escandinavos (vikings) às ilhas britânicas, a partir de 787, num movimento que resultou, mais tarde, também em colonização escandinava de diversas áreas da Inglaterra, Escócia, Irlanda etc. O inglês é, portanto, o resultado de toda essa conturbada história de invasões, colonizações, contatos e desalojamentos linguísticos (n. da tradução).

2 Qualquer discussão da história do estudo da mudança linguística em seu quadro social tem de levar em conta o único campo em que nunca houve qualquer dúvida sobre a importância do contexto social: o estudo dos pidgins e crioulos. Desde a época de Schuchardt (1909), os crioulistas consideram necessário aprender o máximo possível sobre as condições sociais sob as quais tais línguas se formaram e se reformaram (cf., em particular, Sidney Mintz, "The Socio-historical Background to Pidgnization and Creolization", in Hymes 1971, e o volume completo de Hymes). Vários dos processos sistemáticos de mudança linguística que gostaríamos de retraçar na evolução linguística "normal" podem ser observados em forma acelerada nos crioulos. Alguns dos estudos mais detalhados de mudança morfológica sistemática são os de Bickerton (1971a, b). Ele demonstra que os falantes do crioulo de base inglesa da Guiana se movem através de um espectro muito amplo de paradigmas pronominais, regras de cópula e regras de colocação dos complementos numa série regular implicacional que parece refletir o processo histórico de descrioulização que afeta a comunidade como um todo. Bickerton argumenta, junto com Bailey (1970), que tais distribuições regulares através dos níveis de estilo e classe social são reflexos diretos de mudança em andamento. A dicotomia saussuriana sincronia-diacronia entraria assim em colapso, e a nova versão do modelo de ondas da mudança linguística mostraria distribuições simétricas ao longo do tempo, do espaço e da sociedade (1971: 182). Bailey e Bickerton argumentam também que os exemplos do crioulo não são casos especiais — que a história da maioria das línguas exibe processos paralelos. Esta recente revivescência das forças do Grupo A coincide com a opinião de Wang e colaboradores de que as gramáticas têm que ser vistas como estendidas no tempo e no espaço (Wang 1969; Chen & Hsieh 1971). O apelo por uma abolição total da distinção saussuriana sincronia-diacronia representa uma oposição radical à política do Grupo B de dividir os dados e a atividade em categorias discretas e limitadas.

A questão, por conseguinte, não é a importância dos fatores sociais, mas, antes, se eles estão profundamente envolvidos nos processos mais sistemáticos de mudança fonológica e gramatical. Tais mudanças são sensíveis à estratificação social e estilística da fala e à informação expressiva veiculada pela variação social e estilística? Temos de levar esses fatores em conta, a fim de entender as regularidades observadas na mudança linguística? Sobre essas questões, os grupos A e B divergem de forma radical, respondendo "sim" e "não" respectivamente. Sem querer causar excessiva violência a posições individuais, podemos alinhar no grupo A linguistas como Whitney, Schuchardt, Meillet, Vendryes, Jespersen e Sturtevant. No grupo B, encontraríamos Paul, Sweet, Troubetzkoy, Bloomfield, Hockett, Martinet, Kuryłowicz, Chomsky e Halle. Mas até agora ainda não situamos nessa dicotomia o mestre e colega de Meillet — Saussure. À primeira vista, a definição de *langue* de Saussure parece situá-lo francamente no grupo A:

> la partie sociale du langage, extérieure à l'individu... elle n'existe qu'en vertu d'une sorte de contrat passé entre les membres de la communauté (1962: 31)
> [a parte social da linguagem, exterior ao indivíduo... só existe em virtude de um tipo de contrato firmado entre os membros da comunidade]

Uma vez que Saussure é tido como o linguista mais influente do século XX, que Meillet é um dos mais eminentes na linguística histórica e Jespersen é correntemente lido e citado com a maior atenção, não fica totalmente claro por que o grupo A não deveria ser o elemento dominante na linguística do século XX. Em 1905, Meillet predizia que o século XX seria dedicado ao isolamento das causas da mudança linguística dentro da matriz social em que a língua está encaixada. Mas isso não aconteceu. De fato, não houve quase nenhum estudo empírico da mudança linguística em seu contexto social nos cinquenta anos seguintes ao pronunciamento de Meillet. Não há dúvidas de que o grupo B tem dominado a teoria e a prática linguísticas atuais; a maioria dos linguistas concordariam com Chomsky em tomar como objeto da descrição linguística o "falante-ouvinte ideal numa comunidade de fala completamente homogênea" etc. (1965: 3).

Sem boa prova do contrário, as grandes realizações e a reconhecida autoridade dos linguistas do grupo B seriam argumentos para a validação de sua postura associal. Podemos isolar quatro condições gerais que favorecem o predomínio da perspectiva do grupo B nas últimas décadas, fatores que têm mais a ver com o clima do pensamento linguístico do que com as questões substantivas implicadas.

1 O primeiro elemento do sucesso do grupo B envolve o que podemos chamar de paradoxo saussuriano. Saussure argumenta que a *langue* é um fato social, um conhecimento possuído por praticamente todo membro da comunidade de fala. Daí decorre que é possível alguém descobrir coisas sobre a *langue* perguntando a um ou dois falantes quaisquer da língua — inclusive a si mesmo. Por outro lado, a *parole* revela diferenças individuais entre os falantes, que só podem ser examinadas em campo, por um tipo de investigação sociológica. Assim, o aspecto social da língua pode ser estudado na privacidade de um gabinete, enquanto o aspecto individual exigiria pesquisa social no seio da comunidade de fala.

O paradoxo saussuriano explica como Bloomfield pôde analisar o inglês "falado em Chicago" a partir do conhecimento de sua própria fala (1933: 90-92). A popularidade da dicotomia saussuriana *langue/parole* ficou ainda mais assegurada quando se transformou na distinção competência/desempenho de Chomsky. Ambos os tratamentos ilustram o modo como os linguistas podem adaptar sua metodologia para se adequar a seu estilo pessoal de trabalho sem abandonar os princípios; não há dúvida de que a introspecção é uma metodologia confortável para muitos linguistas.

2. Em suas relações com outras disciplinas, os linguistas tradicionalmente têm se inclinado para o lado da psicologia, mais do que da sociologia. A estrada entre linguagem e pensamento já está bem palmilhada; psicólogos da linguagem sempre apareceram de modo proeminente na literatura linguística, de Wundt e Paul até Bühler e Jean Piaget. Em contrapartida, a influência de Émile Durkheim sobre Meillet parece ter sido um acidente histórico que não se repetiu.

Com isso, nada poderia ser mais natural para os linguistas do que explicar a mudança linguística em termos do relacionamento pais-filhos. Para explicar a aquisição da língua, basta considerar a mãe como falante e a criança como ouvinte; para entender a mudança linguística, primeiro se considera a criança como ouvinte, depois como falante. Muitos linguistas gostam de realizar "experimentos imaginários" em que se colocam a si mesmos na posição de uma criança imaginária fisgando dados fictícios de uma mãe imaginária. Essa imagem decorre naturalmente da pequena quantidade de dados que temos da fala infantil — obtidos tradicionalmente por pais que estudam os próprios filhos. A experimentação psicolinguística mais recente confronta a criança com a situação de teste; assim como o linguista tradicionalmente convida o informante para uma sessão de elicitação formal, também o psicólogo da linguagem convida a criança ao laboratório para que ela se debata com cubos e matrizes, esperando encontrar algum sentido em respostas para perguntas sem sentido. Já que ninguém acompanha a criança para observar sua interação cotidiana com outros membros da sociedade, seria estranho se nossas explicações de seu comportamento linguístico levassem em conta tais fatores sociais.

3. Na segunda metade do século XIX, os linguistas históricos estavam muito abertos à influência da dialetologia. Um exemplo notável é o impacto sobre Osthoff e Brugmann da monografia de Winteler sobre o dialeto suíço-alemão de Kerenzen (Weinreich, Labov & Herzog 1968: 115). Mas no século XX, a dialetologia como disciplina parece ter perdido sua orientação rumo à linguística teórica, e os dialetólogos em geral têm se contentado em coletar e publicar seus materiais. O capítulo de Bloomfield sobre esse tema é estranhamente desvinculado dos demais (Malkiel 1967); como outros já observaram (Sommerfelt 1930), os resultados mais sólidos e provocadores da dialetologia, como os de Gauchat (1905), não conseguiram se enquadrar no arcabouço do pensamento neogramático. Foi somente nos anos 1950 que os trabalhos de Martinet (1955), Moulton (1962) e Weinreich (1954) demonstraram novamente a força teórica da linguística de campo.
4. O eclipse do grupo de linguistas "sociais" se deve primordialmente às limitações de seus próprios trabalhos e escritos sobre o contexto social da língua. Eles se apoiavam quase inteiramente numa explicação intuitiva de alguns eventos anedóticos extraídos de seu próprio conhecimento geral. Quando lemos os comentários de Whitney, Meillet, Jespersen ou Sturtevant, não podemos afirmar que qualquer um desses autores *soubesse* mais sobre o impacto da sociedade sobre a língua do que qualquer outra pessoa; eles simplesmente estavam mais dispostos a falar disso. Argumento típico de Whitney sobre a natureza social da língua é o que ele levanta para provar que "circunstâncias externas" são o fator mais importante na mudança linguística:

   Enquanto uma família de Robinsons suíços mantém sua língua e a enriquece com nomes para os lugares e produtos novos e estranhos com que suas novas circunstâncias os põem em contato, um Robinson Crusoé quase perde sua língua por falta de companhia com quem empregá-la (1901: 405)*.

Encontramos centenas de "experimentos imaginários" nesses autores, no lugar de dados reais. Novamente, Whitney diz:

> Deixe duas crianças crescerem juntas, sem ninguém que lhes ensine a falar, e elas inevitavelmente conceberão, passo a passo, algum meio de expressão para o propósito da comunicação; se será rudimentar, ou de formação lenta, não podemos dizer... (p. 404).

O experimento imaginário sobre o "náufrago" aparece a todo momento:

> Suponha-se uma família de ingleses iletrados que naufrague numa ilha de coral do Pacífico e seja deixada ali isolada ao longo de várias gerações. Quanto de nossa língua de repente começaria a se tornar inútil para eles! (p. 138).

Descobrimos, para nossa consternação, que Whitney vive num mundo de "fatos" que são óbvios para ele, mas não para nós, o tipo de "experiência" do senso comum que nunca foi questionada:

> O fato da variação no ritmo do crescimento linguístico é extremamente óbvio (p. 137).

O tipo de argumento que o século XX herdou para lidar com as questões sociais é notavelmente semelhante. No mais das vezes, encontramos uma série de anedotas destinadas a provar ideias já aceitas como verdadeiras. Assim, Vendryes, expondo a noção saussuriana da uniformidade da *langue*, relata:

> Conhecemos a desventura que se abateu sobre Teofrasto de Lesbos no mercado de Atenas. Quando indagada sobre o preço de uma mercadoria, uma mulher do povo o reconheceu como estrangeiro pela fala (1951: 240).

Com constrangedora regularidade, topamos com as costumeiras ilhas desertas, povoadas com os náufragos dos experimentos imaginários:

---

* Nesta citação, Whitney se refere às diferenças "sociais" das aventuras vividas pela família suíça Robinson — descritas no romance *Der Schweizerische Robinson*, publicado em 1812 pelo pastor protestante suíço Johann David Wyss — e às aventuras de Robinson Crusoé, retratadas no romance homônimo do inglês Daniel Defoe, publicado em 1719. Os Robinsons suíços eram uma família de seis pessoas (pai, mãe e quatro filhos) que mantiveram os laços familiares e, por conseguinte, a língua (o alemão) no novo ambiente (uma ilha deserta) em que foram parar depois do naufrágio de seu navio. Robinson Crusoé, náufrago solitário numa ilha tropical deserta, não teve com quem interagir verbalmente durante os mais de vinte anos que passou lá (n. da tradução).

> Quando um francês solitário encontra um persa numa ilha deserta, ambos esquecerão suas diferenças e naturalmente buscarão fazer convergir seus interesses (p. 230).

Basta examinarmos a palavra "social" nos índices de qualquer dos autores citados — no grupo A ou no grupo B — para encontrar mais experimentos imaginários e mais anedotas. Assim, Bloomfield explica a diversificação da língua por meio de diferenças fictícias na densidade de comunicação, descoberta num elaborado experimento imaginário que mapeia cada enunciado de cada falante numa comunidade (1933: 46). Como tal experimento não pode ser realizado, Bloomfield admite ser "forçado a recorrer a hipóteses". A hipótese então é enriquecida com outra hipótese sobre mudança linguística — a de que o prestígio relativo de falante e ouvinte determina o empréstimo e a flutuação das formas. As duas hipóteses — ambas afirmadas sem evidências — são então combinadas em outro experimento imaginário que ofereceria uma explicação final para a direção e o ritmo da mudança linguística:

> Se tivéssemos um diagrama com as flechas assim ponderadas [por gradações representando o prestígio do falante com referência a cada ouvinte], poderíamos sem dúvida predizer, em larga medida, as frequências futuras das formas linguísticas (1933: 403).

É difícil acreditar que Bloomfield, com seu refinado senso empírico, desse muito valor a tais argumentos — mesmo o seu próprio. Ao seguir o modo tradicional de lidar com os fatos sociais, ele também estava alegando que esse campo fica de fora do domínio da competência do linguista.

Embora alguns de nossos mais precisos linguistas ainda se apeguem a experimentos imaginários e anedotas, eles tendem a limitá-los a campos de fora da atividade linguística normal. Certamente, percebem tal vacuidade da parte dos outros. Para entender a forte posição do grupo B assumida por Martinet, Kuryłowicz e Chomsky, precisamos saber contra que eles estavam reagindo. Argumentos sobre raça e clima na literatura precedente nos chocam hoje como demasiado absurdos para serem levados a sério, mas são esses os tipos de argumentos "externos" que Martinet e Kuryłowicz estavam denunciando[3].

---

[3] Até mesmo Sweet tinha um argumento favorito sobre o efeito do clima na língua, ao qual retornava recorrentemente. Ele atribuía o alçamento do ā longo indo-europeu para ō

TRÊS QUESTÕES FUNDAMENTAIS SOBRE MUDANÇA LINGUÍSTICA

Considerações históricas e estratégicas influenciaram a decisão dos linguistas de resistir ao estudo do contexto social da mudança. Mas também há uma base sólida para a posição deles nas questões fundamentais implicadas. Se decidirmos nos engajar num estudo do contexto social da evolução linguística, contrariamente à posição dominante na prática linguística atual, precisaremos levantar pelo menos três questões sérias que, cedo ou tarde, terão de ser respondidas.

a. O lugar da variação social

A variação social e estilística da língua desempenha um papel importante na mudança linguística? Por "social" entendo aqueles traços da língua que caracterizam vários subgrupos numa sociedade heterogênea; e por "estilística", as alternâncias pelas quais um falante adapta sua linguagem ao contexto imediato do ato de fala. Ambas estão incluídas no comportamento "expressivo" — o modo como o falante diz ao ouvinte algo sobre si mesmo e seu estado mental, além de dar informação representacional sobre o mundo. A variação social e estilística pressupõe a opção de dizer "a mesma coisa" de várias maneiras diferentes, isto é, as variantes são idênticas em valor de verdade ou referencial, mas se opõem em sua significação social e/ou estilística.

Martinet assume uma posição extremamente negativa sobre a questão da variação social. Sob a rubrica "Só a comunicação molda a língua", ele argumenta:

> São, portanto, os empregos comunicativos da língua que deverão reter nossa atenção se quisermos descobrir as causas das mudanças linguísticas. O que constatarmos e pudermos formular, então, não valerá necessariamente para aqueles enunciados linguísticos que não visam à comunicação. Mas negligenciaremos de bom grado estes últimos como sendo modelados sobre os enunciados comunicativos e não oferecendo nada que não pudéssemos encontrar neles (1964b: 170).

---

nas línguas germânicas ao fato de os falantes sob o clima do Norte tentarem manter fora de suas bocas o ar frio e úmido, não abrindo os lábios e mandíbulas tanto quanto os falantes mediterrâneos (1900).

É claro que o termo "comunicação" poderia incluir todos os tipos de comunicação expressiva, mas uma leitura do contexto mais amplo torna claro que ele tem a intenção de excluir qualquer informação sobre o falante contida na forma linguística, bem como excluir a expressão "fática". A informação não representacional que estamos considerando sob esta questão é em geral liberada simultaneamente com outras mensagens, daí ser uma questão de negligenciar um aspecto e acolher outros:

> Para simplificar nossa análise, vamos supor que a língua em processo de evolução é a de uma comunidade estritamente monolíngue, perfeitamente homogênea, no sentido de que as diferenças observáveis representam estágios sucessivos de um mesmo uso, e não usos concorrentes [...]. Será preciso, portanto, aqui, como fizemos acima em matéria de descrição, abstrair essas variações [sociais e geográficas] e supor uma homogeneidade que só deve existir muito excepcionalmente (1964b: 164).

A posição de Martinet nos permite especificar a expressão "desempenha um papel importante". Se a resposta à pergunta original *a* formulada acima for positiva, então a estratégia de Chomsky-Martinet será falha e produzirá declarações vazias ou errôneas sobre a mudança linguística e suas causas. No corpo principal da discussão, reunirei evidências para mostrar que esse é o caso.

b. O nível de abstração

Regras fonológicas e gramaticais abstratas, de alto nível, podem ser afetadas por fatores sociais? Um dos fatores que levaram ao declínio da abordagem do grupo A é que os linguistas têm desviado firmemente sua atenção do léxico, da fonética e da morfologia flexional em prol de regras abstratas da fonologia e da sintaxe que operam num "nível mais alto" — isto é, estão bem mais acima na hierarquia das regras, se alteradas afetariam o *output* de várias outras regras, e contêm mais informação abstrata. Estamos cada vez mais cientes de que a maioria das regras gramaticais estão muito distantes da percepção consciente das pessoas. Afirmar que fatores sociais incidem pesadamente sobre o desenvolvimento sistemático de uma língua é levantar, portanto, um grande problema conceitual, já que os falantes, nem vagamente, têm consciência da maioria das relações profundas. Como é que esses fatores sociais podem influenciar no processo de aprendizagem da língua?

Linguistas do grupo A tendiam a enfatizar o papel da palavra como receptora e refletora das influências sociais. A afirmação dos dialetólogos de que cada palavra tem sua própria história (Meillet 1964: 29, Malkiel 1967) se encaixa nessa orientação. Ao mesmo tempo, reconheceu-se que as partículas gramaticais são menos sujeitas ao empréstimo, mais estáveis frente ao impacto externo sobre a língua. Isso pareceria ainda mais verdadeiro no caso das regras que relacionam estrutura de superfície a formas subjacentes. Mesmo que os fatores sociais alterem profundamente a fonética e o vocabulário de uma língua, e possivelmente também os formativos superficiais, ainda poderíamos alegar que a mudança linguística em regras de nível mais alto é um mero reajuste interno, nem sequer remotamente vinculado ao contexto social imediato. Examinaremos essa questão com relação a algumas regras fonológicas complexas; a resposta não é nada óbvia, mas podemos situá-la do lado da dúvida.

c. A função da diversidade

Existe alguma função adaptativa à diversificação linguística? Por todo o século XIX, foram traçadas diversas analogias entre a evolução linguística e a biológica, inclusive pelo próprio Darwin, que considerava ambas "curiosamente paralelas". Ele observou, na língua e nas espécies biológicas, homologias de forma devidas à comunidade de descendência, e comparou a generalização da mudança fonética ao crescimento correlato em plantas e animais. Línguas e espécies apresentam a reduplicação de partes, os efeitos do uso continuado, elementos vestigiais, agrupamento hierárquico, taxonomias tipológicas *vs.* genéticas, dominância e extinção, hibridização e variabilidade (1871: 465). Mas Darwin achou necessário completar a analogia argumentando em prol da sobrevivência do mais apto na língua, citando a autoridade de Max Müller:

> Uma luta pela vida está ocorrendo sem parar entre as palavras e as formas gramaticais em cada língua. As formas melhores, mais curtas, mais fáceis estão constantemente passando à dianteira, e elas devem seu êxito a sua própria virtude inerente.

Nenhum linguista hoje endossaria esse ponto de vista, que vai na direção exatamente oposta à do nosso conceito de arbitrariedade do signo linguístico. As línguas não parecem estar ficando cada vez melhores e não vemos nenhuma prova de progresso na evolução linguística (Greenberg 1959). Exceto no desenvolvimento do vocabulário, não se pode argumentar em prol da radiação adaptativa em nenhuma área da língua. A diversificação das línguas não é nem imediatamente nem obviamente funcional, como pode ser a diversificação das espécies. Não tiramos nenhum benefício imediato do fato de não sermos capazes de entender os russos ou os gaélicos, e o tempo gasto em aprender as línguas deles não parece ajudar na sobrevivência da nossa própria língua. Temos de considerar seriamente a possibilidade da diversificação das línguas ser disfuncional e de estarmos em situação pior do que se todos nós falássemos uma versão mutuamente inteligível do pós-indo-europeu.

No que diz respeito à mudança fonética sistemática, a maioria dos linguistas, do grupo A e do B, consideram que o processo de diversificação foi inteiramente negativo. Foram somente os efeitos da analogia, ou até mesmo da intervenção social consciente, que restauraram o equilíbrio[4]. A ideia de que a mudança sonora destrói e a analogia reconstrói é tão difundida que quase todos os linguistas a assumem. É verdade que Martinet (1955) acha algum valor na simetria produzida pela tendência ao tapa-buraco, e outros linguistas veriam valor na simplificação e generalização de regras. No que diz respeito à gramática, ainda é preciso demonstrar que a analogia pode ser sistemática, ou que a mudança gramatical sistemática existe (Kuryłowicz 1964).

No conjunto, os linguistas ainda parecem satisfeitos com o princípio de que a diversificação da língua se deve aos efeitos sistemáticos e destrutivos da mudança sonora (em geral atribuída ao princípio do menor esforço) e à ruptura da comunicação entre grupos isolados. Esse princípio não só destrói o paralelismo entre evolução linguística e biológica, como também é estranhamente conservador: ele projeta a ideia de que a comunidade de fala imutável e homogênea de Chomsky-Martinet é o ideal pelo qual deveríamos lutar e de que qualquer grau de heterogeneidade reduz o nosso poder comunicativo. Como essa é uma conclusão pouco atraente e muito irrealista, sou inclinado a rejeitá-la; algumas das evidências que sustentam esse ponto de vista serão organizadas na seção final.

---

[4] Neste sentido, o argumento de Darwin foi invertido. Ele julgava que os processos fonéticos que encurtavam as palavras tornavam-nas melhores, de modo que as mais aptas ou mais curtas sobreviviam.

3. O ESTUDO DA MUDANÇA SONORA EM ANDAMENTO: O PRINCÍPIO DA UNIFORMIDADE

Se quisermos nos dedicar à resolução das três questões da mudança linguística alinhadas acima, precisamos enfrentar imediatamente uma grave dificuldade: temos pouquíssima informação sobre o estado da sociedade em que a maioria das mudanças linguísticas ocorreram. Os acidentes que governam os registros históricos têm pouca chance de produzir as explicações sistemáticas de que precisamos. Alguns linguistas históricos obtiveram resultados notáveis e penetrantes com os textos de que dispunham: H. C. Wyld será citado como o exemplo mais brilhante. Mas tais esforços nunca foram mais do que moderadamente convincentes, e sempre se está livre para discordar com base em outras evidências fragmentárias. As únicas soluções possíveis para os problemas da mudança linguística que acabamos de levantar se encontram no estudo da mudança em andamento.

Os linguistas do grupo B frequentemente alegaram, em defesa dos princípios neogramáticos e com base em seus experimentos imaginários, que a mudança linguística é lenta demais, sutil demais ou esquiva demais para ser estudada enquanto ocorre à nossa volta. No trabalho a ser citado abaixo, há evidências esmagadoras do contrário, de que o estudo da mudança em andamento é uma estratégia prática. Essas evidências nos fortalecerão e nos ajudarão a interpretar os resultados das investigações históricas. Para usá-las desse modo, precisamos inevitavelmente operar sob o *princípio da uniformidade*[5]. Postulamos que as forças que operam para produzir a mudança linguística hoje são do mesmo tipo e ordem de grandeza das que operaram no passado, há cinco ou dez mil anos.

Certamente existem novos fatores emergindo: a ampliação do letramento, a convergência linguística, o desenvolvimento do vocabulário científico. Todavia, eles representam intervenções menores na estrutura das línguas. Se existem efeitos relativamente constantes, cotidianos da

[5] Termo emprestado da geologia: o conceito foi introduzido na teoria geológica por James Hutton na virada do século XVIII. Hutton mostrou que as montanhas, vulcões, praias e abismos que temos hoje são o resultado de processos observáveis que ainda ocorrem à nossa volta, e não de convulsões violentas em algum ponto remoto do passado ("catastrofismo"). A doutrina uniformitarianista é um dos princípios aceitos na geomorfologia atual — talvez seu eixo principal.

interação social sobre a gramática e a fonologia, o princípio da uniformidade assevera que tais influências continuam a operar hoje do mesmo modo como operaram no passado. Se esse princípio for injustificável em alguma medida, nossas interpretações do passado pelo presente podem estar longe de atingir o alvo. Mas, pelos indícios do presente, o princípio será tão bem-sucedido na linguística quanto é na geologia. Para citar Gauchat, o mais brilhante dos pioneiros neste campo:

> ... les dialectes parlés sont les représentants vivants de phases que les langues littéraires ont parcourues dans le cours du temps. Les patois ... pourront nous servir de guides pour arriver à une meilleure compréhension de l'histoire des langues académiques (1905: 176).
> [... *os dialetos falados são os representantes vivos de fases que as línguas literárias percorreram no decorrer do tempo. Os patoás... podem nos servir de guias para chegarmos a uma melhor compreensão da história das línguas acadêmicas.*]

Pode se argumentar de imediato que não observamos, literalmente, a mudança "em andamento". Na maioria dos estudos a serem relatados aqui, o investigador observou a distribuição no *tempo aparente* — ou seja, o comportamento diferenciado dos falantes em várias faixas etárias. Distinguimos esse comportamento da gradação etária regular e repetida pela obtenção de uma medida em algum ponto contrastante no tempo real. No caso de Martha's Vineyard, tínhamos os registros do Atlas Linguístico de trinta anos antes. O estudo de Gauchat em Charmey (1905) foi orientado para o tempo real 24 anos depois pelas observações suplementares de Hermann (1929). Mas mesmo que fizéssemos estudos repetidos da mesma área a cada poucos anos, ainda se poderia argumentar que estávamos somente estudando estágios discretos e não a mudança em andamento.

Tal argumento se baseia numa visão do comportamento linguístico como um conjunto uniforme e homogêneo de regras que podem mudar uniformemente, tal como um raio de luz amarela pode gradualmente mudar para laranja; a suposição é a de que teoricamente podemos observar a mudança do mesmo modo como observamos o pôr do sol assumir cores variadas. Mas essa visão se baseia no modelo equivocado da comunidade de fala homogênea. Como demonstrou Gauchat, "l'unité phonétique de Charmey [...] est nulle" ["a unidade fonética de Charmey [...] é nula"]. Ao contrário, o que encontramos é o comportamento diferenciado, no qual existe uma mudança gradual na frequência com que certas regras são utilizadas em diversos ambientes (cap. 8). A evolução interna das regras linguísticas implica alterações na ordenação e na proeminência de certos "condicionamentos variáveis" — um objeto abstrato demais para ser diretamente observado, no sentido corrente do termo. Podemos medir esse processo em pontos discretos do tempo, mas não podemos observar as regras mudarem de um momento para o outro. Considere-se a regra que ditongou o /ɑ:/ baixo posterior em Charmey:

$$\emptyset \rightarrow < \begin{bmatrix} -\text{consonantal} \\ -\text{vocálica} \\ +\text{posterior} \end{bmatrix} > / \begin{bmatrix} +\text{tensa} \\ +\text{baixa} \end{bmatrix} \underset{<+\text{acento}>}{\_\_\_\_\_\_} \begin{matrix} [+\text{consonantal}] \\ <-\text{central}> \\ < \begin{Bmatrix} +\text{anterior} \\ -\text{coronal} \end{Bmatrix} > \end{matrix}$$

Essa é uma regra variável que afirma que uma semivogal posterior aparece variavelmente depois de uma vogal baixa tensa, e que a regra se aplica mais frequentemente a palavras acentuadas (oxítonas), mais frequentemente se a consoante final não for um /r/ (isto é, central) e, com menor efeito, mais frequentemente se a consoante final for labial. Os derivados do latim *porta, corpus* raramente se ditongaram de [pwɔrtə, kwɔ] para [pwa^{o}rtə, kwa^{o}][6]. Quando Hermann visitou Charmey, em 1929, encontrou a regra num estado mais avançado: ela tinha chegado a se completar em todos os ambientes, exceto antes de /r/, onde ainda não era muito comum:

$$\emptyset \rightarrow < \begin{bmatrix} -\text{consonantal} \\ -\text{vocálica} \\ +\text{posterior} \end{bmatrix} > / \begin{bmatrix} +\text{baixa} \\ +\text{tensa} \end{bmatrix} \_\_\_\_\_\_ \begin{matrix} [+\text{consonantal}] \\ <{*}-\text{central}> \end{matrix}$$

A regra agora afirma que a vogal é ditongada variavelmente, mas que, desde que a vogal não seja seguida de um /r/, a regra se aplica sem exceção[7]. Fica claro que não poderíamos seguir a mudança dessa regra de um enunciado para o outro, pois um período discreto de tempo teria que ter transcorrido antes que a nova ordenação dos condicionamentos variáveis ficasse evidente, mesmo para um observador que nunca tivesse deixado a cena. As mudanças qualitativas mostradas na regra envolvem (1) o surgimento do símbolo "categórico" *, para todos os ambientes não centrais, e

---

[6] Embora a vogal antes de *r* seja classificada por Gauchat como *o* aberto [o] e a principal regra de ditongação afete ɑ, esses dois fones podem ser analisados como variantes condicionadas, de modo que estamos lidando com a mesma regra. Uma regra posterior apaga o *r* final.

[7] A notação com asterisco indica um traço numa regra variável que, quando presente, faz a regra aplicar-se categoricamente, sem exceção (Labov 1972a: cap. 3).

(2), como consequência, o desaparecimento dos condicionamentos de tonicidade e de ponto de articulação suprimidos pelo avanço geral.

Finalmente, é preciso dizer algo sobre a distinção que frequentemente se faz entre a "origem" e a "propagação" de uma mudança (Postal 1964: 284, Sturtevant 1947, Sommerfelt 1930). Falando em nome daqueles que investigam a mudança em andamento, não acho essa distinção coerente. Qual é a origem de uma mudança linguística? Obviamente, não é o ato de algum indivíduo cuja língua desliza ou que se entrega a alguma idiossincrasia. Definimos a língua, junto com outros linguistas do grupo A, como um instrumento usado pelos membros da comunidade para se comunicar entre si. Atos idiossincráticos não fazem parte da língua assim concebida, e as mudanças idiossincráticas muito menos. Portanto, só podemos dizer que a língua mudou quando um *grupo* de falantes usa um padrão diferente para se comunicar entre si.

Vamos supor que dada palavra ou pronúncia tenha sido de fato introduzida por um indivíduo. Ela só se torna parte da língua quando é adotada pelos outros, ou seja, quando se propaga. Por conseguinte, a origem de uma mudança é sua "propagação" ou aceitação pelos outros. A partir desse ponto, só temos uma continuação do mesmo padrão. Não descartamos a possibilidade de inovação independente simultânea por parte de alguns falantes; mas consideramos absurda a ideia de que uma comunidade inteira mudaria simultaneamente sem referência dos falantes entre si, sem uma transferência gradual do padrão de um falante para outro. Todos os estudos empíricos, a começar pelo de Gauchat, mostram essa diferenciação sistemática até mesmo nas comunidades mais isoladas e mais compactas.

Neste capítulo, utilizarei dados de oito desses estudos empíricos de comunidades de fala:

1. A pesquisa de Louis Gauchat sobre a diversidade fonética entre três gerações de falantes do francês suíço na aldeia de Charmey (1905), com o relato posterior de Hermann (1929).

As principais mudanças sonoras observadas em andamento estão sintetizadas na tabela 9.1, mostrando:

(a) a palatalização de ɫ → y, ocorrendo variavelmente na geração intermediária, completada na mais jovem;

(b) a monotongação de /ao/, variável na geração mais velha, completada na intermediária;
(c) a ditongação da vogal posterior ɒ → ɑº, começando na geração intermediária, completada na mais jovem, exceto antes de /r/;
(d) a ditongação de ɛ → ɛᴵ, começando na geração mais velha, variável na intermediária e completada na mais jovem, exceto na classe de palavra com /r/ subjacente seguindo a vogal.

TABELA 9.1
QUATRO MUDANÇAS SONORAS EM ANDAMENTO NO FRANCÊS SUÍÇO DE CHARMEY, 1899

	I *90-60 anos*	*II* *60-30 anos*	*III* *abaixo de 30*
(ɫ)	ɫ	ɫ ~ y	y
(aw)	ɑº ~ (ɑ˙)	ɑ˙	ɑ˙
(ey)	ɛ ~ (ɛᴵ)	ɛ ~ ɛᴵ	ɛᴵ
(ɒ)	ɒ	ɒ ~ ɑº	ɑº

FONTE: Gauchat (1905)

2. A pesquisa de Ruth Reichstein de variáveis fonêmicas entre crianças parisienses em idade escolar (1960), com base na pesquisa de Martinet durante a I Guerra Mundial.

Reichstein testou, em cerca de 570 meninas estudantes, o contraste fonêmico com nove pares mínimos, girando em torno de /a ~ ɑ/, /ɛ ~ ɛ:/, /ɛ̃~œ̃/; esses contrastes pareciam estar desaparecendo rapidamente, e a comparação por estrutura de área e classe mostrou que alguns bairros de classe operária do interior lideravam a mudança.

3. Meu próprio estudo da centralização de (ay) e (aw) em Martha's Vineyard, comparado com registros fonéticos anteriores feitos pelos entrevistadores do Atlas Linguístico.

Esse estudo mostrou (a) centralização progressiva de /ay/ na geração mais velha, com (b) uma centralização posterior de /aw/ na geração intermediária, ultrapassando o primeiro processo entre os falantes mais jovens: cf. tabela 9.2 (um rearranjo da tabela 1.2). Os dados do Atlas não mostram nenhuma centralização de /aw/ em 1933. Estudos espectrográficos recentes dos mesmos falantes (Labov 1972c) confirmaram a situação original do mecanismo e acrescentaram pormenores consideráveis.

TABELA 9.2
CENTRALIZAÇÃO DE (ay) E (aw) EM 3 GERAÇÕES DE FALANTES DE INGLÊS: MARTHA'S VINEYARD, MASS.

Geração	*(ay)*	*(aw)*
Ia (acima de 75 anos)	25	22
Ib (61-75 anos)	35	37
IIa (46-60 anos)	62	44
IIb (31-45 anos)	81	88
III (14-30 anos)	37	46

4. Meu próprio estudo da evolução das vogais na cidade de Nova York (1966a), tal como confirmado e ampliado por nossos estudos instrumentais atuais (1972c). A relação com o tempo real se faz por comparação com quatro outros relatos que remontam a 1896.

As investigações em Nova York mostram (a) um aumento na estratificação do /r/ final e pré-consonântico entre falantes com menos de 40 anos; (b) o tensionamento e alçamento do *a* breve para formar a variável (eh) e o alçamento do *o* aberto longo para formar a variável (oh), de posição baixa para alta, com a fusão subsequente das vogais ditongadas médias e altas; (c) a posteriorização e o alçamento do núcleo de /ay/ e /ah/ em *guy* e *God,* com a anteriorização correspondente do núcleo de /aw/. A figura 9.1 mostra quatro estágios na mudança em cadeia de /ahr → ohr → uhr/, relacionando a classe de palavras de *lard, lord* e *lured,* a partir das medições espectrográficas dos sistemas vocálicos de quatro operários nova-iorquinos.

5. O estudo de Hillsboro (Carolina do Norte), empreendido por Levine e Crockett, sobretudo por meio de questionários e testes formais de pronúncia (1966); um estudo da população negra da mesma cidade, usando os mesmos métodos, por Anshen (1969).

Levine e Crockett até agora só relataram a pronúncia do /r/ final e pré-consonântico. Encontraram uma forte mudança na direção de uma nova norma de pronúncia do *r*, paralela a 3(a) acima, mas com evidências também da sobrevivência de uma norma prestigiada mais antiga sem *-r*.

6. Uma investigação recente do inglês de Salt Lake City e arredores por Stanley Cook (1969), mostrando o estágio inicial do desenvolvimento de um dialeto urbano.

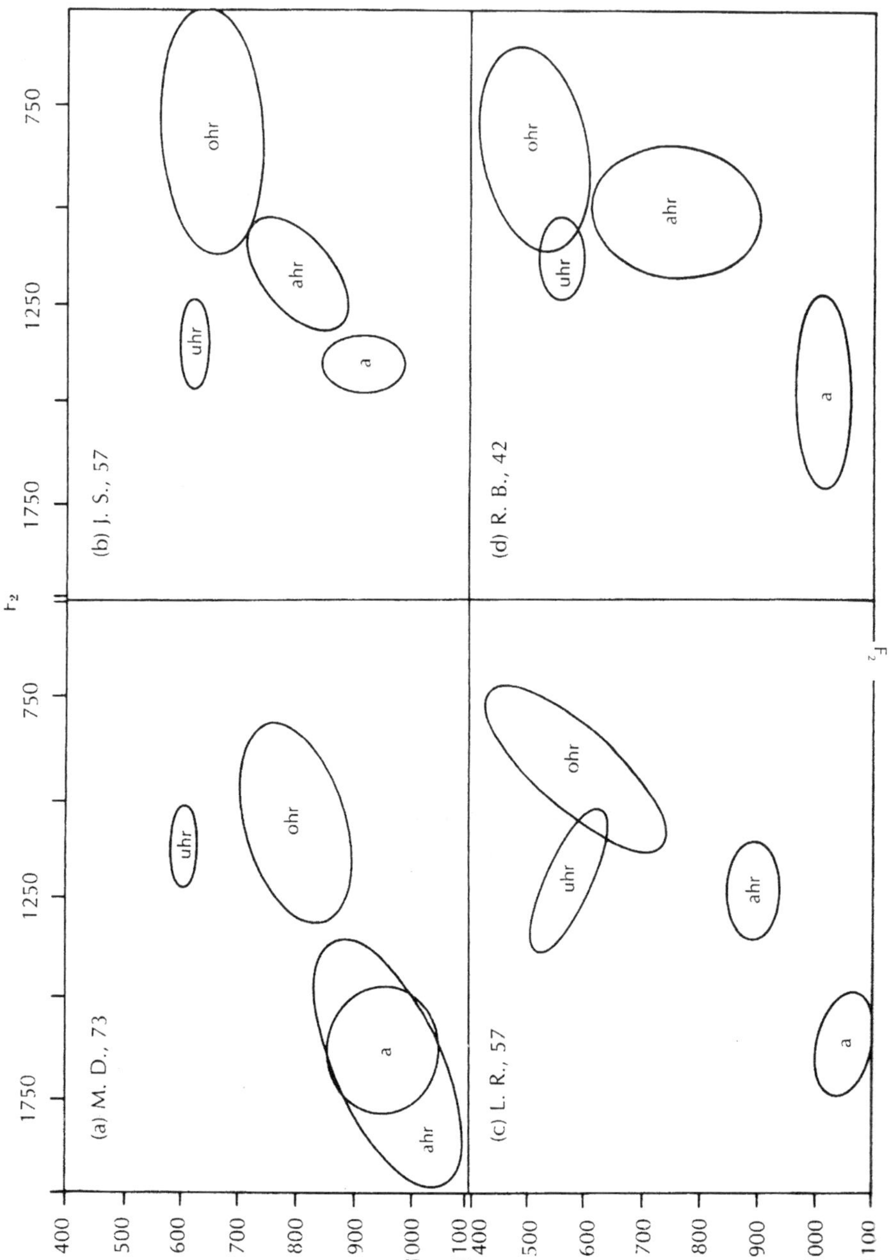

FIGURA 9.1. Quatro estágios da mudança em cadeia de ahr ⟶ ohr ⟶ uhr na cidade de Nova York.

O traço mais saliente no processo de mudança foi a anteriorização de (aw), que se mostrou mais forte entre os jovens universitários, expandindo-se gradualmente para fora de Salt Lake City. Cook também estudou a fusão rural (e a reversão do estereótipo) de /ɑr/ e /ɔr/ em *far* e *for*. Mostrou tratar-se de uma mudança avançada, sofrendo algum grau de correção explícita. Cook conseguiu traçar a história da fusão numa comunidade rural, sua estigmatização e sua reversão entre falantes mais jovens, bem como uma tendência ao alçamento com hipercorreção de /ɔr/ para /oˇ ɚ/ entre falantes suburbanos mais jovens. A separação das duas classes de palavras entre os falantes rurais aparece na tabela 9.3

TABELA 9.3
FONES USADOS PARA (ar) E (or) NA FALA INFORMAL: MINNERSVILLE, UTAH

Falantes	*N*		ɑ	ɒ	ɔˇ	ɔ^	Ω	o
Informantes mais velhos	5	(ar)	89	-	11	-	-	-
(acima de 60 anos)		(or)	40	8	-	53	-	-
Jovens não universitários	2	(ar)	100	-	-	-	-	-
(cerca de 17 anos)		(or)	14	-	29	54	4	-
Estudantes universitários	2	(ar)	100	-	-	-	-	-
(cerca de 21 anos)		(or)	-	-	-	100	-	-

Fonte: Cook 1969.

7. Uma investigação da estratificação social do espanhol do Panamá por Henrietta Cedergren (1970), mostrando cinco variáveis linguísticas distribuídas em cinco grupos socioeconômicos.

Cedergren descobriu que uma dessas variáveis — a retroflexão e a fricativização de /č/ — estava em processo de rápida mudança, enquanto as outras exibiam distribuições bastante estáveis entre as faixas etárias.

8. O estudo da estratificação social da língua em Norwich (Inglaterra), por Peter Trudgill (1971), usando as mesmas técnicas básicas de entrevista de 4 acima e elicitando um espectro de estilos do informal à lista de palavras a partir de uma amostra de 60 informantes representando cinco classes sociais.

Trudgill também encontrou diversas variáveis linguísticas em processo de mudança, tanto de "cima para baixo" quanto de "baixo para cima" na hierarquia social. A posteriorização do /e/ breve para [ʌ] antes de /l/ é o caso que vamos examinar em detalhe, bem como os resultados de Trudgill sobre a diferenciação dos sexos no processo de mudança.

É claro que existem diversos estudos de dados secundários que aprofundam nossa visão do quadro social da mudança linguística. O exame mais útil de textos históricos, para nossos objetivos, é o de H. C. Wyld em *A History of Modern Colloquial English* (primeira edição, 1921). Wyld tinha profundo interesse na influência de dialetos de classe sobre a história do inglês e suas origens em dialetos regionais porque ele mesmo era falante de um dialeto de classe, a chamada *Received Pronunciation**. Podemos tirar proveito de seu minucioso exame da ortografia de documentos como os artigos de Cely, as cartas de Paston, o diário de Machyn e as memórias de Verney, produzidos por autores de antecedentes sociais muito variados[8].

Poderíamos ampliar indefinidamente as fontes, incluindo relatos qualitativos e fragmentários de mudança em andamento. Mas os estudos quantitativos de comunidades de fala autênticas têm, obrigatoriamente, a precedência. Podemos extrair algumas conclusões de observações qualitativas que se enquadrem num sistema de três categorias: ou uma dada forma ou regra nunca é encontrada, ou ocorre variavelmente, ou é sempre encontrada. Mas pode se fazer um uso muito mais proveitoso das variáveis linguísticas que se intercalem livremente de 0 a 1, de modo que $0 \leqslant x \leqslant 1$, onde x representa a proporção de todos os ambientes permitidos nos quais a regra realmente se aplica. Aqui estamos em melhor posição para detectar o progresso de uma mudança ou dar uma explicação convincente de como a mudança se correlaciona com fatores sociais. Uma revisão das tabelas 9.1-9.3 mostrará que a maioria das relações desapareceria num estudo qualitativo. No caso de Gauchat, veremos que os resultados mais interessantes e importantes acrescentam detalhes quantitativos à tabela 9.1 qualitativa. Em nossos mais recentes estudos da mudança sonora, podemos nos mover até um nível mais alto de preci-

* *Received Pronunciation*: pronúncia padronizada do inglês britânico, baseada originalmente na fala da classe alta do sudeste da Inglaterra e característica do inglês falado nas escolas públicas e nas universidades de Oxford e Cambridge. Até recentemente, era a forma padrão do inglês usada nos meios de comunicação da Grã-Bretanha (n. da tradução).

8 Asta Kihlbom (1928) apontou vários problemas na interpretação de Wyld desses dados, uma vez que ele não consultou os manuscritos originais e que muitas das cartas foram escritas por secretários e não pelos interessados. Mas a reconstrução mais ampla feita por Wyld dos processos implicados parece ainda se sustentar.

são graças ao uso de medições instrumentais, e isso já foi feito em dois dos seis estudos acima citados (cf. Labov 1972c; Labov, Yaeger & Steiner 1972).

4. O ENCAIXAMENTO DA MUDANÇA LINGUÍSTICA EM SEU CONTEXTO SOCIAL

Podemos identificar pelo menos cinco problemas diferentes relacionados à explicação da mudança linguística (Weinreich, Labov & Herzog 1968), mas nem todos eles estão relacionados ao quadro social da mudança. Os *condicionamentos* universais sobre a mudança linguística são, por definição, independentes de qualquer comunidade particular. A questão de identificar a *transição* entre dois estágios quaisquer da mudança linguística é um problema linguístico interno. O problema do *encaixamento* tem dois aspectos: a mudança é vista como encaixada numa matriz de outras mudanças (ou constantes) linguísticas, e também como encaixada num complexo social, correlacionada com mudanças sociais. Existe também um importante componente social no problema da *avaliação* — mostrar como os membros da comunidade de fala reagem à mudança em andamento e descobrir que informação expressiva as variantes veiculam. Por fim, podemos esperar que haja fatores sociais profundamente implicados no problema da *implementação*: por que a mudança ocorreu num tempo e lugar particulares e não em outros.

Deve ficar claro, pois, que uma compreensão plena da mudança linguística exigirá várias investigações que não estão intimamente ligadas ao quadro social, assim como outros estudos que mergulhem na rede dos fatos sociais. Nossos outros estudos dos condicionamentos universais sobre a expansão das fusões (Herzog 1965: 211), sobre princípios universais da mutação vocálica (Labov, Yaeger & Steiner 1972: cap. 4) e a transição interna de regras (ibid., cap. 3) se ocupam da comunidade de fala somente como uma fonte de dados. A fim de reunir os dados que precisamos para responder as três perguntas formuladas na seção 2, necessitaremos tirar o máximo proveito dos dados disponíveis sobre o encaixamento social, a avaliação e a implementação das mudanças linguísticas em estudo.

Nosso primeiro problema é determinar os aspectos do contexto social da língua que se vinculam mais estreitamente com a mudança linguística. Poderíamos começar com um retrato completo do contexto social imediato do evento de fala, seguindo o programa descritivo de

Hymes (1962). Consideraríamos todas as relações sociais vigentes entre falantes, interlocutores, públicos e habitantes dos domínios sociais do evento de fala (escola, igreja, trabalho, família...). Em seguida, poderíamos indagar se as mudanças na língua refletem mudanças nas relações entre esses participantes e contextos. Por exemplo, estamos testemunhando agora uma série de mudanças consolidadas no uso dos pronomes de respeito de segunda pessoa em espanhol (Weinberg & Najt 1968), francês (Lambert 1969), servo-croata e outras línguas. Suspeitamos que há alguma verdade na reação convencional das pessoas mais velhas: os jovens não respeitam mais os idosos como antigamente. Mas que medidas independentes de comportamento respeitoso nos mostrariam que isso é mais do que uma mudança nas convenções ou nos modos superficiais de expressão? Temos meios cada vez mais sofisticados de registrar e medir o comportamento linguístico, relacionando nossas observações à língua usada na interação social cotidiana. Mas não temos medidas igualmente bem desenvolvidas de autoridade, respeito ou intimidade. Por conseguinte, seria prudente correlacionar nossos dados linguísticos com quaisquer medidas de posição ou comportamento social que sejam suscetíveis de repetição por outros em outros pontos do tempo.

Parece razoável, portanto, conectar o comportamento linguístico com a medição do *status* atribuído ou adquirido pelos falantes. Uma vez que alterações da expressão linguística podem registrar mudanças momentâneas de atitudes sociais, nos preocuparemos sobretudo com séries bem estabelecidas de expressão linguística — o modo como o indivíduo habitualmente se apresenta a si mesmo em vários ambientes sociais. A cada momento, nossa linguagem dá informações para responder a pergunta do ouvinte: "O que você acha de mim?" Mas a linguagem do falante também oferece informações gerais sobre ele mesmo, respondendo as perguntas do outro: "Quem é você?" e "O que você faz?" Essas são perguntas de *status* atribuído — filiação étnica e religiosa, casta, sexo, família — e de *status* adquirido — educação, renda, profissão e possivelmente pertencimento a grupos de pares. Mudanças na língua podem, assim, estar correlacionadas com mudanças na posição dos subgrupos com os quais o falante se identifica. As evidências atuais mostram que a maioria das mudanças em andamento acompanham significativas distribuições sociais antes de registrarem qualquer alteração estilística (cf. Cook 1969 sobre /aw/).

Classe socioeconômica

O *status* social de um indivíduo é determinado pelas reações subjetivas de outros membros da sociedade, mas para quem é de fora é mais fácil usar indicadores sociais e econômicos objetivos para avaliar a posição de indivíduos particulares. Nos Estados Unidos, obtemos a estratificação geral mais precisa por meio de variadas combinações de profissão, educação, renda e área residencial. Ao estudar registros históricos, normalmente avaliamos as figuras de classe alta por seus títulos e vínculos familiares; os indivíduos menos destacados são mais fáceis de classificar por suas ocupações e associações habituais:

> Henry Machyn, o cronista, parece ter sido, por suas próprias palavras, um simples comerciante, possivelmente um agente funerário, com um gosto por cerimônias pomposas — sobretudo funerais (como era natural) — e por mexericos. Das grandes pessoas que menciona, não conhecia mais do que seus nomes e rostos, vistos enquanto passavam por ele em algum cortejo fúnebre e equestre, ou numa pequena parte de um mexerico ouvido ocasionalmente entreouvido, acreditamos, de algum outro espectador em meio à multidão (Wyld 1936: 141).

O *status* de Machyn é um dado importante: ele nos fornece indícios do tratamento que a classe média baixa dava a diversas variáveis linguísticas importantes no inglês londrino do século XVI. Por exemplo, a maioria de suas palavras com *-er-* são grafadas com *-ar-*: *armyn* ("ermine"); *hard* ("heard"); *sarmon* ("sermon"). Wyld considera essa alternância de *-er-* e *-ar-* como um caso clássico da correlação entre movimento de classe social e mudança linguística. Levanta a questão: como foi que tantas palavras hoje pronunciadas com uma vogal central média, [ɜ˞], como *clergy, heard* etc., puderam ser pronunciadas por falantes prestigiados nos séculos XVII e XVIII com [ɑɚ]? Se a pronúncia [ɑɚ] era "errada", como é que, antes de tudo, foi adotada pela aristocracia?

Wyld coleta um volume considerável de dados para mostrar que a pronúncia [ɑɚ] entrou no dialeto de Londres no século XV, vinda de dialetos do sudeste, e aparece com frequência pesadamente nos escritos de londrinos de classe média como Machyn até meados do século XVI. A partir daí, tais grafias aparecem com crescente frequência no inglês da classe alta até o final do século XVIII, quando começam a escassear:

> Temos aqui um traço linguístico que abriu seu caminho desde um dialeto regional para dentro da fala londrina de classe média, daí passou para o padrão e só foi desalojado mais tarde por uma nova onda de influência da classe média (1936: 11).

A rejeição final da pronúncia [ɑɚ] pelos falantes de classe média em favor da pronúncia da ortografia padrão foi um subproduto natural da mobilidade social ascendente[9]. A nova burguesia não tinha como saber quais palavras escritas *-er-* eram pronunciadas [ɑɚ] pelos aristocratas elegantes e, naturalmente, só podia aderir ao sólido padrão ortográfico.

Vemos nesse desenvolvimento três processos de encaixamento social:

(1) a transformação de um dialeto regional num dialeto urbano de classe baixa;
(2) a difusão ascendente de um traço linguístico, de uma classe baixa para uma classe alta;
(3) o recurso à pronúncia sugerida pela ortografia por um grupo de mobilidade social ascendente.

Podemos facilmente encontrar apoio suplementar para essa opinião de Wyld sobre a matéria. A pronúncia [ɑɚ] ainda aparece em dialetos do sudeste hoje em dia[10]. E, como veremos, há ampla comprovação do movimento ascendente das inovações da classe baixa e de suas contribuições para a língua padrão.

Curiosamente, grande parte da literatura especulativa sobre empréstimo dialetal se baseia na noção de que todo movimento de formas linguísticas se dá do grupo de prestígio superior para o grupo inferior[11]. Quando os linguistas do grupo B lidam com esse tópico, inevitavelmente asseveram esse princípio:

> Entre seus colegas de profissão, por exemplo, um falante imitará aqueles que ele acredita terem a posição "social" mais elevada (Bloomfield 1933: 476).

---

[9] Uma análise alternativa dos dados da cidade de Nova York (Labov 1967), baseada na mobilidade social dos falantes, oferece correlação tão boa (ou melhor) com o comportamento linguístico quanto a análise baseada nas posições socioeconômicas dos falantes.

[10] Tal como mostrado em dados coletados por Howard Berntsen e analisados em nossos estudos atuais de mudança sonora em andamento.

[11] Expressa como um princípio geral por Gabriel Tarde em suas *Lois de l'imitation* em 1890 e desde então conhecida como *lei de Tarde*.

Essa é uma mera observação, sem nenhuma justificativa posterior, como ocorre com as outras observações de Bloomfield sobre empréstimo dialetal. Estudos de mudanças sonoras atuais mostram que uma inovação linguística pode começar com qualquer grupo particular e se difundir para fora dele, e que esse é o desenvolvimento normal; e que esse grupo particular pode ser o de mais alto *status*, mas não necessariamente nem tão frequentemente assim.

Podemos encontrar no discurso de Machyn dois outros exemplos de mudanças em curso que acabaram alcançando a classe alta. Um é a pronúncia alta de palavras com *-ea-*, derivadas do inglês-médio ę̄, como [i:], indicada na grafia de Machyn pelo *y* em *prych, spyking, bryking, brykefast*. Essa classe de palavras acabou se separando das palavras com vogal média longa ā, de modo que *meat* ["carne"] se agrupou com *meet* ["encontrar"], e não com *mate* ["colega"]. Em segundo lugar, notamos em Machyn uma tendência acentuada à perda de *-r-* antes de *-s*, produzindo *Woseter* ("Worcester"), *Dasset* ("Dorset"), continuando uma tradição que acabou levando, no século XVIII, a uma pronúncia completamente sem *-r* para todos os londrinos[12].

Em estudos mais recentes, Reichstein (1960) constatou que diversas mudanças fonêmicas em curso, que ela estava estudando, se encontravam mais avançadas nos bairros de classe operária de Paris. Nossos próprios estudos dos subúrbios de Paris detectaram o alçamento e a posteriorização mais radicais do /ɑ/ entre jovens da classe operária, de modo que *casser la tête* ["quebrar a cabeça"] pode ser alçado a [kɔselatɛt], e *j'sais pas* ["não sei"] a [špo][13]. Em nossos outros estudos preliminares dos dialetos de Boston, Rochester, Detroit e Chicago, encontramos as formas mais avançadas de diversas mudanças vocálicas entre a juventude de classe operária. Em Chicago, são os jovens de classe operária que exibem o tensionamento al-

12 Por sem *-r* entendemos que há uma regra categórica para a vocalização do *r* consonantal em posição final e pré-consonantal: sempre que não seguido imediatamente por uma vogal. Esse estilo de fala foi adotado no século XIX em todas as cidades dos Estados Unidos que buscaram na Inglaterra um modelo de prestígio cultural: Boston, Nova York, Richmond, Charleston e Atlanta, mas não Filadélfia.

13 Esses dados provêm do trabalho de campo de Bryan Simblist, da Universidade Yale. Embora o jovem parisiense de classe operária que estudamos preserve uma grande distância fonética entre ɑ anterior e posterior, a distribuição lexical dessa distinção é bastante diferente da do francês padrão.

çamento mais radical do *a* breve e a anteriorização do *o* breve, junto com o rebaixamento das vogais breves distensas /i/ e /e/ para a posição média e baixa. A figura 9.2 dá o exemplo de um sistema vocálico radical desse tipo, o de uma menina de 17 anos da classe operária. Em sua frase: *That ended that* [ði: ˇᵊt ɐndɨd ði: ˇᵊt], observamos a vogal baixa /æ/ alçada a uma posição alta, e a vogal média /e/ aberta para uma posição baixa.

Estudos dialetais baseados na fala de estudantes universitários só conseguiram capturar essas notáveis transformações de sistemas vocálicos depois que já estavam muito avançadas, e já sendo reprimidas.

Nem sempre é a classe operária que está na liderança da mudança linguística. Frequentemente, é um grupo de *status* mais elevado, comparável ao de Machyn. A tabela 9.4 oferece dados sistemáticos sobre uma das mudanças em curso no sistema vocálico da cidade de Nova York: a posteriorização e o alçamento de /ay/ junto com a anteriorização de /aw/. Os números aqui se referem a uma escala em que zero representaria um núcleo baixo central para /ay/ e /aw/: [a^{I}, a^{u}], característico dos falantes mais velhos.

TABELA 9.4
VALORES MÉDIOS DE (ay) E (aw) PARA TODOS OS INFORMANTES BRANCOS DA CIDADE DE NOVA YORK POR METADE DE UMA GERAÇÃO

		(ay) Classe socioeconômica				(aw) Classe socioeconômica			
Idade	Geração	0-2	3-5	6-8	9	0-2	3-5	6-8	9
5-19	II-B	7	23	22	12	8	20	17	8
20-34	II-A	5	18	24	10	—	7	10	4
35-49	I-B	8	17	18	20	4	7	8	1
50-64	I-A	5	10	10	15	2	7	5	5
65+	0	0				0			

FONTE: Labov 1966a.
Índice de (ay) e (aw) = média das taxas fonéticas X 10
Escalas fonéticas para classificar o alçamento do núcleo de (aw) e a posteriorização do núcleo de (ay)

A pronúncia consistente de /ay/ como [ɒ^{I}] geraria (ay)-40, e a consistente /aw/ como [æ^{U}] também mostraria uma pontuação de 40. A tabela 9.4 mostra que o movimento de /ay/ parece ter começado nos grupos de classe média, mas continuou mais fortemente na classe média baixa, expandindo-se gradualmente para a classe operária, enquanto os falantes de classe média alta a evitavam. A anteriorização de /aw/ é mais

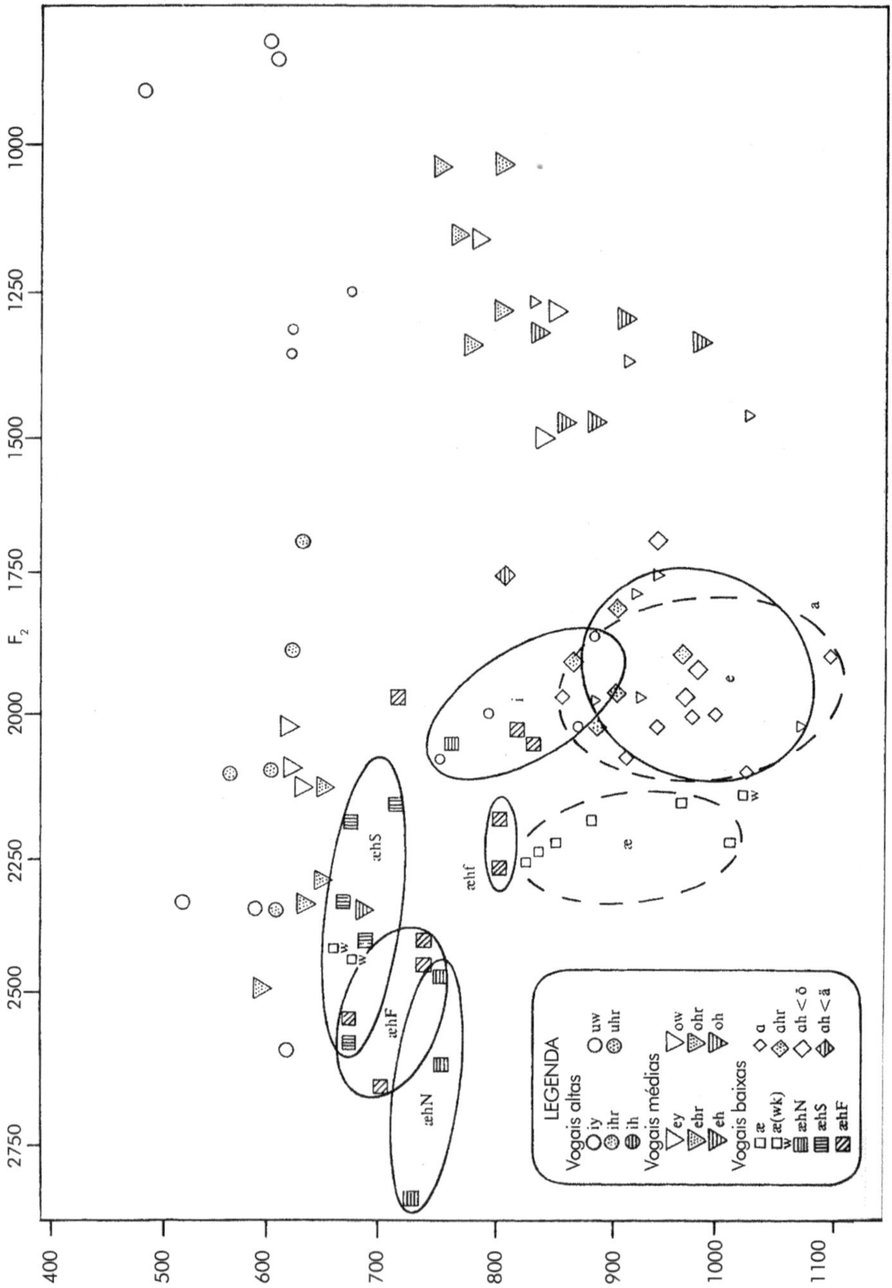

FIGURA 9.2 Sistema vocálico de C.M., 16 anos, Chicago [reproduzido por permissão da Indiana University Press de W. Labov, "The Internal Evolution of Linguistic Rules", in R. Stockwell & R. Macaulay (orgs.) *Historical Linguistics in Generative Theory*.]

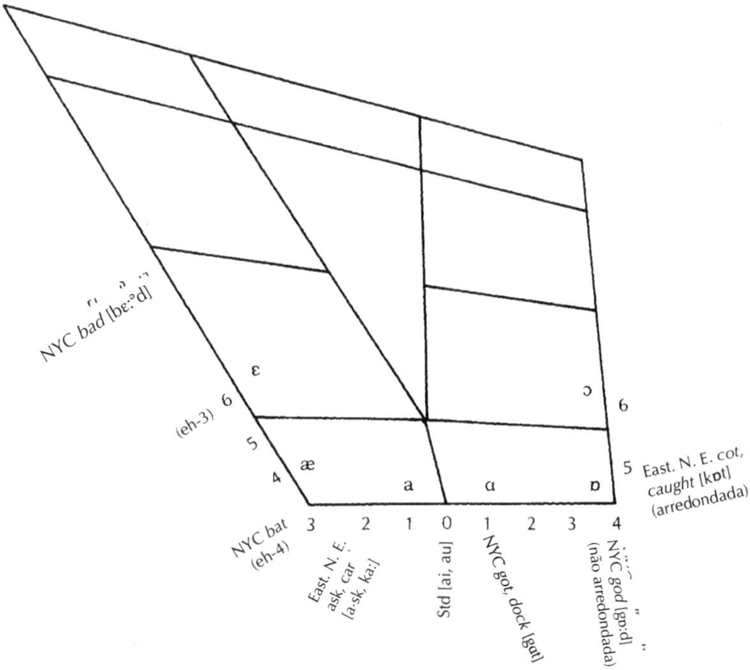

forte na classe média baixa, mas está gradualmente se expandindo nesta geração para afetar os outros grupos.

A inovação feita pelo grupo de *status* mais alto é, em geral, uma forma emprestada de fontes externas, mais ou menos conscientemente; com algumas exceções, serão formas de prestígio[14]. A difusão original da pronúncia sem *-r* nos Estados Unidos teve como modelo os padrões londrinos do início do século XIX — uma "mudança de cima para baixo", difundindo-se para fora a partir dos centros de influência anglófila[15]. A inversão atual dessa tendência por todo o Leste dos Estados Unidos pode ser vista em Boston e no Sul (Levine & Crockett 1966), assim como em Nova York (Labov 1966a). É outra forma de mudança de cima para baixo, invertendo as relações de prestígio. Existe uma nítida diferenciação entre falantes mais velhos, que ainda refletem as antigas normas anglófilas, e os falantes mais jovens, que

[14] Em *The Pickwick Papers*, Dickens marca Sam Weller e seu pai com a confusão estigmatizada entre *v* e *w*; também ridiculariza um jovem lorde almofadinha com uma labialização estereotipada do *r* pré-vocálico, sempre impresso no texto como um *w*.

[15] Essa expansão alcançou um raio de aproximadamente 150 milhas [aproximadamente 330km] a partir de Boston, Richmond e Charleston, mas ficou confinada à vizinhança imediata da cidade de Nova York.

adotaram a nova norma de radiodifusão da pronúncia "americana geral" com *-r*. A mudança de cima para baixo pode ser bastante regular; pode afetar cada subgrupo em proporção à sua distância do centro de prestígio e à formalidade da situação de fala. O linguista que estiver entrevistando informantes observará essas importações de cima para baixo mais claramente na leitura de textos do que na fala corrente. Na fala espontânea da vida diária, observamos mais dramaticamente os efeitos da mudança de baixo para cima, como nos movimentos de (ay) e (aw) supracitados[16].

TABELA 9.5 (r) NA FALA CASUAL POR IDADE E CLASSE

	Classificação socioeconômica				N			
Idade	*0-1*	*2-5*	*6-8*	*9*				
8-19	00	01	00	48	4	11	4	4
20-29	00	00	00	35	3	5	5	3
30-39	00	00	00	32	—	2	4	3
40-49	00	06	10	18	5	18	7	3
50-	00	08	00	05	5	7	1	3

TABELA 9.6
PERCENTAGEM DE FALANTES DE (r)-00 EM LISTAS DE PALAVRAS (ESTILO D) POR IDADE E CLASSE

	Classificação socioeconômica				N			
Idade	*0-1*	*2-5*	*6-8*	*9*				
8-19	50	50	50	25	2	8	2	4
20-39	67	75	00	20	5	17	9	4
40-49	20	18	00	25	3	7	1	3
50-	64	27	00	33	11	11	1	3

A tabela 9.5 mostra os índices médios de pronúncia do *r* no estilo informal dos nova-iorquinos: é claramente um fenômeno de classe média alta que não afetou a fala natural de outros grupos. A tabela 9.6 mostra a

[16] Nos estágios iniciais de uma mudança linguística, pode se observar um padrão consistente em estilos formais tanto quanto na fala informal. É o caso da pronúncia do /aw/ anterior e do /ay/ posterior da maioria dos nova-iorquinos. Somente depois dos estágios mais avançados da mudança é que os estilos formais exibem correção e distribuição irregular.

maneira como essa forma de prestígio afeta os falantes no estilo mais monitorado: a porcentagem dos que usam a norma totalmente sem -*r* na leitura de listas de palavras. O grupo de segundo *status* mais elevado, a classe média baixa, é o mais afetado; nenhum falante adulto usou a norma mais antiga. Esse é um dos diversos indícios do forte padrão de comportamento de "hipercorreção" do grupo de segundo *status* mais elevado, um elemento importante no mecanismo da mudança linguística (cf. cap. 5). Um exemplo paralelo desse padrão de hipercorreção aparece no estudo quantitativo da pronúncia do *r* em Hillsboro; como mostra a tabela 9.7, a maior alternância do "estilo de frase" para o estilo de listas de palavras ocorreu mais no grupo de ensino médio do que no grupo universitário. No primeiro caso, as pessoas leram frases com lacunas; sua atenção foi atraída para o problema de preencher essas lacunas com um item lexical, em vez de com as palavras do texto que continham /r/. Na lista de palavras, a atenção se concentrava diretamente na variável, e o grupo com segundo *status* mais alto respondeu mais nitidamente a essa diferença do que qualquer outro. Voltando à relação entre idades da tabela 9.6, vemos que, nos grupos de classe operária, os falantes mais velhos tendem a manter as normas mais antigas, e os falantes jovens também; é somente entre os grupos de idade mediana que as normas de prestígio são adotadas. Como veremos abaixo, a correção explícita tende a ser bastante assistemática quando ocorre tarde na vida e se concentra em palavras individuais, mais do que em regras gerais[17]. Podemos perguntar: será que o grupo de *status* mais elevado alguma vez inova inconscientemente?

TABELA 9.7
FREQUÊNCIA DE [r] FINAL LS-CONSONANTAL EM FALANTES BRANCOS EM HILLSBORO, CAROLINA DO NORTE

	Lista de frases	Lista de palavras	Aumento nítido
Idade			
21-39 anos	56,6	65,1	8,5
40-59 anos	54,2	60,3	6,1
60 anos ou mais	44,5	49,3	4,8

[17] Falantes que assimilaram tardiamente a norma da pronúncia formal do *r* exibem padrões regulares e previsíveis de alternância, mas não adquirem consistência. As classes de palavras que contêm /r/ são muito bem definidas; no entanto, há um alto grau de hipercorreção em *idear, lawr* e *order* e, às vezes, *Gard* para *God*.

Educação			
Qualquer faculdade	52,7	58,9	6,2
E. médio completo	54,6	65,6	11,0
E. médio incompleto	50,0	57,0	7,0
E. fundamental ou nenhum	52,6	57,3	4,7
Sexo			
Masculino	52,3	57,4	5,1
Feminino	52,9	61,1	8,2

FONTE: Levine & Crockett 1966: 223.

Qualquer hábito de fala associado ao grupo de prestígio elevado será facilmente percebido. Os críticos conservadores não tardarão a chamar a atenção para ele, tal como Gill ridicularizava uma pronúncia em voga no século XVII que alçava o ā longo a [i:], gerando [ki:pn] para *capon* ["capão"] (Wyld 1936).

Nem toda mudança linguística está vinculada a um grupo social particular. O alçamento, no inglês médio, de ē para [i:] parece ter sido "comum à fala de todas as áreas e classes de Londres" (Wyld 1936: 207). Em algumas áreas dos Estados Unidos, a fusão do *o* breve aberto e do *o* longo aberto parece afetar todas as pessoas[18]. Mas aqui estou falando a partir de impressões gerais; não se pode negar que, em cada caso que foi estudado mais de perto, descobriu-se que este ou aquele grupo social liderou fortemente o desenvolvimento de uma mudança linguística.

A diferença entre uma mudança em andamento e uma mudança avançada pode ser vista claramente às vezes no padrão da distribuição social. Uma mudança pode começar primeiro num grupo social localizado em qualquer ponto da hierarquia social. Enquanto ela está se desenvolvendo e se expandindo, ainda se pode ver o padrão em pirâmide através de diversas faixas etárias, com os valores mais altos nos falantes mais jovens do grupo original. Mas quando a mudança atinge um estado avançado, e todas as classes sociais são afetadas, ela frequentemente se torna estigmatizada, e a correção social da fala formal começa a obscurecer o padrão original. Nesse caso, temos uma distribuição linear, com a classe social mais alta exibindo a menor fre-

[18] Há exceções à uniformidade dessa fusão de *hock* e *hawk*, *don* e *dawn*. Em Phoenix (Arizona), por exemplo, ela parece mais característica da população de origem inglesa do que dos negros e hispano-americanos.

quência do traço estigmatizado na conversa cotidiana. Podemos ver isso claramente no estudo de Cedergren do espanhol da Cidade do Panamá (1970). A tabela 9.8 mostra o que Cedergren encontrou acerca da estratificação social de cinco variáveis do espanhol panamenho através de quatro classes sociais.

TABELA 9.8
ESTRATIFICAÇÃO SOCIAL DE CINCO VARIÁVEIS NO ESPANHOL DO PANAMÁ

	Grupos sociais			
Variável	*I*	*II*	*III*	*IV*
(R)	1,62	1,88	2,29	2,29
(PARA)	1,11	1,37	1,39	1,69
(ESTÁ)	1,26	1,56	1,62	1,71
(S)	2,03	2,24	2,31	2,36
(CH)	1,88	2,24	2,13	2,00

Fonte: Cedergren (1970).

As variáveis linguísticas da tabela 9.8 podem ser brevemente definidas como segue:

(R): desvozeamento, fricativização, faringalização e apagamento do /r/ final de sílaba, com valores que vão de 1 a 6 na direção desses processos;

(PARA): alternância da forma plena da preposição *para* com *pa*, com valores de 1 e 2 respectivamente;

(ESTÁ): alternância da forma plena *está* com *tá*, com valores de 1 e 2 respectivamente;

(S): alternância em final de sílaba de [s], [h] e [ø], com valores de 1, 2 e 3 respectivamente;

(CH): palatal *versus* retroflexo e oclusiva reduzida de /č/ inicial, com valores de 1 e 2 respectivamente.

Os números na tabela 9.8 são as médias aritméticas dos valores das variáveis. As classes sociais se distribuem da mais alta (I) à mais baixa (IV), com as quatro primeiras variáveis exibindo uma distribuição linear com índices mais baixos para a classe social mais alta. Mas a variável (CH) exibe um padrão curvilíneo que sugere que a mudança se origina no segundo grupo de *status* social alto (II). Se vê claramente que (CH) representa uma mudança em curso na tabela 9.9, que dá a distribuição dos índices por grupos etários para as mesmas cinco variáveis. Podemos ver que (CH) é a única variável com uma progressão linear unidirecional entre os grupos etários, com um avanço dramático nos grupos mais jovens, bastante comparável aos valores mostrados para a mudança em andamento em Martha's Vineyard e na cidade de Nova York.

TABELA 9.9
DESENVOLVIMENTO DE CINCO VARIÁVEIS
NO ESPANHOL PANAMENHO POR FAIXAS ETÁRIAS

	Idade				
Variável	11-20	21-30	31-40	41-50	61-70
(R)	2,28	1,90	1,95	2,23	1,46
(PARA)	1,31	1,34	1,48	1,33	1,39
(ESTÁ)	1,64	1,50	1,67	1,57	1,41
(S)	2,34	2,22	2,15	2,18	2,19
(CH)	2,15	2,29	2,05	1,81	1,31

FONTE: Cedergren (1970)

A situação na Cidade do Panamá não justificaria por si só o princípio de que um padrão curvilíneo de estratificação social corresponde a estágios iniciais de uma mudança em andamento. Mas também em Nova York constatamos que, de cinco variáveis importantes estudadas, duas exibem uma distribuição curvilínea: o alçamento de (eh) em *bad, ask, dance* está mais avançado entre falantes da classe operária alta, e o alçamento de (oh) em *off, all, water* está mais avançado na classe média baixa. A distribuição em tempo aparente mostra claramente que essas duas variáveis ainda estão se desenvolvendo entre os falantes mais velhos. O alçamento é encontrado sobretudo na classe social que agora exibe as formas mais radicais. O estudo de Trudgill da estrutura sociolinguística de Norwich (1971) examina uma série de variáveis fonológicas que exibem estratificação social linear — correspondente à distribuição hierárquica das classes sociais. Mas uma variável exibe uma distribuição curvilínea: a posteriorização de /e/ em [ʌ] diante de /l/ em *belt, held* etc. Trudgill mostra que a distribuição dessa variável no tempo aparente indica claramente mudança em andamento, com os falantes da classe operária alta na frente.

Um entendimento desse princípio requer uma apreciação da diferença entre o progresso regular de mudança de baixo para cima nos estágios iniciais de uma mudança sonora, e a correção posterior de cima para baixo, que ocorre quando o traço em mudança chama a atenção daqueles que estabelecem as normas sociais. Se o novo elemento linguístico for associado a um grupo social mais baixo, normalmente ele será estigmatizado e, por fim, seu uso acabará sendo inversamente proporcional ao *status* social do falante. Os estágios posteriores de uma mudança podem, então, exibir uma distribuição linear, embora a liderança tenha estado originalmente no interior de um grupo. Se a inovação linguística se difundir para cima a partir do grupo social mais baixo, ela será alinhada com a hierarquia social desde o início, mas isso raramente ocorre. O que às vezes acontece é que um traço seja introduzido pela classe mais alta no sistema social, embora, como regra geral, ela não seja um grupo inovador.

Temos, portanto, documentado com algum detalhe o encaixamento da mudança linguística em um tipo de estrutura social: o sistema socioeconômico dos diferenciais de classe. A mudança não ocorre independente dos padrões de classe: ao contrário, o padrão inovador entra como uma cunha, com um ou outro grupo atuando como ponta de lança. O traço raramente fica confinado a uma classe particular (a menos que seja estigmatizado e retroceda — cf. seção 5, abaixo). Fica difícil, portanto, ver de que maneira Martinet ou Chomsky lidariam com tal situação. A sociedade homogênea postulada pelo linguista abstrato conteria ou não a forma nova? Se não, em que ponto o abstraidor tomaria a decisão de incluí-la em seu sistema homogêneo e por que razão?

Consigo imaginar duas direções por onde o linguista abstrato poderia seguir. Ele poderia simplesmente fazer abstração da classe social e permitir que a forma inovadora fosse opcional para todo mundo. Ele argumentaria, então, que a associação da forma inovadora com uma classe particular de pessoas não tem importância linguística. Nesse caso, a nova opção apareceria subitamente como um fato cego, sem direção nem interpretação. Nossa discussão da avaliação de mudanças linguísticas bem desenvolvidas ilustrará o quanto de importância a opção pode ter de fato.

Uma segunda alternativa seria abandonar a noção de descrição da *langue* como uma propriedade da comunidade e simplesmente descrever a fala de uma classe social. Se a comunidade for diferenciada segundo a classe, poderíamos então identificar os grupos homogêneos que existem e descrever a língua deles. Como um primeiro passo, isso poderia ser prático, mas as complicações surgem quando descobrimos que existem outras estruturas sociais, como casta e grupo étnico, que se interseccionam com a classe socioeconômica.

Grupo étnico e casta

O início do atual interesse em estudos sociolinguísticos pode ser localizado na publicação, em 1960, de *Linguistic Diversity in South Asia*, de Ferguson e Gumperz. Alguns dos artigos tratam da oposição literário-coloquial, mas outros descrevem diferenças de casta: em kannada (Bright e McCormack), tâmil (Pillai), bengali (Dimock e Chowdhury) e híndi (Gumperz e Naim). Bright se interessou primordialmente pelo efeito das diferenças de casta sobre a mudança linguística. Embora suas comparações de dois dialetos do kannada se baseiem apenas em dois informantes — estudantes universitários —, suas conclusões são do maior interesse. O dialeto não brâmane (NB) aceitava palavras estrangeiras e padrões fonêmicos estrangeiros (inglês e sânscrito) menos facilmente do que o dialeto brâmane (B); B era mais resistente à mudança gramatical e fonológica interna.

Por exemplo, B importou /f, z, ɔ/ do inglês nos casos em que NB os substituiu pelos nativos /p, j, ā/, de modo que B kɔfi ("café") = NB kāpi, e B tem o /š/ sânscrito em šānti ("paz"), enquanto NB tem sānti. Por outro lado, B exibe o /ē/ original em palavras onde NB o diferenciou em /yā/ se ocorre uma vogal média ou baixa na próxima sílaba: B pēṭe= NB pyāṭe.

Um estudo posterior secundário do tâmil e do tulu mostrou o mesmo padrão geral:

> Os dados do tulu mostram os brâmanes como principais inovadores nas variedades mais conscientes de mudança: alteração semântica, empréstimo lexical e empréstimo fonológico. Nos processos menos conscientes de mudança fonológica e morfológica envolvendo materiais nativos, ambos os dialetos B e NB inovam (Bright & Ramanujan 1964).

Bright e Ramanujan concluem que os dialetos de classe alta e baixa inovam independentemente; as importações mais conscientes são regularmente a marca da classe alta, enquanto as mudanças menos conscientes afetam ambas as classes. Em seguida, apontam que os brâmanes podem exibir correção explícita dessas mudanças, tanto em kannada quanto em tâmil. Esses resultados da Ásia meridional se enquadram bem nos princípios gerais de mudança que emergem de nossos estudos na cidade de Nova York, contrastando o comportamento do grupo de *status* mais alto com os demais[19].

No desenvolvimento do sistema vocálico de Nova York, descobrimos que a identidade étnica desempenha um papel importante — mais importante do que a classe socioeconômica, em alguns itens. A diferenciação étnica do tensionamento e alçamento do *a* breve em *bad, ask, dance* — a variável (eh) — é mostrada na tabela 9.10. Os números representam o grau médio de abertura da vogal. A pronúncia consistente de *bad* com [æ•] no nível de *bat* não alçado mostraria um valor de (eh)-40. Se o núcleo de todas essas palavras com *a* breve que foram tensionadas fosse em seguida alçado ao nível de [e:], o índice seria de (eh)-20, e ao nível de [i:], (eh)-10. Embora todos os grupos exibam um decréscimo gradual na abertura da vogal com a idade, os nova-iorquinos de ascendência italiana exibem o maior decréscimo em cada faixa etária. Essa diferenciação étnica aparece em todos os grupos sociais, menos no mais baixo, que não participou nesse processo.

TABELA 9.10
DISTRIBUIÇÃO DE (eh) POR IDADE E GRUPO ÉTNICO NA CIDADE DE NOVA YORK

Idade	Judeus	Italianos	Negros
8-19	22	20	24
20-39	23	19	28
40-49	27	18	33
50-59	29		

Fonte: Labov 1966a: 357

Quando falamos de identidade étnica como parte do contexto social de uma mudança linguística, imediatamente se levanta a questão

[19] Estudos atuais de Maxine Berntsen em Phaltan se destinam a examinar a distribuição social de traços não padrão do marati, usando muitas das mesmas técnicas dos estudos feitos na cidade de Nova York. Os resultados preliminares de Berntsen mostram que o grau de instrução agora é um determinante do comportamento linguístico mais importante do que o pertencimento a uma casta.

do substrato. A língua subjacente dos pais é a causa dessa diferenciação? A opinião de Martinet se inclinaria nessa direção, já que estaria considerando o impacto externo como refletido na "pressão de outra língua". Mas a explicação pelo contato linguístico cai por terra. O italiano não tem [æ], e a primeira geração de ítalo-americanos tende a usar sua vogal baixa italiana nativa [a] para a classe de palavras inglesas com *a* breve. Fica evidente então que a tendência dos italianos de segunda geração a alçar o *a* breve não é a resposta que uma versão estrutural da teoria do contato prediria: ela inverte a influência direta do italiano. O iídiche tampouco tem [æ], mas os falantes de iídiche de primeira geração tendem a alçar o *a* breve do inglês para [ɛ]. Judeus de segunda geração falantes de inglês têm de algum modo menos tendência a alçar essa vogal do que os italianos. Esse resultado pode ser interpretado à luz de outros dados sociolinguísticos sobre falantes de segunda geração, que tentam adquirir o *status* de nativos evitando, tanto quanto possível, o padrão de baixo prestígio de seus pais. Essa é outra versão da "hipercorreção" ou influência invertida que parece ter um papel importante na mudança linguística.

Vemos, assim, que a mudança linguística pode também ser diferenciada por sua associação com um grupo étnico ou uma casta particular, e que vários grupos étnicos podem tratar a mesma variável de modos diferentes. Um tratamento abstrato desses dados ainda poderia decidir ignorar a associação com casta e grupo étnico, tida como abaixo da significação linguística. A segunda abordagem — concentrar o foco em grupos homogêneos — fica agora ainda mais difícil. Um grupo de homens da classe operária já não serviria; teríamos que insistir em homens *italianos* da classe operária.

Identidade local

Além dos condicionamentos entrecruzados de classe social e casta, as comunidades frequentemente desenvolvem categorias mais concretas para situar os indivíduos. Em comunidades rurais (ou em bairros periféricos), a identidade local é uma categoria de pertencimento extremamente importante — muitas vezes, impossível de reivindicar e difícil de conquistar. Em muitas cidadezinhas da Nova Inglaterra, existe uma ampla subcategoria de "veranistas". Em seguida, há os "recém-chegados" ou "forasteiros", pessoas que se mudaram para a cidade em caráter permanente, mas são mantidas à parte durante décadas antes de serem aceitas. Há grupos de imigrantes, como os *"damn Portagees"* ("malditos portugas"), os indígenas, os negros e outros grupos étnicos que não são aceitos de imediato na corrente principal. Os ianques da oitava ou décima geração formam o núcleo da população local, mas membros de outros grupos podem gradualmente assumir a identidade local.

Na ilha de Martha's Vineyard (cap. 1), essa rede de categorias sociais era a que mais estreitamente se correlacionava com a mudança linguística em andamento — mais importante do que profissão, área geográfica, educação ou sexo. Na análise final, a mudança sonora em estudo ficou associada à afirmação: "Eu sou um vineyardense". O estudo em Martha's Vineyard se concentrou na relação de fatores sociais com mudança linguística; demonstrou que a direção e o desenvolvimento daquela mudança não podiam ser compreendidos sem vinculá-la às categorias básicas da identidade local.

A transformação de dialetos regionais em dialetos de classes urbanas

Wyld observou que um padrão regular de desenvolvimento do inglês foi a transformação de dialetos rurais, regionais, em dialetos de classes sociais nas cidades. Esse processo envolve frequentemente a incorporação de falantes de áreas rurais em trabalhos urbanos menos prestigiados e em guetos de crescimento rápido.

Quando o falante rural chega na cidade, descobre em geral que sua fala caipira é ridicularizada. Mesmo sendo um marcador de identidade local, e uma fonte de prestígio em casa, ele já pode ter consciência do caráter provinciano de sua fala antes de chegar na cidade. Em consequência disso, vemos frequentemente uma rápida transformação dos traços mais salientes dos dialetos rurais à medida que os falantes se incorporam à vida urbana.

Nos Estados Unidos, o movimento da população negra sulista para as cidades do Norte suscitou a criação de um dialeto uniforme de casta — o inglês vernacular negro do Harlem e de outros guetos. Falantes negros de comunidades menores, não afetados por esse processo de submersão dialetal, tendem a participar das mudanças linguísticas que ocorrem à sua volta. Mas nas grandes áreas do gueto encontramos falantes negros que participam de um conjunto de mudanças muito diferentes sem nenhuma relação direta com o padrão característico da comunidade branca (Labov et al., 1968).

Em primeiro lugar, encontramos as formas rurais extremas estigmatizadas: itens lexicais como *tote* ("carregar"), auxiliares verbais como *done* ou *liketo* (= 'quase') são usados com menos frequência. Os padrões vocálicos característicos dos dialetos regionais sulistas se modificam. Essas diferenças são tão radicais que o som [dæ] pode significar *"die"* ("morrer") no Alabama, mas *"deer"* ("veado") na Carolina do Sul. Mas essas alterações sonoras radicais são minimizadas nas cidades do Norte: o /ay/ de *die* é posteriorizado em [da^{e}], [da:$^{<\varepsilon}$] ou [dæ$^{>}$:], e *deer* se torna [dɪ:^{ə}] ou [de:^{ə}]. Os padrões fonológicos básicos que se interseccionam com a gramática — simplificação de grupos consonânticos, vocalização de *r* e *l*, apagamento da cópula — permanecem notavelmente constantes em todos os guetos do Norte. Morfemas flexionais ausentes do inglês negro sulista original, como o *-s* da terceira pessoa do singular, permanecem ausentes. Padrões sintáticos da fala coloquial sulista se mantêm ou se estendem, como a concordância negativa e a inversão da negação (*Ain't nobody see that*) ["ninguém vê nada"]. O resultado final é o inglês vernacular negro — um dialeto de casta consistente, relativamente constante para falantes de 6 a 20 anos, com notável uniformidade geográfica e resistência às importações do inglês padrão no sistema escolar. Falantes em Boston, Newark, Cleveland, Detroit, Chicago, Nova Orleans, St. Louis, Houston, San Francisco e Los Angeles exibem esses padrões gramaticais com surpreendente regularidade.

Processos semelhantes parecem estar operando em outras línguas, onde quer que grandes cidades e capitais estejam se desenvolvendo às custas do interior. Na literatura tradicional descrita na seção 1, o quadro social da mudança linguística é discutido em termos da difusão dos padrões de prestígio de capitais urbanas como Londres e Paris. A criação de dialetos de classe operária de baixo prestígio é um padrão de igual interesse linguístico; ela encarna duas grandes tendências linguísticas dos últimos séculos: o declínio de dialetos locais e o crescimento da estratificação vertical da língua.

Essa rápida mescla linguística parece acompanhar um tipo de reducionismo estrutural clássico, e não seria difícil alegar que é um subtipo do mesmo processo que produz línguas de contato. Como mostra a história de diversos crioulos, o rápido resultado do contato repentino de duas estruturas dissimilares é frequentemente o mínimo denominador comum de ambas, com um forte impulso rumo à simplificação flexional (cf. Hymes 1971 para diversas opiniões sobre a gênese dos *pidgins* e Bickerton 1971 para uma posição contrária). Um dos condicionamentos universais da mudança parece estar operando aqui: em situações de contato, as fusões se expandem em detrimento das distinções (Herzog 1965: 211). No entanto, se quisermos aplicar nossa perspicácia linguística para predizer tais fusões, precisamos antes reconhecer que a existência de dialetos heterogêneos é a forma comum, até mesmo normal, do sistema linguístico. Nem todo linguista está disposto a fazer isso. Wyld e Kökeritz tentaram explicar o realinhamento das palavras com *-ea-* como o resultado do movimento para cima de um dialeto regional dentro do sistema londrino. Mas Halle preferiu fazer abstração de qualquer evidência social a esse respeito (1962) e discutir a história de *mate, meat* e *meet* como se fossem elementos da comunidade de fala homogênea concebida por Chomsky e Martinet.

O papel das mulheres

O elegante e convincente estudo de Gauchat estabeleceu a variabilidade do dialeto de Charmey, a existência de mudança em andamento, e o papel das mulheres na promoção da mudança linguística. Caso após caso, Gauchat descobriu que as mulheres usavam mais as formas linguísticas inovadoras do que os homens (1905: 205, 209, 211, 218, 219, 224-26).

1. A palatalização de ł → y foi encontrada variavelmente entre falantes de 30 a 40 anos, e regularmente entre os abaixo de 30. Acima dos 40 anos, somente as mulheres exibiam esse traço[20].
2. θ → h: variavelmente para pronomes pós-verbais, de modo que para *veux-tu* [vuθo → vuho] ["você quer?"] entre a geração mais nova, com menos de 30, "especialmente mulheres".
3. a^{o} → ā é variável na geração mais velha, e as mulheres aplicam a regra mais do que os homens. Laurent Rime, 59, pronunciava *douce* ["doce"] como [dɑ^{o}θə]; sua mulher Brigide, 63, dizia [dɑ̄θə].

[20] Gauchat relata que uma mulher de 63 anos pronunciava sua lista de palavras com ł regularmente com *y*: *viyo* (veclu), *pyɑ̄re* (plorat), *byɑ̄tse* (blanca) etc.

4. ɒ → ɑ°, variavelmente na geração intermediária, regularmente na mais jovem. "Como sempre, as mulheres seguem nessa trilha mais consistentemente ... do que os homens".

Gauchat reforçava seus resultados citando outros exemplos da história do francês em que as mulheres de Paris eram retratadas como iniciadoras de mudanças linguísticas. Podemos apontar comportamento semelhante na evolução do inglês da cidade de Nova York, e aqui o padrão de diferenças entre os sexos é ainda mais notável. Caso após caso, descobrimos que as mulheres usam as formas mais avançadas em sua própria fala informal e se corrigem mais nitidamente no outro extremo da fala monitorada. A tabela 9.11 compara homens e mulheres no alçamento do *a* tenso breve, (eh), em três estilos. Na fala informal, as mulheres usam mais as vogais altas em torno de (eh)-10 = [iˇ:ᵊ], e exibem um valor modal em torno de (eh)-20, ou [e:ˇᵊ]. Mas, na leitura de listas de palavras com itens (eh), as mulheres passam ao extremo oposto, com um valor modal em torno de (eh)-40, = [æ:]. Os homens, por sua vez, alteram seu valor modal somente um ponto, de (eh)-22-26 para (eh)-27-32. Nossos estudos instrumentais confirmam essas tabelas impressionísticas: as mulheres estão quase uma geração inteira à frente dos homens no alçamento de (eh) (Labov, Yaeger & Steiner 1972: cap. 3).

Encontramos o mesmo padrão em Detroit, onde as mulheres lideram claramente o alçamento extremo dessa vogal, e em Chicago também.

TABELA 9.10
COMPARAÇÃO ENTRE HOMENS E MULHERES PARA (EH) E (OH) NA CIDADE DE NOVA YORK

	estilo*					
	A		B		C	
Variável	Homens	Mulheres	Homens	Mulheres	Homens	Mulheres
(eh) 10-13	—	1	—	—	—	—
14-18	1	4	—	2	1	—
19-21	3	10	3	9	1	2
22-26	4	6	7	9	—	5
27-32	3	4	11	12	8	9
33-39	4	4	3	5	4	14
40-42	1	2	—	6	4	16
	16	**33**	**24**	**43**	**18**	**46**

(oh) 10-13	3	4	—	1	—	3
14-18	3	10	4	10	2	5
19-21	4	14	7	7	5	13
22-26	3	5	8	16	5	4
27-32	3	4	5	10	5	8
33-40	1	1	—	2	1	10
	17	**38**	**24**	**46**	**18**	**43**

FONTE: Labov 1966a: 313
Estilos contextuais: A = fala casual; B = fala monitorada; D = leitura de listas de palavras

A figura 9.2 mostra a extrema rotação do sistema vocálico em Chicago, que citamos como um exemplo de falantes jovens da classe operária; novamente, são as mulheres desse grupo que exibem as formas mais extremas. Ao longo dos estudos de Shuy da fala de Detroit (Shuy, Wolfram & Riley 1967), encontramos o mesmo padrão: as mulheres exibem mais alternância que os homens. O relato original de Shuy mostrou uma alternância mais acentuada rumo às formas de prestígio no estilo formal, e nossos estudos espectrográficos atuais confirmam a posição avançada das mulheres no alçamento vernacular de /æ/ e na anteriorização de /a/.

Por que as mulheres fazem isso? Não pode ser apenas a sua sensibilidade às formas de prestígio, já que isso explica somente metade do padrão. Podemos dizer que elas são mais sensíveis aos padrões de prestígio, mas por que, desde o início, elas avançam mais rápido em primeiro lugar? Nossas respostas no momento não passam de especulações, mas é óbvio que tal comportamento das mulheres deve desempenhar um importante papel no mecanismo da mudança linguística. Na medida em que os pais influenciam a língua inicial das crianças, as mulheres influenciam mais ainda; as mulheres certamente conversam mais do que os homens com as criancinhas e têm uma influência mais direta durante os anos em que as crianças estão formando regras linguísticas com maior rapidez e eficiência. Parece provável que o ritmo do progresso e a direção da mudança linguística devem muito à especial sensibilidade das mulheres a todo o processo.

Seria um grave erro formular o princípio geral de que as mulheres sempre lideram o curso da mudança linguística. A centralização de /ay/ e /aw/ em Martha's Vineyard foi encontrada principalmente em falantes homens; as mulheres aqui mostraram uma tendência muito mais fraca.

Trudgill (1971) mostra que em Norwich as mulheres são mais influenciadas pelas formas padrão do que os homens, mas que os homens estão na dianteira no uso de novas formas vernáculas na fala informal. Isso parece valer de modo geral para uma série de mudanças sonoras que ocorrem nas cidades inglesas. A generalização correta, então, não é a de que as mulheres lideram a mudança linguística, mas sim que a diferenciação sexual da fala frequentemente desempenha um papel importante no mecanismo da evolução linguística.

Estamos agora confrontados com dados que colocam dificuldades ainda maiores para aqueles que afirmam que a mudança linguística é independente da variação social. A diferenciação sexual com que estamos lidando depende claramente de padrões de interação social na vida diária. A diferenciação de mulheres e homens não pode depender da tenuidade das redes de comunicação, como diria Bloomfield, ou da lei do menor esforço, como alegaria Sweet. Nas comunidades que temos estudado, não existe barreira que impeça homens e mulheres de falar entre si, e não há razão para pensar que as mulheres sejam mais preguiçosas que os homens. Ao contrário, elas põem mais esforço na fala, como observamos na anteriorização extrema dos sistemas vocálicos femininos no trabalho espectrográfico atual. Aqui estamos lidando com algum fator positivo, operando sobre um conjunto sutil de valores sociais convencionais. É claro que existem diferenças físicas a considerar entre os tratos vocais de homens e mulheres, e a extensão menor do trato vocal das mulheres prediz posições formantes mais altas. Mas I. Mattingly demonstrou que também deve haver fatores convencionais, sociais, envolvidos na diferenciação da fala de homens e mulheres. Uma revisão dos dados de Peterson e Barney sobre identificação vocal mostrou uma correlação relativamente baixa dessas diferenças formantes de uma vogal para outra: uma explicação puramente física produziria alternâncias comparáveis em todas as vogais (1952). Nossos estudos espectrográficos mostram que, em diversos dialetos, a diferença é muito mais do que uma alternância ascendente: as mulheres usam um espectro mais amplo de posições formantes, sobrepujando os formantes dos homens em todas as direções, com distâncias muito maiores entre localizações de vogais. A diferenciação sexual dos falantes não é, portanto, somente um produto de fatores físicos, ou de diferentes quantidades de informação referencial fornecida por eles, mas, sim, uma postura expressiva que é socialmente mais apropriada para um sexo do que para outro. Em Martha's Vineyard, os homens falam mais "com a boca fechada" do que as mulheres e usam mais áreas contraídas do espaço fonológico. Reciprocamente, as mulheres na cidade de Nova York e na Filadélfia usam áreas mais amplas do espaço fonológico do que os homens, com abertura e arredondamento dos lábios mais extremos para as vogais, e mais africação e palatalização para as consoantes.

Reestruturação de padrões iniciais sob influência do grupo de pares

A maioria dos modelos e estudos da aquisição da língua tomam a interação mãe-filho como o contexto social de aprendizagem da língua (Brown e Bellugi 1964; Bloom 1971). A influência de outras crianças e pares fora da família não é, em geral, levada em conta. Assim, nos estudos de Brown, não ficamos sabendo com quem Adam e Eve brincavam, e quando Adam, de repente, aparece com a concordância negativa tanto para indefinidos quanto para verbos aos 4 anos, o fato é interpretado como um desenvolvimento puramente interno, já que tais formas não são ouvidas dentro de sua família. O modelo de mudança linguística de Halle é construído inteiramente sobre a interação pais-filhos: os pais acrescentam novas regras à sua própria gramática mais tarde na vida, e a criança forma uma nova gramática que incorpora essa estrutura mais complexa dentro de outra mais simples (1962).

A dificuldade com esse modelo é que as crianças não falam como os pais. Na grande maioria dos casos que temos estudado ou encontrado, as crianças seguem o padrão de seus pares. Posso citar muitos exemplos de minhas próprias observações, tanto quanto qualquer linguista que tenha investigado a matéria. As comprovações da dialetologia são poderosas nesse ponto. Embora, como princípio, os dialetologistas prefiram residentes de terceira geração numa dada área, é raro encontrar um falante de segunda geração que apresente o efeito das regras estrangeiras de seus pais. No estudo do Lower East Side (Labov 1966a), a grande maioria dos informantes eram nova-iorquinos de segunda geração, mas a evolução regular do sistema de vogais em Nova York apareceu em sua fala do mesmo jeito que em pessoas de terceira e quarta gerações. Os casos críticos eram aqueles que tinham se mudado para Nova York em tenra idade. Se considerarmos que o período formador para um falante nativo se dá, *grosso modo*, entre 4 e 13 anos, é razoável supor que uma pessoa tenha de passar ao menos metade desses anos em Nova York para adquirir o padrão nova-iorquino. E, de fato, assim foi: aqueles que chegaram aos Estados Unidos depois dos 8 anos de idade se destacaram como casos excepcionais em qualquer tabela ou gráfico. Para aqueles que se mudaram para Nova York, vindos de outras áreas dialetais dos Estados Unidos, o período crítico de ruptura parece situar-se nos 10 anos.

TABELA 9.12
AQUISIÇÃO DA FONOLOGIA DA FILADÉLFIA POR QUATRO MENINOS PRÉ-ADOLESCENTES

	Jim W.	*Charlie C.*	*Tim M.*	*Ken A.*
Idade	11	11	11	11
Nascido em	Radnor, Pa.	Radnor, Pa.	Cleveland,O.	Springfield, Mass.
Mudou-se para Radnor com a idade de	-	-	7	8
Tensionamento e alçamento de *a* breve:				
antes de fricativas surdas (anteriores)	11/12	4/7	0/7*	1/5
nasais (anteriores)	19/19	4/4	3/3	6/6
oclusivas surdas	0/9	1/7	0/2	0/2
Centralização de /ay/ antes de:				
consoantes surdas	19/19	11/11	12/12	*0/2*
sonoras e finais	0/22	3/9	0/4	0/2
Distinção de vogais baixas posteriores				
fones abertos breves de / ǭ/	ɑ˂, ɑ	ɑ˂, ɑ	ɑ	ɒ
fones abertos longos de /ǭ/	ɔˇ, oˇ	ɔˇ, oˇ	ɔ	ɒ
Anteriorização de vogais posteriores altas				
núcleos /ow/	ə	ə	ə	ə
núcleos /owl/	o	o	o	o
núcleos /uw/	ʉ	ʉ	ʉ	ʉ
núcleos /uwl/	u	u	u	u

*Itens sublinhados mostram padrões do dialeto de origem preservados e diferentes dos da Filadélfia

Reestruturação é um termo estranhamente não específico. As regras iniciais aprendidas dos pais são simplesmente abandonadas, desaprendidas, reescritas? Ou são postas de lado, mas permanecem como regras potenciais da gramática? Também pode ser que a reestruturação nunca ocorra dentro da própria língua nativa: que ninguém desaprenda regras vernáculas, mas simplesmente acrescente regras novas. Talvez os dialetos aprendidos com os pares sejam somente aquelas regras que não estavam especificadas nas gramáticas aprendidas com os pais. Um estudo empírico detalhado desse processo de reestruturação é, por conseguinte, necessário para resolver tais questões, se quisermos entender como muda o vernáculo básico.

Um campo de pesquisa estratégico para tal estudo é uma comunidade com diversas famílias que chegam ali vindas de outras áreas dialetais de prestígio igual ou superior. Aqui poderemos observar a reestruturação gradual ou o desenvolvimento adicional nos padrões dialetais de crianças que entram na comunidade com um dialeto em certa medida já formado. Um estudo piloto desse tipo foi empreendido com meninos da 5ª série de Radnor, um subúrbio da Filadélfia em que quase metade dos pais procedem de outras áreas dialetais. Estudei os padrões fonológicos de diversos grupos de pares autosselecionados de meninos de 11 anos. Os padrões linguísticos relevantes de um desses grupos aparecem na tabela 9.12. Jim e Charlie tinham pais locais e foram criados em Radnor; Ken veio de Worcester (Massachusetts), aos 8 anos; Tim veio de Cleveland aos 7 anos. Ken e Tim são dois dos mais populares e destacados membros da turma — Tim é monitor da turma — e Charlie também está entre os melhores numa série de esportes.

A tabela 9.12 mostra que Ken e Tim aprenderam as regras de anteriorização de /uw/ e /ow/ específicas da Filadélfia; eles apresentam uma forte diferença da área da Filadélfia entre os alofones centrais usados para a maioria das vogais e vogais posteriores antes de /l/, que não são anteriorizadas. Além disso, Tim adquiriu o alofone posteriorizado e centralizado de /ay/ antes de obstruintes surdas com um forte contraste entre este alofone e o núcleo de alguma forma anteriorizado quando em posição final. Por outro lado, nem Ken nem Tim atingiram as condições complexas para o tensionamento do *a* breve na Filadélfia. Eles não tensionam *a* diante de nasais anteriores, fricativas surdas e *mad-bad-glad* antes de /d/, excluindo palavras gramaticais e verbos irregulares no que diz respeito a fronteiras de morfemas seguintes como bons filadelfianos fazem, mas seguem muito mais os padrões mais simples característicos de suas áreas originais: tensionamento e elevação diante de nasais, sem observar as palavras gramaticais *vs.* as lexicais, sílabas fechadas ou abertas ou qualquer outro aparato no plano mais abstrato da regra da Filadélfia. Além do mais, mesmo depois de três anos, Ken não mudou a fusão do *o* aberto longo e curto em *hock* e *hawk* da Nova Inglaterra oriental. As regras de nível mais abstrato parecem permanecer fixas enquanto condições de nível mais superficial parecem ter mudado no padrão da Filadélfia. A fusão de *hock* e *hawk* é completamente geral em sua aplicação e não depende de qualquer regra prévia. Quando está completa, há uma ampla reestruturação no léxico que não é facilmente aprendida. A regra de tensionamento do *a* breve é relativamente abstrata e é seguida por um número de regras incluindo a regra de alçamento, a formação de *flaps* interdentais e o apagamento de fronteiras gramaticais.

Quando se mudam para uma nova área dialetal aos 3 ou 4 anos, as crianças parecem adotar os padrões básicos da área nova. Mas não temos nenhum estudo sistemático sobre esse ponto, e há muitas questões em aberto. Com os meninos de Radnor, não há evidências de reestruturação. É possível que uma criança mais nova, ao cair sob a influência de seu grupo de pares, ainda não tenha formado a maioria das regras que diferem de um dialeto para o outro e que ela simplesmente acrescente as regras que não criam conflito com as suas próprias. Mas também é possível que crianças de 6 anos realmente venham a trocar um conjunto de regras por outro. Trata-se sem dúvida de uma área crítica para pesquisa futura.

Um caso em que a influência da família se sobrepõe à do grupo de pares foi citado por Kostas Kazazis, com base em experiência pessoal (1969). Envolve adolescentes de classe média nascidos em Atenas, cujos pais ou avós vinham de Istambul. O dialeto de Istambul difere marcadamente do grego de Atenas: um ponto saliente é o uso do acusativo para objetos indiretos, em lugar do genitivo. Embora os adolescentes de Istambul se misturassem livremente com os outros e estivessem sob considerável pressão para mudar sua fala, eles não mudaram. O rigor e o prestígio dos laços familiares de Istambul e o valor da identidade de Istambul parecem ter sido fortes o bastante para resistir àquelas pressões.

Entretanto, as forças que pressionam rumo à uniformização são, evidentemente, muito gerais. A sobrevivência de dialetos distintos em aldeias suíço-alemãs vizinhas é um interessante caso a esse respeito. Enderlin (1913) relatou que, em Kesswil, mais de 40% das esposas vinham de outras aldeias e, portanto, falavam um dialeto diferente. Foram duramente ridicularizadas por seu sotaque forasteiro e logo adotaram a maioria dos traços do dialeto de Kesswil. Aqui, a notável heterogeneidade da área como um todo é sustentada pelas pressões de homogeneidade dentro da aldeia.

Temos de reconhecer, de todo modo, que existem vários tipos de prestígio e vários tipos de suporte para os dialetos minoritários. Os números sozinhos não explicam a direção da mudança linguística, nem tampouco a mera frequência de interação.

5. O problema da avaliação: reações subjetivas à mudança linguística

Em nosso estudo do encaixamento da mudança linguística em sua matriz social, vimos vários exemplos em que a forma nova avançava mais rapidamente numa classe particular de falantes, frequentemente um grupo de baixo *status* social, e se difundia para fora num movimento de onda a partir do centro. Se considerarmos que os outros grupos estão "tomando emprestada" a forma nova do grupo originário, teremos de questionar a lei de Tarde (1913) de que o empréstimo sempre ocorre do grupo de maior prestígio para os de menor prestígio. Se Bloomfield estiver certo, a solução do problema da avaliação seria simplista: as pessoas apenas imitariam o comportamento associado aos seus superiores. Mas não imitam. De fato, o problema sociolinguístico primordial me foi colocado por uma mulher de classe média alta que me perguntou: "Por que é que eu digo [ɒ^{I}] mesmo que eu não queira dizer?"

Até mesmo a noção de "empréstimo" cai por terra quando consideramos dois outros importantes fatores na mudança linguística. Vimos, em diversos lugares, que as mulheres adotam as formas inovadoras mais rapidamente do que os homens, e observamos o efeito poderoso do grupo de pares pré-adolescentes sobre a mudança da linguagem de seus membros. Essas correlações objetivas demonstram claramente que algum mecanismo de interação social está em ação, o qual não pode ser o produto de simples pressões estruturais ou da simples imitação. Parece que a variação social desempenha um papel sistemático na mudança linguística. Para saber como, precisamos ver que informação social é comunicada por essas variações. A noção de "prestígio" precisa ser definida em termos das pessoas que a usam e da situação em que é usada; ou seja, retirada da área da especulação e posta sob o foco da investigação empírica. Também é preciso explorar outras dimensões da informação social expressiva veiculada pelas formas linguísticas inovadoras.

Nem todas as mudanças linguísticas recebem avaliação social explícita ou sequer reconhecimento. Algumas parecem ficar muito abaixo do nível das reações sociais explícitas, como no caso das mudanças estudadas por Gauchat. Os falantes de Charmey não se dispunham a acreditar naquelas diferenças, mesmo quando eram confrontados com elas: *"Nous parlons tous la même chose!"* ["Nós todos falamos a mesma coisa!"] (1905: 202).

O mesmo se pode dizer da reação dos vineyardenses que foram confrontados com mudanças em suas pronúncias de /ay/ e /aw/. Quando se ocupam da linguagem, os ilhéus se concentram no jargão especial dos marinheiros ("falar salgado" ["talking salty"]), mais do que nas regras sistemáticas de pronúncia[21]. Já as mudanças gramaticais, é mais difícil que escapem da observação pública. No entanto, foi isso que ocorreu com o desenvolvimento, no Meio-Oeste americano, do *anymore* positivo, significando "nowadays" ("hoje em dia"), em "That's the way it is with airplanes anymore" ["Assim é que é com os aviões hoje em dia"]. Esse traço regional está fortemente concentrado em toda a área médio-central americana, mas a maioria dos falantes não tem muita consciência dele. Me recordo do seguinte diálogo, típico de Cleveland:

> W. L.: Around here, can you say: "We go to the movies anymore?"
> Vendedora: No, we say "show" or "flick".
> [W. L.: Por aqui, pode se dizer "Não vamos mais ao cinema?"
> Vendedora: Não, nós dizemos "show" ou "flick".]*

---

21 Há algum indício de uma consciência social dos estilos de pronúncia de Vineyard. Um dos exemplos mais marcantes de centralização de /ay/ e /aw/ é o de um jovem que cursou a faculdade e retornou para desenvolver diversos negócios nas docas de Chilmark. Sua mãe enfatizou que ele só começou a falar como os homens das docas depois que retornou, mas ela não conseguiu apontar nenhum traço particular na pronúncia dele.

* Neste exemplo, a vendedora, tão habituada a usar *anymore* como "atualmente" (e não como "não mais"), pensa que a pergunta se refere ao nome que se dá, no lugar, a "cinema", quando na verdade Labov perguntava sobre "anymore" (n. da tradução).

Por mais surpreendente que essa extensão do indefinido *anymore* possa parecer a um linguista, ela se realizou despercebida por parte do público. Na legenda de uma matéria de um número da revista *Life* de 1969 se lia: *"What it takes to be a lady author anymore"* ["Quanto custa ser uma escritora hoje em dia"]. Mas não consegui captar nenhuma reação espontânea a isso da parte de nenhum dos leitores que encontrei.

Existe uma série de mudanças sistemáticas ocorrendo no inglês do Oeste dos Estados Unidos que não têm nenhuma significação social evidente. Na maioria das áreas, a fusão não condicionada das vogais baixas posteriores em *hock* e *hawk*, que afeta duas grandes classes de palavras, prossegue sem percepção nem comentário. Cook mostra que a anteriorização de (aw) em Salt Lake City desperta pouco interesse social e quase não apresenta alternância estilística (1969). Em nossos estudos recentes em Utah, observamos uma fusão avançada de uma série de vogais antes de /l/ final, de modo que *fool* = *full*, *feel* = *fill*, e outros pares se fundiram em algumas áreas de classe operária. Mas essas fusões não são acusadas por ninguém e parecem não ter impacto na consciência social.

Em suma, as mudanças linguísticas incipientes raramente atingem o nível do comentário social em seus estágios iniciais, e nem todas as mudanças se tornam foco da atenção consciente mesmo em seus estágios avançados. Mas tem muito mais coisa na avaliação social do que as reações explícitas que os falantes nativos fazem emergir. O problema, tal como colocado até agora, é regido pela superficialidade das observações. A literatura tradicional sobre avaliação social se limita, por um lado, a evidências anedóticas de reações explícitas a estereótipos grosseiros e, por outro lado, à especulação dos linguistas sobre eficiência ou economia. Nas duas últimas décadas, porém, fez-se um progresso considerável na mensuração das reações sociais inconscientes à linguagem, graças à técnica dos "falsos pares" (*"matched guises"*).

O trabalho de Lambert, Tucker e associados na Universidade McGill nos oferece uma firme metodologia e uma série de princípios empíricos para o estudo das reações subjetivas (Lambert 1967). A técnica básica consiste em expor ouvintes a uma série de trechos gravados que incluem falantes bilíngues agrupados em "falsos pares". Esses pares contrastam inglês e francês canadense (Lambert *et al.* 1960), francês canadense e francês europeu (Preston 1963), árabe e hebraico (Lambert, Anisfeld & Yeni-Komshian

1965), inglês da mídia, inglês negro sulista e inglês branco sulista (Tucker & Lambert 1969) e assim por diante. Os ouvintes registram seus julgamentos dos falantes em termos de uma série de traços de personalidade: inteligência, honestidade, confiabilidade, ambição, sinceridade, gentileza, sociabilidade, senso de humor etc. A atribuição de um índice diferente ao mesmo falante em seus falsos pares nos dá uma medida da avaliação social inconsciente das duas variedades ou línguas. Com isso, alguns fatores cruciais podem ser isolados a partir dos vários atributos testados.

Do trabalho de Lambert e colaboradores podemos derivar diversos princípios importantes:

1 As avaliações subjetivas de dialetos sociais são notavelmente uniformes por toda a comunidade de fala. Os falantes do francês canadense concordam com os falantes de inglês em classificar sua própria língua como inferior na maioria daqueles traços de personalidade: em sua versão francófona, o falante foi considerado menos inteligente, menos confiável etc.
2. As avaliações da língua não estão disponíveis, em geral, à elicitação consciente, mas são rápida e consistentemente expressas em termos de juízos de personalidade sobre falantes diferentes (Lambert, Anisfeld & Yeni-Komshian 1965). Assim, um estudo empreendido no Texas sobre diversas variáveis sociolinguísticas bem estabelecidas não conseguiu registrar nenhuma reação significativa porque todas as 16 variações dialetais construídas foram gravadas pelo mesmo falante (Baird 1969).
3. Todas as pessoas adquirem essas normas cedo na adolescência, mas as crianças de classe média alta exibem uma reação mais forte e mais permanente. Brown estendeu a técnica dos falsos pares às diferenças socioeconômicas no francês canadense (1969), concentrando-se em avaliadores adolescentes. Seus resultados deram "forte sustentação à ideia de que a fala expressa motivos e valores". Avaliadores de todas as camadas sociais favoreceram os francófonos de classe alta em detrimento dos francófonos de classe operária, e os anglófonos sobre os francófonos, quanto a um fator geral de "competência". Meninos de escolas da elite exibiram avaliações mais próximas das dos avaliadores adultos do que outros meninos, indicando que as normas adultas são adquiridas mais cedo entre os jovens da classe média alta[22].

---

[22] Por outro lado, os falantes de francês receberam alta pontuação numa série de atributos que podem ser analisados como contendo o fator "benevolência".

O principal interesse de Lambert é com o efeito dos valores sociais subjacentes sobre a criança bilíngue, o aprendiz de língua e a comunidade bilíngue. Esses testes de falsos pares não contrastam características individuais da língua, mas registram respostas indiferenciadas à língua ou ao dialeto como um todo. A série comparável de testes de reação subjetiva que realizamos em Nova York diferiu em dois aspectos. Os falantes reapareciam na série de testes com frases que eram referencialmente as mesmas, e em seu próprio dialeto, mas com valores diferentes de uma variável linguística. Ademais, as escalas usadas para medir reações foram extraídas de situações que emergem comumente na interação social cotidiana: "Qual o melhor emprego que essa pessoa poderia conseguir falando dessa forma?"

Os estudos da cidade de Nova York (cap. 6; Labov *et al.* 1968) deram plena confirmação aos três princípios que emergem do trabalho de Lambert e fizeram surgir mais um:

4. Falantes que exibem o mais alto índice de uso de um traço estigmatizado em sua própria fala espontânea apresentam a maior tendência a estigmatizar os outros pelo uso dessa mesma forma.

Podemos ver esse princípio em operação no caso do alçamento do *a* breve, a variável (eh), e do *o* longo aberto, a variável (oh). Como observado acima, os italianos mostram uma tendência maior a alçar a vogal anterior, enquanto os judeus favorecem a vogal posterior. Em testes de reação subjetiva, os italianos estigmatizam um falante quando usa o (eh) alto (ao dizer [be:ᵊd] para *bad* etc.), e depreciam esse traço mais consistentemente do que outros grupos. Uma vez que os nova-iorquinos exibem um nível alto de concordância sobre esse ponto, as diferenças são pequenas, mas a tabela 9.13 mostra que os italianos são um pouco mais consistentes do que os judeus[23]. A diferenciação socioeconômica dos avaliadores em testes de reação subjetiva segue o mesmo princípio. Embora os falantes de classe operária e média baixa mostrem a maior tendência a alçar a vogal de *bad, ask, dance* etc., também são muito consistentes em estigmatizar esse comportamento, como se vê na tabela 9.14. Nas duas tabelas, vemos

[23] Há uma interação aqui entre classe e grupo étnico. O subgrupo judeu exibe maior ascensão social, com uma concentração mais marcada de falantes de classe média baixa, ao passo que a amostra de italianos traz uma maior concentração de pessoas da classe operária. A etnicidade parece ser a influência predominante, no entanto, na tendência a favorecer o alçamento de (eh) ou (oh).

que os falantes mais jovens exibem um inegável aumento de sensibilidade a essa variável linguística bem estabelecida, tal como exibem uma tendência maior a usar a forma estigmatizada (cf. tabela 9.10).

TABELA 9.13
PERCENTAGEM DE ESTIGMATIZAÇÃO DE (eh)
ALÇADO EM TESTES DE REAÇÃO SUBJETIVA
POR FAIXA ETÁRIA E GRUPO ÉTNICO

Faixa etária	*Judeus*	*Italianos*	N	
20-39	86%	100%	14	6
40-	81	88	28	15
Todas as idades	82	91		

TABELA 9.14
PERCENTAGEM DE ESTIGMATIZAÇÃO DE (eh)
ALÇADO EM TESTES DE REAÇÃO SUBJETIVA
POR FAIXA ETÁRIA E CLASSE SOCIOECONÔMICA

	Classe socioeconômica				N			
Idade	0-2	3-5	6-8	9				
8-15	100%	75%	100%	(100)%	7	8	6	1
16-19	86	100	100	75	7	12	4	4
20-39	75	90	100	80	4	10	11	5
40-	75	80	70	71	16	15	10	7

A mais dramática mudança que registramos em reações subjetivas se deu em resposta a um traço de prestígio inovador: a pronúncia do /r/ final e pré-consonântico na cidade de Nova York. A figura 6.2 mostrou a pronúncia do /r/ por nova-iorquinos na fala informal (os mesmos dados da tabela 9.5) em comparação com suas reações subjetivas a essa variável na fala dos outros. Na fala informal, as pessoas acima dos 40 anos exibem poucos *r*'s sem qualquer direção particular; as que estão abaixo dos 40 anos exibem um súbito aumento na estratificação, com o grupo de *status* mais alto usando [r]. Nos testes de reação subjetiva, vemos uma mudança de reação aleatória acima dos 40 anos para 100% de concordância em relação às pessoas abaixo dos 40 anos: todas elas inconscientemente dão uma classificação mais alta para o mesmo falante na escala de aptidão profissional quando o [r] é pronunciado do que quando não é pronunciado.

Os testes de reação subjetiva citados até aqui foram reações a uma escala simples de aptidão profissional, operando estritamente dentro do conjunto de valores dominantes da classe média. Isso nos traz de volta à questão original: por que as pessoas não se comportam de um modo coerente com os valores normativos que elas expressam? Há quatro respostas possíveis para nossa consideração:

1. São demasiado preguiçosas ou negligentes para usar as normas que reconhecem.
2. Diferenças em padrões comunicativos significam que os falantes de classe baixa não teriam consciência das normas subjetivas dos falantes de classe alta.
3. Ainda que os falantes de classe baixa aprendam as normas, eles só as aprendem tarde demais para poderem adquirir controle produtivo consistente das formas de prestígio.
4. Falantes de classe baixa não querem adotar as normas da classe alta; embora endossem as normas dominantes na situação de teste, existem conjuntos de valores contrários que sustentam as formas vernáculas e que não aparecem nos testes de reação subjetiva.

Podemos rejeitar (1) como produto de um viés de classe: não há razão alguma para achar que uma classe qualquer tenha o monopólio da preguiça. As evidências citadas acima desqualificam (2). Parece haver algum apoio para (3) na idade diferenciada com que os falantes adquirem normas subjetivas e na diferença de clareza ou solidez dessa aquisição (Brown 1969, Labov 1966a). Encontramos forte apoio para (4) em nosso trabalho recente sobre testes de reação subjetiva no Harlem, onde introduzimos duas outras escalas de valor: "briga" e "amizade" (cf. cap. 8, sobretudo a figura 8.3).

Uma vez reconhecido que o quadro social da mudança linguística é uma sociedade hierarquizada, estratificada, é preciso reconhecer que nem todas as formas de prestígio se disseminam pela comunidade e nem toda mudança vinda de cima tem sucesso. A melhor formulação geral dessa oposição de valores ainda é a de Ferguson & Gumperz (1960):

1. Qualquer grupo de falantes da língua X que se considera como uma unidade social fechada tenderá a expressar sua solidariedade de grupo favorecendo as inovações linguísticas que o separam de outros falantes que não pertencem ao grupo.
2. Tudo o mais sendo igual, se dois falantes A e B de uma língua X se comunicam na língua X e se A considera que B tem mais prestígio que A e aspira a alcançar o *status* de B, então a variedade de X falada por A tenderá a se identificar com a falada por B.

Indicadores, marcadores e estereótipos

Podemos classificar os diversos elementos envolvidos na mudança linguística segundo o tipo de avaliação social que eles recebem. *Indicadores* são traços linguísticos encaixados numa matriz social, exibindo diferenciação segundo a idade e o grupo social, mas que não exibem nenhum padrão de alternância estilística e parecem ter pouca força avaliativa. A fusão de *hock* e *hawk* e a extensão de *anymore* podem ser tomadas como casos exemplares. *Marcadores* como (eh) ou (r), por sua vez, exibem estratificação estilística tanto quanto estratificação social. Embora possam estar abaixo do nível da consciência, produzirão respostas regulares em testes de reação subjetiva. *Estereótipos* são formas socialmente marcadas, rotuladas enfaticamente pela sociedade. Na subseção seguinte, consideraremos as mudanças linguísticas ocasionadas por essa rotulação.

A estigmatização social de formas linguísticas (estereotipação)

Um estereótipo social é um fato social, parte do conhecimento geral dos membros adultos da sociedade. Isso é verdade mesmo quando o estereótipo não corresponde a nenhum conjunto de fatos objetivos. Os membros da comunidade de fala se referem aos estereótipos e falam sobre eles; podem ter um rótulo geral e uma frase característica que serve igualmente bem para identificá-lo*:

1. "Brooklynese" ("brooklynês"). Estereótipo que se baseia em formas antigas da fala da classe operária nova-iorquina, sem consideração da área geográfica. Um rótulo característico é *toity-toid street* (por *thirty-third street*, "rua 33"), baseado em formas mais antigas da vogal média central pré-consonantal com um ditongo decrescente palatal: [əᴵ].

* No caso do português brasileiro, poderíamos citar, entre muitos, alguns estereótipos linguísticos cristalizados em frases como "leite quente dói no dente da gente" (para se referir a falantes da variedade paranaense, em que o *-e* átono final não seria reduzido a [i]), "sai da carçada sordado marvado" (para caracterizar as variedades "caipiras" em que o /l/ se rotaciza na coda silábica), "bom dia, titia" (para caracterizar a pronúncia dental, não palatalizada, de /d/ e /t/ em variedades nordestinas), "craro, Cráudia" (para caracterizar as variedades estigmatizadas em que há rotacismo de /l/ em grupos consonânticos) etc. (n. da tradução).

2. *"Deses, dems and doses"* (por *"theses, thems and thoses"*). Caracterização geral da fala da classe operária nos Estados Unidos, baseada no uso de oclusivas interdentais no lugar de fricativas interdentais.
3. "Bostonian" ("bostoniano"), frequentemente rotulado como *"Pahk your cah in the Hahvahd Yahd"* (por *"park your car in the Harvard Yard"*, "estacione seu carro no pátio da Harvard"), baseado no padrão sem *-r* de Boston, com vogal central baixa anteriorizada [a:].
4. Pronúncia do "*a* enfático" ("Broad a"), particularmente nas palavras *aunt* [ɑnt] e *bath* [bɑΘ], às vezes caricaturada como *"Fahncy that"* [fɑnsi ðat] ["imagine isso"], atribuída à "nata" britânica e a falantes da Nova Inglaterra.
5. *"Southern drawl"* ("arrastado sulista"), baseado em várias imitações de monotongos sulistas, vogais longas e ditongadas, e em particular a palavra *Y'all* [jɒ:l] (*"you all"*).
6. "Outer Banks" ("margens exteriores"), Carolina do Norte, conhecido regionalmente como *"Hoi Toiders"*, baseado na pronúncia de *high tide* ("maré alta") como [hɔᶦ tɔᶦd], e o alçamento e posteriorização gerais de /ay/.
7. *"Put the harse in the born"* (por *"put the horse in the barn"*, "leve o cavalo pro celeiro"), modo padronizado de se referir ao estereótipo estigmatizado dos falantes rurais de Utah, acusados de inverter *horse* e *barn* e outras palavras com /ahr/ e /ohr/.
8. "Parigot", fala da classe operária parisiense, baseada em traços como a ausência do *ne*, a posteriorização do /ɑ/ e frequentemente caracterizada como *j'sais pas* [šepɔ] ou [špɔ] ["não sei"].

A lista de exemplos mostra a variedade de relações dos estereótipos com os fatos reais e a variedade de valores sociais associados aos estereótipos. Alguns traços estereotipados são muito estigmatizados, mas notavelmente resistentes e duradouros, como *dese* e *dose*[24]. Outros têm prestígio variável, positivo para algumas pessoas e negativo para outras, como o bostoniano ou o arrastado sulista.

---

24 Nos Estados Unidos, todos os falantes nativos mostram a habilidade de discriminar as classes de palavras com /d/ e /ð/ e de pronunciar a fricativa em palavras isoladas. Mas o forte substrato gaélico da Irlanda produz um resultado diferente. Testemunha-o o caso que Jerry Crowley, de Cork, me contou sobre a professora primária que diz: "Hoje vamos estudar a pronúncia do inglês, mas não vamos dizer *dese, dem* e *dose*! Vamos dizer *dese, dem* e *dose*!"

O estigma social conferido a alguns desses estereótipos tem levado à mudança linguística rápida, com extinção quase total. Um bom exemplo é a pronúncia $[\text{ə}^{I}]$ na cidade de Nova York. A tabela 9.15 mostra de que modo sistemático e abrangente esse traço está sendo extinto em Nova York. Entre os nascidos antes da I Guerra Mundial, esse é um traço regular em quase todos os falantes de classe média. Entre os nascidos depois da II Guerra, ele só aparece nos falantes de classe baixa.

TABELA 9.15
PROPORÇÃO DO USO DE $[\text{ə}^{I}]$ EM NOVA YORK
POR FAIXA ETÁRIA E CLASSE SOCIOECONÔMICA

Idade	0-1	2-3	4-5	6-8	9	0-9	
8-19	2/7	0/11	0/12	0/16	0/5	2/51	04
20-39	3/4	3/7	3/10	1/11	0/7	10/39	24
40-49	1/3	5/14	4/8	4/13	0/4	14/42	33
50-59	3/3	2/4	3/3	2/4	0/3	10/17	59
60-	7/7	5/5	1/1			13/13	100
8-60	16/24	15/41	11/34	7/44	0/19	49/162	
%	67	38	32	16	00		

Nos últimos estágios do declínio de uma variável estigmatizada, ela pode surgir como uma forma de humor ritual. Um exemplo desse processo que podemos documentar por um longo período de tempo é a confusão de /v/ e /w/ no *cockney** londrino. A maioria dos americanos só conhecem essa variável social através da versão feita por Dickens em 1837 da fala de Sam Weller e seu pai. É evidente que a alternância v/w já era um estereótipo, uma vez que Dickens a usou o mais enfaticamente possível para caracterizar os Wellers, trocando quase todos os /v/ e /w/[25]:

* *Cockney*: nome com que se designa os habitantes da zona leste de Londres e sua pronúncia particular do inglês, muito estigmatizada pelos falantes das variedades de prestígio (n. da tradução).

[25] A confusão de *oil* e *Earl* na cidade de Nova York ("brooklynês") forma um estereótipo bastante semelhante à confusão *v* ~ *w* citada aqui. Embora haja falantes que usem [ɔɪl] para a classe de *Earl*, é mais comum usar uma vogal central [əɪl] para ambas, ou manter as duas classes separadas preservando uma vogal arredondada para a classe de *oil*. Mas para os de fora, o efeito de uma fusão é o de que *oil* soa como *Earl* e *Earl* soa como *oil*. Se existe variação livre, ninguém nota essas variantes que são as mesmas do padrão; a pronúncia que difere das formas padronizadas é que é percebida e lembrada.

> This here money... he's anxious to put somevers, vere he knows it'll be safe, and I'm very anxious too, for if he keeps it, he'll go a lendin' it to somebody, or inwestin' property in horses, or droppin' his pocket book down a airy, or makin' a Egyptian mummy of hisself in some vay or another (*Pickwick Papers*, p. 800).

A grafia usada por Henry Machyn três séculos antes mostrava que tal variável era então uma característica regular da classe média respeitável: *wacabondes* ("vagabonds", vagabundos), *waluw* ("value", valor), *wue* ("view", visão), *welvet* ("velvet", veludo), *woyce* ("voice", voz) *voman* ("woman", mulher), *veyver* ("weaver", tecelão); *Volsake* ("Woolsack"), *Vetyngton* ("Whittington"), *Vosseter* ("Worcester") (Wyld 1936: 143). A fusão /v ~ w/ era obviamente muito estigmatizada no século XVIII; Walker diz que se trata de "um defeito de primeira grandeza" que ocorre entre os londrinos, "nem sempre aqueles das camadas inferiores". Oitenta anos depois, ela tinha desaparecido de Londres. Wyld observa que nunca a tinha escutado em uso real nos anos 1870, mas que ouvia pessoas de meia-idade usar o gracejo ritual de dizer *weal* por 'veal' ("vitela") e *vich* por 'which' ("qual"); um gracejo que ele nunca entendeu até ler Dickens. Muito depois de ter se extinguido de fato na língua falada, uma variável linguística pode sobreviver como uso estereotipado de algumas palavras, em seguida como um gracejo padronizado e, finalmente, como um fóssil cujo sentido ficou completamente esquecido.

6. O PROBLEMA DA IMPLEMENTAÇÃO

Embora tenhamos reunido um bom volume de dados em resposta aos problemas do encaixamento e da avaliação, há comparativamente pouco a se dizer sobre os eventos linguísticos ou sociais particulares que disparam uma mudança linguística. Podemos apontar algumas circunstâncias gerais, relevantes para a localização temporal de algumas mudanças linguísticas discutidas acima. Por exemplo, a inversão das atitudes dos nova-iorquinos para com a pronúncia do *r* pode ser vista como um mero traço saliente de uma mudança geral de distanciamento em relação aos modelos britânico e da Nova Inglaterra em favor de um padrão americano de difusão na mídia.

Em algum ponto do tempo, o dialeto de prestígio mais antigo foi redefinido; em vez de um "padrão internacional", ele se tornou uma "peculiaridade regional". Esse evento parece coincidir com o período da II Guerra

Mundial, e alguém pode alegar que a experiência militar dos homens esteve de algum modo implicada nisso. Seria difícil provar. Tudo o que podemos fazer neste momento é apontar a guerra como a perturbação social mais proeminente que coincidiu com o período da mudança linguística.

Examinando as alternâncias do desenvolvimento do sistema vocálico nova-iorquino, não podemos deixar de nos surpreender com a diferenciação dos grupos étnicos judaico e italiano no alçamento de (eh) e (oh). A matéria-prima para esse processo parece ter estado presente antes de 1890, mas a chegada desses dois grandes grupos imigrantes por aquela época pode muito bem ter dado nova energia ao processo de alçamento. Parece que os judeus definiram o alçamento de (oh) em *coffee, lost* e *all* como a mudança básica, e a alteração subsequente (ah) → (oh) → foi consequentemente enfatizada pelos falantes judeus como parte de uma mudança em cadeia. Os ítalo-nova-iorquinos se concentraram na vogal anterior, continuando a tradição mais antiga de tratá-la como a variável primária envolvida.

Podemos ver uma tendência paralela em Martha's Vineyard. O primeiro dos dois processos de alçamento afetou (ay) na fala dos ianques, num momento em que a população portuguesa quase não era vista como parte da comunidade. Depois de 1930, os portugueses passaram a ocupar cada vez mais o lugar dos ianques no comércio e na administração pública. Os portugueses então começaram a usar a centralização em seu próprio inglês, mas alçaram (aw) para [ʌ^{I}] mais enfaticamente do que mudaram (ay) para [ɐ^{I}]. Sua ênfase no alçamento de (ay) nos levaria a esperar uma generalização posterior, com a vogal posterior puxando a anterior atrás de si.

Esses são os tipos de flutuações a que Meillet se referia quando caracterizou a sociedade como

> um elemento em que as circunstâncias induzem a variação contínua, às vezes rápida, às vezes lenta, mas nunca completamente suspensa (1905: 16).

Observando o impacto das imigrações judaica e italiana em Nova York, podemos olhar para trás, para a chegada dos irlandeses e alemães nos anos 1860: esse movimento pode também ter afetado a evolução do dialeto da cidade, reenfatizando elementos já em fluxo. Agora, estamos testemunhando a ascensão de dois grupos recém-chegados, os negros e os porto-riquenhos, que não parecem participar ou ter influência direta nas rotações do sistema vocálico acima descrito. Mas é possível que a influência do padrão de fala negra esteja agindo para deter ou inverter o alçamento das vogais tensas entre falantes brancos.

Como base para comparação em nossos estudos da juventude negra do Harlem, selecionamos dois grupos brancos (irlandeses) de classe operária na ponta norte de Manhattan, em Inwood, uma área residencial marcadamente branca, onde se manifestava uma considerável hostilidade para com os negros. Seria difícil encontrar outro grupo branco de classe operária em Manhattan com menos influência negra ou porto-riquenha (Labov et al. 1968)[26]. A intrincada regra de tensionamento das palavras com *a* breve, que seleciona vogais antes de oclusivas sonoras e fricativas surdas, nasais anteriores etc., está praticamente intacta entre os membros dos grupos de Inwood. Na população geral, a regra de tensionamento é seguida pelo alçamento de [æ:] para a posição média e em seguida alta, envolvendo as sucessivas fusões de /æh/ como /ehr/ e depois com /ihr/. Ou seja, *bad* se funde com *bared* nos primeiros estágios, e depois *bad* e *bared* se fundem com *beard*. Mas o /æh/ do grupo de Inwood não é muito mais alto do que [æ:] e não se fundiu como /ehr/. A fusão de /ehr/ e /ihr/ em *bared* e *beard*, *bear* e *beer*, é completa. Esta segunda fusão está difundida entre falantes negros, refletindo o padrão litorâneo da Carolina do Sul, mas no BEV o alçamento de /æh/ é bastante limitado[27]. Devemos, portanto, considerar a alta probabilidade de influência negra na perturbação do padrão nova-iorquino do grupo de Inwood. Exemplos como estes fortalecem a tese de Meillet de que as explicações para o curso irregular da mudança linguística devem ser procuradas na composição social flutuante da comunidade de fala.

7. O LUGAR DA VARIAÇÃO SOCIAL NA HISTÓRIA DE VIDA DE UMA MUDANÇA LINGUÍSTICA

Nas três seções anteriores, reunimos dados suficientes para dar uma resposta à primeira das três questões fundamentais levantadas neste ca-

[26] O fato de um grupo expressar hostilidade para com outro não exclui a possibilidade de influência linguística. Observamos diversos casos do efeito contrário: grupos brancos rodeados de negros, e engajados em combate hostil a eles, adquirem vários de seus traços linguísticos. Tal fenômeno pode ser observado no Lower East Side, na cidade de Nova York, ou no Highland Park, em Detroit.

[27] Em nossos estudos de grupos adolescentes no Harlem sul-central, verificamos que cerca de metade deles exibem a fusão de (ihr) e (ehr) em *beer* e *bear*, *cheer* e *chair* etc. (Labov *et al.* 1968).

pítulo: a variação social desempenha um papel importante na mudança linguística? Uma revisão da história e evolução assimétricas da maioria das mudanças linguísticas, e de sua avaliação notavelmente uniforme pela sociedade, mostra que uma explicação não social seria incoerente. As histórias que esbocei não teriam existido se as diferenças sociais fossem abstraídas das gramáticas envolvidas, pois com isso as explicações da mudança cairiam num vácuo. A visão geral fica mais bem expressa quando se esboça uma típica história de vida de uma mudança sonora.

A mudança aparece primeiramente como um traço característico de um subgrupo específico, sem atrair a atenção particular de ninguém. À medida que avança dentro do grupo, ela pode também se difundir para fora, numa onda, afetando primeiramente os grupos sociais mais próximos do grupo de origem. Inevitavelmente, o traço linguístico fica associado com as características expressivas do grupo de origem, seja qual for o prestígio ou outros valores sociais associados a tal grupo pelos demais membros da comunidade de fala (Sturtevant 1947). É difícil dizer se tal associação é suficiente para explicar o movimento para fora. O que sabemos é que o crescimento da área afetada pode ser detido por fatores linguísticos (Herzog 1965) ou por fatores sociais ou descontinuidades históricas (Bloomfield 1933: 344), ou pelo prestígio negativo do grupo como um todo (como no caso da cidade de Nova York)[28]. Nesse momento, o traço linguístico pode ser um *indicador* de idade e de distância social em relação ao grupo de origem.

À medida que o traço linguístico se desenvolve dentro do grupo original de falantes, ele se generaliza em diversos sentidos. Com o curso do tempo (três ou quatro décadas), isso pode envolver um espectro mais amplo de subclasses condicionadas, bem como ambientes mais extremos (menos favorecidos). Além disso, a simetria estrutural do sistema leva a generalização a outras vogais ou consoantes, ou a membros da mesma classe natural, que começam a se mover na mesma direção (ou na oposta). Enquanto isso, novos grupos sociais entram na comunidade e, por meio de acidentes históricos ou por influência de seu dialeto original, reinterpretam a mudança em curso para reenfatizar outros elementos neste complexo sistema.

---

[28] Para o prestígio negativo da cidade de Nova York, cf. Labov 1966a, cap. 13. O escopo severamente limitado da área dialetal nova-iorquina foi comentado acima.

Esta discussão não focalizou os processos internos envolvidos (cf. cap. 7, Labov 1972c), mas é importante notar que a generalização estrutural em sistemas linguísticos está longe de ser instantânea. É um processo lento, com considerável lapso de tempo e, entre o movimento de um item e o movimento correlato de outro, várias décadas podem ter transcorrido, com suas correspondentes mudanças sociais (Chen 1971).

À medida que a mudança original adquire maior complexidade, escopo e extensão, ela também adquire mais valor social sistemático e é refreada ou corrigida na fala formal (um *marcador*). Finalmente, ela pode ser rotulada como um *estereótipo*, debatido e notado por todo mundo. As perspectivas futuras desse estereótipo dependem da sorte do grupo com o qual ele está associado. Se o grupo se mover para a corrente dominante da sociedade, e receber respeito e proeminência, então a regra nova pode não ser corrigida mas, sim, incorporada ao dialeto dominante à custa da forma mais antiga. Se o grupo for excluído da corrente dominante da sociedade, ou se seu prestígio diminuir, a forma linguística ou regra será estigmatizada, corrigida e até mesmo extinta.

Mas tal correção não tem o caráter regular da mudança em si mesma. Ao contrário, a correção se concentra irregularmente em alguns sons ou palavras proeminentes, com consequentes distúrbios na regularidade do sistema linguístico. Embora a vogal tensa posterior da cidade de Nova York seja corrigida e abaixada em *lost, coffee, water* e *chocolate,* ela nunca é percebida ou corrigida quando ocorre como primeiro elemento do ditongo em *boy* ou *Lloyd.*

A irregularidade dessa correção social secundária, comparada com a regularidade da mudança original, pode oferecer parte da explicação para a maciça irregularidade e ruptura das classes de palavras documentadas por Wang, Chen e Hsieh na história de dialetos chineses (Cheng & Wang 1971; Chen & Hsieh 1971; Chen 1971). É bastante provável que os movimentos originais fossem mais regulares do que indica o resultado final, se de fato forem semelhantes às mudanças sonoras em andamento que estamos agora estudando por meios instrumentais. Mas, ao mesmo tempo, não podemos desconsiderar o efeito da competição e sobreposição das mudanças sonoras apontado por Wang (1969) como uma explicação para tais irregularidades; e mesmo sem tal competição, há nessas mudanças em curso evidências de irregularidade lexical, a qual é incongruente com a hipótese neogramática, embora livre de qualquer sensibilidade social.

8. Dúvidas sobre o nível de abstração afetado por fatores sociais

Podemos agora nos voltar para a segunda das três questões gerais levantadas: os fatores sociais podem afetar regras abstratas de gramática e fonologia? Antes de tudo, é óbvio que os membros da comunidade de fala não desenvolvem reações sociais a regras abstratas de fonologia tais como a regra de tensionamento de æ. O traço social altamente marcado é a segunda regra — o alçamento das vogais que foram tensionadas. Para a primeira regra, encontramos considerável variação individual na cidade de Nova York no tratamento de palavras terminadas em fricativas sonoras (*razz, jazz*); ou de palavras átonas terminadas em nasais (*am, can* e *and,* variáveis em contraste com *has, as, had,* que são sempre relaxadas). Há um alto índice de variação no tratamento de palavras como *passage* ou *Abbie,* o que pode ser analisado com uma fronteira derivacional /. . æC+V . ./ em oposição ao tensionamento consistente de palavras como *passing* ou *stabbing,* com fronteiras flexionais /. . æC#V . ./, ou consistente tratamento relaxado de *castle* ou *cabbage,* com nenhuma fronteira /. . æCV . . /. Essa variação é idiossincrática: ela não exibe qualquer distribuição social regular, por mais cuidadosamente que estudemos os dados (Cohen 1970). Maridos e mulheres, irmãos e irmãs podem diferir nesses pontos, mas imprevisivelmente, e ninguém perceberá a diferença[29]. Em geral, verificamos que a sensibilidade social não se prende a tais variações em regras abstratas, mas, sim, a palavras individuais (cf. Whitney 1901) ou a regras de nível mais baixo de comportamento fonético que envolvem itens muito frequentes.

Decerto existem importantes consequências gramaticais e fonológicas das variáveis sociolinguísticas. A simplificação dos grupos consonantais é uma variável social típica que exibe estratificação tanto estilística quanto social. Um dos condicionamentos que incidem sobre a regra é a existência de uma fronteira de morfema antes da consoante

[29] Numa recente entrevista em Nova York, um homem leu *Abbie* com uma vogal tensa alçada, enquanto sua esposa usou uma vogal relaxada não alçada na mesma palavra. Ambos tinham os mesmos antecedentes dialetais e não exibiam nenhuma outra diferença sistemática em seus sistemas vocálicos.

final, assinalando que se trata de morfema separado. Se não houver tal fronteira, a regra se aplicará mais frequentemente:

[–contínuo] → <ø> / [+consonantal] <ø> ____ # # <–silábico>

A restrição variável indicada por <ø> no ambiente registra o fato de que, sem uma fronteira de morfema, o grupo em *last* se simplifica mais frequentemente do que o de *pass#d*, o grupo de *old* mais do que o de *roll#d*. A regra, nessa forma, pode não ter nenhum efeito imediato sobre a gramática, pois indica que o morfema de tempo passado *#d* é de fato preservado e reconhecido. Mas quando tais regras sociolinguísticas se estendem e se tornam obrigatórias, encontramos mudanças compensatórias e dramáticas na gramática. Assim, quando os grupos finais *-pt* e *-kt* foram obrigatoriamente simplificados no dialeto escocês, a regra de epêntese mudou claramente para gerar *slippit* e *workit* em vez de *slip'* e *work'*, permitindo que o passado regular fosse expresso. (Para discussão mais detalhada e outros exemplos, cf. cap. 8.)

Podemos retroceder aos processos fonéticos no inglês antigo tardio que levaram à perda das flexões finais: redução de vogais átonas, apagamento de nasais finais e perda do *schwa* final. Todos parecem ter sido regras sociolinguísticas variáveis opcionais por algum tempo na história do inglês. Antes que as flexões se perdessem inteiramente, podemos levantar a hipótese de que algumas das mudanças compensatórias na ordem das palavras já tinham ocorrido. Mas essa permanece uma área de especulação, pois ainda não pudemos estudar nenhuma dessas mudanças gramaticais sistemáticas em andamento.

Em conjunto, nossas evidências apontam, então, para uma resposta negativa à nossa segunda pergunta, mas sugerem que a conexão entre variação social e mudança de alto nível pode ser bastante rápida à medida que a regra variável se transforma numa regra categórica. É importante notar que a significação social depende da variabilidade. Nesse sentido, o significado social é parasita da língua: ele está confinado àquelas áreas de variação, em geral na ponta de lança de uma mudança linguística em fase de generalização, onde existem modos alternativos de dizer "a mesma coisa".

Podemos observar os resultados de um processo de generalização sintática no tratamento dado pelo inglês negro à concordância negativa

(Labov 1972a, cap. 4). Trata-se de uma regra expressiva opcional para os dialetos brancos, que lhes permite escolher entre o enfático *Nobody gave him nothing* e o não marcado *Nobody gave him anything*. Alguns dialetos brancos opcionalmente reduplicam a partícula negativa depois de um sujeito indeterminado, mas somente dentro da mesma frase. Assim, *Nobody didn't give him nothing* é um modo de dizer a mesma coisa que as duas frases anteriores. Os falantes negros têm a opção adicional de fazer essa sub-regra cruzar as fronteiras de orações, como em *It ain't nobody didn't give him nothing*, significando o mesmo que *Nobody gave him anything*. Essa extensão da regra expressiva de concordância negativa coincide com a extensão da concordância negativa normal a todos os indeterminados dentro da oração, agora obrigatória em quase todo o BEV; a nova sub--regra acrescenta o traço expressivo que a antiga tinha perdido.

Esses dois últimos exemplos são discutidos *a posteriori* e devem ser tomados como reconstruções especulativas de um processo histórico que ainda não observamos em andamento. Somente quando tivermos a grande sorte de apreender uma mudança sintática desse tipo enquanto ela ocorre é que poderemos dar uma boa solução ao problema da transição e oferecer uma base sólida para outros argumentos sobre a avaliação e a implementação da mudança.

9. Existe uma função adaptativa na diversidade linguística?

Está claro para a maioria dos linguistas que a teoria do "destrua e reconstrua" para explicar a evolução linguística equivale a afirmar que o processo todo é disfuncional, pois a parte sistemática é a parte destrutiva, e a remodelagem analógica parece estar fazendo o melhor de um trabalho sujo. E se o princípio do menor esforço for o anjo mau por trás da destruição, só podemos considerar a mudança linguística como uma espécie de testemunho pesado do pecado original.

Gauchat deixou claro que o princípio do menor esforço tinha sido superdimensionado. Mostrou (1905) que a ditongação do ā tinha todos os sinais de ser um aumento de esforço, não um decréscimo. Podemos dizer o mesmo das regras de tensionamento e alçamento que têm desempenhado um papel tão importante nessa discussão. Os fones estigmatizados são mais longos, mais periféricos, com maior intensidade do que as formas antigas, e também desenvolvem um *glide*, basta comparar [bæ·ˆd] com [be:ᐸᵊd]. Esses desenvolvimentos nos fazem perceber a poderosa força motivadora por trás da mudança sonora, força que é quase o oposto do argumento da economia ou do menor esforço. Observamos a mudança sonora alongando vogais, fazendo girar os sistemas, fundindo classes de palavras, destruindo distinções, aplainando condicionamentos estruturais. Por quê?

Um confronto clássico acerca da questão do progresso na evolução da língua pode ser visto nos textos de Greenberg (1959) e de Hymes (1961). Greenberg assume a posição de que existe evolução somente no sentido da diversificação, mas não progresso no sentido de aumento da complexidade ou radiação adaptativa. Hymes aponta para o desenvolvimento de complexas camadas de vocabulário, vocabulário científico, metalinguagens e outros atributos das línguas do mundo como comprovações do desenvolvimento contínuo. Uma vez que este capítulo se ocupou do núcleo central da gramática e da fonologia, e não do léxico, poderia parecer que ele favorece a posição de Greenberg: só existe diversificação.

Mas e se essa diversificação for, em si mesma, um elemento importante na evolução cultural? Inevitavelmente, somos arrastados de volta à terceira pergunta: a diversificação tem uma função adaptativa, ou ela é o produto de múltiplas falhas locais na rede de comunicação? Meus próprios estudos sobre mudanças linguísticas em curso indicam que a diversificação dialetal está prosseguindo, apesar da saturação dos meios de comunicação de massa e a despeito do contato íntimo entre os grupos sociais implicados. O fato da diversidade não ser automaticamente vinculada ao isolamento sugere que ela pode também estar vinculada aos processos normais de comunicação face a face.

A maioria dos linguistas que trabalham com grupos pequenos e diversificados têm de reconhecer em si mesmos um preconceito natural em favor da sobrevivência de seus temas. O linguista antropológico ou comparativista brigará intuitivamente pela existência de seu grupo e resistirá à ideia de que o custo do bilinguismo é grande demais para ser suportado. Ele se recusa a pesar o valor de uma língua ou de um dialeto em termos de sua atratividade editorial, do tamanho de sua produção literária, ou de como prepara as crianças para se enquadrar num sistema escolar ocidental. Os linguistas têm de reconhecer que são parte interessada no debate.

Tomada essa precaução, me inclino a acreditar que o desenvolvimento de diferenças linguísticas tem valor positivo na evolução cultural humana — e que o pluralismo cultural pode até ser um elemento necessário na extensão humana da evolução biológica.

Se nos arriscarmos a fazer especulações sobre o caráter geral da evolução humana, será útil ter um ponto de comparação com outras espécies que desenvolveram sistemas de comunicação. Meu pensamento a esse respeito foi estimulado por uma recente compilação do trabalho de Nottebohm (1970) sobre o desenvolvimento do canto dos pássaros. Grande parte do trabalho de Nottebohm envolveu o aprendizado vocal dos tentilhões; eles são uma das várias espécies que diferem da maioria dos pássaros pelo fato de seus cantos não serem estereotipados nem apenas geneticamente controlados. Os tentilhões atravessam um período crítico de dez meses durante os quais eles aprendem seus cantos de outros pássaros da espécie. Se ficarem surdos no início desse período, produzirão cantos degenerados e extremamente anormais; se ficarem surdos depois de dez meses, continuarão a produzir canto normal. É de interesse imediato para os linguistas que pássaros como o tentilhão e o tico-tico tenham desenvolvido dialetos. Nottebohm sugere que a mudança da produção de canto "autocentrada" para "dependente do ambiente" pode ter acompanhado a rápida expansão dos pássaros em hábitats diferenciados. Os exemplos que ele dá do comportamento do tico-tico sugerem que os dialetos podem desempenhar um papel no sistema de acasalamento ao fornecer um relativo grau de isolamento genético, mas sem qualquer "compromisso necessário irrevogável com a real especiação":

> Enquanto o isolamento genético de pequenas populações pode levar a altas taxas de extinção e mesmo possivelmente à endogamia excessiva, as diferenças em vocalização talvez sejam barreiras raramente insuperáveis para o acasalamento e, portanto, o processo microevolutivo é mantido mais flexível e aberto (1970: 955).

O próprio Nottebohm sugere a possibilidade de que os dialetos humanos tenham uma função evolutiva e tenham influenciado a emergência de "adaptações fisiológicas locais". Também é possível que a "puberdade linguística" pela qual passamos, e que reduz seriamente nossa capacidade de aprender línguas, seja ela mesma produto da seleção evolutiva. Um "bloqueio" ao aprendizado de línguas no desenvolvimento humano teria a mesma função geral que tem nos pássaros, encorajando a diversidade dos padrões dialetais.

Ao especular sobre essas possibilidades, eu preferiria olhar para adiante em vez de para trás e centrar o foco na conexão com a diversidade cultural, mais do que com a adaptação fisiológica. O valor da contribuição de Nottebohm não está em propor uma teoria ou uma hipótese que podemos testar imediatamente, mas, antes, em sugerir uma visão alternativa para ampliar nosso pensamento acerca da evolução linguística. É interessante considerar que a diversidade linguística possa ter valor para outros seres humanos que não os linguistas, oferecendo relativo isolamento cultural e mantendo o pluralismo cultural. E os próprios linguistas podem ser estimulados a examinar mais profundamente os mecanismos que diferenciam as línguas, bem como as condições limitadoras que formam o conteúdo de uma gramática universal.

Bibliografia

ALLEN, P. (1968). */r/ Variable in the Speech of New Yorkers in Department Stores.* Artigo de pesquisa inédito. Stony Brook: SUNY.

ANSHEN, F. (1969). *Speech Variation among Negroes in a Small Southern Community.* Dissertação inédita. New York: New York University Press.

AVIS, W. (1961). The New England Short 'o': a Recessive Phoneme. *Language*, 37: 544-58.

BABBITT, C.-J. N. (1969a). The Integration of Linguistic Theory: Internal Reconstruction and the Comparative Method in Descriptive Linguistics, with an Appendix of 107 Pan-Dialectal Ordered Rules. Paper Given Before Conference on Historical Linguistics in the Light of Generative Theory, Los Angeles. Parcialmente publicado in STOCKWELL, R. & MACAULAY, R. (orgs.). (1972). *Historical Linguistics and Generative Theory*. Bloomington, Ind.: Indiana University Press.

____ (1969b). *Introduction to Southern States Phonetics*. University of Hawaii Working Papers in Linguistics 4-5.

BAIRD, S. J. (1969). *Employment Interview Speech: a Social Dialect Study in Austin, Texas.* Dissertação inédita, University of Texas.

BARATZ, J. C. (1969). A Bi-Dialectal Task for Determining Language Proficiency in Economically Disadvantaged Negro Children. *Child Development*, 40.

BARBER, B. (1957). *Social Stratification*. New York: Harcourt Brace.

BERNSTEIN, B. (1964). Elaborated and Restricted Codes, in GUMPERZ & HYMES 1964.

BICKERTON, D. (1971). On the Nature of the Creole Continuum (mimeo).

BLOCH, B. (1948). A Set of Postulates for Phonemic Analysis. *Language*, 24: 3-46.

BLOOMFIELD, L. (1933). *Language*. New York: Henry Holt.

____ (1944). Secondary and Tertiary Responses to Language. *Language*, 20: 45-55.

BRIGHT, W. (org.). (1966). *Sociolinguistics*. Haia: Mouton.

BRIGHT, W. & RAMANUJAN, A. K. (1964). Socio-linguistic Variation and Language Change, in LUNT, H. G. (org.). *Proceedings of the Ninth International Congress of Linguists*. Haia: Mouton.

BRONSTEIN, A. (1962). Let's Take Another Look at New York City Speech. *American Speech*, 37: 13-26.

BROWN, L. (1969). The Social Psychology of Variations in French Canadian Speech. Dissertação inédita, McGill University.

BROWN, R. & BELLUGI, U. (1964). Three Processes in the Child's Acquisition of Syntax. *Harvard Educational Review*, 34: 133-51.

CARDEN, G. (1970). On Post-Determiner Quantifiers. *Linguistic Inquiry*, 1(4): 415-28.

CEDERGREN, H. (1970). Patterns of Free Variation: the Language Variable (mimeo).

CEDERGREN, H. & SANKOFF, D. (1972). Variable Rules: Performance as a Statistical Reflection of Competence. *Language*, 50 (jun., 1974): 333-355.

CHEN, M. (1971). *The Time Dimension: Contribution Toward a Theory of Sound Change*. Berkeley, Cal.: University of California Project on Linguistic Analysis Reports, vol. 2, nº 14.

CHEN, M. & HSIN-I HSIEH (1971). The Time Variable in Phonological Change. *Journal of Linguistics*, 7: 1-13.

CHENG, C.-C. & WANG, W. S.-Y. (1970). *Phonological Change of Middle Chinese Initials*. Berkeley, Cal.: University of California Project on Linguistics Analysis Reports, vol. 2, nº 10.

CHOMSKY, N. (1957). *Syntactic Structures*. Haia: Mouton.

____ (1964). Current Issues in Linguistic Theory, in FODOR & KATZ (1964).

____ (1965). *Aspects of the Theory of Syntax*. Cambridge, Mass.: MIT Press.

____ (1966). Topics in the Theory of Generative Grammar, in SEBEOK, T. (org.). *Current Trends in Linguistics 3: Linguistic Theory*. Bloomington, Ind.: Indiana University Press.

CHOMSKY, N. & HALLE, M. (1968). *The Sound Pattern of English*. New York: Harper & Row.

COHEN, P. (1970). The Tensing and Raising of Short ɑ in the Metropolitan Area of New York City. Ensaio de mestrado inédito. Columbia University.

COOK, S. (1969). Language Change and the Emergence of an Urban Dialect in Utah. Dissertação inédita.

ECKERT, P. (1969). Grammatical Constraints in Phonological Change: the Unstressed Vowels of Southern France. Ensaio de mestrado inédito. Columbia University.

ELLIOT, D., LEGUM, S. & THOMPSON, S. (1969). Syntactic Variation as Linguistic Data, in BINNICK, R. et alii (orgs.). *Papers from The Fifth Chicago Regional Meeting*. Chicago: University of Chicago, Department of Linguistics.

ENDERLIN, D. (1913). Die Mundart von Kesswill im Oberthurgau, in BACHMAN, A. (org.). *Beiträge zur Schweizser-Deutschen Grammatik*. Frauenfeld: Huber and Co.

ERVIN-TRIPP, S. (1967). *Sociolinguistics*. Working paper nº 3, Language Behavior Research Laboratory, Berkeley, Cal.

FERGUSON, C. A. & GUMPERZ, J. J. (1960). *Linguistic Diversity in South Asia*. Publicação do Research Center in Anthropology, Folklore, and Linguistics, nº 13. Bloomington, Ind.: Indiana University Press.

FISCHER, J. L. (1958). Social Influences on the Choice of a Linguistic Variant. *Word* 14: 47-56.

FISHMAN, J. (org.) (1968). *Readings in the Sociology of Language*. Haia: Mouton.

____ (1969). Sociolinguistics, in BACK, K. W. (org.). *Social Psychology*. New York: Wiley.

FISHMAN, J., COOPER, R. L. MA, R. et alii (1968). *Bilingualism in the Barrio*. Relatório final para OECD-1-7-062817. Washington, D.C.: Office of Education.

FODOR, J. & KATZ, J. (orgs.) (1964). *The Structure of Language*. Englewood Cliffs, N.J.: Prentice-Hall.

FRANK, Y. A. (1948). The Speech of New York City. Dissertação inédita. Ann Arbor: University of Michigan.

GARFINCKEL, H. (1967). *Studies in Ethnomethodology*. Englewood Cliffs, N.J.: Prentice-Hall.

GARVIN, P. & MATHIOT, M. (1960). The Urbanization of the Guarani Language, in WALLACE, A. F. C. (org.). *Men and Cultures*. Philadelphia: University of Pennsylvania Press.

GAUCHAT, L. (1905). L'Unité phonétique dans le patois d'une commune, in *Aus Romanischen Sprachen und Literaturen: Festschrift Heinrich Mort*. Halle: Max Niemeyer, pp. 175-232.

GAUCHAT, L., JEANJAQUET J. & TAPPOLET, E. (1925). *Tableaux phonétiques des patois suisses romands*. Neuchâtel: Paul Attinger.
GRANT, W. & DIXON, J. (1921). *Manual of Modern Scots*. London: Cambridge University Press.
GREENBERG, J. H. (1959). Language and Evolution, in *Evolution and Anthropology: a Centennial Appraisal*. Washington, D. C.: The Anthropology Society of Washington.
____ (org.) (1963). *Universals of Language*. Cambridge, Mass.: MIT Press.
GRIMSHAW, A. D. (1968). Sociolinguistics, in SCHRAMM et alii (orgs.). *Handbook of Communication*. New York: Rand McNally.
GRINDER, I. & POSTAL, P. (1971). Missing Antecedents. *Linguistic Theory*, 2: 209-312.
GUMPERZ, J. J. (1964). Linguistic and Social Interaction in Two Communities, in GUMPERZ & HYMES (1967).
____ (1967). On the Linguistic Markers of Bilingual Communication, in MACNAMARA (1967).
____ (1971). *Language in Social Groups*. Stanford: Stanford University Press.
GUMPERZ, J. J. & HYMES, D. (1964). *The Ethnography of Communication*. Número especial de *American Anthropologist*, 66(6.2).
GUMPERZ, J. J., WILSON, J. & WILSON, R. (1971). Convergence and Creolization: a Case from the Indo-Aryan/Dravidian Border in India, in HYMES (1971) e, também, GUMPERZ (1971).
HAFNER, E. M. & PRESSWOOD, S. (1965). Strong Inference and Weak Inter-actions. *Science*, 149: 503-9.
HALLE, M. (1962). Phonology in Generative Grammar. *Word*, 18: 67-72.
HARRIS, Z. (1951). *Structural Linguistics*. Chicago: University of Chicago Press.
HERMANN, M. E. (1929). Lautveränderungen in der Individualsprache einer Mundart. *Nachrichten der Gesellschaft der Wissenschaften zu Göttingen, Philosophisch-historische Klass*, 11: 195-214.
HERZOG, M. I. (1965). *The Yiddish Language in Northern Poland: its Geography and History*. Publicação do Research Center in Anthropology, Floklore, and Linguistics, nº 37. Bloomington, Ind.: Indiana University Press.
HOCKETT, C. F. (1950). Age-grading and Linguistic Continuity. *Language*, 26: 448-57.
____ (1958). *A Course in Modern Linguistics*. New York: MacMillan.
HOENIGSWALD, H. (1963). Are There Universals in Linguistic Change?, in GREENBERG (1963).
HOMANS, G. C. (1955). *The Human Group*. New York: Harcourt, Brace.
HUBBELL, A. F. (1950). *The Pronunciation of English in New York City*. New York: Columbia University Press.
HYMES, D. (1961). Functions of Speech: an Evolutionary Approach, in GRUBER, F. C. (org.). *Anthropology and Education*. Philadelphia: Universiy of Pennsylvania Press.
____ (1962). The Ethnography of Speaking, in GLADWIN, T. & STURTEVANT (orgs.). *Anthropology and Human Behavior*. Washington, D.C.: Anthropological Society of Washington.
___ (1964). Introduction, in GUMPERZ & HYMES (1964).
____ (org.) (1971). *Pidginization and Creolization of Languages*. Londres: Cambridge University Press.
JESPERSEN, O. (1927). *A Modern English Grammar on Historical Principles*, I. Londres: George Allen.

___ (1946). *Mankind, Nation, and Individual from a Linguistic Point of View.* Bloomington, Ind.: Indiana University Press.

Joos, M. (1959). The Isolation of Styles. *Georgetown University Monograph Series on Languages and Linguistics,* 12: 107-13.

Kazazis, K. (1969). The Relative Importance of Parents and Peers in First-Language Learning. Artigo lido diante da Linguistic Society of America, San Francisco, dezembro.

Kihlbom, A. (1926). *A Contribution to the Study of Fifteenth Century English.* Uppsala: Lundenquistska.

Kiparsky, P. (1968). How Abstract is Phonology? Bloomington, Ind.: Indiana University Linguistics Club (mimeo.).

Klima, E. S. (1964). Negation in English, in Fodor & Katz (1964).

Kökeritz, H. (1953). *Shakespeare's Pronunciation.* New Haven: Yale University Press.

Kučera, H. (1961). *The Phonology of Czech.* Haia: Mouton.

Kurath, H. (1939). *Handbook of the Linguistic Geography of New England.* Providence, R. I.: American Council of Learned Societies.

___ (1949). *A Word Geography of the Eastern United States.* Providence, R. I.: American Council of Learned Societies.

Kurath, H. et alii (1941). *Linguistic Atlas of New England.* Providence, R. I.: American Council of Learned Societies.

Kurath, H. & McDavid, R. (1951). *The Pronunciation of English in the Atlantic States.* Ann Arbor: University of Michigan Press.

Kuryłowicz, J. (1964). On the Methods of Internal Reconstruction, in Lunt, H. G. (org.). *Proceedings of the Ninth International Congress of Linguistics.* Haia: Mouton.

Labov, W. (1964a). Phonological Indices to Social Stratification, in Gumperz & Hymes (1964).

___ (1964b). The Linguistic Variable as a Structural Unit. Conferência apresentada ao Linguistics Club of Washington. D.C., outubro. *Washington Linguistics Review* 3: 4-22.

___ (1966a). *The Social Stratification of English in New York City.* Washington. D.C.: Center for Applied Linguistics.

___ (1966b). On the Grammaticality of Everyday Speech. Conferência lida diante da Linguistic Society of America, New York City.

___ (1969). Contraction, Deletion, and Inherent Variability of the English Copula. *Language,* 45: 715-62.

___ (1972a). *Language in the Inner City: Studies in the Black English Vernacular.* Philadelphia: University of Pennsylvania Press.

___ (1972b). The Recent History of Some Dialect Markers on the Island of Martha's Vineyard, in Davis, L. (org.). *Studies Presented to Raven McDavid.* Tuscaloosa: University of Alabama Press.

___ (1972c). The Internal Evolution of Linguistic Rules, in Stockwell, R. & Macaulay, R. (orgs.). *Historical Linguistics and Generative Theory.* Bloomington: Indiana University Press.

Labov, W., Cohen, P., Robins, C. & Lewis, J. (1968). A Study of the Non-Standard English of Negro and Puerto Rican Speakers in New York City. Relatório final, Cooperative Research Project 3288. Philadelphia, Pa.: U.S. Regional Survey, 204 N. 35th St., Philadelphia 19104, 2 vols.

Labov, W. & Pedraza, P. (1971). *A Study of Puerto Rican Speech Community in New York City.* Relatório apresentado ao Urban Center of Columbia University.

Labov, W. & Wald, B. (1969). Some General Principles of Vowel Shifting. Conferência apresentada à Linguistic Society of America, San Francisco, dezembro.

Labov, W., Yaeger, M. & Steiner, R. (1972). *A Quantitative Study of Sound Change in Progress*. Relatório final para a National Science Foundation, contrato nº NSF--GS-3287. Philadelphia, Pa.: U. S. Regional Survey, 204 N. 35th St., Philadelphia 19104.

Laffal, J. (1965). *Pathological and Normal Language*. New York: Atherton Press.

Lakoff, J. (no prelo). Linguistics and Natural Logic, in Mehler, J. (org.). *Handbook of Cognitive Psychology*.

Lambert, W. E. (1967). A Social Psychology of Bilingualism, in MacNamara (1967).

____ (1969). Some Current Psycholinguistic Research: the Tu-Vous and Le-La Studies, in Puhvel, J. (org.). *Substance and Structure of Language*. Berkeley: University of California Press.

Lambert, W. E., Anisfeld, M. & Yeni-Komshian, G. (1965). Evaluational Reactions of Jewish and Arab Adolescents to Dialect and Language Variations. *Journal of Personality and Social Psychology*, 3: 313-20.

Lambert, W. E. et alii (1960). Evaluation Reactions to Spoken Languages. *Journal of Abnormal and Social Psychology*, 60: 44-51.

Lawton, D. (1968). *Social Class, Language, and Education*. Londres: Routledge and Kegan Paul.

Legum, S., Pfaff, C., Tinnie, G. & Nicholas, M. (1971). *The Speech of Young Black Children in Los Angeles*. Relatório técninco nº 33. Los Angeles: Southwestern Regional Laboratory.

Lehmann, W. P. (1963). *Historical Linguistics: an Introduction*. New York: Holt, Rinehart and Winston.

Lehmann, W. P. & Malkiel, Y. (orgs.) (1968). *Directions for Historical Linguistics*. Austin: University of Texas Press.

Levine, L. & Crockett, Jr., H. J. (1966). Speech Variation in a Piedmont Community: Postvocalic r, in Lieberson (1966).

Lévi-Strauss, C. (1963). *Structural Anthropology*. Trad.: C. Jacobson e B. Schoepf; New York: Basic Books.

Lieberson, S. (org.) (1966). *Explorations in Sociolinguistics*. Número especial de *Sociological Inquiry*, 36(2).

Loman, B. (1967). *Conversations in a Negro American Dialect*. Washington, D.C.: Center for Applied Linguistics.

Lyons, J. (1968). *Introduction to Theoretical Linguistics*. Londres: Cambridge University Press.

MacNamara, J. (1967). *Problems of Bilingualism*. Número especial de *The Journal of Social Issues*, 23(2).

Mahl, G. (1972). People Talking When They Can't Hear Their Voices, in Siegman, A. & Pope, B. (orgs.). *Studies in Dyadic Communication*. New York: Pergamon Press.

Malkiel, Y. (1967). Each Word Has a History of its Own. *Glossa* 1: 2.

Martinet, A. (1955). *Economie des changements phonétiques*. Berna: Francke.

____ (1964a). *Elements of General Linguistics*. Trad.: S. Palmer. Chicago: University of Chicago Press.

____ (1964b). Structural Variation in Language, in Lunt, H. G. (org.). *Proceedings of the Ninth International Congress of Linguistics*. Haia: Mouton.

MEILLET, A. (1921). *Linguistique historique et linguistique générale*. Paris: La Societé Linguistique de Paris.

MITCHELL-KERNAN, C. (1969). *Language Behavior in a Black Urban Community*. Texto provisório, nº 23. Berkeley: Language Behavior Research Laboratory.

MOULTON, W. G. (1962). Dialect Geography and the Concept of Phonological Space. *Word*, 18: 23-32.

NORMAN, R. (1971). An Ear to New York. Mss. inédito.

NOTTEBOHM, F. (1970). Vocal Imitation and Individual Recognition of Finch Calls. *Science*, 168:480-82.

PAUL, H. (1889). *Principles of the History of Language*. Trad.: H. A. Strong. New York: MacMillan.

PETERSON, G. E. & BARNEY, H. L. (1952). Control Methods Used in a Study of the Vowels. *Journal of the Acoustical Society of America*, 24: 175-84.

PILCH, H. (1955). The Rise of the American English Vowel Pattern. *Word*, 11: 57-63.

POSTAL, P. (1964). Constituent Structure: A Study of Contemporary Models of Syntactic Description. *Internal Journal of American Linguistics*, publicação 30.

PRESTON. M. S. (1963). Evaluational Reactions to English, Canadian French and European French Voices. Dissertação de mestrado inédita. Montreal: McGill University.

Quirk, R. (1966). Acceptability in Language. *Proceedings of the University of Newcastle upon Tyne Philosophical Society*, 1: 79-92.

REICH, P. (1969). On the Finiteness of Natural Language. *Language*, 45.

REICHSTEIN, R. (1960). Study of Social and Geographic Variation of Linguistic Behavior. *Word*, 16: 55.

SACKS, H. (1972). An Initial Investigation of the Usability of Conversational Data for Doing Sociology, in SUDNOW (1972).

SANKOFF, G. (1972). A Quantitative Paradigm for the Study of Communicative Competence. Conferência apresentada durante a Conference on the Ethnography of Speaking. Austin, Tex.

SANKOFF, G. & CEDERGREN, H. (1971). Some Results of a Sociolinguistic Study of Montreal French, in DARNELL, R. (org.). *Linguistic Diversity in Canadian Society*. Champaign, Ill.: Linguistic Research, Inc.

SANKOFF, G., SARRASIN, R. & CEDERGREN, H. (1971). Quelques considérations sur la distribution sociolinguistique de la variable QUE dans le français de Montréal. Conferência apresentada ao 39th Congress, Association canadienne-française pour l'avancement des sciences.

SAUSSURE, F. DE (1962). *Cours de linguistique générale*. Paris: Payot.

SCHEGLOFF, E. (1968). Sequencing in Conversational Openings. *American Anthropologist*, 70: 1075-95.

SHEWMAKE, E. F. (1927). *English Pronunciation in Virginia*. Davidson: N.C.

SHUY, R., WOLFRAM, W. & RILEY, W. K. (1967). *A Study of Social Dialects in Detroit*. Relatório final, projeto 6-1347. Washington, D.C.: Office of Education.

SOLOMON, D. (1966). The System of Predication in the Speech of Trinidad. Dissertação de mestrado inédita. Columbia University.

SOMMERFELT, A. (1930). Sur la propagation de changements phonétiques. *Norsk Tidsskrift for Sprogvidenskap*, 4: 76-128.

STURTEVANT, E. (1947). *An Introduction to Linguistic Science*. New Haven: Yale University Press.

SUDNOW, D. (ORG.). (1972). *Studies in Social Interaction*. New York: MacMillan.

SWEET, H. (1900). *The History of Language*. London: J. M. Dent.
TARDE, G. (1873). *Les lois d'imitation*.
TORREY, J. (1969). The Learning of Grammatical Patterns. *Journal of Verbal Learning and Verbal Behavior*, 8: 360-68.
TRAGER, G. L. (1930). The Pronunciation of 'short ɑ" in American Standard English. *American Speech*, 5: 396-400.
____ (1934). What Conditions Limit Variants of a Phoneme?, *American Speech*, 9: 313-15.
____ (1940). One Phonemic Entity Becomes Two: the Case of 'short ɑ'. *American Speech*, 15: 225-58.
TROUBETZKOY, N. (1957). *Principes de phonologie*. Trad.: J. Cantineau. Paris: Klincksiek.
TRUDGILL, P. J. (1971). The Social Differentiation of English in Norwich. Dissertação inédita. Edinburgo: Edinburgh University.
TUCKER, G. R. & LAMBERT, W. E. (1966). White and Negro Listeners' Reactions to Various American English Dialects, mimeo.
VENDRYES, J. (1951). *Language: a Linguistic Introduction to History*. Trad.: P. Raden. New York: Barnes & Noble.
VYGOTSKY, L. S. (1962). *Thought and Language*. Trad.: E. Hanfmann e G. Vakar. Cambridge, Mass.: MIT Press.
WALKER, J. (1971). *Principles of English Pronunciation*.
WANG, W. S.-Y. (1969). Competing Changes as a Cause of Residue. *Language*, 45: 9.25.
WATSON, J. D. (1969). *The Double Helix*. New York: New American Library.
WEBB, E. J. et alii (1966). *Unobtrusive Measures: Non-Reactive Research in the Social Sciences*. Chicago: Rand McNally.
WEINBERG, M. & NAJT, M. (1968). Los pronombres de tratamiento en el español de Bahia Blanca, in *Actas de la Quinta Asemblea Interuniversitaria de Filología y Literaturas Hispánicas*.
WEINREICH, U. (1954). Is a Structural Dialectology Possible?, *Word*, 10: 388-400.
____ (1959). Review of Hockett, *Modern Linguistics*. *Romance Philology*, 13: 329-39.
WEINREICH, U., LABOV, W. & HERZOG, M. (1968). Empirical Foundations for a Theory of Language Change, in LEHMANN & MALKIEL (1968) [ed. br.: (2006). *Fundamentos empíricos para uma teoria da mudança linguística*. trad.: M. Bagno. São Paulo: Parábola Editorial].
WHITNEY, W. D. (1901). *Language and the Study of Language*. New York: Scribner's.
WHORF, B. L. (1943). Phonemic Analysis of the English of Eastern Massachusetts. *Studies in Linguistics*, 2: 21-40.
WOLFRAM, W. (1969). Linguistic Correlates of Social Stratification in the Speech of Detroit Negroes. Tese inédita. Hartford: Hartford Seminary Foundation.
WYLD, H. C. (1920). *A History of Modern Colloquial English*. Oxford: Basil Blackwell.
ZWICKY, A. (1970). Auxiliary Reduction in English. *Linguistic Inquiry*, 1: 323-36.

Índice remissivo

Lista de figuras

Lista de tabelas

Esta obra foi composta em Utopia 10/14,5
e impressa em papel Luxcream 70g
para a **Parábola Editorial** em setembro de 2023.

Impressão e acabamento:
Gráfica Paym